KB108658

노자와 루소, 여든하나의 방

Laozi, Rousseau, and 81 Rooms

정세근

지식산업사

정세근鄭世根

국립대만대에서 박사학위를 받았고 워싱턴주립대에서 비교철학을 강의했으며 현재 충북대 철학과 교수로 재직하고 있다. 대동철학회 회장을 3년 동안 연임했으며, 여러 철학회에서 연구위원장과 편집위원을 역임했다. 한국철학회 차기 회장이다. 주요 저작으로 《제도와 본성》(학술원 우수도서), 《노장철학》(문체부 우수도서), 《철학으로 비판하다》(올해의 우수도서)를 비롯해서 《노자 도덕경: 길을 얻은 삶》, 《윤회와 반윤회》 등이 있다. 그 밖에 《위진현학》(문체부 우수도서)을 편집했고, 《광예주쌍집》(상,하)을 번역했다.

노자와 루소, 여든하나의 방

Laozi, Rousseau, and 81 Rooms

초판 1쇄 인쇄 　2021. 7. 23.
초판 1쇄 발행 　2021. 8. 9.

지은이 　정세근
펴낸이 　김경희
펴낸곳 　(주)지식산업사
본사 ● 10881, 경기도 파주시 광인사길 53(문발동)
전화 031-955-4226~7 팩스 031-955-4228
서울사무소 ● 03044, 서울시 종로구 자하문로6길 18-7
전화 02-734-1978, 1958 팩스 02-720-7900
영문문패 www.jisik.co.kr
전자우편 jsp@jisik.co.kr
등록번호 1-363
등록날짜 1969. 5. 8.

책값은 뒤표지에 있습니다.

ⓒ 정세근, 2021
　　ISBN 978-89-423-9094-6(03150)

이 책에 대한 문의는
지식산업사로 연락해 주시길 바랍니다.

노자와 루소

여든하나의 방

다양한 공간에서
펼쳐지는
새로운 형식의
철학 읽기

Laozi, Rousseau, and 81 Rooms

정세근 지음

지식산업사

머 리 말

이름조차 노자老子인 기원전 5세기 무렵의 늙은이와 현대를 열었다는 평가를 받는 18세기 인물인 루소(Jean-Jacques Rousseau, 1712~1778)를 한 자리에 부른다는 계획을 세운 지는 꽤나 오래되었다. 많은 젊은이는 노자보다는 루소를 기억할지도 모른다. 그러나 이 글을 읽다 보면 사상의 원류가 어떤 의미에서든 버젓이 있음을 알게 될 것이다. 그런 것을 오리지널original이라고 부른다. 최초의 시원을 따지는 것을 넘어 독창성이 풍부하여 특이하고 별난 사유에 부여되는 낱말이다. 이른바 신안新案 특허라는 말을 쓸 때의 그것인데, 노자와 루소는 참으로 비슷하다. 그래서 이 둘을 견주어 보고자 한 것이다.

노자에게 공자가 '예를 물었다'[問禮]는 기록이 사마천司馬遷의 《사기史記》에 나온다. 《사기》의 신뢰도에 비추어 볼 때 당시 사람들은 노자와 공자를 같은 반열에 올려놓은 것이 분명하다. 설정이야 공자가 노자에게 물었기 때문에 노자가 한 수 위라고 할 수 있지만 그런 것이 뭐가 중요하랴. 공자는 동아시아 국가의 틀이 되었고, 대신 노자는 사람들의 심성心性을 책임지게 되었다. 집단으로 나가면 공자이고 개인으로 돌아가면 노자였던 것이다. 정치가 공자라면 문학은 노자, 형식이 공자라면 실질은 노자였다. 노자에게는 하늘의 일이, 공자에게는 사람의 일이 돌아갔다. 그리하여 이루어지는 것이 하늘과 사람이 함께 가자는 천인합일天人合一 사상이다. 오늘날 표현으로 하자면, 자연의 일은 노자가 맡았고 문명의 일은 공자가 맡았다.

이렇게 자연 세계와 문명 세계를 구별한 것이 누구인가? 바로 루소다. 루소는 자연의 삶(vie naturelle)과 문명의 삶(vie civile)을 나누고 자연의 삶으로 돌아가자고 외친다. 자연 상태(état de nature)와 사회 상태(état de société) 가운데 자연 쪽 손을 들어주는 것이다. 자연인(homme naturel)은 시민(citoyen)보다 행복하다. 자연의 삶은 거칠지만 건강하고, 사나울지라도 사악하지 않다. 자연의 삶은 싸워도 죽이지는 않고, 고독하더라도 불평등하지 않다. 그러나 그것이 야만은 아니다. 루소의 관점에서는 사람들이 미개인(homme sauvage)은 이러저러하다고 안 좋게 말하지만 그것이야말로 문명인(homme civil)을 말한 것이다. 그러니 자연으로 돌아가자고 할 수밖에 없지 않은가.

처음에 쓰다 버린 글 가운데에는 이런 부분이 있다. 길지만 앞으로 요점이 드러나는 곳이다.

정　무엇보다도 먼저 말씀드릴 것이 있습니다. 두 분을 함께 모신 것은 두 분이 동양과 서양을 대표하는 '자연주의 철학자'라고 부를 수 있기 때문입니다. '자연철학자'라 하면 뉴턴이 자신의 물리학을 자연철학이라고 했듯이 자연과학자를 뜻할 수 있기 때문에 오해의 여지가 있습니다. 그런데 '자연주의'라고 해도 프랑스 문학에서 '자연주의' 문학은 자연의 나쁜 면을 강조하기 때문에 여전히 문제가 많습니다. 졸라나 모파상의 자연주의 문학은 유전적 결핍, 정신질환, 동물성을 강조하는 것이지 자연의 아름다움을 말하지 않기 때문입니다.

노자 아이고, '자연自然'이란 말이 그렇게 나쁘게도 쓰인다는 말입니까? 정말 놀라운데요. 내가 만든 자연이라는 말이 나쁘게 쓰인다니 가슴 아픕니다.

정　저도 공부하면서 정말 많이 놀랐습니다. 학창 시절에 19세기 말 프랑스 자연주의 문학을 배우면서 저는 목가적이고 전원적인 내용을 상상했는데, 모파상처럼 〈비계 덩어리〉가 나오니 말입니다. 자연은 평화로운 것이 아니라 더럽고 징그러운 것이라니!

루소　후후, 내가 자연을 말할 때도 마찬가지였습니다. 유럽 전통에서 자연은 그다지 좋은 것이 아닌데, 내가 좋게 말하니 다들 깜짝 놀라워했습니다. 아마도 나야말로 서구적 자연 개념을 뒤집어 말한 최초의 사람이 아닐까 합니다. 나쁜 자연에서 좋은 자연으로요.

정　윤리학을 배우면 '자연주의적 오류'(naturalistic fallacy)라는 말이 나옵니다. 무어G. E. Moore라는 사람이 만든 말인데, 윤리적인 개념을 자연적인 것으로 평가하는 잘못이라는 뜻입니다. '그렇다'는 사실과 '그래야 한다'는 가치(당위)를 헷갈리면서요. 그래서 그는 선은 '노랑'과 같이 직관적으로 알 수 있는 것이라 주장하지요. 그러나 그것에 왜 '자연주의'라는 말이 들어가야 하는지 나는 처음에는 쉽게 받아들일 수 없었어요. 여기서 자연주의란 '본능적인', '아직 구별이 잘 안 되는', '원시적'이라는 뜻이 들어가지요. 한마디로 '이성적이지 않다'는 것이지요.

루소　서양 전통에서 자연은 그다지 좋은 뜻이 아닙니다. 로마시대의 자연법 정도나 자연에 대한 신뢰가 있을까, 자연은 극복되거나 이용되어야 할 것이지 인간의 표준으로 자리 잡지는 못했습니다. 그래도 자연이라는 말을 가장 좋게 쓴 사람은 스피노자였지요. '만들어진 자연'이 아닌 '만드는 자연'을 말하면서 만드는 자연에게 신의 지위까지 부여했으니 말입니다. 덕분에 파문을 당하고 말았지만요.

노자　허허, 결국 우리는 '자연'이란 말 때문에 불려 나온 것이군요.

정　예, 맞습니다. 우리는 70년대만 하더라도 '자연보호'라고 했지 '환경보호'라고 말하지 않았습니다. 이제는 서구식 '환경'(circumstance: 둘러쌈)이 우리의 '자연'(自然: 스스로 그러함)이란 말을 대체하고 있지만요. 자연이라는 위대한 말의 복권, 이것이 바로 우리가 이 자리에 있는 까닭이지요. 이를 위해 이야기를 천천히 풀어 나가겠습니다.

대화의 주제를 하나씩 짚어 나가겠습니다. 우선 살아온 과정입니다. 사람이라는 것이 자신의 생활환경을 쉽게 극복하지 못하거든요. 처지야 극복할 수 있다고 해도 시대를 벗어날 수는 없지요. 후대에 고전 공부를 해야 하던 사람들이 이러한 문제를 정리해 냈어요. 자기 생활환경에서 고전을 읽을 수밖에 없다고요. 그것을 어렵게 '해석학적 지평'(hermeneutic horizon)이라고 말했어요. 우리는 그 지평에서 벗어날 수가 없지요. 현재 서구의 중심 신앙이 그리스도교인데 그 그리스도의 탄생 전후를 그린 《성경》 책을 해석하다가 얻어 낸 이론이에요. 지평을 떠날 수 없으니 매번 각자의 지평에서 해석을 하는 '해석학적 순환'(hermeneutic circle)도 어쩔 수 없는 것이지요.

노자 나는 도서관 사서로 알려졌어요. 거대한 도서관을 지키면서 인류의 지혜를 단지 5천여 자로 남긴 신비의 인물이지요. 세상을 등지고 함곡관에서 '너희들 잘 있어라' 하려는데 웬 사람이 나에게 가르침을 청해서 몇 마디 해 주었어요. 나의 책 《노자》는 시입니다. 그래서 각 운脚韻이 대체로 맞아요. 영어로 말하면 라임rhyme이라고 하지요. 잘 알지는 못하지만, 요즘 유행하는 랩도 끝소리를 맞춘다 하잖아요? 똑같은 겁니다. 그런데 나의 말이 매우 역설적이고 비유적이라서 못 알아듣는 사람이 많은 모양입니다. 내가 가장 싫어하는 것이 지식을 가장하여 인생을 망치게 하는 것인데도 말입니다. 인간이라는 것이 뜻이 강하면 안 됩니다. 오히려 뼈가 강해야지요. 몸뚱이가 제일이지요. 욕심은 없앨수록 좋고요. 그래서 나는 '뜻을 약하게 하고, 뼈를 강하게 하라'(약지강골弱志强骨)고 말했습니다. 뜻이라는 것이 별거 아니고 쓸데없는 욕심이나 지나친 의지를 가리킵니다. 뼈는 통뼈라는 말처럼 약골이 아닌 강골, 곧 강인한 체력을 말합니다. 머리가 빌수록 몸은 세집니다.

정 그럼 노자 선생은 생몰도, 신분도 확실한 것이 없네요?

노자 어허, 내가 바라던 인간의 모습이 그런 겁니다. 그런 것은 다 인간 외적인 것이지요. 내가 태어나고 죽는 것은 자연계의 거대한 흐름으로 보면 아무것도 아니지요. 생몰연대가 뭐 중요하다고! 신분이라는 것도 높고 낮음을 정하는 것이니만큼, 자연계에서는 무엇이 높고 무엇이 낮다고 할 수 없다는 점에서, 그것은 인간들이 벌이는 짓거리지요. 자연생물이나 무생물을 놓고 우열을 말하는 작자들이 간혹 있기는 하지만, 그것은 인간의 시각이지 결코 자연의 시각이 아닙니다.

정 그렇다면 책은 뭐죠?

노자 나의 이름을 딴 《노자》라는 책이 있긴 있어요. 그런데 그게 판본이 여럿입니다. 땅 속에서도 발굴되면서 더욱 왈가왈부가 많았지요. 무덤에서 비단으로 발굴된 것도, 대나무로 만든 책(册: 이 상형문자는 대나무를 가죽으로 엮은 꼴이다)으로 발굴된 것도 있지요. 그래서 백서본帛書本, 죽간본竹簡本이라는 이름으로 불리는 《노자》도 있습니다. 《노자》를 신성화시켜서 말할 때 《도덕경》이라고 부릅니다. 마치 내 사상을 좋아한 후배 장자莊子의 책을 《장자》 또는 《남화진경》이라고 부르는 것과 같습니다. 신격화된 장자는 '남화진인南華眞人'이거든요. 신격화된 나는 '태상노군太上老君'이지만요.

정 책 이야기는 나중에 기회가 있을 때 다시 하기로 하고, 시대 분위기 좀 말해 주세요.

노자 허허, 급하기는! 나의 시대를 이른바 춘추전국시대라고 합니다. 이 시절은 진시황이 통일제국을 건설하기까지는 지속됩니다. 나라 사이에는 전쟁이 남발되고, 사람 사이에는 유혈이 낭자하던 때입니다. 과연 그렇게 된 까닭이 무엇일까요? 예의범절이 없어서일까요, 도덕규율이 없어서일까요? 공자가 나오기 전부터 유자儒者들은 예禮를 철석같이 강조했고 윤리규범으로는 인의仁義를 말했습니다. 그런데도 치국은 왜 안 되는 것일까요? 혼란스런 춘추전국시대는 왜 이어졌던 것일까요?

전쟁은 왜 멈추지 않았던 것일까요? 권력투쟁은 왜 끝나지 않았을까요? 우리는 살육의 세계에서 벗어나올 수 없는 걸까요? 나는 이런 문제를 고민했고 대안을 내놓은 겁니다.

루소 신이 된 철학자? 예를 반대한 철학자? 그렇다면 나는 프랑스 대혁명의 도화선이 된 철학자입니다. 이성을 도구로 자기 합리화만 일삼는 철학자를 별로 좋아하진 않지만.

처음에는 세 사람을 모두 비슷한 말투로 했다. 현대적 관점에서 노자나 독자나 모두 존경을 받아 마땅하기 때문이다. 그런데 노자가 늙은 이이기도 하지만 그것보다는 읽는 사람이 쉽게 누구 말인지 구별하도록 순전히 편의를 위해 노자는 하오체로 했다. 그런 점에서 관객으로서 여러분은 그런 구도에 속지 않기 바란다. 나는 우리말 《논어》의 공자가 반말을 하게끔 설정한 것이 중국어법에도 그다지 맞지 않아 불만을 갖고 있을 정도다. 알다시피 중국어는 문어체이건 백화체이건 나와 남에 대한 호칭은 중요하지만 말 자체는 평어다.

루소의 많은 개념어가 노자와 공유한다. 이 책에서 다루는 것이 그런 말들이다. 다만 루소의 창작어로 사전적으로 정의되고 있는 '완성가능성'(perfectibilité, 《인간 불평등 기원론》, 1755, 62쪽과 주69 그리고 92쪽; 트레부 사전*Dictionnaire de Trévoux* 제6판, 1771; 루소의 말이라고 소개한 아카데미 사전 제5판, 1798)에 해당되는 노자의 말을 찾기 어려웠다. 그런데 노자는 만물이 자신 속의 본성을 실현하는 것이므로 스스로 되어 간다는 뜻으로 '자화自化'를 말한다. 바로 이 말이 완성가능성과 일치한다. 그렇지만 아무리 루소라도 기독교 문화권에서 신의 도움 없이 스스로 발현되어 완성된다고 말하기는 껄끄럽지 않았을까 싶다. 실체가 내재되어 자동적으로 발화한다고 생각한 아리스토텔레스조차 이단으로 취급되던 13세기 중엽 아퀴나스 이전의 중세를 떠올려 보면, 자화의 개념이 기독교 사회 속에서 얼마나 불경스러운 용어인지 알 수 있다. 신이 없어야 자화自化이자 자발自發이고 자연自然이며, 신이 있어야 그분의 뜻이 된다.

책을 마무리하면서 드는 생각이 있다. 왜 루소는 노자처럼 윤리적이든 비윤리적이든 크게 보아 윤리학의 내용에 들어가야 할 덕목을 사람들에게 제시하지 않았을까? 노자는 나름 많은 덕을 제시한다. 어머니처럼, 부드럽게, 저 주고, 뒤에 서고, 아끼고, 줄이고, 밝음보다는 어둠을 좇으라고 말한다. 기본 욕구에 충실하고 사회적 욕심은 부리지 말라고 한다. 루소도 바로 위의 말은 자주 한다. 카리브해 원주민이 유럽의 고관대작보다 행복하지 않으리라는 법은 없다는 것이다. 그러나 그것은 인류학적인 사실 판단에 가깝지 무욕無欲과 같은 윤리적 당위적 내용이 들어가지 않는다는 점에서 그가 제안하는 덕목이 확연히 눈에 띄지 않는다. 기껏해야 '도덕적 인간'이 되라는 것인데, 노자와 동일한 맥락에서 소박素樸(naivity)을 언질하는 것을 제외하고는 어떤 사람이 도덕적 인간인지에 대해서 상세하게 말하고 있지 않다. 루소의 언사에서 추론하자면 기독교적 이상을 실현시키는 인간인데, 알다시피 그것이 무엇인지는 아무도 모르고 사람마다 다를 수밖에 없다. 루소가 말하는 자연이 이상적이고 가정적이고 제3의 것이라서 그런가, 아니면 그것을 말하기 위해서는 기독교 외적인 분위기 설정이 필요해서 그런가? 숙제로 남는다.

나는 이번 루소와 만남을 통해 학계에서 그의 평등사상이 깊게 다루어지지 않은 점이 많이 의아스러웠다. 내가 불교의 사회적 역할이 계급적 평등을 이루는 데 있다고 《윤회와 반윤회》(2008)에서 적었듯이, 루소의 사상이 프랑스혁명 때 사람들에게 자유의 이상을 가져다 주었다는 현실적인 판단 이외에도 그로부터 마르크스와 엥겔스가 그리던 평등의 이상이 시발되었다는 학리적 탐구가 절실했다. 루소의 자유론은 그를 철저히 따랐던 로베스피에르 같은 지독한 자유주의자 탓에 많은 피를 흘리게 했지만, 사람들에게 그의 평등론이 더욱 가치 있게 다가왔다면 그런 살상은 미연에 방지할 수 있지 않았을까 하는 생각에서다(제목에서 불평등을 주목한 번역 책으로는, 리오 담로시Leo Damrosch 지음, 이용철 옮김, 《루소: 인간 불평등의 발견자JEAN-JACQUES ROUSSEAU: Restless Genius, 2005》, 교양인, 2011). 루소도 말하듯 자유는 평등에서 나온다. 자유란 곧 평등한 자유다. 우리의 자유는 바로 '내가 자유롭듯 너도 자유롭다'는 평등으로부터 나오는 것이다. 내가 나를 사랑하듯 너도 너를 사랑하며, 내가 살고 싶듯 너도 살고 싶다. 이렇게 우리 모두 평등한데 어떻게 사람이 사람을 죽이는가? 툭하면 사람을 죽이고 살리던 긴급조치와 계엄령 밑에서 어린 시절을 살아온 나의 신념 하나는 이것이다. '이념이 사람을 죽일 수 없다.' 힘은 없지만 돈이 생긴 부르주아들이 무릎바지(퀼로트)가 아닌 긴바지를 입은 상퀼로트를 부추겨 이루어 낸 프랑스혁명을 공부하면서 얻은 결론이다.

스무 살 무렵 상징형식을 말하는 문화철학자 에른스트 카시러를 열심히 읽고 있었는데, 도서관에서 그의 저서 《루소, 칸트, 괴테》를 보고는 뭔지도 모르면서도 재밌는 조합이라고 생각했었다. 아직도 이런 형식의 글을 연작으로 구상하고 있을 정도다. 이 글에 칸트와 괴테가 나오니 조금은 빚을 갚은 셈이다. 번역(유철 옮김, 서광사, 1996)도 나왔다.

이 글이 가장 많이 기댄 《인간 불평등 기원론》은 꼭 읽어 보길 바란다. 루소 자신도 《사회계약론》의 원초적이고 대담한 생각은 다 여기서 나왔다고 할 정도다(《고백록》, 제9편). 우리말 좋은 번역이 아래 둘의 손으로 이루어졌다. 주경복 교수는 내가 국공립대교수회연합회 사무총장일 때 함께 일했으며 '학벌없는 사회'라는 시민단체에서도 뜻을 같이한 적이 있다. 루소를 공부한 사람답게 현실에서 실천하려고 노력하는 분이다. 동료인 공역자 고봉만 교수는 정말 고맙다. 루소에 관해 친절한 조언을 주었고 번역을 통해 루소에 대한 접근을 편리하게 해 주었다. 나는 그에게 '나의 중구난방을 주제별로 모아 달라'고 떼쓰고 있다. 두 분의 노고로 루소의 '제2논문Deuxème discours'이라고 불리는 '사람들 속 불평등의 기원과 근거에 관한 논고Discours sur l'origine et les fondementsdel'inégalitéparmileshommes'(1754)를 쉽게 읽을 수 있다. 나는 이 책을 루소의 책 가운데 첫 번째로 꼽는다. 문고판으로 나왔고 친절하게도 3분의 1이 넘는 설명이 붙어 있으니 추천한다.

꼭 말하고 싶은 것이 있다. 이 책의 후반부(〈덕경〉인 제38막부터)가 전반부보다 재밌을지도 모른다. 많은 한국인에게 노자의 첫 부분은 생소하게 느낄 수 있고, 후반부에서 루소에 대한 설명이 많이 나와(특히 정치체제와 사회계약론 그리고 홉스와 로크의 차이는 제57막) 서구적 개념에 익숙한 요즘 사람들이 친숙하게 느낄 수 있기 때문이다. 사실《도덕경》은 《덕도경》의 형태로도 발견되고, 〈도경〉과 〈덕경〉은 따로따로 읽어도 되는 것이기에 순서에 구애받지 않길 바란다. 양이 많다고 생각되면 관심 가는 제목에 따라 장절별로 군데군데 발췌해서 읽어도 좋고, 아예 호흡이 빠른 마지막부터 거꾸로 올라가도 좋다.

민폐를 끼친 박완규, 이정재, 이현식, 전항배, 정용수, 김정내 교수께 나이순으로 감사드린다. 루소처럼 동가숙서가식東家宿西家食하는 동안, 내게 잘 자라나 생각 거리를 마련해 준 고마운 분들이다. 박완규 교수님은 월악산 우소寓所를 내주셨는데, 영봉(1,095m)보다 더 높은 문수봉(1,162m)과 매두막(1,115m)에 싸여 있는 적료寂廖한 농막이었다. 그리고 담대한 신우섭 벗은 '여러 사람과 후학들을 위한 좋은 창작에 조금이라도 도움이 되면 좋겠다'고 말로 할 수 없는 돈후한 배려를 해 주었으며, 소상한 신종훈 벗은 이 책뿐만 아니라 다른 책의 교정도 잘 봐주고 있다.

마지막으로, 마음을 다해 장소를 제공해 준 구본준 동학의 이야기는 함께 나누고 싶다. 그는 나의 학생으로 만났다. 3학년 때 《《노자》의 무위와 《안반수의경》의 무위〉를 비교하는 글을 써서 나를 놀라게 했는데, 다섯 번의 수정을 거쳐 논문상을 받기도 했다. 당시 막 유행하던 인터넷에서 화제가 되기도 했다. 영어도 잘해 박사과정까지 장학금을 받는 시험을 봤는데 '4문제 가운데 3문제 잘 썼다'고 의기양양하던, 바보 같지만 순수한 녀석이었다. 졸업 뒤에도 뜬금없이 소식을 전해 오기도 했는데, 자기의 수련공간을 내줘서 이 글을 시작할 수 있었다. 나의 고행 같은 짓거리를 마음 속 깊이 이해해 준 벗이다. 어머님은 졸업 뒤 젊은 본준이가 마음을 못 잡을 때 상의를 하시기도 했고, 아버님은 좋은 터전을 마련해 놓고도 안타깝게 갑작스런 사고로 돌아가셨다. 그분의 사진이 걸려 있는 방에서 지내면서 영혼을 위로 드렸지만, 다시 한 번 천국에서 평안하시길 빈다. 'Lady B. House'에서 벌레와 함께한 벌레 같은 한 철이었다.

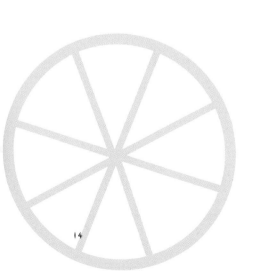

2021년 4월
검색와실儉蒿蝸室에서
홍매를 꺾어놓고 곱은 손을 달래며
곤도천인ㅣ刂川人
노·루와 훈수꾼 삼감

차 례

서 막 [1]

루소가 노자를 보았다

《노자와 루소》라는 제목을 잡아 놓고 세월만 보냈다. 내용은 사실 간단하다. 루소가 노자를 보았다, 그것뿐이다.

루소가 노자를 보았다는 심증은 너무도 많다. 물증을 찾기 어려울 뿐이다. 가장 유명한 루소의 주장이 무엇인가? 루소는 말한다. '자연으로 돌아가라.'

'자연自然'이란 말의 주인이 누구인가? 바로 노자다. 여러분이 잘 아는 '무위자연無爲自然'이다. 사람이여, 굳이 하려 들지 말길, 세계는 스스로 그러하니.

우리말에서 자연

자, 여기서 '자연'이 서구의 어법에서 좋은 뜻인가부터 묻자. 거꾸로 '자연'이 우리말에서 나쁜 뜻인가도 묻자.

자연自然이 우리말에서 나쁘게 쓰이는 용례는 정말로 거의 없다. 아

1 *이 저서는 2016년도 충북대학교 학술연구지원사업에 의해 발행되었음(This work was supported by the research grant of Chungbuk National University in 2016).

니, 아예 없다. '자연스럽다', '자연적으로', '자연히', 심지어 '자연 보호' 까지 자연은 이상적이고 원형적이며 우리가 추구해야 할 어떤 것이다. 자연에 순응하는 것은 인생을 잘사는 길이고, 자연을 노래하는 것은 인생을 즐기는 길이다. 따라서 자연의 이치가 최고의 이법이 되고, 자연을 벗 삼는 것은 삶의 최고의 지혜로 칭송받는다. 자연 없는 인간 없다. 자연은 인간의 조건이자 환경이다.

그런데 요즘 말하는 '자연'은 명사화된 자연으로 외부 세계(external world)를 가리킨다. 이른바 물리적 대상(physical object)인 것이다. 이런 용법은 사실 전통적이지 않다. 자연이 이런 식으로 쓰인 것은 현대에 와서다. '자연에 대한 탐구'를 내세웠던 근대과학의 산물로 우리에게 다가온 자연의 의미다. 한마디로 '자연과학'의 자연이요, '자연학'의 자연이요, '자연세계'의 자연이요, '자연탐구'의 자연인 것이다. 이런 뜻에서 자연은 대상이자 사물이고, 주어진 세상이자 발견해야 할 우주다.

전통 속에서 자연이라는 말은 이렇게 쓰이지 않았다. 자연은 문법적으로 표현할 때 명사적 의미보다는 형용사적 의미로 더 많이 쓰였다. 오늘날 우리말에서 남아 있는 '자연스러움', '자연히', '자연적'이라고 할 때의 자연인 것이다. '그거 왜 그렇게 됐어?'라는 질문에 '자연스럽게 그렇게 됐지'라고 답할 때의 바로 그 자연이다. 대상화되거나 물질화되지 않은 주체의 성향, 태도, 운동방식을 가리킨다. 그것이 그렇게 된 것은 누가 시켜서가 아니라, 그것이 스스로 그러한 것이라는 언명이다. 개물 속에 내재한 고유한 변화와 성장의 원리가 자연, 곧 '스스로 그러함'인 것이다.

스스로 그러하다는 것이 말이 길고 어렵다면 '저절로'로 이해하면 된다. 더 줄여 '절로'라고 해도 좋다. 만물이 현재 그러한 만물의 모습을 갖춘 것은 바로 '스스로 그러함' 때문이다. 만물이 현재 그러한 만물의 모습을 갖춘 것은 '저절로' 그런 것이다. 만물이 '절로' 현재 그러한 만물의 모습을 갖춘다. 절로 이루어진 것이며, 절로 만들어진 것이며, 절로 사라지는 것이다.

유대기독교에서 뻥

이런 사유는 서구의 사고와 무척이나 다르다. 유대기독교적인 사고에서 '만물이 저절로 그렇게 되었다'는 언명은 목숨을 걸고 할 수 있는 말이었다. 왜냐? 신의 도움이 빠지기 때문이다. 그놈이 그렇게 된 것이 그놈 스스로에게 내재된 원리의 확대나 발전이라니, 그러면 신의 도움 없이도 그렇게 될 수 있다는 것 아닌가. 그것은 '독신瀆神' 곧 신성모독의 길이었다. 절대자의 권능 없이 이루어질 수 있는 것은 없다. 이루어질 수 있는 것이 있어서는 아니 된다.

신의 능력이고 계획이거나, 아니면 차라리 신의 심술 때문이다. '스스로'(auto)라는 사고는 그리스철학의 세계에서는 그래도 간간히 받아들여졌지만, 유대기독교적인 사회로 유럽이 변모하면서는 불가능했다. 신의 점지 없이는 어떤 일도 이루어지지 않는다. 입김을 불어 주던지, 손가락으로 눌러 주던지, 아니면 움직이라고 말이라도 해 줘야 한다. 말이 어려우면 생각이라도 품게 해 줘야 한다. 신보다는 못하지만 신과 같은 생각을 가져야 한다. 신 없는 인간 없고, 신 없는 사물 없다. 그리스적 사고에서는 원질(原質: archē)이라고 불리는 물질이라도 존재하지만, 히브리(헤브루)적 사고에서는 그러한 물질조차 있을 수 없다.

그리스적 사고에서는 플라톤이 말하듯 물질을 바탕으로 제작의 신인 데미우르고스가 만물을 빚지만, 히브리적 사고에서는 아무것도 없는 상태에서 '뻥'하고 존재들이 나타나야 한다. 그것이 이른바 '무로부터의 창조'(creatio ex nihilo)설이다. 그 뻥을 후대의 물리학자들이 '뱅'(big bang)이라고 불렀다. 우리말로는 큰 뻥이다.

그런 점에서 현대 동양철학 또는 서양철학이라는 이름으로 불리는 주류 철학의 차이는 오롯이 드러난다. 스스로 무엇인가 될 수 있다고 여기면 동양이고, 스스로 무엇인가 된다고 생각해서는 안 된다고 하면 서양이다. '나는 저절로 있다'고 생각하면 동양이고, '나는 그 무엇 때문에 있다'고 생각하면 서양이다. '나는 절대자나 초월자 없이 존재할 수 있다'는 것이 동양적 사유의 주류인 반면, '나는 절대자나 초월자 없이는 존재할 수 없다'는 것이 서양적 사유의 주류인 것이다. 기독교의 세례를 받은 서양적 사유는 그랬다.

서양의 불쌍한 자연

따라서 자연의 개념도 동서양이 몹시 달랐다. 서양에서 자연은 로마의 자연법사상을 제외하고는, 그래서 스토아적인 운명론이 말하는 모든 일의 자연스러움을 제외하고는, 누군가의 손길을 기다리는 결핍된 존재이자 욕망으로 점철된 무질서의 존재다. 하다못해 스토아적인 운명도 마침내 신의 뜻으로 해석된다. 줄여 말하자면, 서양에서 자연은 야만의, 야생의, 이러저러한 것이 함부로 쌓여 있는 야적野積의 세계다. 무지와 편견의 존재, 그리하여 이성의 엄격한 손길이나 절대자의 다정한 손길을 그리워하는 존재가 바로 자연이다. 때로는 유일자의 초월적 잣대로 일렬로 정리되어야 하는 것이 자연인 것이다. 인간의 이성은 그러한 무질서에서 질서를 찾아 주는 역할을 한다. 질서의 세계로 인도하는 것은 신의 뜻을 실현하는 것이다.

자연이라는 말을 가장 나쁘게 쓰는 대표적인 용례가 바로 프랑스문학에서 말하는 '자연주의'(naturalisme)다. 졸라와 모파상이 그렸던 문학의 내용이 무엇인가? 그것은 유전적으로 세습되는 질병, 인간의 추악한 욕망, 근친상간, 그럼에도 벗어날 수 없는 동물성이었다. 육체라는 벗어날 수 없는 한계 속 인간의 모습이다. 어찌 그것이 동양에서 말하는 자연주의일 수 있겠는가. 모든 '주의'라는 것은 쌍방향의 모순된 정의를 지닐 수 있다. 현대의 서구적 비평언어에서 동양주의(orientalism)는 '동양 만세'가 아니라 '동양 무시'인 것과 같다. 그런데 프랑스문학에서 자연주의는 '자연 찬미'가 아니라 '자연 해부'다. 자연의 더러움, 난잡함, 본능에 사로잡혀 끝없이 수술용 칼로 잘라 넓게 펼쳐지는 해부의 미학 또는 정서가 프랑스 자연주의 문학이다. 결핍된 자연, 욕정의 자연, 인과의 쇠사슬에서 벗어날 수 없는 자연이 바로 유럽인들의 머릿속에 먼저 떠오르는 자연이었다.

이런 상황에서 어떻게 루소의 '자연으로 돌아가자'는 주장이 나올 수 있었는가? 자연 개념의 전도와 역전이 어떻게 루소에 의해 이루어질 수 있었는가? 이것이야말로 비서구적인 사고임에 틀림없는데 루소는 어떻게 그런 자연을 그려낼 수 있었던 것인가? 그의 기발한 착상은 어디서 비롯되었고, 그가 자신하는 근거는 어디에 있었나?

칸트조차 놀랐던 루소의 저작이었다. 루소의 책을 보다가 산책을 빠뜨렸다고 전해진다. 얼마나 서구의 일반적인 사고와 달랐으면, 또 얼마나 놀랐으면, 그렇게 엄격하고 경건한 칸트가 일종의 의례처럼 행해 오던 산책조차 잊어버렸을까? 루소에 대한 칸트의 말을 빌려 보자.

근본적으로 루소가 원한 것은, 인간이 다시 자연 상태로 되돌아가야 한다는 것이 아니라 현재 처한 단계에서 자연 상태를 되돌아보아야 한다는 것이다. 그는 인간은 본성적으로 선하지만, 악하거나 미숙한 안내자와 본보기에 의해 전염당해 타락할 위험이 있다고 보았다. 그래서 인류의 도덕 교육의 문제는 여전히 해결되지 않은 상태다. 왜냐하면 인류가 갖고 있는 선천적인 악한 성향은 보편적인 인간 이성에 의해 질책되고, 때로는 억제되기도 하지만 완전히 제거되지는 않기 때문이다.[2]

나는 칸트의 이 말이 루소의 자연에 놀라 깨달은 바를 나름대로 그리고 있다고 생각한다. 여전히 자연의 개념에 좋은 점수를 주고 있지는 않지만, 자연을 이상적으로 보고 인간의 본성이 사회적으로 오도될 위험성을 지적한 루소의 핵심을 잘 지적하고 있기 때문이다. 칸트는 신학에서 말하는 원죄의 근원인 인류의 선천적인 악을 버릴 수가 없었다. 보라, 칸트는 여전히 성악의 전통을 고수하고 있지 않은가. 사실 칸트는 루소보다는 흄에게 더욱 놀랐다. 그래서 인식론적인 관심이 더욱 많았다. 그것이 이성의 한계를 요목조목 그려낸 《순수이성비판》이다. 칸트 역시 당시 사회 속에서 영향력이 컸지만, 칸트의 역할이 루소가 지니는 의미만큼 느껴지지 않는 것은, 루소는 홉스와 로크로 발전되어 오던 '사회계약설'에 충실한 것과 달리, 칸트는 그보다는 '국제연맹'과 같은 국제조직에 더욱 관심이 많았기 때문이었다. 한마디로 '저절로'보다는 '그것으로' 질서와 평화를 지키려 했다. 인간이 자연스럽게 계약하게 되는 것보다는 힘 있는 세계조직에 따라 통어統御되는 것이 낫다고 생각한 것이다. 인간은 부족하여 스스로에게 맡겨 놓을 수 없다. 그것이 칸트의 생각이었고, 그 점이 루소와 벌어지는 지점이었다.

2 Kant, *Anthropologie in pragmatischer Hinsicht*(《실용적 관점에서의 인간학》), 게오르크 홀름스텐, 《루소》, 231~232쪽 재인용.

나의 사랑, 중국

계몽의 시절, 유럽은 중국열에 휩싸였다. 계몽주의 철학자들에게 중
국은 '배워야 할 것'이고 '숨겨진 보물'이고 '유럽보다 나은 문명국'이었
다. 그래서 공자는 유럽인들이 존경해야 할 대상이었다. 이런 유행의
배경에는 선교사들의 중국경전 번역이 큰 역할을 하고 있었다. 우리는
이 분야의 정확한 정보를 아직은 갖고 있지 못하다. 그러나 분명한 것
은 예수회Jesuit의 부베Boubet 신부가 라이프니츠에게 그의 인공언어의
이념이 이미 3천 년 전에 복희씨의 역법으로 실현되고 있음을 전달할
정도로 유럽과 중국의 교류는 새로운 일이 아니었다.[3] 당시 계몽주의자

---

3 정세근, 〈디지털문화의 철학적 의의〉, 《21세기의 철학》, 소명, 2002, 주9). "1703년 4
월 1일. 라이프니츠Leibniz와 《주역周易》의 영향관계는 동서를 막론하고 많은 자료가
있지만, …… 아래의 글을 참조할 것. 김용정, 〈라이프니츠의 보편기호법 사상과 역
의 논리〉, 《철학》 3, 1969, 한국철학회." 또한 매튜 레이퍼Matthew Raper가 영국 왕
립학술원에서 라틴어 번역 필사본을 1788년 1월 10일에 소개했다는 레그Legge의 기
록은 있다. 루소 사후 10년 뒤의 일이다. 13세기에 로마 가톨릭 교회가 가장 빠르게
선교사를 중국에 보냈지만 남은 기록은 없고, 16세기 말부터 시작된 선교 사업은 레
그 당시(서문: 1890.12.20.)에도 지속되고 있었는데, 인도 사무실에 있던 라틴어 《도
덕경》 번역을 왕립학술원 회원이었던 레이퍼가 가지고 와 소개했다는 것이다. 아주
잘 보존된 필사였지만 누가 만든 판본인지는 몰랐다고 한다. James Legge, Preface,
Tâo Teh King, Oxford, 1891. 그것의 의미는 아래와 같다. "(예수회 신부들에 의해
당시 번역된) 노자의 도道는 기독교 신비주의와 연계되었다. 당시 (1) 도道는 창조주
신의 최고 이성으로 투영되었으며, (2) 화육신(The Incarnate God)의 의지가 《도덕
경》 안에 숨겨져 있다고 보았으며, (3) 심지어 프랑스 중국어 교수였던 아벨-레무사
Avel-Remusat의 경우 《도덕경》 안에는 야훼를 표음한 한자어까지 있다는 주장을 하
였다. 이런 서양인의 노자 읽기는 당연히 오해와 왜곡의 읽기이지만 사실 따지고 보
면 그들 사유의 지평선의 한계이지, 서양인이 일부러 그렇게 왜곡을 한 것은 아니라
고 본다."(최종덕, 〈서양인이 읽는 노자를 통해서 본 현대 과학문화 이해〉, 《인문학연
구》 2, 상지대 인문학연구소, 2002, 280쪽.) 여기서 야훼를 표음한 한자어는 '이夷,
희希, 미微'(14.1.)다(이夷는 14.1.과 53.1.에서는 크다는 뜻으로 나온다). 최종덕 교수
는 힘들게 정리한 900건에 가까운 서양인의 노자 연구서목을 공유하고 있다. 《성경》
에 이어 가장 많이 번역된 《노자》다.

들에게, 특히 볼테르에게 공자는 최고의 철학자로 비춰졌다. 신이 없이
도 도덕을 이루다니, 그에게 공자(Confucius: 공부자孔夫子의 라틴식 이
름)의 공자주의, 곧 유교(Confucianism)는 놀라울 따름이었다. 위에서 말
한 《주역周易》도 언급되었다면, 공자의 '어록'으로 번역되는 《논어論語》
(Analects)도 그렇다면, 노자의 《도덕경道德經》도 그런 것 아닌가? 그럴
개연성은 아주 높다. 그래서 루소가 노자를 보았다는 것이다.[4] 한마디
로 볼테르에게는 공자Confucius가, 루소에게는 노자Laocius가 라틴식 이
름으로 롤모델이 된 것이다.

　노자에게 자연이란 가장 이상적인 언어다. 노자의 자연도 결코 외부
세계로서 자연이 아니다. 노자의 자연도 우리의 고래적인 용법처럼 '자
연스러움', '스스로 그러함', '저절로', '절로'의 뜻이다.[5] 그래서 노자의
자연을 명사적 용법으로 읽지 말고 형용사적 용법으로 읽으라고 강조

---

4 루소는 대여섯 살 때부터 독서광이었고 아버지와 함께 많은 책을 읽었다. 라틴어는
　외삼촌의 아들 아브라함과 함께 제네바에서 얼마 떨어지지 않은 마을 보세의 목사인
　랑베르시에 집에 보내졌을 때(1722)부터 배웠다. 루소는 이를 "라틴어를 비롯해 교
　육이라고 생각되는 온갖 잡동사니를 함께" 배워야 했다고 말한다. 루소는 1712년 6
　월 28일생이다. 게오르크 홀름스텐, 《루소》, 25쪽.
5 17.3.: "일이 잘되어 끝날 때, 사람들은 모두 말한다. 나는 스스로 그러하다고."(功成
　事遂, 百姓皆謂: 我自然.) /23.1.: "말이 드문 것이 자연스럽다. 따라서 회오리바람은
　아침나절을 가지지 않고, 소나기는 하루를 가지지 않는다. 무엇이 이렇게 하는가? 하늘과
　땅이다. 하늘과 땅도 오래가지 못하는데, 하물며 사람에서랴?"(希言自然. 故飄風不終
　朝, 驟雨不終日. 孰爲此者? 天地. 天地尙不能久, 而況於人乎?) /25.4. "사람은 땅을 본
　받고, 땅은 하늘을 본받고, 하늘은 도를 본받고, 도는 스스로 그러함을 본받는다."(人
　法地, 地法天, 天法道, 道法自然.) /51.1.: "도는 낳고, 덕은 기른다. 일이 꼴을 갖추면,
　힘이 이루어 준다. 그러므로 만물은 도를 높이고 덕을 귀하게 여기지 않음이 없다.
　도를 높이고 덕을 귀하게 여김은 시켜서가 아니라 늘 스스로 그러한 것이다."(道生之,
　德畜之; 物形之, 勢成之. 是以萬物莫不尊道而貴德. 道之尊, 德之貴, 夫莫之命而常自然.)
　/64.5.: "그러므로 성인은 하고자 함이 없음을 하고자 하고, 얻기 어려운 재화를 귀
　하게 여기지 않으며, 배우지 않기를 배워 뭇사람들의 지나친 것을 되돌려 주며, 만물
　의 자연스러움을 돕지만 하려 들지 않는다."(是以聖人欲不欲, 不貴難得之貨; 學不學, 復
　衆人之所過; 以輔萬物之自然而不敢爲.)

하는 까닭이 여기에 있다. 체언과 용언 등 문법적인 구별이 없는 고립어인 중국어에서 품사의 구분이라는 체제가 없을수록, 해석할 때 그것이 가리키는 바를 정확히 인지하는 것은 매우 중요하다. 아는 듯 모르는 듯 풀지 말고, 문맥 속에서 그것이 가리키는 바를 제대로 찾아보아야 한다는 것이다. 노자의 자연도 그래서 우리말의 '자연스러움'이라는 명사화된 형태로 형용사적 의미를 담아내야 한다. 노자가 '도는 자연을 본받는다'(도법자연道法自然)고 할 때, '자연'은 자연세계가 아니라 '자연스럽다', 곧 '스스로 그러함'을 가리키는 것이다. 도는 자연스러움을 본받는 것이지, 도가 자연세계를 본받는 것이 아니다. 고대어에서 현대어가 말하는 자연은 '천지天地'라고 불렸다. '도가 천지를 본받는다'로 해석하면 안 된다는 것이다. '도는 저절로 됨을 본받는다'는 뜻이다. 모든 것은 절로 된다. 그것이 도다. 도가 무엇을 하려 하면 안 된다. 도는 모든 것이 저절로 되도록 바라보고 지켜 줄 뿐이다. 이것이 바로 '도법자연'의 뜻이다.

재밌는 예를 들어보자. 아이들을 키운다고 한다. 키운다고 할 때 '부모가 어느 방향으로 이끌어 간다'고 생각할 수 있지만, 반대로 '키우기는 뭘 키우냐, 아이들이 알아서 크는 것이지'라고 생각할 수도 있다. 어릴 때 부모가 자식을 만들어 가는 것 같지만, 결국은 부모가 이렇게 하건 저렇게 하건 자식은 자신의 모습을 만들어 간다. 이것을 동의하면 스스로 크는 것이고 그렇지 않으면 자연보다는 교정矯正에 더 가치를 두는 것이다. 교정의 '교'자가 바로 '교도소矯導所'의 '교' 자임을 기억하자. 사람을 바로잡겠다는 뜻이다.

유럽문화 속에서 이런 자연의 뜻은 어디에도 없었다. 그렇다면 하늘에서 뚝하고 떨어졌단 말인가. 아닐 것이다. 교류의 과정이나 전개의 역사는 찾기 어렵지만, 이러한 자연 개념이 문명사적으로는 노자에 원류를 두고 있음은 말할 것도 없다. 누구에게도 이런 발랄한-유대기독교적 언사로는 발칙한 자연 개념은 쉽사리 발견되지 않는다. 서양어에서 가장 근접한 것은 사실 '자연'(nature)이 아니라 '자동'(auto) 또는 '자발'(spontaneous)이라는 것이었다. 자동은 그리스적인 것이므로 오래되었지만, 자발은 실제로는 칸트 이후 중시된 것이었음을 기억하자. 현대 철학에서 김재권은 이러한 자발성은 '창발創發'(emergence)로 '뜻밖에'(unexpected)[6]라는 뜻에서 '자기 창조성'을 담지만, 서구문화에서 이것은 '자기 창조'라는 매우 기이한 사고일 수 있다. 특히 '창조創造'의 창자가 들어가는 우리의 번역어에서는 그렇다. 물질이 사고하게 되는 것은 서구전통에서는 '의외'일 뿐 결코 그 물질이 '창조적으로 발동하는 것'은 아니라는 것이다. 더불어 위에서 말한 '자동自動'이나 '자발自發'이 모두 '자연自然'처럼 '자自'자가 들어가는 번역이 되는 것도 우리의 전통사유에서 '자연(스러움)'이라는 개념의 중요성을 반증한다. 자기 발동이고, 자기 원인이고, 자기 동인은 우리에게는 '자연'스럽지만 서구인에게는 결코 그렇지 않다.

자연으로 돌아가자

노자는 말한다. '자연을 본받으라', '자연으로 돌아가라'고. 한자어권에서 '복귀復歸'의 사전적 어원이 바로 《노자》에 있는 것을 알겠는가? 군대에서 휴가 나갔던 군인이 '원대原隊 복귀'를 신고할 때의 복귀다. 원어로 '자연으로 복귀한다'(復歸於自然)고 말할 수 있겠다. 그러나 노자가 이렇게 직접적으로 말하지는 않는다.[7] 노자와 루소의 어휘는 똑같지

---

6 김재권과 다르게 듀이는 오히려 신학적인 논증을 위해 이 개념을 쓴다. 물리세계와 정신세계 사이에는 뜻밖의 출현이 있다는 것이다.

만 내용은 같지 않다.

그런데 여기서 노자의 자연도 '자연스러움'이다. 루소는 노자와는 달리, '나투흐nature'라는 말로 '자연스러움'과 '천지자연'을 살짝 혼동하고 있는데, 이는 후대 노자의 자연이 '천지자연'으로 이해되는 것과 비슷한 걸음걸이로 보인다. 다시 말해 우리가 노자의 자연을 천지로 오해하듯, 루소가 노자를 보았다면 그 또한 노자의 자연을 자연 세계로 오해하고 있는 것이다.

오해는 실상 어쩔 수 없는 것이다. 자연스러움은 그것이 무엇이든지 문명의 격식이나 체제의 형식과는 거리가 멀기 때문이다. 그리고 우리는 야생동물의 그것을 자연스럽다고 부르기 때문이다. 그들은 자연스럽게 사냥하고 생식生殖한다. 그들에게 서열은 있어도 격식이나 형식은 없다. 그들에게 야생은 있어도 문명은 없다. 그렇다면 자연스러움은 문명이 아닌, 체제를 떠난 것으로 이해된다. 따라서 자연은 '문명 상태'가 아닌 '자연 상태'로 정의된다. 이때의 자연은 일반적인 용법으로 볼 때 그다지 좋은 것이 아니다. 부드럽지 않고 거친, 다칠 수도 있고 때론 죽을 수도 있는, 질서가 아닌 무질서의 것이다.

그러나 루소는 그러한 자연을 좋게 보았다. 볼테르가 그런 자연이 어디 있느냐고 따졌을 때, 나의 자연은 야생이 아니라고 항변하는 것이 루소다. 서구의 지적 전통에서 자연은 곧 야생과 본능으로 얼룩진 싸움의 세계인데, 루소는 오히려 자연을 거칠더라도 그런대로 잘 돌아가는 세계로 보고자 했다. 이때의 자연 상태는 아직까지는 법률에 굴복하지 않은 시기다.[8]

---

7 14.2.: "아무것도 없는 데로 돌아간다."(復歸於無物.) /28.2.: "끝없음으로 되돌아간다."(復歸於無極.) /28.3.: "통나무로 되돌아간다."(復歸於樸.)

8 루소, 《인간 불평등 기원론》, 46쪽. "그렇다면 대체 이 논문에서는 정확히 말해서 무엇이 문제인가? 그것은 바로 사물이 진보하는 가운데 폭력에 이어 권리가 생기고 자

루소는 자연이 죽이고 죽이는 상태가 아니라, 서로 살고자 하는 상태라고 본다. 자연 상태에서 자신도 죽을 수 있을 정도로 싸우는 동물은 없다는 것이다. 생존이야말로 가장 중요한 것인데, 어떤 자연 상태의 동물도 목숨을 내놓고 싸우지는 않는다는 것이다. 그런데 오직 인간만이 알량한 '명예' 때문에 서로를 죽인다는 것이다.[9]

루소가 말하는 명예가 곧 노자가 말하는 '이름'[명名]이다. 명예名譽라는 말에도 이름이라는 말이 들어가듯이 명예는 이름과 관계된 것이다. 이름을 깎아내리는 것과 높이는 것을 이른바 '훼예毁譽'라고 부른다. 이름을 깎아내는 것을 '명예훼손'이라 부르고, 이름을 드러내려고 '표창表彰'을 한다. 법률적으로 한 사람을 창피하게 만들면 그것이 사실이건 아니건 간에 현행법으로 명예훼손죄에 걸리며, 공적이 많은 사람에게는 훈장을 주어 그를 수훈자로 기린다. 이 모두 이름과 관련된 일이다.

루소는 사람들이 이름 때문에 죽이고 살리는 것을 보았다. 개인끼리 결투가 대표적이다. 그것이 커져 집단화된 형태가 전투다. 따라서 루소는 명예라는 인간적인 허울이 없어진다면 살해도, 전쟁도 없어질 수 있을 것이라고 생각했다.[10]

이런 주장의 단적인 표현이 바로 노자가 말하는 '무명無名'이다. 이름

연이 법에 굴복한 시기를 지적하는 일이다. 그리고 어떤 기적의 연쇄로 말미암아 강자가 약자에게 봉사하고, 인민peuple이 현실의 행복을 대가로 관념 속에서 안식을 찾기로 결심했는가를 설명하는 일이다."

9 루소, 《인간 불평등 기원론》, 117쪽. "자연을 전율케 하고 이성에 어긋나는 국민간의 전쟁이나 전투, 살육, 복수, 그리고 인간의 피를 흘리게 해서 얻은 명예를 미덕으로 간주하는 저 끔찍한 편견이 이러한 상태에서 생겨나게 되었다."

10 루소, 《인간 불평등 기원론》, 117~118쪽, 원주. "마침내 이유도 모르면서 서로 수천 명씩 학살했고, 자연 상태의 인간들이 지구 전 지역에서 몇 세기에 걸쳐 저지른 것보다 더 많은 살육이 단 하루 동안의 전투에서 자행되었으며, 한 도시가 점령될 경우에는 더욱 끔찍한 일들이 벌어졌다. 이것이 인류가 여러 가지 사회로 분할된 데서 엿볼 수 있는 최초의 결과다."

때문에 인간이 자연스럽게 살지 못한다. 이름을 버리면 사람이 사람다워질 수 있다. 임금이라는 이름 때문에 사람들은 죽이고 살리며, 아버지란 이름 때문에 책임을 느끼고, 여자라는 이름 때문에 할 말도 못한다. 학생이라는 이름 때문에 오로지 공부해야 하고, 선생이라는 이름 때문에 모르는 것도 아는 체한다. 이름이 바로 우리를 억압하는 기제인 것이다. 결국 자연으로 돌아가자는 것은 이름을 버리자는 말과 다름이 아니다.

공자의 바른 이름

우리는 살면서 얼마나 많은 이름을 가질까? 얼마 안 될 것 같지만 그렇지 않다. 세어 보라. '학생', '반장', '아들', '사촌', '조카', '동생', '남자', '승객', '손님', '단골'을 비롯해서, 사회적인 지위를 얻은 사람들은 '과장', '부장', '사장', '이사', '회장', '총무', '회원', '장관'이라는 이름을 얻는다. 한 집안에서 불리는 이름만 해도 적어도 열 개는 넘는다. '동생'은 '형'을, '누나'는 '오빠'를, '삼촌'은 '조카'를, '엄마'는 '아빠'를, '아내'는 '남편'을 상정한다. 나를 부르는 이름을 가만히 꼽아보라. '선생님', '교수님', '아저씨', '아버지', '사내', '형', '삼촌', '작은아버지', '할아버지'를 비롯해서 도덕적인 표준까지 담으면 부지기수로 늘어난다.

'거짓말쟁이', '허풍선이', '이야기꾼', '술꾼', '주정뱅이', '대머리', '엉터리', '밥통', '멍청이', '바보'도 나의 이름 가운데 하나다.

'교수가 그러면 되나?'라고 할 때의 '교수', '남자가 그러면 쓰나?'라고 할 때의 '남자', '학생이면 학생다워야지'라고 할 때의 '학생'이 바로 이름인 것이다. 그리고 그 이름에 사람을 맞추고자 하는 것이다. '교수면 교수답게', '남자면 남자답게', '학생이면 학생답게'라면서 그 이름을 본질적으로 정의한다. 거기서 벗어나면 교수도, 남자도, 학생도 아니다. 따라서 사회적으로 주어진 그 이름에 자신을 맞추는 것은 제도 안의 자아를 정립하는 것과 같다.

공자는 그것을 '이름 바로하기', 곧 '정명正名'이라고 불렀다. 노자가 '이름을 버리자'면서 '무명無名'을 말하는 것과 정반대의 길이다. 이름은 자아를 사회 속에서, 관계망 안에서 세우는 매우 좋은 도구다. 따라서 이름이 주어지면 그것에 맞는 나를 찾아내 똑바로[正] 세워야 한다.

나는 대통령이다. 따라서 이때는 이렇게 해야 한다. 두려워하지 말고, 견뎌내야 한다. 나는 결정하는 사람이다. 무엇이 옳은지 잘 모를 때 사람들의 이야기를 듣고 판단해야 한다. 그러나 그 책임은 온전히 나의 몫이다. 내가 받는 외경畏敬만큼 나는 힐난詰難받을 수밖에 없다. 그것이 바로 나에게 주어진 '대통령'이라는 이름값이다. 대통령을 내려놓으면, 대통령이라는 이름을 벗어 버리면, 나는 자연인으로 돌아가 그런 데에 구애받지 않고 자유롭게 살 수 있다.

위의 대통령 대신에 선생, 학자, 교육자, 학생, 작가, 회장, 사장, 대리를 대입해도 좋다. 이름에 걸맞은 것을 찾기는 참으로 어렵다. 말하기는 쉬워도 몸으로 하기는 어렵다. 그래도 말로 잡아놓고 몸이 따라가도록 해야 한다. 그것이 바로 정명인 것이다.

공자는 그 정명을 '임금은 임금답게, 신하는 신하답게, 아버지는 아버지답게, 아들은 아들답게'(君君, 臣臣, 父父, 子子)라는 단순한 말로 정식화했다.[11] 신하가 신하답지 않으면 신하 노릇을 할 수 없다. 신하가 신하답지 않으면 신하라는 직위를 빼앗으면 된다. 이런 논리를 살짝 엿볼

---

11 《논어》〈안연顏淵〉: "제경공이 공자에게 정치를 물었다. 공자가 대답했다. '임금은 임금답게, 신하는 신하답게, 아버지는 아버지답게, 아들은 아들답게 하는 것입니다.'" (齊景公問政於孔子. 孔子對曰 :〈君君, 臣臣, 父父, 子子.〉)

수 있는 것이 바로 맹자가 말하는 '임금을 죽이지 않았고, 한 사내를 죽였다'는 주장이다.[12] '임금'(군君)이라는 이름을 빼앗고 '한 사내'(일부 一夫)라는 이름을 줌으로써 '시해弑害'가 아닌 '주살誅殺'이 되는 것이다.

이름에 대한 정의는 쉽지 않다. 이름에 주어진 것은 정말로 많다. 개인이 각자 상상하는 이름의 내용도 다르고, 집단이 사회적으로 요구하는 이름의 가치도 다르다. 그것을 총괄해서 공자는 '정명'이라고 불렀다. 덧붙여 군신의 관계와 부자의 관계를 병렬시키는 공자의 사고를 주의 깊게 보라. 혈연의 관계는 사회적으로 확대되어야 한다는 판단이 공자에게는 이미 뿌리 깊게 박혀 있다. 따라서 부모에게 못하는 사람은 임금에게도 못한다. 그것이 바로 효孝와 충忠이라는 유가 이데올로기로 자리 잡게 되어 이른바 '충효忠孝' 사상으로 완성된다.

다듬지 않은 통나무

이런 정명을 반대하는 노자는 과연 어떻게 무명을 상징화했을까? 그것이 다름 아닌 '다듬지 않은 통나무', 곧 '박樸'이다.

그런데 여기서 세심하게 주의할 것이 있다. 이 통나무가 따로 이름이 있는 것일까? 박이라는 이름을 갖는 것일까? 아니다. 그것이 이름을 가지면 그것도 이름 안에 얽매이게 된다. 따라서 박은 이름이 아니

---

12 《맹자》〈양혜왕梁惠王〉 하: "제선왕이 물었다. '탕왕이 걸왕을 쫓아내고 무왕이 주왕을 친 일이 있습니까?' 맹자가 대답했다. '전해오는 바 있지요.' 제선왕이 말했다. '신하가 임금을 시해해도 됩니까?' 맹자가 말했다. '어짊을 도둑질하는 사람을 도적이라 하고, 의로움을 도둑질하는 사람을 잔당이라고 합니다. 도적 잔당들을 놈이라고 합니다. 한 놈, 한 놈을 처형했다고는 들어도 임금을 시해했다고는 듣지 못했습니다.'"(齊宣王問曰: 〈湯放桀, 武王伐紂, 有諸?〉 孟子對曰: 〈於傳有之.〉 曰: 〈臣弑其君可乎?〉 曰: 〈賊仁者謂之賊, 賊義者謂之殘, 殘賊之人 謂之一夫. 聞誅一夫紂矣, 未聞弑君也.〉)

다. 이름이 아니지만 그래도 그것을 말하려니 이름처럼 말할 뿐이다. 이름을 버리자면서 이름을 만들면 안 된다. 박은 '이름 없는 통나무'[13]이다.

이 통나무는 책상이 될 수도, 의자가 될 수도, 이쑤시개가 될 수도 있다. 정확하게는 '책상'이라는 이름을 가진 책상과, '의자'라는 이름을 가진 의자, '이쑤시개'라는 이름을 가진 이쑤시개다. 따라서 통나무가 이름을 가지면 그것으로 하나로 고정되어 모양조차 고형화될 수밖에 없다. 그것을 벗어 버린 통나무, '통나무집'이라고 할 때의 통나무의 형상조차 벗어 버린 통나무, 인간의 효용에 맞게 잘리어 강줄기를 타고 내려오는 뗏목과 같은 통나무도 아닌 바닷가 폭풍에 밀려온 그저 그런 통나무들이다. 그것들이야말로 이름이 없는, 다듬지 않은 통나무다.

그러나 그 통나무는 무엇이든지 될 수 있다. 가능성 그 자체이며, 어떤 이름으로도 탈바꿈할 수 있다. 따라서 중요한 것은 원목이지 가공품이 아니다. 우리는 모두 이름 없는 원목으로 태어났다. 원목 없이 반듯한 책상도, 편한 의자도, 요긴한 이쑤시개도 만들지 못한다.

오, 소박

실상, 자연은 그 자체로 가장 문명적인 상태일 수 있다. 인간이 인간답게 사는 것이 바로 '자연스럽게' 사는 것이다. 성격대로, 장점대로, 하고 싶은 대로 사는 것이 바로 자연스러운 것이며 인생 최고의 즐거움을 보장하는 비결이다. '책상, 걸상, 책꽂이가 되면 무엇 하나, 사람 손

---

13 37.2.: "잘 자라나는 것을 일부러 만들려고 하니, 나는 그것을 이름 없는 통나무로 억누를 것이다."(化而欲作, 吾將鎭之以無名之樸.)

타지 않은 통나무면 제격이지.' 이렇게 외치는 것이다. 자연스러운 것의 대명사가 곧 통나무인 것이다. 통나무를 벗어나는 순간, 우리는 잘리고 휘면서 이용당하고 만다. 자연스럽게 살아가는 것이 아니라, 사회적으로 생활한다.

노자는 이러한 자연적 삶을 '소박素樸'[14]하다고 불렀다. 박이 거친 통나무라면, 소는 깨끗한 바탕을 말한다. 아이들의 부드러운 살결, 아무도 밟지 않아 곱게 쌓인 눈, 어떤 색깔도 무늬도 넣지 않은 무명천 같은 것이다. 자연에는 깨끗한 것도 있고, 거친 것도 있다. 깨끗한 것이 바로 소, 거친 것이 바로 박이다. 그리하여 자연은 소박하다.

소박, 어디서 많이 들어보지 않았는가. 루소는 그런 자연의 삶을 '소박素朴'(naïveté; naivety)이라고 불렀다. 우리가 흔히 쓰는 소박의 박朴 자는 박樸 자와 같다. 서구어에서 '나이브하다'는 것은 '천진난만한, 때묻지 않은, 순박한' 상태를 가리킨다. '고급스런, 정교한, 복잡한, 고성능의'(sophisticated) 상태와 반대된다. 소피스트처럼 복잡하게 생각하는 것은 좋은 것이고, 생각을 제대로 하지 않고 거칠게-나이브하게 하는 것은 나쁜 것이다. 그러나 루소는 거꾸로 생각했다. 소박한 것이 복잡한 것보다 좋다고. 소박한 것은 정교한 것을 넘어선다고.

이런 어휘의 공유에서 나는 루소가 노자를 보았다는 심증을 굳힌다. 너무도 닮은 말이다. 단순함(simplicity)도 아니고 소박함이다. '천진난만天眞爛漫'의 '천진'은 '하늘이 준 그대로의 참다움'을 가리키는 도가적 언어다. 자연은 진리다. 자연스러움은 참이다. 소박하게 살자.

이와 같은 이유 때문에 나는 루소가 노자를 보았다고 주장하는 데 주저하고 싶지 않다. 사상가들의 가장 큰 단점은 자신이 생각을 따온

---

14 "따라서 돌아갈 곳이 있도록 한다. 흰 것을 드러내고 거친 것을 껴안아라. 나를 줄이고 욕심을 적게 하라."(故令有所屬: 見素抱樸, 少私寡欲.)

그 누군가만큼은 이야기하고 싶지 않은 데 있다. 자기 사상의 순수성이 훼손될까봐 더욱 그런다. 노자는 이와는 반대로 '공을 이루었으면 몸을 빼라'(공성신퇴功成身退)[15]고 한다. 그게 누구의 것이면 어떠냐는 태도다. 오히려 그것이 내 것일수록 과감히 버리고 나와야 한다. 세상에 네 것 내 것이 어디 있겠는가. 공은 이루어져야 하지만, 공을 이루는 사람은 이렇게 사라져야 한다.

훈수꾼

이 글은 루소가 노자를 보았다는 물증을 찾기 힘들어서 나의 심증을 잘 그려 보고자 한 것이다. 저작의 방법을 허구로 꾸미게 된 것이 바로 그 까닭이다. 처음에는 나도 껴서 노자와 루소를 토론시키고 거드는 방식으로 적어 갔는데, 시대의 차이 때문일까, 주제를 하나로 모으기 어려웠다. 이를테면 '입헌군주'라든가 '저항권' 등의 것을 가상으로라도 일관되게 토론시키는 것이 지나치게 작위적으로 보였다. 그래서 장별로 루소가 노자에게 묻고 대답하는 형식이 더 낫겠다고 판단해서 다시 쓰기로 했다. 대신 나의 역할은 빼기로 했다. 대화의 주체가 아닌 숨어

---

15 "만물을 만들었으나 말이 없고, 낳으면서도 갖지 않고, 하면서도 자랑하지 않고, 공이 이루어지면 머물지 않는다."(萬物作焉而不辭,　生而不有,　爲而不恃,　功成而弗居.) /9.3.: "공이 이루어지면 몸을 빼는 것이 하늘의 길(도道)이다."(功逐身退,　天之道.) /17.3.: "부드럽구나, 말을 아낌이여. 일이 잘되어 끝날 때, 사람들은 모두 말한다. 나는 스스로 그러하다고."(悠兮,　其貴言. 功成事逐,　百姓皆謂: 我自然.) /34.2.: "만물은 이에 기대어 태어나지만 아무 말 없고, 일이 이루어졌지만 이름을 얻으려 않으며, 만물을 덮고 기르지만 주인이 되려 들지 않는다."(萬物恃之以生,　而不辭. 功成而不名有, 衣養萬物而不爲主.) /77.3.: "그러므로 성인은 하면서도 자랑하지 않고, 일이 이루어지면 머물러 있지 않으니, 그렇게 똑똑함을 보이려 하지 않는다."(是以聖人爲而不恃, 功成而不處, 其不欲見賢.)

있는 해설자로 간간히 나서면 대화의 흐름도 이어주면서, 빠뜨린 문제를 보충할 수 있다. 이를테면 만화 속의 주인공들 가운데 하나가 아니라, 만화를 그리는 사람으로서 충실하자는 것이었다. 가끔 간섭하거나 훼방하는, 그러나 본인은 훈수訓手라고 굳건히 믿는 역할이다. 주인공들 사이에서 가끔씩 화면을 들치고 얼굴을 보이는 만화가의 모습처럼 말이다. '아이고, 지겨워', '아직도 그 타령인가'라며 추임새를 넣는다. 자신은 못하면서도 남의 일은 잘 아는 그런 훈수꾼처럼 말이다. '선녀와 나무꾼'이 아니라 '노·루(노자와 루소)와 훈수꾼'이다.

제1막

검은 방

진리와 세계―그 길만이 길은 아니다

　　저승에 있던 노자와 루소의 영혼을 훈수꾼이 불러냈다. 노자는 말 그대로 백발의 할아버지였고, 루소는 나폴레옹이 입던 시대의 옷을 입고 은색 가발을 쓰고 있었다. 노자는 소를 타고 느릿느릿 훈수꾼의 왼쪽 문에서 멈췄고, 루소는 말을 타고 쏜살같이 훈수꾼의 오른쪽 문에서 멈췄다. 훈수꾼은 관객이 있는 남쪽을 보고 있었으니 노자는 동쪽에서, 루소는 서쪽에서 온 셈이다. 루소가 먼저 검은 방의 문을 열었고, 노자가 그 뒤를 이었다. 이제 검은 방만 보인다. 검은 방 속 세 사람의 얼굴만이 또렷하다. 그 둘은 편히 쉬고 있는 그들을 왜 불렀냐고 따져 물었다. 훈수꾼은 답변 대신, 만난 김에 노자의 철학시집인 《도덕경》을 소리 내어 읽어 보자고 제안했다. 총 81막의 이야기는 이렇게 시작된다.

1.1. 동일률

노자 나는 이르노니(1.1.), "진리를 진리라 하면 진리가 아니다."(도가도道可道, 비상도非常道.)

루소 선생 명성을 잘 알고 있지만 처음부터 무슨 말씀이신지? 노자老子, 곧 늙은이의 헛소리 같습니다. 서양에 이런 말은 없어요.

노자 쯔쯔, 이런 말도 들어보지 못하다니, 안타깝소. 하나만 물어봅시다. 이것이 진리라면, 저것은 진리가 아니지요? 그대가 믿는 생각에 반대 하는 사람이 진리라면 그대의 말은 진리가 아닌 셈이 되는데, 그걸 받아들일 수가 있겠소? 그대의 생각도 상당히 급진적이라서 동시대의 사람들과 불화하지 않았소? 나중에 그대의 생각이 받아들여진다 하더라도, 여전히 그대의 생각에 반대하는 사람은 있을 것인데, 그렇다면 그 사람들의 생각이 모두 글렀다는 말이오? 제발 진리를 열어 놓읍시다. 닫힌 진리야말로 위험하고 맹목적이라오.

루소 그래도 진리는 진리지, 진리를 진리라고 하면 진리가 아니라는 말씀은 무슨 뜻인지요? 아리스토텔레스는 말했지요. A는 A라고. 어렵게 동일률同一律(principle of identity)이라 하고 이것이 논리학의 제1원리지요. A는 A여야 하지 다른 것이 되면 무슨 말을 할 수 있겠습니까? 돌은 돌이지 물이라고 할 수 있겠어요? 꽃은 꽃이지 벌이라고 할 수 있겠어요?

노자 그래서 답답하다는 거요. 세상에 고정적인 것은 없소. 유일하게 불변 하는 것이 있다면, '불변하지 않은 것은 없다'는 말일 거요. 나는 그 불변성을 '늘 그러함'〔상常〕이라는 말로 풀지요. 도도 그냥 도가 있 는 반면, 불변하는 '상도常道'가 있는 것이오. 그래서 늘 그러한 진리

는 뭐라고 정의 내리거나 형용되면 안 된다는 것이오. 돌은 돌이고 물
은 물이라고 하지만, 광천수鑛泉水(mineral water)라는 것이 무엇이요?
광물이 많은 물, 곧 돌가루가 섞인 물이라는 것 아니겠소? 꽃과 벌이
달리 보이지만, 벌은 꽃을 먹고살고 꽃은 벌 때문에 수정하여 자손을
널리 퍼뜨린다오. 물속에 돌 있고, 벌 안에 꽃이 있는 법이라오.

루소 현상적인 것에 매달리지 말고 그것들 속에 감춰져 있는 관계를 보라
는 말씀 같은데, 너무 멀리 보시는 것 아닙니까? 그래도 일상적으로
받아들여지는 그 무엇이 있고, 우리는 봐도 그것을 따라 살고 있지
않습니까? 그런 것이 없다면 사람은 어떤 표준으로 삽니까? 우왕좌
왕, 좌충우돌하지요.

노자 잘 아오. 나의 원말은 진리라는 어려운 단어가 아니라오. 그저 길이
지요. 내 말은 '길을 길이라 하면 늘 그러한 길이 아니다', 다시 말하
면 '그 길만을 길이라고 하면 참다운 길이 아니다'라는 것이오. 우리
에게 길은 여기저기 주어졌다오. 그러나 그 길만이 옳은 것은 아니라
오. 힘들어서 돌아갈 수도 있고, 바빠서 바로 갈 수도 있소. 사람들이
다니던 길이라서 길은 생겼지만, 그 길만이 옳을 수도 없소. 샛길을
찾아내고 지름길을 찾아내는 것이 사람이라오. 따라서 길은 있소. 거
기로 가긴 가야 하니 말이오. 그러나 그 길만이 옳다하진 마시오. 그
래서 길을 길이라 하지 말라는 거요. 그런 길 찾기야말로 참다운 길
을 열어준다오. 내가 알기로는 그대도 그런 새 길 찾기에 앞장서는
사람 같은데.

루소 맞습니다. 저도 우리에게 주어진 문명과 그것의 원리에 깊은 회의감
을 지니고 있습니다. 그래서 엉뚱한 소리를 많이 했고, 덕분에 주위
사람들에게 엄청나게 많은 욕을 먹고 있습니다. 후원인들 때문에 먹
고살고는 있지만, 그것도 늙은 부인들에게 붙어사는 꼴이라 뒷말이
무성했지요. 그래도 나의 주장 때문에 세상이 바뀌고 있어요. 프랑스
혁명도 나의 덕이라 하지 않습니까?

노자 그렇소. 그 길만을 길이라고 하면 참다운 길을 찾을 수 없다고 받아
들이니 이해가 쉽지 않소? 그럼에도 '참다운 길'이 또 어디엔가 숨겨
져 있고, 진짜의 길이라고 생각하면 나의 뜻이 곡해되오. 진짜 길이라
는 것도 진짜 길로 남아서는 안 되오. 길은 늘 다시 찾아져야 하고
만들어져야 하오. 그런 점에서 내 길은 '빈 길'이라오.

루소 그렇다면 선생의 말은 '진리가 없다'는 것 아닙니까? 위험하고 방자
放恣합니다. 사람들이 나보고 방탕한 생활을 보냈다고 하는데, 차라리
선생을 방탕의 혐의로 고소하는 편이 낫겠습니다. 진리 없이 어떻게
삽니까? 그렇다면 우리 모두 전쟁터로 나서게 됩니다.

노자 '진리가 없다'고 나도 욕을 많이 먹었지요. 나를 대표적으로 공격한
한유韓愈라는 당나라 때의 유학자는 나의 진리론을 '빈자리'〔허위虛位〕
라며 비난했다오. 그러나 나는 그의 표현이 정말 마음에 든다오. 왜냐
하면 나의 뜻을 잘 표현했기 때문이오. 나의 진리는 바로 그런 빈자
리이어야 하오. 고정되지 않은, 실체화되지 않은, 단정 지어지지 않은
것이야 하기 때문이오. 그것은 빈자리로 늘 남아 있어야 하오. 빈자리
가 찼다고 생각하는 순간, 우리의 지성은 멈춘 것이고 죽은 것이라오.
영원히 빈자리에 채울 것을 찾는 것이 우리 인간에게 주어진 또 하나
의 '길'이라오. 숙명이라 해도 좋지만 숙명보다는 사명이라는 표현이
나을 것 같소. 진리를 죽이지도 말고, 진리에 파묻히지도 맙시다.

사실 이 말은 이해가 쉽소. 우리가 일상적으로 말하면서 '진리'라는
말속에 그 내용을 넣소? 아니라오. 그 '진리'라는 말속에는 수많은 진
리의 값이 들어갈 수 있다오. 그 '진리'는 말 껍데기일 뿐 그 속에
어떤 구체적인 내용을 담고 있는 것이 아니라오. 개념어라는 것이 워
낙 그렇소. '진리'라는 '말'과 '진리'라는 '것'은 엄격히 구별될 필요가
있소. '것'으로 '말'을 옥죄지 마시오. 추상적인 관념일수록 '말' 속에
'것'이 담겨 있지 않은 경우가 많다오. 말은 말대로 내버려 둡시다.
진리는 진리로 그냥 내버려 둡시다. 빈자리로, 찾아지지 않은 채로,

뭐라고 불리지 않은 양 가만히 둡시다.

루소 서양식 사고와는 차이가 많지만, 뭔지는 알겠습니다. 진리를 열어두라는 것이지요? 닫힌 진리가 아닌 열린 진리를 받아들이라는 것이지요? 닫으면 나의 진리, 너의 진리, 우리의 진리, 너희의 진리로 나뉘고, 나뉘면 싸우고, 싸우면 어지러우니 그러지 말자는 것이지요? 그렇지만 나는 싸워 얻어내야 할 진리가 많습니다. 적어도 하나는 있습니다. 이 사회의 질서가 누구 하나에 의해 주어지지 않는다는 바로 그것입니다. 사회의 질서는 그러한 절대 권력에 따라 좌지우지되어서는 안 됩니다. 어쩔 수 없이 될지라도 그것은 사람들의 뜻이어야 하고, 사람들에게 그것이 받아들여진다면 싫거나 밉더라도 따라야 합니다. 그러나 그 절대 권력이 사람들의 뜻에 반하고 모든 사람들이 그것을 받아들일 수 없다면, 절대 권력은 무너져야 합니다. 통치는 누구에게 넘기더라도, 통치의 원리인 입법만큼은 사람들이 해야 합니다. 입법만큼은 양도될 수 없는 사람들의 권리인 셈이지요. 진리가 무엇인지 말이 많을지라도 입법권만큼은 포기하지는 못하겠습니다. 공연한 개방성 때문에 아무나 무엇이라도 할 수 있는 것으로 받아들여질까봐 걱정스럽습니다.

노자 무슨 이야기인가 곰곰이 들어보니 비슷한 점이 없지 않소. 절대 권력이라는 것은 나도 받아들일 수 있는 것이 아니고, 무엇을 할 수 있는 권리라는 것도 남이 대신해 줄 수 있는 것이 아니지요. 만일 어떤 사람이나 집단이 법을 세울 수 있는 입법권을 독점한다면 그것이야말로 진리의 개방성에서 벗어나는 것이라오. 특히 나는 법을 세우는 자들이 대체로 도둑놈이라는 것을 잘 알고 있소. 법이 많아지고 번질거릴수록 도둑이 많아지는 것이오.[1] 그걸 관리하는 일은 정말 쉽지 않소. 그래서 그대는 입법권만큼은 사람들이 남에게 줄 수 없는 것이라고

---

1 "법령이 더욱 뚜렷할수록, 도적이 많다."(法令滋彰, 盜賊多有.)

생각하는 것 같소. 혹시 그것이 의회議會(parliament)의 이념 아니오? 만들어놓고 나면, 딴소리해서 그렇지.

루소 나의 시대만 하더라도 이런 것을 생각하지 못했는데, 요즘은 '국민소환제'가 있다고 하네요. 잘못하면 불러들이는 제도 말입니다. 혁명이야 절대 권력을 타도하는 것인데, 소환권은 그런 것은 내버려 두고 일단 사람들이 보낸 입법자들을 불러들여 다시 뽑는 것을 말합니다.

노자 우리가 말할 시간은 아직 많은 것 같소. 아직도 80막이나 남았으니 말이오. 그것보다는 나는 아까 말한 동일률이라는 것부터 그대의 머릿속에서 지워 주었으면 좋겠소. 이것이면 이것이지 다른 것이 될 수 없다는 생각은 정말 촌스럽고 유아적인 생각이오. 나와 남을 철저히 구별하고, 그 경계를 높이 세우고, 덤비면 싸우겠다는 태도이기 때문이오. 나는 남과 그렇게 구별도 되지 않고, 경계는 세울수록 무너지기 쉽고, 안 싸우고 이기는 것이 최고이기 때문이오.

루소 '이것은 이것이지 이것 아닌 것이 아니다'라는 말의 역사는 오래되었습니다. 앞의 '이것은 이것이다'는 것을 'A=A'라는 동일률로, 뒤의 '이것은 이것 아닌 것이 아니다'는 것을 'A≠~A'라는 모순율로 표현하지만, 사실 둘은 하나지요. 모순율은 동일률을 거듭 말하거나 빠져나갈 구멍을 막아 버리는 것에 지나지 않습니다. 이를테면, '개미는 개미지, 개미 아닌 것이 될 수 없다'는 이야기이기 때문입니다. 그런 점에서 선생의 이야기는 어쩔 수 없이 서양인에게는 생소할 수밖에 없습니다. 아리스토텔레스 이래로 배워온 것이 그런 논리학이거든요.

노자 선생, 말씀을 이어가시지요.

1.1′. 존재와 생성

노자 나는 이르노니(1.1′.), "이름을 이름 지을 수 있으면 늘 그러한 이름이 아니다."(명가명名可名, 비상명非常名.)

루소 하하. 이것도 같은 맥락에서 이해하겠습니다. 어떤 이름으로 어떤 것을 불러 버리면 그 어떤 것이 제대로 드러날 수 없다는 것이겠네요. 그런 예는 많아요. '그놈은 노랗다'고 했는데, '노랗다'는 이름은 층위에 따라 얼마나 많은 노랑을 가리킬 수 있는데요. 누리끼리한 것부터 샛노란 것에까지, 노란 것에서 누런 것에까지, 노랑나비부터 황인종에까지 다르고 또 다르죠. 늘 그러한 이름을 말하는 것은 대상의 명칭을 고정시키지 말고 그에 걸맞은 이름을 찾기 위해 늘 애쓰라는 것이고요. 진리에 개방적이듯이, 개념에도 개방적이어야 한다는 것을 말하는 것이겠지요. 선생에게 주어진 '어린이'라는 이름이 '젊은이'를 거쳐 '늙은이'로 낙찰되었듯이 말입니다.

노자 늙은이를 놀리오? 허허.

루소 그러고 보니, 고대 그리스의 아낙시만드로스가 비슷한 말을 하긴 했어요. 물질의 처음은 규정될 수 없다고. 그것 자체를 이름 붙이길, '무규정자'나 '무한정자'라고 했습니다. 그리스말로 '토 아페이론to apeiron'이지요. '토'는 관사(the)이고, '아'(a)는 부정하는 말이니, '뭐라 부를 수 없는 것'이라는 뜻이지요. 위에서 말씀하신 선생의 표현으로는 '말할 수 없는 것'(불가도자不可道者)이나 '이름 붙일 수 없는 것'(불가명자不可名者)이고, 요즘 말로는 '불가설不可說의 것'이네요. 그러고 보면 고대 현자의 관심은 일치하는 데가 있네요.

노자 이해해 줘 고맙소. 내 말 가운데, 도道라는 말은 진리라는 뜻과 더불어 '말', '말하다'라는 뜻이 있소. '이름', '이름 짓다'는 뜻과 같다오. 길 찾기는 말 찾기며, 말 찾기는 이름 찾기라오.

부산에 간다면 부산이라는 이름을 알아야 하고, 부산이라는 이름을 알았으면 부산이 서울의 남동쪽에 있다는 것을 알아야 하고, 남동쪽에 있다는 것을 알았으면 경부선을 타야 함을 알아야 하오. 사실 경부선의 '부' 자가 부산을 가리키는 것이지만. 이렇게 이름을 알면 진리를 알게 되는 것이라오. 현실에서는 그럴 수밖에 없소. 그러나 부산이 늘 남동쪽이오? 광주의 동쪽이지만 쓰시마의 북쪽이고, 울산의 남서쪽이지만 제주의 동북쪽이오. 하다못해 권력에 의해서도 지명이 바뀌기도 한다오. 정부세종청사로 가는 나들목 이름이 '동공주'에서 '서세종'으로 바뀐 것이 좋은 예요.

역사 속에서 지명은 늘 바뀌오. 동서도 내가 서 있는 곳에 따라 늘 바뀌오. 길은 늘 새로 나니 마찬가지라오.

루소 아낙시만드로스가 "만물의 탄생은 어떤 물질로부터이긴 한데 그 물질을 이것이라고도 저것이라고도 정의내릴 수 없다는 절박한 반성에서 시작된다"고 한 점에서, 선생과 통하네요. 하기야 분자가 전부인 시절도 있었지만, 이어 원자가 전부가 되었고, 요즘에는 원자도 그 안에 여러 요소로 자꾸만 나뉘는 것을 보면, 만물의 근원을 알 수 없어규정지어서는 안 된다는 생각은 맞는 것 같습니다.

노자 아낙시만드로스라는 분의 생각이야말로 나와 비슷한 것 같소. 제발 세상을 규정하지 마오. 사람도 물건도 쉽게 규정하지 마시오. 규정하는 것은 이해의 초기단계에서는 필요하지만 궁극에 가서는 버려야 할 것이오. 규정은 지성의 몰락이고, 인간에 대한 폭력임을 잊지 마시오. 이것만이 옳다는 무지, 이 사람은 이렇다는 독단에서 벗어납시다. '그 사람은 이런 사람이야'라고 하는 순간, 우리는 남을 받아들이기를 포기하고 무력을 가하고 있음을 깨달아야 하오.

루소 동일률의 원조는 아무래도 파르메니데스라는 사람을 꼽아야 할 것 같습니다. '있는 것은 있고, 없는 것은 없다'고 했지요. 그의 동일률은 단순한 사물이 아닌 존재 전체에 적용시킨다는 점에서 '존재의 동일률'이라고 불러도 좋을 것입니다. '있는 것은 줄곧 있을 수밖에 없고, 없는 것은 줄곧 없어야지 없는 데서 뭔가가 나올 수 없다'는 것이기 때문입니다.

노자 혹 그 사람 때문에 'ㅇㅇ 불변의 법칙', 'ㅇㅇ 보존의 법칙'이 나오는 것 아니오? 질량, 에너지 등도 단지 사라져 보이지 않을 뿐이지 없어지는 것이 아니라는.

루소 그렇습니다. 서양의 형이상학이라는 것이 바로 이렇게 '존재'(Being)를 탐구하지요.

노자 동양의 형이상학이라는 것이 존재보다 '생성'(Becoming)을 탐구하는 것과 비교되오. 존재물이 그대로 있는 것이 아니라, 무엇인가로 바뀌고 있다는 것이 동양적 사고니 말이오. 시간이 흘러가는 한, 어쩔 수 없는 것이겠소. 서양의 사고에는 시간이라는 것이 있긴 있소? 그대들은 '있음'에 머물지만, 우리는 '되어감'을 본다오.

루소 좋은 지적이십니다. 저도 파르메니데스의 사고를 당연시했습니다. 플라톤도 그렇고, 파르메니데스의 영향력은 막강했습니다. 파르메니데스를 이해하는 방법은 바로 시간을 배제하고 사고하는 것입니다. 그가 이끌던 엘레아학파가 바로 그런 것이지요. '제논의 역설'이라는 것도 이런 배경에서 탄생합니다. '발이 빠른 아킬레스는 느림보 거북이를 따라잡지 못한다'는 것도 시간을 끊어놓고 보니까 가능한 설정입니다. 아킬레스가 아무리 발이 빨라도 거북이는 앞으로 조금이라도 움직이거든요. 거북이도 가고, 아킬레스도 가고, 시간이 동시에 흘러가는 것이 아니라 순차적으로 흘러가게 하는 것이지요. 그래서 '날아가는 화살은 날아가지 않는다'는 역설이 성립합니다. 시간을 정지시켜 놓고 보니까요. 그런 사고가 후대에 미분과 적분을 만들어 내는 데 도움이 되지만, 수학이라는 이론적 공간에서 가능한 것이지 현실에서 사실상 시간을 제외시킬 수는 없지요. 게다가 저의 관심사는 사회, 언어, 그리고 불평등이기 때문에 이런 점에 소홀합니다.

노자 파르메니데스야말로 이상한 사람으로 느껴지오. 있는 시간을 어떻게 빼놓고 생각하오?

루소 그러나 파르메니데스는 선생을 촌스럽게 볼지도 몰라요. 흘러가는 대로 살고, 그것을 넘어서 있는 불변을 보지 못하니까요.

노자 아니오. 그렇진 않소. 내 후배 격인 장자莊子는 흐름에 치중했소. 그
가 강조한 '기氣'라는 것이 그렇소. 운동이고, 변화고, 힘이요. 그러나
난 그보다는 '늘 그러한 것'〔상常〕도 강조했소. 따지고 보면 그도 '변
화하는 것'〔변變〕을 앞장세우기는 했지만, 변화의 기저에 기가 있다고
했기에 변화를 총괄하는 주체는 어느 정도 받아들인 셈이오. 아무튼,
나는 도道의 철학자요, 그는 기氣의 철학자라오. 그러면서도 잘 통하
니 신기하오. 왜냐면 세상에는 고정불변하는 실체는 없다는 것이 우
리들의 생각이라 그렇소. 그것은 비어 있거나, 아니면 움직이고 있을
따름이라오. 물은 있지만, 늘 움직이고 있는 것과 같소. 그렇다고 해
서 물의 모양이 이거라고는 말 못하고, 물이 한곳에만 고여 있다고도
말 못하오. 물은 담기는 형태에 따라 꼴을 바꾸고, 하늘로도 땅으로도
물속에서도 순환한다오.

루소 나도 이름에 대해 많은 사색을 했습니다. 내 책《언어의 기원에 관
한 시론》이 그것입니다. 이 글은《인간 불평등 기원론》의 부분이었는데,
너무 장황해서 빼 버린 것입니다. 두 책의 관련성을 추론하면 바로
그 내용이 보이지요. 사람은 여러 이유가 있었지만 그 가운데 언어
때문에라도 불평등의 길을 가게 되었다는 말입니다. 말이 탈이네요.

1.2. 언어적 진화론

노자 나는 이르노니(1.2.), "이름 없음은 천지의 시작이오, 이름 있음은 만
물의 어머니다."(무명천지지시無名天地之始; 유명만물지모有名萬物之母.)

루소 나는 선생의 사고방식을 따릅니다. 세상의 시작은 어떤 모습이었을까
그려 보는 것이지요. 하느님이 세상을 창조하였고 창조 때부터 언어
가 있었다는 것은 유대기독교적 설정입니다. '태초에 말이 있었다'며
말은 곧 하늘이 내린 명령, 원리, 나아가 진리라는 생각은 서구문화에

서는 일반적으로 받아들여집니다. 바벨탑 이후 말이 나뉘었다는 것도 처음에는 말이 없었다는 것이 아니라, 말이 있었고 서로 통했는데 갈라져서 통하지 않게 되었다는 것이니까요. 그러나 나는 말이 없던 원시 상태를 상정합니다. 우리는 말없이 살다가 말이 생겼다는 것이지요.

노자 언어적 진화론이라고 불러도 좋겠소?

루소 나의 시대에는 진화론이라는 것이 없었습니다. 진화론이 '원숭이로부터 사람이 나왔다'고 오해되는 것처럼, 나의 말도 '야만인의 언어로부터 현재의 문법과 관념이 있는 언어가 나왔다'고 쉽게 오해될 수 있어 조심스럽습니다. 그렇지만 문명 이전의 언어로부터 문명 이후 문법과 체계가 잘 갖춰진 언어가 발전되었다는 것은 받아들여야 합니다.

이런 점에서 나의 시대에 언어의 기원을 찾으려 노력했던 콩디야크 신부와 길을 같이 갑니다. 다만 그는 '사회가 있어야 언어가 있다'고 주장하는데, 나는 이를 쉽게 받아들일 수 없습니다. 사회가 언어를 만들지만 언어가 사회를 만들기도 하기 때문입니다. 그러니까 욕구의 충족을 위해 언어가 만들어진 것보다는 언어를 통해 인간의 불평등을 자리 잡게 했다는 말씀입니다. 동물이 소리를 지르는 것은 욕구입니다. 그 욕구는 단순한 언어로도 충분합니다. 그러나 오늘날처럼 발달한 언어를 보면 욕구 충족을 위해 언어가 발명되었다는 것만으로는 언어의 발전이 설명되지 않습니다. 차라리 언어 발전이 사회의 복잡다단한 규제와 단속 그리고 여러 층계를 만들었다고 보는 것이 좋을 것입니다. 사회와 언어의 관계 가운데 어느 하나가 먼저라고 나는 단언하지 못하겠으며 여전히 숙제로 남기고 싶습니다.[2] 아기가 젖을 달라고 우는 것은 욕구가 언어를 만든 것이지만, 우리는 어법을 배우면

---

2 루소, 《인간 불평등 기원론》, 76쪽. "즉 언어가 제정되기 위해서는 이미 결합된 사회가 있어야 했는지, 또는 사회가 이루어지기 위해 이미 발명된 언어가 있어야 했는지, 둘 가운데 어느 쪽이 먼저 필요했는가 하는 문제다."

서 불평등한 사회에 적응합니다.

노자 그래도 다행이구려. 태초에 언어가 없었다고 해도 조롱받지는 않았으니 말이오. 콩디야크 신부 학자의 공헌인지는 몰라도 말이오. 그대의 관심은 사회의 탄생에 있지, 언어의 탄생에 있는 것 같지는 않소. 원시 언어에서 현대 언어로 진화한다는 것은 그래도 받아들이는 것 같소. 그대가 곳곳에서 주장하는 '고독한 원시인'이라는 관념이 바로 이런 것을 말하는 것 아니오? 그대의 '고독한 원시인'은 나와 나의 추종자가 말하는 원시 상태의 완전한 인간을 가리키는 것 같아 반갑소. 나는 이를 늙어 죽을 때까지 서로 왕래하지 않는 사회라고 말했다오.[3]

루소 어찌 처음부터 말이 있었겠습니까? 선생의 생각처럼 말 없음, 곧 무명無名이 천지의 처음 모습인 것이 맞습니다. 그리고 말 있음, 곧 유명有名으로 말미암아 만물이 자리 잡게 되지요. 그래서 이름 있음은 만물의 어머니인 것입니다. '사회는 언어를 만들고, 언어는 사회를 만든다'는 내 주장의 뒷부분과 통합니다. 언어가 있으면 모든 것이 자신의 층차에 맞게 놓이게 됩니다.

1.3. 욕망의 탄생

노자 나는 이르노니(1.3.), "따라서 늘 하고자 함이 없어 그 야릇함을 보며, 늘 하고자 하니 그 드러남을 본다."(고상무욕이관기묘故常無欲以觀其妙, 상유욕이관기요常有欲以觀其徼.)

루소 이제는 욕망의 있고 없음으로 세상을 설명하시네요? 무욕할 때는 세상이 돌아가는 오묘함이 보이고, 유욕할 때는 내가 필요한 유용함이 보인다는 말씀이네요. 내가 욕망 없이 세상을 바라보면 그것이 그대

---

3 "사람들이 늙어 죽을 때까지 서로 오가지 않는다."(民之老死, 不相往來.)

로 잘 보여 그것의 오묘함이 드러나고, 내가 욕망을 갖고 세상을 바라보면 내게 필요한 면이 내 눈에 돋보인다는 것이네요. 배부르면 세상을 관조하고, 배고프면 세상을 요리하는 것과 같네요. 관조하기에 세상이 야릇하다고 느끼고, 욕구를 채우려 들면 내 앞에 드러나는 것을 보지요. 배부를 때는 토끼의 귀가 커서 소리를 잘 듣는 것을 '야릇하게' 보면서도, 배가 고프면 토끼가 토끼 굴에서 쫑긋 '드러날' 때만 기다리지요. 가만히 바라보는 것이 아니라 잡아먹어야 하거든요. 재밌습니다.

노자 그렇소. 내 말은 어려운 것이 아니오. 말 없는 세계와 말 있는 세계를 나누듯, 욕망이 없는 세계와 욕망이 있는 세계를 그려 보고자 하는 것뿐이오. 욕심이 없으면 아름답게 볼 수 있지만, 욕심이 생기면 아름다움은 사라진다오. 미적으로도 1, 2, 3등을 나누고 그것을 넘어서는 것은 '묘품妙品', '신품神品'으로 부르지 않소? 먹어서 배부른 것이 아니라 즐기며 바라볼 수 있는 세상의 신묘神妙함은 무욕할 때 제대로 나타난다는 것, 그것이오.

루소 먹는 것이 안 중요한가요?

노자 하하. 아니요. 우린 먹어야 하오. 드러난 세계란 우리가 먹을 것이 드러난 세계란 말이라오. 우리에게 유용한 것이, 유익한 것이, 유리한 것이 드러나는 것이오. 그럼에도 중요한 것은 무욕이요. 왜냐면, 무욕이 먼저고 유욕이 나중이니 말이오. 원초적인 상태가 먼저고 문명의 상태가 나중인 것과 같소.

루소 논의의 여지는 있네요. 아기는 젖 달라 울지 않습니까? 욕망이 먼저일지도 모르잖아요?

노자 하지만 배가 차면 바로 자는 것이 아기 아니오? 아기가 곤히 잠든 모습이 '야릇함'이고, 아기가 젖 달라 우는 것이 '드러남'이라오. 뭐가 먼저겠소?

루소 '고독한 원시인'을 넘어 '배부른 아기'네요. 자연 상태에서 만족하는,

불필요한 욕망에 휘둘리지 않는, 이름 가운데 이름인 명예라는 것을 모르는 아기요.[4] 하하.

노자 나는 그런 아기를 핏덩이 곧 '적자赤子'[5]라고 부르오. '아직 웃을 줄도 모르는 갓난아기'라고 해도 좋소.

1.4. 어둠의 철학

노자 나는 이르노니(1.4.), "이 둘은 한곳에서 나왔지만 이름이 다르니, 같이 말하여 검다고 한다."(차량자此兩者, 동출이이명同出而異名, 동위지현同謂之玄.)

루소 한곳이라고 말씀하는 것은 이해할 수 있겠습니다. 분화되기 이전이라는 것이겠지요. 구체적으로는 언어가 탄생되기 전, 인간이 자연을 대상으로 이해하기 전, 지성이 세계를 해석하기 전, 사람과 만물이 한 몸으로 어울렸을 때 말입니다. 현대인이야 더 하죠. 나와 세계 사이에 언어가 먼저 개입되니 말입니다. 언어가 개입되면 언어의 방식대로 세계를 이해하지요. 언어의 문법과 범주가 세계를 그물로 건지듯 잡아채지요. 우리 시대의 칸트는 그것을 '포촉捕促(gebracht)'한다고 말하기도 했어요. 포획捕獲해서 다가간다는 것이지요. 쉽게 말해 그물로 낚아채듯 세상을 건진다, 가져온다는 것이지요. 그물은 범주, 곧 카테

---

4 루소, 《인간 불평등 기원론》, 96쪽. "갓 태어난 인간의 상태는 이와 같은 것이었다. 최초에는 순수한 감각에 국한되어, 자연이 자신에게 준 선물을 거의 이용하지 않고 자연에게서 무엇을 빼앗으려는 생각도 하지 않는 동물처럼 생활했다."

5 55.1.: "덕을 머금은 도타움은 핏덩이와 견주어진다. 독충도 물지 않고, 맹수도 할퀴지 않고, 사나운 새도 덤비지 못한다."(含德之厚, 比於赤子. 毒蟲不螫, 猛獸不據, 攫鳥不搏.) /20.2.: "나 홀로 조짐도 없이 담박하니 아기가 웃지도 못할 때 같다."(我獨泊兮其未兆, 如嬰兒之未孩.)

고리를 가리키고요. 요즘은 우리의 지성 속에 각인된 범주라는 표현 대신, 문화에 따라 생성되어 있는 언어적인 장치라는 뜻에서 문법이 라는 어휘를 즐겨 씁니다만.

노자 무슨 말인지 잘 모르겠지만, 사람이 보기 이전의 세상이 있다는 것이 오. 말이 돌고 돌긴 한다오. 사람이 말이 없이, 말로 된 생각이 없이 세상을 보지 못한다오. 말로 세상을 보다 보니, 그러다 보니 세상보다 말이 먼저가 되기도 한다오. 세상은 그대로 있는데, 말이 먼저 나대는 꼴이라오. '황인종'이라고 하면 '아시안의 피부가 노랗다'고 받아들이 는데, 우리의 피부가 정말 노랗소? 색깔 분류로만 따진다면 노랗다기 보다는 다른 색에 가까울 것이요. 예전에는 '살색'이라는 표현으로 분 홍을 가리켰는데, 종족주의적인 언사라고 해서 이제는 쓰지 않잖소? 백인이 정말 하얗소? 얼굴에 회를 발라야 하얗지, 하얀 백인은 없을 거요. 그럼에도 우리는 그렇게 받아들이고 있지 않소? 이런 것이 언 어의 장벽이고, 위선이고, 방해라오.

바로 앞서 무욕과 유욕을 말했는데, 잘 생각해 보시오. 우리가 욕심이 없으면 세상이 있는 그대로 보인다오. 그러나 욕심이 있으면 내 식대 로 세상을 본다오. 철학에서 본질을 직관한다면서 현상학이다 뭐다 하는데, 직관하려면 욕심을 내려놓으면 되오. 동양에서 늘 강조하던 것이 바로 이것이었소. 서양에서는 훗설이라는 사람이 현상학을 만들 면서 '판단중지'(epochē)라는 말을 했소만, 판단중지라는 중립적인 표 현보다는 알아듣기도 쉽고 수행하기도 쉽게, '욕심 버리기'가 좋을 것 같소. 세상에 대한 판단을 하는 까닭은 바로 내 욕심, 욕망, 욕구로부 터 비롯되지 않겠소?

그리고 우리는 이런 욕망 덩어리로 태어났음을 솔직히 받아들여야 하 오. 그래야 무명과 유명, 무욕과 유욕으로 대표되는 '없음과 있음'의 기원과 탄생을 이해할 수 있소.

루소 그렇다면 없음과 있음이 한데 있다는 것입니까? 그것들 사이에 순서는 없나요?

노자 유명과 유욕이라고 해도 그것은 사람이 쓴 색안경에 불과한 것이오. 벗으면 마찬가지라는 뜻에서 '같이 나왔다'〔동출同出〕고 하고, 그렇지만 우리는 욕망 때문에 세상을 달리 본다는 점에서 '이름이 달라진다'〔이 명異名〕고 하는 거라오. 개 눈에는 똥만 보인다는 말이 있잖소? 착한 사람의 눈에는 착한 사람만 보이고.

그리고 순서는 있소. 안경이 없는 것이 먼저요. 따라서 없음이 있음보다 먼저라오. 없다는 것은 모든 인위적인 것을 없앤 없음을 가리키는 것이라오. 사람의 시각이나 관점을 제외시킨 순수한 자연 상태요. 모두가 안경을 쓰고 있기 때문에 현실에서 불가능할지라도, 우선 전제해 놓고 우리가 되돌아갈 곳을 정해 보자는 것이오. 내가 말하는 같음의 뜻이 여기에 있소.

밭에 참외가 열렸소. 우리는 안경 때문에 네 것 내 것을 따지지만, 참외는 스스로 열렸을 뿐이오. 참외 처지에서는 주인과 손님도, 임자와 도둑도 없소. 그저 맛있게 열렸을 뿐이오. 벌레에게조차 말이오.

나는 그대들이 있음에 집착하는 까닭을 모르겠소. 있음은 소유고, 지배고, 독단의 길인데도 왜 버리지 못하는지 답답하오. 존재의 형이상학이 그래서 무섭고 슬프다오. 있음보다 없음을 보시오. 있다가도 없어지는 것을 아시오. 있음은 없음이 되고, 없음은 있음이 된다는 것을 깨닫기 바라오. 부드럽게 오가는.

루소 좋습니다. 그렇지만 '검다'는 표현은 어색합니다. 그렇게 좋은 말인데 이왕이면 '태양처럼 빛나는 진리'라고 하던지, 아니면 '하얗다'고는 하지 않더라도 적어도 '밝다'고는 해 주셔야지, 칙칙하게 '검다'가 뭡니까?

노자 아이고, 이를 어쩌나? 어두운 것이 싫은 모양이오? 깜깜해서 답답하오? 하하.

루소 놀리십니까? 남은 우울한데.

노자 허허, 자중하시고. 참, 자중自重의 뜻을 아시오? 스스로 무겁게 생각하라는 이야기요. 그대는 무겁소, 소중하오, 귀중하다오. 자신을 무겁게 생각하고 자신을 사랑하는 것, 곧 자중자애自重自愛야말로 내가 권유하는 삶의 태도요. 자기 생명을 아끼고, 맑은 정신을 지키시오. 너무 펴나가지 말고 오히려 줄여 나가시오. 너무 밝히지 말고 오히려 빛을 줄이시오. 무슨 뜻인 줄 알겠소? 이럼 검다는 것이 감이 오오?

루소 확대하지 말고 축소하라는 것 아닙니까? 자기 안으로 수렴收斂하라는. 그래도 그것이 검을 수는 없어요. 지혜의 빛이고, 삶의 요체인데.

노자 나는 사실 검정 색깔을 말하지는 않았소. 그럼 '흑黑'이라는 표현을 쓰겠소. 또한 나는 어둡다고도 하지 않았소. 그럼 '암暗'이라는 표현을 쓰겠소. 나의 철학이 '암흑'의 것은 아니요, 아니고말고요. 내가 굳이 검다는 뜻의 '현玄'을 쓰는 까닭을 생각해 주기 바라오.

우리는 세상이 밝은 것이 먼저라고 생각하기 쉽소. 그러나 그렇지 않소. 밝음은 단순히 잠시 벌어지는 현상일 뿐이라오. 빛이 먼저이겠소, 어둠이 먼저이겠소? 해가 먼저이겠소, 우주가 먼저이겠소? 우주가 있은 다음에야 해가 있겠지요. 해도 우주에 있는 수많은 빛나는 별 가운데 하나일 뿐이라오. 결국 어둠이 먼저고, 해가 쨍하고 빛을 내는 것이라오. 우주의 관점에서는, 시원의 각도에서는, 밤이 먼저고 낮이 그다음이라는 말이요. 해가 사라져도 우주는 남소. 빛이 사라져도 우주는 있소.

그래서 검다고 하는 것이오. 어둠이 밝음보다 먼저요. 나의 철학을 '어둠의 철학'이라고 불러도 좋소. 그러나 그 어둠은 나쁜 어둠이 아니라 포용의, 원시의, 무분별, 무차별의 어둠이오. 세상을 분화시키지 않은 미분未分의 어둠이오. 나의 이 어둠을 꼭 이해해 주었으면 하오. 그리고 어둠이 가진 힘도 말이오. 모든 것을 감싸 안는 어둠의 힘!

훈수꾼 잠깐! 나도 생각이 나요. 천자문 처음이 '하늘 천, 따 지, 검을 현, 누를 황'(天地玄黃) 이런데, 난 왜 '하늘이 검다'(天玄)고 표현했는지 어렸을 땐 정말 이해되지 않았어요. 하늘은 푸르다(Sky is blue)고만

배웠거든요. 좀 커서 '창천蒼天'(시퍼런 하늘)이라는 말을 배우니 하늘
이 검다는 말은 더욱 이해가 되지 않았어요. 비로소 알게 된 것이 바
로 노자 선생의 《도덕경》 1장에 나오는 현玄 자를 만나고서였죠. 우주
는 본래 검었어요. 빛은 잠깐이고요. 어렸을 때 밤하늘을 바라보던 생
각이 떠오르더군요. 그 많은 별, 지구는 그 가운데 빛나지 않는 아주
작은 별이라는 것이.

노자 너무 자주 끼지는 마시오, 훈수꾼 양반! 나의 어둠의 철학은 나쁜 것
이 아니요. 좋고도 좋은 것이요. '밤의 철학'이라고 해도 좋은데 너무
조직의 냄새가 나고 야하오? 아니요. 우리는 빛을 죽이고 살 필요가
있소. 어둡게 잠들 필요가 있소. 눈을 감고 얼굴을 보지 않은 채 만
날 필요가 있소. 한데 어울리고, 한데 뭉치고, 한데 뒹굴면서 지낼 필
요가 있다오. 나의 후배 장자는 이를 '혼돈渾沌'[6]이라고 불렀소.

루소 조금은 뜻이 오네요. 훈수꾼의 말도 도움이 됩니다. 한자문화권에서
는 '하늘을 푸르다'고 하지 않고 '검다'고 배우는 것요. 물론 여기서
'검다'는 것은 '하늘이 시커멓다'(Sky is black)는 말이 아니라 '하늘이
깊다'(Sky is dark)는 뜻이겠지요. 까만 것이 아니라 짙은 어둠이라는
것이지요. 서양에서도 이런 표현은 있어요. 검은 옷이 사실 여러 종류
의 검음을 담거든요. 남자들 양복이 검정과 파랑 두 종류 같지만 매
우 많이 다른 흑색과 남색藍色을 담지요. 이거야말로 이것저것이 뒤섞

---

6 《장자》〈응제왕應帝王〉. 혼돈渾沌에게 구멍을 하루에 하나씩 뚫어주었더니 7일 만에
죽었다는 이야기다. 일곱 개의 구멍이 무엇인가? 눈, 코, 귀의 여섯 구멍과 입 한 구
멍이다. 구멍이 무엇인가? 감각이자 구별의 시작이다. "남해의 임금은 숙이고, 북해
의 임금은 홀이고, 가운데의 임금이 혼돈이다. 숙과 홀이 함께 혼돈의 땅을 지나는
데, 혼돈이 매우 잘 대접을 해주어 숙과 홀이 혼돈의 덕을 갚고 싶었다. 말하길, 사
람은 모두 일곱 구멍이 있어 보고 듣고 먹고 쉬는데, 여기만 홀로 있지 않으니 이를
뚫어볼까 한다. 하루에 한 구멍씩 뚫자 7일 만에 혼돈은 죽었다."(南海之帝爲儵, 北海
之帝爲忽, 中央之帝爲渾沌. 儵與忽時相與 遇於渾沌之地, 渾沌待之甚善, 儵與忽謀報渾沌之
德, 日: 人皆有七竅, 以視聽食息, 此獨無有, 嘗試鑿之. 日鑿一竅, 七日而渾沌死.)

여 복잡하고 정교한 양상을 띠지요. '정치精緻하다'는 어려운 말도 쓰는데, 서양어로는 '소피스티케이트sophisticated'하다고 합니다.

노자 그래도 정치함보다는 덜나고 헐렁해도 소박한 것이 좋소. 나의 검음을 너무 어렵게 생각하지 마오. 처음에는 그랬다, 우리 모두 그리로 돌아간다, 그것이야말로 근원이다 정도로 생각해 주오. 그 근원이 말 그대로 소피스티케이트 할지라도.

'검다'를 때로 '가물 현', 곧 '가물거린다'는 뜻으로 푸는 것도 같은 흐름이겠소. 사라질 듯 말 듯해서 보일 듯 말 듯하다는 뜻에서 가물거림으로 새기는 것 말이오. 사실 현 자의 고어는 현대 현玄 자가 쌍둥이처럼 두 개가 있는 모습이었소. 오늘날 자兹 자의 형태라오. 그것이 아지랑이가 올라오는 모습을 그렸다고도 하오. 그러나 '가물거린다'와 '검다'는 어의상 기본적으로 다르오.

훈수꾼 아하, 그래서 정약전의 책이 《자산어보》가 아니라 《현산어보玆山魚譜》라는 거군요. 흑산도黑山島의 이름을 그대로 따서 《흑산어보》라고 하면 너무 직접적이라서 약간 문학적으로!

노자 현은 이후 중국철학사에서 큰 의미를 지니오. 노장 주석가들의 시대인 위진시대의 철학을 '현학玄學'이라고 하고, 서구 문명이 들어오면서 서양의 형이상학을 현대에서 분과分科 학문을 가리키는 '과학科學'과 구별해서 모든 것을 껴안는 근원의 학문으로서 '현학'이라고 번역한 까닭이 여기에 있소. 현은 없음과 있음, 무명과 유명, 무욕과 유욕을 모두 통틀어 일컫는 말이 된다오. 유무有無의 통일체, 유무의 총칭이라고 할 수 있지요. 자 이제 제1막의 결어로 가봅시다.

1.5. 신비의 문

노자 나는 이르노니(1.5.), "검고도 또 검으니 여러 야릇함의 문이다."(현지

우현玄之又玄, 중묘지문衆妙之門.）

루소 검고도 검다? 그 깊고 깊은 속으로 우리를 인도하시는군요. 그것부터 알고 시작하라는 말씀입니다.

노자 잘 아시는구려.

루소 그것이 신비하고 오묘하다, 그래서 신묘하다는 것은 알겠는데, 문은 웬 문입니까?

노자 근원으로 들어가는 문이요. 구멍이라 해도 좋소. 우주의 시원이라오. 검은 샘〔현천玄泉〕이라면 어떻소? 모든 것이 솟구쳐 나오는 우주의 옹달샘 말이요. 그 문은 있음과 없음을 열고 닫는 그런 문이요. 열리면 존재요, 닫히면 비존재인 유무상생有無相生의 문 말이요. 존재와 무를 오고가는 문이라오. 존재에 매달리지 않고, 무로만 남아 있지 않은, 그 둘의 사이의 신묘한 문이오. 그래도 '드러남'〔요徼〕보다 '야릇함'〔묘妙〕을 말하는 것은 드러나지 않는 수많은 오묘한 신비가 먼저이기 때문이오. 그 문으로 들어오는 것을 환영하외다. 어서 오시오.

훈수꾼 우리나라 최초의 현대 미학자라고 할 수 있는 고유섭 선생의 호가 '우현又玄'이었는데, 바로 여기서 따온 것이군요. 서양 미학을 알면서도 한국 미학을 정초하려 하면서 '어른 같은 아해(아이)', '구수한 큰 맛', '무기교의 기교', '체관적 전회諦觀的 轉回'라는 관점을 제시한 것도 이런 맥락에서군요. 체관적 전회란, 쉽게 말해 포기하니 보인다, 버리니 다가온다, 놓으니 잡힌다는 것 아니겠어요. 아, 서양의 좌우대칭(symmetry)을 넘어선 비균제성非均齊性(asymmetry)이야말로 한국미의 특징이라는 것도요. 좌우대칭은 재미없거든요, 지루하고요. 좌우를 맞추기는 하는데 일부러라도 잘 안 맞추어 놓아야 운동감이 살아나서 생동감이 넘치지요. 재밌고요.

루소 늙은 선생이 초대하니, 훈수꾼도 같이 가봅시다. 아베크avec!

검은 방의 불이 꺼진다.

제2막

책꽂이가 있는 방

언어의 상대성─말을 떠나 머무는 곳에서

이제 노자와 루소는 책꽂이에 책이 가득찬 방으로 들어선다. 그들이 함께하는 목적은 편견과 고집으로 가득 찬 세상에 대해 항변하기 위함이다. 온갖 개념과 관점이 세상에 자리 잡은 지 이미 오래다. 그것들의 본래 모습을 까발린다는 것은 쉬운 일이 아니다. 사람은 자기의 의식이 뒤틀리기 시작하면 몹시 불안해하고 화를 낸다. 잘 정리된 책꽂이를 마구잡이로 엎어 놓은 것 같기 때문이다. 그러나 정말 책 정리가 된 것인지, 다시 꼽아 봐야 하는 것 아닌지, 처음부터 다시 생각해야 한다. 설령 지금의 모습과 똑같이 책이 다시 꼽힐지라도 흩트려 볼 일이다. 훈수꾼이 일어서더니 갑자기 책을 뽑아 마구 널브러뜨리기 시작한다. 바라만 보는 노자와 루소. 독자들의 우려스런 눈빛에 노자의 백발과 루소의 은색 가발이 빛난다. 그들은 무슨 생각으로 바라만 보고 있을까? 그들 앞에 어떤 시련이 다가올지 아무도 모른다. 훈수꾼도 모른다.

2.1. 인식이라는 차별

노자 나는 이르노니(2.1.) "천하가 모두 아름다운 것을 아름답다고 알기에 이것이 미워지고, 모두 잘난 것을 잘났다고 알기에 이것이 잘나지 못하게 된다."(천하개지미지위미天下皆知美之爲美, 사오이斯惡己; 개지선지위선皆知善之爲善, 사불선이斯不善己.)

루소 아름다운 것이면 아름다운 것이지, 그것 때문에 딴 것이 미워진다니 뭔 말씀입니까? 아름다운 것 때문에 추한 것이 있다는 이야기 같은데, 미추는 고유의 성질 아닙니까? 잘나고 못난 것도 잘남을 알면서 못남이 생겼다는 것인데, 그러면 잘남을 모르면 못남도 없다는 것입니까? 못난 것과 상관없이 잘난 것은 잘난 것 아닙니까?

노자 아름다움 속에 있으면 모두 아름다운 것일지라도 덜 아름다운 것이 생기오. 평소 같으면 아름다운 것으로 느껴질 것인데 아름다움 속에 있으니 추한 것은 아닐지라도 아름답지 않게 느껴지오. 아름다움의 경쟁 속에서 어떤 것은 아름다움을 잃는다는 것이지요. 개나리꽃도 예쁜데 나리보다 못한 '개'나리가 되지 않소? 잘나고 못난 것도 마찬가지라오. 세상에 정해진 잘남과 못남이 어디 있소? 잘하는 사람이 있으니 못하는 사람이 있고, 못하는 사람이 있으니 잘하는 사람이 있지 그 둘이 딱 고정된 사람은 아니라는 이야기라오. 어떤 일을 했는데, 하고 보니 나보다 잘한 사람이 있어 내가 못한 것이 되고, 하고 보니 나보다 못한 사람이 있어 내가 잘한 사람이 되는 경우를 많이 겪지 않소? 나아가 이런 상황에서는 내가 그보다 잘했지만, 저런 환경에서는 그가 나보다 잘할 수도 있소. 잘나고 못난 것이 고정적으로 못 박혀 있다고 생각하지 말라는 것이오.

루소 그렇게 이야기하니 설득력이 있습니다. 알아듣겠네요. 내가 공부 잘 하는 줄 알았는데, 날고 기는 사람들 사이에 끼니 아무것도 아닌 것을 느낀 적이 있거든요. 아, 내가 말하는 '날고 기고'는 대단한 사람을 말하는 것입니다. 땅바닥을 긴다는 것이 나쁜 것이 아니라, 날 수도 있지만 길 수도 있는 훌륭한 사람, 하늘을 날 수도 있지만 땅을 파고들 수도 있는 사람들이지요. 나의 시대에는 훌륭한 사람들이 많았어요. 끊임없는 경쟁자가 볼테르 같은 사람이지요. 늘 나에게 시비를 걸었고 나도 그를 반박하느라 신경이 곤두섰지요. 하늘이 왜 나와 볼테르를 함께 낳았는지 원망도 했습니다. 군계일학으로 남고 싶었거든요. 그런데 우리 시절에는 계몽사상가들이 왜 이렇게 많이 탄생했는지. 나는 계몽사상가 축에도 못 끼고 그저 사회사상가, 교육철학자로 남게 된 것 같습니다.

노자 너무 자책하지 마시오. 그대의 시대는 좋은 사람들이 많았었던 모양이오. 그들이 없으면 그대가 돋보였을 것 같지만, 사실은 그들이 없으면 그대가 없었을 수도 있소. 좋게 보면 경쟁하면서 그대가 컸다는 이야기요. 내가 굳이 '알기에'(지知)라는 말을 쓴 까닭이 여기에 있소. 아름다운 것을 알기에 못난 것을 아는 것이라는 말은, 사람들의 표준에서 아름답다는 지식이 생겨서 못난 것이 생김을 강조하고 싶어서라오. 그러니까 아름다움에 대한 인식이 없으면 그것을 추구하지 않을 뿐더러 못남도 싫어하지 않았을 것이라는 이야기요. 그저 남녀라면 좋아했을 것을, 아름다움이라는 것을 아는 바람에, 예쁜 여자나 잘생긴 남자로 나누어 보기 시작했다는 것이라오. 안다는 행위가 구분과 차별을 낳았다는 것이오. 결국 미추는 인식의 문제지 대상에 고유한 것은 아닐 거라는 판단이오. 만물은 저마다 구실을 갖고 세상에 태어났소. 부모로서는 가장 아름답고 소중한 존재라오. 예쁘기 그지없는 내 자식이오. 그런데 사회가, 세상이 아름다움이라는 것을 인식하는 바람에 내 자식도 예쁜 놈, 못난 놈이 생겼소. 내가 슬퍼하는 것이 그것이오. 인간의 인식 때문에 벌어지는 차별과 구분이 문제요, 문제!

루소 '알게 되어 잘나고 못난 것이 생겼다'는 것은 인식이 우리에게 미추, 선악을 가져다 주었다는 그런 말씀이시네요. 문제는 인간의 인식행위, 곧 미추와 선악을 판단하는 앎의 덩어리에 있다, 그놈이 사라지면 미추와 선악에서 벗어날 수 있다는 것이네요.

노자 그렇소. '안다'는 것은 철저하게 사람의 행위요. 알지 않고 그냥 대하고 접하면, 그것 그대로 사랑하고 좋아할 수 있지요. 그러나 알기 때문에 잘난 사람과 못난 사람을 나눈다오.

루소 맞습니다. 인간들이 교류하고 거듭되는 왕래를 하기 전에는 이런 것이 없었겠지요.[1] 미추와 선악은 인간의 지식체계 속에서 발생하는 부차적인 인식이지 본래적으로 타고난 것이 아니다?

노자 무엇이 본래적이고 무엇이 부차적인 것인지 나누기는 어렵소. 그러나 분명한 것은 그런 판단은 사회적이고 집단적이라는 것이오. 우리가 군집생활을 하여 사회를 형성했을 때 그런 판단이 생겨난다는 것이오. 다른 말로 하면, 우리는 사람을 양적으로 판단하지 않고 질적으로 판단했는데, 사회를 통해 잘나고 못난 것이 드러나면서 양 속에서 질을 비교하게 되었다는 것이오. 내 새끼면 그냥 예쁘고 우리 엄마면 그냥 좋게 느껴지는 것이 질에 충실한 판단이라는 것이고, 내 새끼고 우리 엄마지만 남의 새끼랑 남의 엄마랑 함께 놓아 보니 양적으로 비교되어 주어진 질조차 상실하게 된다는 것이라오. 더 예쁘고, 더 잘해주고.

루소 사회 속 미추와 선악! 사회가 만들어내는 미추와 선악!

노자 그런데 주의하시오. 나는 미추도 말한 적이 없지만 선악도 말하지 않

---

1 루소, 《인간 불평등 기원론》, 103쪽. "사람들은 이제 여러 가지 사물들을 바라보고 비교하는 데 익숙해진다. 그리고 무의식중에 가치와 미의 관념을 얻게 되고 그것이 다시 좋고 나쁨에 대한 감정을 낳게 된다."

앉소. 추함과 악함이 본래 있는 것이 아니라는 생각 때문에 늘 조심
스럽게 말한다오. 추함과 악함이 자연적인 성질이겠소? 아닐 것이오.
추함과 악함이란 사회 속에서 주어진 정의에 따라 아름다움과 선함의
반대편에 있는 것일 따름이지, 그것들이 본시 인간 외적으로 독자적
으로 존재한다고 보기 어렵기 때문에, 이름 부르기를 꺼려하오. 그래
서 아름다움과 싫어함 정도로, 잘함과 잘하지 못함 정도만 말하는 것
이오. 특히 나의 생각 속에 '선악善惡'은 없소. 내가 말하는 '선善'이란
'잘함' 정도이고, '불선不善'은 '잘 못함' 정도라오. 내 머리에 선악이
박혀 있으면 나조차 선악을 구별하는 사람이 될 터, 그래서 조심하는
거요. 앞으로도 내 말 가운데 선과 불선이 나오면 '잘했다', '잘 못했
다'로 받아들여 주시오. 나는 선악이라는 말조차 싫어한다오.

루소 나도 비슷하게 생각합니다만, 선악에 이르러 그렇게까지는 생각하지
못했습니다. 어쩌면 선악의 표준이 신에 있어서 선악을 함부로 말할
수 없는 우리 사회의 분위기가 영향을 끼쳤을 수도 있어요. 선악의
문제는 조심스럽고 위험해서요. 다른 저의 주장도 유럽 사회 속에서
급진적으로 받아들여지는데, 선악까지 그렇게 접근하는 것은 내 생각
이 짧은 것도 있지만 너무도 부담스럽습니다.

다음 이야기로 가시죠.

2.2. 개념의 상대성

노자 나는 이르노니(2.2.) "따라서 있고 없음이 서로 낳고, 어렵고 쉬움이
서로 만들고, 길고 짧음이 서로 꼴을 이루고, 높고 낮음이 서로 기울
어지고, 가락과 소리가 서로 어울리고, 앞과 뒤가 서로 따른다."(고유
무상생故有無相生, 난이상성難易相成, 장단상형長短相形, 고하상경高下相傾,
음성상화音聲相和, 전후상수前後相隨.)

루소 몇몇 말씀이 걸리지만 이제 쉽게 다가오는 이야깁니다. 쉬운 것부터 풀죠.

노자 해 보시오.

루소 어렵고 쉬운 것이 고정적일 수 없겠지요. 중학생한테는 어렵지만 고 등학생한테는 쉬운 문제, 이것이 '어렵고 쉬움'이라는 것이 붙박이가 아니라 서로 만든다는 이야기네요. 고등학생한테 어려운 문제도 수학 자에게는 쉬운 문제가 되고, 중학생에게 쉬운 문제도 초등학생한테는 어려운 문제가 되니 말입니다.

노자 좋소.

루소 길고 짧은 것, 높고 낮은 것도 마찬가지지요. 30센티 자는 1미터 자 보다는 짧고 10센티 자보다는 기니, 길고 짧은 것은 어느 성질에 붙 어 있는 것이 아니라 비교로 정해집니다. 높고 낮은 것도 마찬가지네 요. 한라산이 계룡산보다는 높지만 백두산보다는 낮으니 말입니다. 그 런데 그것도 몰라요. 백두산이 백두고원에 있어 차로도 올라갈 수 있 다는 점에서 해발을 따지지 않고 주위의 평균적인 높이부터 따진다면 한라산보다 낮을 수도 있지요. 울릉도 성인봉이 물밑에서 따지면 3천 미터나 되니 성인봉이 천지보다 높을 수 있고요. 따라서 분화구끼리 따지면 나리분지의 지면과 천지의 수면 높이가 맞먹겠고요. 우뚝 솟 은 것만 따지면 에베레스트보다 하와이 마우나케아산이 더 높다고도 합니다. 재밌죠.

노자 그렇소.

루소 앞뒤 이야기도 같겠죠. 나는 너보다 앞이지만 그보다는 뒤고, 너는 너의 뒤에 오는 사람보다는 앞이고, 그는 그 앞에 가는 사람보다 뒤 죠. 앞장서고 뒤따른다는 것이 고정적일 수 없겠죠. 시간적인 앞뒤도 마찬가지입니다. 나는 너보다 앞서 도착했지만, 그가 나보다 더 앞서 도착했다면, 나는 뒤처져 도착한 거고요.

노자 중국 명가名家들의 말장난도 그런 것을 이용한 것이오. '나는 오늘

떠나 어제 도착했다'는 식으로요.

루소 그래서 어렵고 쉬움, 길고 짧음, 높고 낮음, 앞뒤는 정해진 것이 없습니다. 대상에 속한 고유한 성질이 아니라 철저하게 상대적으로 정해지는 어휘입니다. 난쟁이 나라에서 나는 큰 키이지만, 키다리 나라에서 나는 작은 키일 수밖에 없습니다.

노자 잘 이해하는구려. 중요한 것은 언어가 본래 이렇다는 것을 깨닫기 바란다는 것이오. 언어는 상대적이오. 말이라는 것 자체가 그런 상대성을 표현하기 위한 도구라오. 나보다 센지 약한지, 내 앞에 있는지 뒤에 있는지, 나보다 높은지 낮은지를 따지는 것이 사람이고 그런 의식을 고스란히 담는 것이 언어요. 먹이를 찾으려고, 앞으로 나가려고, 살려고 그런 것을 우리가 판단해야 하는 것이라서 어쩔 수 없다는 것이오. 먹어, 말아? 가, 멈춰? 싸워, 피해? 여기서 말하지 않은 것은 왼쪽과 오른쪽인데 우리는 늘 왼쪽으로 갈지, 오른쪽으로 갈지 고민한다오. 그런 의식, 판단, 고민을 이분법적 상대성으로 표현한 것이 바로 언어라오.

루소 원시인이 어부가 되고 사냥꾼이 되고 불을 쓸 줄 알면서, 정신 속에서 어떤 관계에 대한 지각이 생겨난 것으로 보입니다. 안전에 대한 경각심을 상대적인 개념으로 표현할 줄 알게 되었다는 것이죠. '약하다'와 '강하다'는 개념으로 예를 들자면, 사냥을 나갔는데 만난 짐승이 나보다 약하면 괜찮지만 나보다 강하면 큰일이니까요. 생존을 위한 경각심을 언어로 표현하기 시작한 것이지요.[2]

---

2 루소, 《인간 불평등 기원론》, 97쪽. "이와 같이 다양한 것들을 스스로에게 또 인간 상호 간에 되풀이하여 적용한 결과, 인간의 정신 속에는 자연스럽게 어떤 종류의 관계에 대한 지각이 생겨났다. 크다, 작다, 강하다, 약하다, 빠르다, 느리다, 소심하다, 대담하다 따위의 낱말이나 무의식중에 필요에 따라 비교되는 개념에 따라 우리가 표현하는 관계는 마침내 그의 마음속에 어떤 성찰, 아니 더 정확히 말하면 그의 안전에 가장 필요한 경각심을 가르쳐 준 반사적인 조심성을 낳았다."

노자 나는 높낮이가 마치 사물의 고유한 속성처럼 보이는 것이 속상하오. 한국의 뚱뚱이가 미국 가서 날씬하게 보인다는 말도 있잖소. 한국인이 남유럽에서는 키가 크게 느껴지고 북유럽에서는 작게 느껴지는 것이라오. '키'라는 사실은 있지만 '크고 작음'은 키 자체의 성질이 아니라 우리에게 속한 일종의 성향일 뿐이라오.

루소 층위가 좀 다른데, '가락과 소리는 서로 어울린다'는 것은 어떻게 이해하면 좋겠습니까?

노자 맞소. 층위가 다르오. 가락과 소리는 상대적이기보다는 다른 영역의 것이니 그렇게 생각할 수 있소. 그런데 요즘 말로 소리를 '음성音聲'이라고도 부르지 않소? 처음에는 소리의 '높낮이'를 음이라고 하고 소리의 '크고 작음'을 성이라고 나누어 볼 수 있다는 생각에서 음과 성을 구별했지만, 지금은 그게 그거라고 생각하는 것 같소. 높고 낮음이나 작고 큼은 위에서 말한 것처럼 상대적이지만, 좀 더 생각해 보면 소리의 높낮이에 따라 소리의 크고 작음도 따라오고, 거꾸로 소리의 크고 작음에 따라 소리의 높낮이도 얽히오. 그런 점에서 음과 성도 따로 노는 것이 아니라 어우러진다는 것을 말하고 싶었소. 요즘이야 소프라노나 바리톤으로 나누기도 하지만, 일반적으로는 음이 높으면 성도 커진다오. '목소리 낮춰'라는 뜻은 '조용히 말해'라는 뜻 아니겠소?

루소 목소리 낮출까요?

노자 허허, 아니오. 내가 낮추오리까?

루소 아닙니다. 하하. 그런데 '있고 없음이 서로 낳는다'는 말이 어려워요. 서양식 사고로는 파르메니데스 이후로 있는 것은 있고, 없는 것은 없지, 있는 것이 없어질 수도, 없는 것이 있어질 수도 없어요. 그의 명제가 바로 이것이죠. '있는 것은 있다. 없는 것은 없다.' 이 말로 철학사에 남으니까요. 시적인 표현으로 후세에 금언처럼 남은 것은 선생과 마찬가지입니다. 하.

노자 자, 여기 사과가 있다고 칩시다. 그런데 내가 다 먹었소. 없어졌소.

사과는 어디로 갔소? 내 배로 갔을 거요. 소화가 다 되어 남은 것도 아무것도 없을 때 사과는 있는 거요, 없는 거요? 사과가 늘 사과이어야 하오? 아니라오. 사과는 내 밥이 되어 곧 내가 되었소. 사과는 있다가도 없고, 없다가도 있소. 내 똥을 거름으로 사과에 주었다면, 사과의 부분에 나도 있는 것 아니겠소? 껍데기의 변화에 불과하지 알맹이는 연속된다고 말하지 맙시다. 우리가 대상에 이름을 부여하는 것은 현재의 모습이지 보이지 않는 것이 아니니까요.

자, 나도 있지만 사라질 것이고, 백 년 뒤라면 내 뼈가 남아 있을지 모르지만, 천 년 뒤라면 아무것도 남아 있지 않을 것이오. 나는 있는 거요, 없는 거요? 이름이라도 남아 있으려고 아등바등하지만 이름은 이름이고 몸뚱이는 몸뚱이요. 이렇게 있다고 믿는 것도 없어지고, 없다고 생각된 것도 있게 된다오. 자기를 돌이켜 보시오. 자아가 있는 것 같지만, 백 년 전 어찌 나라는 것이 있었겠소? 그리고 백 년 뒤에도 어찌 나라는 것이 있을 수 있겠소?

이렇게 있고 없는 것이 서로 맞물리는 것이 우주의 원리라오. 집도 짓지만 허물어지고, 사람도 있다가 사라지고, 나라도 그렇고, 지구도 그렇다오. 그래서 있고 없음이 서로 낳는다고 하는 거요. 유무有無도 상대적이라는 말이오.

서구철학에서 있는 것은 있고 없는 것은 없는 것이라서, 없는 것을 있는 것이 모자란 것으로 다루었소. 무는 존재의 결핍이지 특별한 지위가 따로 있는 것이 아니라는 것이오. 그러나 동양에서는 그러지 않았소. 무는 유와 동등한 지위를 지니오. 나아가 나는 유조차 무에서 나왔다고 생각한다오. 존재만 존재하는 것이 아니라, 무도 존재한다는 것이오.

루소 어떻게 없는 게 있을 수 있습니까? 말이 되지 않습니다.

노자 가만히 생각해 보시오. 있다는 것도 매우 관념적인 것이라오. 내가 세상의 모든 것이 있다는 것을 어찌 알고, 느끼고, 만져 볼 수 있소?

불가능한 것이라오. 존재라는 것도 추상적이긴 마찬가지고, 경험되기 어렵다는 것이오. 무라고 다르겠소? 따라서 무의 추상성을 탓하지도, 무의 비경험성을 욕하지도 말길 바라오. 중요한 것은 관념적으로 어떤 대우를 받느냐는 매우 상식적인 판단이 이 무시무시한 형이상학의 근저에 깔려 있다는 것이요.

루소 있는 것은 있는 것으로 논리적으로 일관되는데요? 뭐 잘못됐나요?

노자 늙은이의 생각으로는 신의 존재를 증명하는 버릇에서 존재성만을 강조했다는 것이오. 무를 말하면 신의 존재까지 부정하게 되기 때문이오. 있음을 외치는 문화가 없음을 기본으로 전제하는 문화를 이해하기는 쉽지 않을 것이오. 그러나 모든 언어가 상대적이라는 데 동의한다면, 없음도 있음만큼이나 동등한 지위를 지닐 자격이 된다는 것을 받아 주기 바라오.

루소 서양어 곧 인도유럽어에 '무'에 해당하는 말이 아예 없다는 것도 없음을 생각하기 어려운 것 아닐까 합니다.

노자 무슨 말이오?

루소 보세요. 선생에게는 있음에 대해 없음, 무에 대해 유, 이렇게 있지 않음을 표시하는 독립적인 언어가 있지만, 우리에게는 없음을 표현하는 언어가 독자적으로 분류되어 있지 않아요. 'nothing'은 'thing'이 'no' 또는 'not'한 것이고, 'is'의 반대는 'is not'이지 없음을 따로 표기할 방도가 없어요.

노자 허허. 말 때문에 생각도 그렇게 되었는지는 좀 더 이야기를 나눠야 할 것 같고, 문화적으로 좁게는 신학적으로 없음에 질겁하는 상태를 주시해 보길 바라오. 그대들은 무를 악마의, 허상의, 거짓의, 불충분의 것으로 묘사하지만, 우리들은 무를 포용의, 무분별의, 경지가 높은, 인생 최후의 갈 길인 것으로 그리지 않소. 동양인들은 촉급한 무가 아닌 너그러운 무의 문화를 지니고 있는 것이오. 그래서 무 자가 들어가는 말은 나쁘지 않게 그려질 때가 많소. 특히 나의 말도 그렇고.

루소 무욕, 무명을 비롯해서 무지無知³조차 좋게 본다는 말씀이시죠? 나도 무지를 찬양했다고 욕 많이 먹었습니다.

노자 그렇소이다. 무지를 마치 우민화로 오해하는데, 그런 뜻이 아니오. 무지는 불필요한 지식이나 얄팍한 꾀를 버리라는 말이지요. 무지해야 남에게 속지도, 스스로 불행해지지도 않소.

루소 나도 교육에서 무지를 무지 좋아합니다.⁴ 요즘 랑시에르라는 철학자가 '무지의 스승'⁵을 강조하는데, 그것의 원조 아이디어가 바로 나의 《에밀》이거든요. 가르치려고 들지 않는 교육을 그도 꿈꾸고 있으니 말입니다.

노자 동양의 선사들은 무 자를 써서 하나를 벽에 걸어 놓고 살기도 했다오. 한국의 불교인 원불교가 동그라미 하나 그려 놓고 진리의 총체를 상징하는 것처럼 말이오. 동그라미는 안과 밖이 없소. 동그라미는 돌고 도오. 유무의 구별이 없고, 유무가 서로 낳고 낳는다오. 불교의 무상無常도 세계의 본질을 그린다는 점에서 깨달아야 할 가르침이라오.

루소 선생의 사고를 상대주의라 해도 좋겠습니까?

노자 아니오, 아니오. 그건 안 되오. 나는 언어가 상대적이라고 했지 세계가 상대적이라고 하지는 않았소. 우리가 언어를 통해 세계를 보니 세계가 상대적으로 보이는 것이지, 세계 그 자체는 그대로 있을 뿐 상

---

3 "늘 사람들을 앎이 없게 하고 하고자 함이 없게 하며, 머리 좋은 놈들이 어떻게 하지 못하게 한다."(常使民無知無欲, 使夫智者不敢爲也.) /10.6.: "밝음이 동서남북에 이르면서도 알지 못할 수 있을까?"(明白四達, 能無知乎?) /70.2.: "오직 알지 못하니, 그러므로 내가 아는 것이 아니다."(夫唯無知, 是以不我知.) /78.1.: "약함이 강함을 이기고, 부드러움이 굳셈을 이기는데, 천하는 알지 못하지 않으면서도, 할 수 있지도 않다."(弱之勝强, 柔之勝剛; 天下莫不知, 莫能行.) 무지를 분명하게 긍정적으로 보는 것은 처음의 두 문장이며 마지막 문장은 '알면서도 못한다'는 뜻이기에 부정적이다.

4 앙드레 지드는 루소가 무지를 찬양한다는 점을 특히 좋아하지 않는다고 《일기Journal》(1937년 무렵)에서 쓰고 있다. 게오르크 홀름스텐, 《루소》, 233쪽 재인용.

5 자크 랑시에르, 《무지한 스승》, 궁리, 2016.

대성이 최우선되지는 않소. 나는 상대주의 또는 상대주의로 말미암은 회의주의와는 거리가 멀다오. 상대적인 언어에서 벗어나 세상을 바로 보자는 것이니 말이오.

루소 선생은 교육을 어떻게 보십니까?

2.3. 반反계몽주의

노자 나는 이르노니(2.3.) "그러므로 성인聖人은 함이 없는 일에 머물고, 말하지 않는 가르침을 행한다."(시이성인처무위지사是以聖人處無爲之事, 행불언지교行不言之敎.)

루소 '말하지 않는 가르침'이라, 좋은 말씀입니다. 나의 교육철학과도 통하네요. 인간의 본성은 나쁘다고 볼 수 없어요. 있는 그대로를 지켜 줘야 합니다. 그런데 사회적인 필요 때문에, 권력의 요구 때문에 사람을 만들어 갑니다. 교육이란 어떤 모양의 거푸집을 만들어 놓고 찍어 내는 것과 같습니다. 그런 점에서 나의 주장은 서구사회에서 매우 생소한 것이었는데, 선생은 오래전부터 이런 이야기를 하셨으니, 동양교육의 체계가 서양과는 몹시 다를 것 같습니다.

노자 교육의 형태야 엇비슷하겠소만, 무엇보다도 다른 것은 학생을 대하는 선생의 태도라오. 함부로 가르치려 들지 말아야 하오. 선생은 위고, 학생은 아래라는 위계를 정하는 것도 그다지 좋은 태도는 아니오. 학생은 이미 선생을 위로 보고 있는데, 더 위에 서려고 하면 우스꽝스러워진다오. 선생은 그 자체가 모범이고 교육이라오. 그래서 말없는 가르침을 강조하는 것이오.

루소 그래도 말로 말없는 가르침이라 하셨으니 말이 전혀 없는 것은 아니네요. 하하.

노자 그 정도는 봐주쇼. 내 후배 장자는 그런 의문에, '말도 아니고 말 없음도 아니다'(비언비묵非言非默)이라 했소만, 그건 언어를 떠나라고 침묵에만 매달리지도, 침묵을 높이 사서 언어를 버리지도 말라는 것이오. 말로 표현할 수 없다는 것도 말 아니오? '형용이 불가'라는 형용形容이지요.

루소 나의 시대 사상가를 계몽啓蒙 사상가라고 하는데, 난 이 표현이 마음에 안 듭니다. 이상한 어법입니다. '계'는 '연다'는 뜻입니다. 계시啓示라는 뜻은 신의 뜻을 살짝 열어 보여 준다는 것이고요. 누구에게나 보이거나 모두를 보이면 계시가 아니라 공시公示거나 교시敎示겠지요. 암시暗示이기는 한데, 특별히 누구만 엿볼 수 있는 것이라서 계시라고 하는 겁니다. 편지를 받는 사람에게만 봉투를 열게끔〔계啓〕 하는 것이지요. 그런데 계몽이라고 일본 사람들이 번역한 것 같은데, 이 뜻은 '어리석음을 열어 준다'로 직역됩니다. 말이 안 되지요.

훈수꾼 그래서 한국의 율곡 이이 선생은 '격몽'이라는 표현을 쓰셨습니다. 그분의 책이 바로 《격몽요결擊蒙要訣》이지요. 그리고 계명대학의 '계명啓明'이 오히려 '빛을 드러낸다'(enlightenment)는 본뜻에 맞군요. 교육을 통해 사람을 빛나게 하는 것이니.

루소 계몽주의보다 계명주의가 좋군요. 어리석음을 열어줘 봤자 어리석음만 나오니 말입니다. 율곡 선생처럼 '어리석음을 깨부수는 몇 가지 원리(비결)'라고 하든지요.

훈수꾼 정약용 선생의 《목민심서牧民心書》가 말하는 '목민'도 마소를 치듯 사람을 기르는 것이니만큼 시대적 한계를 보이는 것이네요. 목사牧師님이야 신도를 '어린 양'으로 보는 기독교 전통에선 어쩔 수 없는 표현이지만요.

노자 누가 누구에게 가르침을 준다는 것은 위험한 생각이오. 그래서 요즘은 '계몽'이라는 표현을 함부로 쓰지 않는 거요. '네가 뭔데 날 가르쳐'라는 반발이 있을 수 있다오. 지식은 널브러져 있는데, 당신이 얼마나 안다고 자랑하냐는 것일 거요.

루소 《에밀》이 말하는 것도 있는 그대로 아이를 보라는 것이지요. 거푸집
을 만들어 놓고 맞추려 들지 말고. 그때그때 맞는 교육이 있다는 것
이죠. 어려서는 몸에 치중하고 그리고는 감각의 훈련에 집중하고, 쓸
데없이 지식 교육만 하지 말고.

노자 뛰어놀아야 할 어린이를 교실에 잡아 두는 것이 안타깝소. 때가 돼야
머리도 돌아가는 것인데.

루소 독일의 초중등학교는 아직도 '체육관'(Gymnasium)이라고 부릅니다.
몸을 키우는 것이 우선이라는 것을 보여 줍니다.

훈수꾼 유럽친구들과 험지여행을 한 적이 있는데, 가이드가 누구에게도 수
영할 줄 아느냐고 묻지 않고 계곡을 헤엄쳐 건너서 따라오라고 하는
것을 보고 당황한 적이 있습니다. 헤엄칠 줄 알아서 다행이지, 나라
망신시킬 뻔했습니다.

노자 '말 없는 가르침'이 최고요. 더 나아가 무엇을 하려 들지 않는 것도
중요하외다. 그래서 아예 '함이 없는 일에 머물라'고 말한 것이오. 위
대한 교육자는 그 자리에 있기만 하면 되지, 무엇을 하려 들거나 가
르치려 들지 말라는 것이오.

루소 그래도 과정별로 뭔가는 해야 하는 것 아닙니까? 지식교육만 하는
것은 반대지만, 육체 훈련과 감각 훈련을 거쳐 소유와 노동에 대해
가르쳐야 합니다. 근대사회에 적응하려면 어쩔 수 없습니다. 도덕과
종교 교육의 문제를 거쳐 마지막으로 어른이 되면 여자도 알고, 정치
에도 참여해야겠지요.

노자 난 그대가 여성을 수단으로 보는 것 같아 마음이 아프오. 에밀의 약
혼녀 소피아는 그 자체가 목적이 아니라 에밀의 장식품이나 부속물로
보는 것 같소. 만물은 동등하게 대우받아야 하오. 내가 주인이 되면
안 되오. 내가 종이 되기 싫으면 주인도 되어서는 안 되는 것이오.

2.4. 소유에서 존재로

노자 나는 이르노니(2.4.) "만물을 만들었으나 말이 없고, 낳으면서도 갖지 않고, 하면서도 자랑하지 않고, 공이 이루어지면 머물지 않는다."(만물 작언이불사萬物作焉而不辭, 생이불유生而不有, 위이불시爲而不恃, 공성이불거 功成而弗居.)

루소 알아듣겠네요. 좋은 말씀이십니다. 내가 만들었다고 내 것이 아닌 것이 세상 이치지요. 물건도 그러한데 사람은 더욱 그렇겠지요. 후배인 마르크스는 우리가 물건을 만들었지만 그 물건과는 상관없게 되는 것을 '소외'라고 기가 막히게 풀었어요. 신발을 만들었지만 정작 나는 그것을 신지 못한다는 것입니다. 우리말로 하면 '따돌림'과 거의 맞아요. 신발로부터 따돌려진 노동자들, 이렇게요. 생산된 물품은 상품일 뿐 내가 쓸 수 없다는 것입니다. 그런데 여기서는 좋은 뜻이네요.

노자 처음부터 내 것이라 생각하지 말라는 것이오. 그럼 편해지오. 만든 것이 모두 내 것이면 얼마나 좋겠소. 그럴 수 없는 거고, 따라서 내 것이라 말하면 안 되오. 아이들도 내가 낳았다고 내 것인 양 여기면 안 되고, 잘해 줬다고 자랑해도 안 되오.

루소 나는 정말 불행하게도 아이 다섯을 모두 고아원에 보냈습니다. 교육은 국가가 책임져야 한다는 생각이기도 했지만, 왜 다른 생각이 없었겠습니까? '낳았어도 갖지 말라'고 하시니 조금은 위안이 됩니다. 위해 주지 못했으니 자랑할 것은 아예 없지만 말입니다.

노자 이뤄지면 떠나야 하오. 머물지 마시오. 난 이 말을 자주 하외다. 줄여 말하면 '이루어지면 몸을 물리라'(공성신퇴功成身退)는 것이오. 세상의 이치를 알아야 하오.

2.5. 이신론

노자 나는 이르노니(2.5.) "오로지 머물지 않으니, 이로써 밀려나지 않는다."(부유불거夫惟弗居, 시이불거是以不去.)

루소 맞아요. 신이 뒤로 물러서면 부정되지 않고 존경받을 수 있습니다. 정확히는 신학이고, 그 신학을 만든 사람들이 바로 제멋대로 신을 해석하는 성직자들입니다.

계몽주의 시대의 신관을 '이신론理神論'(Deism)이라고 부릅니다. 창조는 했으니 더 간섭은 없다는, 기적이나 계시보다는 이성적인 진리가 바로 신의 뜻이라는 것이죠. 그러면 신의 인격성, 정확히는 사람처럼 성격을 가졌다는 주장은 많이 탈색됩니다. 화도 내고 풀리면 용서도 하고 그러나 사랑을 하는 사람의 위격을 지녔다는 입장을 뒤로 내치게 되죠.

노자 나는 그렇게 거창한 이야기보다는 단순하게 사람이 그래야 대접받는다는 것이었소. 부모가 자식이 내 것이라고 생각하면 자식에게 버림받게 되어 있어요. 버림받는다는 것이 심하면 멀어지게 되어 있다고합시다. 부모와 자식 사이가 좋으려면 아무리 내 자식이라도 소유라고 생각하지 말라는 것이오. 키워 줬다고 자랑도 말고. 여위면 잘살라고 한마디하고 떠나야 하오. 며느리나 사위에게 이래라저래라 하지말고.

루소 이것이 이치니, 이치 리理 자 이신론입니다.

노자, 바닥에 펼쳐져 있는 책 한 권을 가만히 들어 책 표지를 덮고는 책상 위에 놓는다.

제3막

진정한 가치—건강한 삶

　노자와 루소가 금은보화가 넘치는 방에 있다. 금은보화는 보물섬에 나오는 궤짝 안에 가득 들어 있다. 노자와 루소는 이것저것 꺼내 본다. 붉은 루비와 푸른 사파이어 반지가 가득하고, 진주 목걸이가 넘쳐 난다. 큰 유리구슬도 보인다. 금화와 은화를 들었다 놓는다. 와르르 쏟아진다. 루소는 가난 때문에 고생했다. 지원해 주는 마담이 없었으면 저작도 남기지 못했을지 모른다. 루소가 금은보화에 관심을 갖더니 진주 목걸이를 걸쳐 본다. 그러자 노자가 자기 손에 있던 금화를 궤짝으로 집어 던진다. 몹쓸 물건을 만졌다는 느낌이다. 루소는 진주 목걸이를 한 채로 자리에 앉고, 노자는 맨손으로 자리에 앉는다. 훈수꾼이 갑자기 보석을 꺼내 널브러뜨린다. 신이 난 듯 그러나 아무런 가치도 없는 듯, 객석으로 던지기도 한다. 관객은 금은보화가 가짜라는 것을 알아차린다. 그러니 함부로 던지지, 주워 가려면 어쩌려고, 관객의 의심 속에서 이야기는 시작한다. 그렇다. 금화는 플라스틱이었다. 간혹 금화처럼 생긴 초콜릿도 있다.

3.1. 평가절하

노자 나는 이르노니(3.1.) "똑똑함을 우러르지 않아 사람들이 싸우지 않게 하고, 얻기 어려운 재화를 귀하게 여기지 않아 사람들이 도둑이 되지 않게 하고, 욕심날 만한 것을 보이지 않아 사람들의 마음이 어지럽지 않게 한다."(불상현不尚賢, 사민부쟁使民不爭; 불귀난득지화不貴難得之貨, 사민불위도使民不爲盜; 불현가욕不見可欲, 사민심불란使民心不亂.)

루소 내가 미처 생각 못한 점을 말씀하십니다. 사람들이 똑똑하지 않아도 착하고, 부유하지 않아도 착한 것까지는 나도 늘 말합니다. 그러나 똑똑함을 우러르지 말고, 부유한 것을 좋게 여기지 말라고까지는 말하지 못했습니다. 물론 '자연으로 돌아가라'는 나의 제1명제에서 추론을 할 수 있긴 합니다만 나는 이렇게까지 적극적으로 말하진 않았습니다. 선생님의 말씀은 '지식을 높이면 사람들끼리 싸우게 되고, 금과 보석을 귀하게 여기면 사람들이 도둑이 된다'는 것이니만큼 저보다 엄청나게 세게 말씀하시는 것임에 틀림없습니다. 거기에 '욕심이 생기면 사람들 마음이 어지러워진다'고 하시니 참으로 옳은 말씀입니다.

노자 욕심이 모든 악의 시작이오. 악이라 해서 미안하긴 하오만, 욕심으로부터 온갖 잘못이 생기는 것은 맞는 것 같소. 지식에 대한 욕망은 그것으로 끝나지 않소. 지식을 얻으면 그것으로 세상을 지배하려는 욕망, 지식을 독점하려는 욕망, 지식을 돈과 바꾸려는 욕망으로 발전하오. 요즘도 보시오. 지식을 가진 자, 세상을 갖고 있잖소. 권력을 가진 사람들은 곧 지식을 먼저 가진 사람들이오. 그들끼리 해먹고 있잖소?

훈수꾼 그걸 한국말로 '학벌學閥'이라고 합니다.[1] 우리나라에만 있는 것이라, 발음 그대로 영어사전에 올라가는 '재벌財閥'(jaebol)이라는 말에 버금가는 대한민국의 독특한 문화현상입니다.

노자 결국 지식이 돈이 되고, 돈은 권력이 된다오. 그러고 나면 권력으로
돈을 얻고, 돈으로 지식을 사는 상호순환 작용이 벌어지오. 민주사회
에서 요즘은 금권金權이라는 말은 사라진 모양인데, 자본주의사회에서
금권력은 여전한 것 같소. 돈과 힘의 손잡음을 말하오. 돈이 있으면
힘이 생기고, 힘이 있으면 돈이 생기는 것 말이오. 그런데 그 모든
것이 앎에 대한 숭상에서 시작된다오. 요즘 말로 하면 정보의 독점이
곧 돈이 된다는 것이오. 그러니 가장 먼저 말해야 할 것이 앎이오.
앎이 돈, 돈이 힘이 된다는 것이오.

루소 사람은 욕심이 없을 수 없잖습니까? 욕망이 문명을 탄생시킨 것이기
도 하고요.

노자 나는 욕심과 욕구를 구분하고 싶소. 욕구야 없을 수 없소. 물 마시고
밥을 먹고 잠을 자야 하니 말이오. 먹거리와 잠자리에 대한 기본적인
것을 우리는 욕구라 부르오. 욕구야 충족되어야 하겠지요. 그러나 그
이상은 욕망이 된다오. 밥을 먹어도 고기만 먹으려 드는 것, 세끼면
되는데 밤참을 찾는 것, 면 이불이면 될 터인데 비단 이불을 덮으려
하는 것이 욕망이오. 욕구와 욕망의 구별은 역사의 발전에 따라 시대
마다 다를 수밖에 없지만, 시절마다 일정한 기준을 찾으려고 노력해
야 한다는 것이오. 그런데 웬만하면 걸어 다니려고 한다든가, 웬만하
면 적게 먹으려 한다든가, 웬만하면 먹거리를 남기지 않으려는 것은
시대와 역사를 넘어 보편적으로 통용될 만한 절제의 미학일 것이오.

루소 결국 지도자는 사람들에게 욕심이 생기게끔 만들지 말라는 것인데,
그것도 건방진 생각 아닙니까? '욕망하는 사람'이 사람이라면, 있는
그대로 받아들여야지요.

노자 가치의 제시를 말하는 것이오. 나라가 '돈, 돈' 그러면 사람도 '돈,

---

1 정세근,《철학으로 비판하다》, 충북대출판부, 2020, '제4부 교육을 말하다'.

돈' 그러는 것이고, 나라가 '사랑, 사랑' 그러면 사람도 '사랑, 사랑' 그러지 않겠소? 희생, 봉사, 관심, 배려를 말하는 나라라면 좋겠소. 경쟁, 비교, 달성, 목표만 말하지 말고. 잘 생각해 보시오. 지식을 말해서 사람들이 지식을 갖고 잘살게만 하오? 지식을 말하면서 학력을 말하고, 학력을 말하면서 급여를 말하고, 급여를 말하면서 계급을 말하지 않소? 지식이 권력으로 가는 오늘날이오. 금은보화를 즐기기만 하오?

박물관에서 많은 사람이 즐거야 할 금은보화는 다 어디 있소? 돈 많은 사람의 수중에서 노리개로 전락해 버리지 않소? 그 노리개는 돈과 권력의 상징이 되어 버렸잖소? 그러나 사람들이 학력과 금은보화를 귀하게 여기지 않아도 되는 사회를 만들면 그것들을 소유한 사람이 우리를 갖고 놀지 못하게 된다오. 그 모든 것을 한마디로 '욕심을 부리도록 하지 않는다'고 하는 것이오.

루소 욕망에 대한 십오한 지적이십니다.

노자 사막에서 물이 떨어지니 낙타 등에 싣고 가던 금은보화가 아무 소용 없더이다.

루소 빵보다는 쌀이, 쌀도 백미보다는 현미가 당뇨에 좋다는 이야기를 들었습니다. 하얀 것에서 검은 것으로 갈수록 좋다는 것이지요. 요즘 구미 사람들도 그래서 쌀을 많이 찾아요. 빵도 하얀 것보다는 시커먼 걸로요. 그리고 부드러운 가루보다 씹히는 낟알로 가려고 하지요.

훈수꾼 아하, 그래서 서양 사람들은 밥을 뜸 들이지 않고 끓여 먹길 좋아하는군요.

3.2. 건강한 육체

노자 나는 이르노니(3.2.) "그러므로 성인의 다스림은 마음을 비우게 하고, 배를 채우며, 뜻을 약하게 하며, 뼈를 강하게 한다."(시이성인지치是以 聖人之治, 허기심虛其心, 실기복實其腹, 약기지弱其志, 강기골强其骨.)

루소 나의 교육철학과 통합니다. 젊은이들은 육체를 길러야지요. 우리 시대의 홉스가 악인은 튼튼한 아이라 했지만 정말 잘못된 생각입니다. 튼튼하게 만들어야 아이가 선해지지요.[2]

노자 젊은 사람만이 아닙니다. 모든 사람에게 필요한 것이 바로 건강이지요.

루소 건강한 육체에 건강한 정신이 깃든다는 말씀이시네요.

노자 사람들 배를 곯게 해서는 안 되오. 나라에 배고픈 사람이 있게 만들어서는 안 되오. 잘 먹지는 못해도 못 먹고 사는 사람이 있어서는 안 된다오.

루소 그래도 뜻을 약하게 하자는 말씀은 지나치신 데가 있습니다.

노자 여기서 말하는 뜻은 일반적으로 욕구를 채우려는 의욕이 아니라 특별하게 무엇인가를 하려고 하는 의지를 말하오. 쉽게 말해 밥을 먹으려는 약한 의지가 아니라, 이름을 얻으려는 강한 의지를 가리킨다는 것이오. 사실 '의지意志'라는 말은 '의'와 '지'로 나뉘는데 '의'는 약한 뜻, '지'는 강한 뜻이지요. 따라서 여기서 말하는 뜻은 강한 뜻이라오.

루소 저는 명예가 인류의 삶을 어렵게 만들었다고 지적한 적이 있습니다. 동물은 대강 싸우다 승부가 나뉘면 끝내는데, 사람은 상대방을 죽이고서야 끝장을 내는 것이 바로 명예심 때문이라는 겁니다. 결투라는 형식이 대표적이지요. 전쟁은 그것이 커진 형태이고요.

---

2 루소, 《인간 불평등 기원론》, 79쪽. "그(홉스)는 악인이란 튼튼한 아이라고 말한다." 《에밀》의 주제가 바로 튼튼한 아이야말로 선하다는 것이다. 루소는 여행도 건강한 도보여행을 추천한다.

노자 여기서 성인은 훌륭한 지도자를 말하오. 모든 것에 선후가 있는 법인데, 어찌하여 정신부터 기르라고 하는지 모르겠소. 몸이 아플 때 제대로 생각이 됩디까? 정신력이라는 말을 함부로 써서는 안 되오. 체력이 달리는데 무슨 정신력으로 버틴다는 말이오. '정신을 차리라'는 말은 말이 되지만, 오래갈 수는 없는 것이오.

루소 선생 말씀은 결국 배와 뼈를 육체에, 마음과 뜻을 정신에 비유하신 거군요. 줄여 말하면, '허심실복虛心實腹'과 '약지강골弱志强骨'로 되네요. 어지러운 생각을 버리고 배부른 통뼈로 남으라고 들립니다.

훈수꾼 우리말에서 '마음을 비웠다'는 말이 있습니다. 우리나라에서는 정치인들이 자주 쓰지만, 욕심을 비우고 의지를 돌렸다는 이야기니 통하네요.

루소 소크라테스는 배부른 돼지가 되지 말라 했는데, 선생은 정반대네요.

노자 아니, 내가 언제 배부른 돼지가 되라 했소?

루소 하하, 농담입니다.

3.3. 지식의 병폐

노자 나는 이르노니(3.3.) "늘 사람들을 앎이 없게 하고 하고자 함이 없게 하며, 머리 좋은 놈들이 어떻게 하지 못하게 한다."(상사민무지무욕常使民無知無欲, 사부지자불감위야使夫智者不敢爲也.)

루소 이제 직접 무지無知와 무욕無欲을 말씀하시네요. 무지도 보통 사람들이 말하는 나쁜 뜻이 아니라 좋은 뜻이라는 것을 알겠고요.

노자 나를 보고 우민愚民 정책이라는 사람들을 보면 정말 속상하오. 어떻게 내 무지에 대한 호의가 우민으로 호도될 수 있단 말이오?

루소 그 사람들이 나쁜 사람들이겠지요. 저도 무지를 찬양했다는 이유로 평생 괴로움을 당했으니, 동병상련입니다. 속으로는 사람은 반드시 가르쳐야 한다는 오만하고 고집스러운 생각을 하고 있을 겁니다.

노자 그렇다면 그들은 순자주의자荀子主義者지 정통 주자주의자朱子主義者도 아니오!

루소 무슨 말씀이신지?

노자 중국의 유학은 순자보다는 맹자孟子를 더 중시했소. 중시보다는 선택 이라는 말도 되오. 그래서 성악性惡이 아닌 성선性善을 하나의 교리로 받아들였다오. 주자도 이점에서는 마찬가지요. 주자가 순자주의자라고 하는 것은 이후의 해석3이고, 그것도 주자를 반대한 왕양명王陽明이 옳다는 견해에서 주자를 논박하는 것이지, 주자 자체가 순자를 따랐 다는 것은 결코 아니오. 그럼에도 사람을 자꾸만 어떻게 바꾸려 드는 것은 논리적으로 문제가 있소. 앞뒤가 잘 맞지 않는다는 것이오.

루소 사람을 믿었으면 믿고 말지, 자꾸 가르침을 강조하다 보면 순자 쪽으 로 갈 수밖에 없다는 말씀이네요.

노자 그렇소. 귀가 밝으시구먼. 맹자야말로 오늘날 한자권에서 쓰는 교육教 育의 어원으로, 천하의 영재를 얻어 교육하는 것이 세 가지 즐거움 가운데 하나라고 말했소.4 그래서 유학이 교육을 부정했다고 말해서 는 아니 되오. 그러나 나의 말을 우민 정책으로 보는 것은, 나는 그 르고 자신은 옳다고 하는 것이니만큼 문제가 많소.

루소 선생 말씀은 일단 사람을 믿어 보자는 것이네요. 교육도 일단은 일정 한 틀에 꿰맞추는 것이니만큼.

---

3 현대신유가로 불리는 모종삼牟宗三이 대표적이다.

4 《맹자》, 〈진심盡心〉 상: "맹자는 말했다. '군자에게 세 즐거움이 있는데 천하에 왕 노 릇하는 것은 끼지 않는다. 부모가 살아 계시고 형제가 별일 없는 것이 즐거움의 첫 째요, 하늘을 우러러 부끄러움이 없고 사람을 바라봐 부끄러움이 없는 것이 즐거움의 둘째요, 천하의 영재를 얻어 그를 가르치고 키우는 것[교육教育]이 즐거움의 셋째다. 군자에게 세 즐거움이 있지만 천하에 왕 노릇하는 것은 끼지 않는다."(孟子曰 : 君子有 三樂, 而王天下不與存焉. 父母俱存, 兄弟無故, 一樂也. 仰不愧於天, 俯不怍於人, 二樂也, 得 天下英才而教育之, 三樂也. 君子有三樂, 而王天下不與存焉.)

노자 맞소.

루소 나도 나의 책 《에밀》을 나이에 따라 짜인 교육으로 보는 사람이 있어 안타깝습니다. 섬에 놓고 그때그때 맞는 교육을 가상의 아이 에밀에게 하는 것은 맞습니다. 그러나 그것은 섬이라는 고립무원의 공간에서 기존체제의 교육이 아니라 인간의 본성에 맞는 교육을 해 보자는 것에 중점이 있는 것이지, 빼도 박도 못하는 짜인 교육을 하자는 것이 아닙니다.

노자 오해는 어쩔 수 없는 것인가 보오.

루소 무지는 그렇다 치고, 무욕이라고 단도직입적으로 말씀해 주시니 알아듣기 편합니다. 욕심을 없애라. 통용되는 말로 하면, '욕심을 줄여라' 이거지요? 선생 말씀대로, 많은 것은 욕심이고 어쩔 수 없는 것은 욕구니 말입니다. 그런데 '그러면 머리 좋은 놈이 어쩌지 못한다'는 것은 무슨 뜻입니까?

노자 아무나 사기를 당하오? 욕심 있는 사람이 사기당하는 것이라오. 일확천금을 노리다가 투자에서 날리는 것도 다 욕심 때문 아니겠소? 욕심 없는 사람에게는 사기도 못 친다오. 그냥 먹고살겠다는데 어떻게 사기를 치오? 따라서 무욕하면 오히려 똑똑한 사람이 나쁜 짓을 못하는 것이오.

루소 무지는요?

노자 무지한 자가 사기를 당한다는 것이 요즘의 어법인 것은 아오. 여기서 무지한 것은 어리숙한 것이 아니라, 꾀부리는 자를 말한다오. 사기꾼도 꾀부리고, 사기당하는 놈도 꾀부리는 것이지요. 비슷한 사람들끼리 노는 것이라오. 내게 앎이란 기본적으로 '꾀부리는 것'이니 말이요. 요즘은 지식과 지혜를 구별해서 '지식은 없어도 지혜는 있어야 한다'고 하지만, 우리 시절에는 오히려 지자智者를 꾀 많은 사람으로 여겼다오. 나쁜 꾀 말이요.

루소 투기사기단이 꾀를 부리지 않는 사람 등쳐먹을 수는 없지요.

노자 맞소. 바로 그 뜻이요. 꾀부리지 않는 우직한 삶을 머리 좋은 놈들이
　　건들지 못한다오.

3.4. 무위의 다스림

노자 나는 이르노니(3.4.) "하지 않음[무위無爲]을 하니, 다스려지지 않음이
　　없다."(위무위爲無爲, 즉무불치則無不治.)

루소 뭔 말씀을 그렇게 역설적으로 하십니까? 안 함을 한다니? 하라는
　　말입니까, 하지 말라는 말입니까?

노자 역설逆說? 파라독스paradox를 말하오? 이러면 저렇게 되고, 저러면
　　이렇게 되는? 모든 사람은 거짓말쟁이라는 말을 한 사람도 거짓말을
　　했으므로 오히려 그 말도 거짓말이 되는? 하지 않은 것도 하는 것이
　　므로 하지 않는 것은 없다? 이런 말이오?

루소 예.

노자 맞기도 하고, 틀리기도 하외다.

루소 예?

노자 하지 않는 것도 하는 것이니 맞는다는 말이고, 하지 말라에 방점이
　　있지 하라는 데 방점이 있는 것이 아니므로 틀린다는 말이오. 다시
　　말해 하지 않으려는 함이 있다는 것은 맞고, 이러나저러나 할 것 없
　　이 하지 말라는 것이니 틀린다는 말이오.

루소 그럼 하나씩 말씀해 주십시오.

노자 그럽시다. 먼저 틀린 것부터 말해 봅시다. 하지 말라는 것은 '일부러,
　　억지로 하지 말라는 말'이오. 사는 것이 뭔가 하는 것이니만큼 안 할
　　수는 없소. 그러나 방금 말했듯 일부러, 억지로는 하지 말라는 것이
　　중요하외다. 잘살고 있는데 굳이 뭔가를 하려 마라. 내버려 두어도 잘
　　굴러가는데 함부로 건드리지 마라. 이런 맥락에서 하지 말라에 방점

이 있소. 하나하나 찍어 봅시다. 하ㆍ 지ㆍ 말ㆍ 라ㆍ. 그것이 내가 말하는 무위無爲라오. 그러나 그 앞에 숨어 있는 말이 바로 이것이요. 다시 한번 방점을 찍어보겠소. 굳ㆍ 이! 일삼아서 하지 말라는 것이오.

다음으로 맞는 것으로 이야기하겠소. 그리하여 무위를 하면 모든 것이 잘 된다는 뜻에서 무위를 '한다'고 하는 것이오. 그래서 '함 없이 한다'고 말했던 것이오. 함 없이 하니 하는 것이 되고 말지만, 부러 하는 것과는 매우 다르오. 하더라도 부득이하게 하시오. 부득이라는 말의 어원이 바로 나요.5

루소 말의 어원이 되시다니 놀랍습니다.

노자 그리하여 일삼아 하지 않으면 세상이 저절로 다스려진다는 것이 나의 철학이오.

루소 무위자연無爲自然의 뜻이군요.

노자 그렇소. '저절로'가 바로 자연이오. 다스려지지 않는 것이 없는 것이오.

루소 말이 맴도네요. 내버려 두니 다 잘된다고 말씀하신 것 같은데, 갑자기 '다스림'은 또 뭡니까?

노자 생각해 보시오. 당시에는 '누가 누구를 다스린다'는 것이 보편적이었소. 어떻게 다스리냐 갖고만 다퉜지, 다스리는 사람과 다스려지는 사

---

5 "천하를 얻어 무엇인가 하려 하지만, 나는 어쩔 수 없음을 본다. 천하는 신비로운 물건이니 (어찌) 해서는 안 된다. 하는 사람은 지고, 잡는 사람은 놓친다."(將欲取天下而爲之, 吾見其不得已. 天下神器, 不可爲也. 爲者敗之, 執者失之.) /30.3.: "잘하는 사람은 끝이 있을 뿐, 힘을 가지려 들지 않는다. 끝나도 자랑하지 말고, 끝나도 〔남을〕 치려 들지 말고, 끝나도 잘난 척하지 말라. 끝나면 어쩔 수 없었듯이 하고, 끝나면 힘을 내세우지 마라."(善者果而已, 不敢以取强. 果而勿矜, 果而勿伐, 果而勿驕. 果而不得已, 果而勿强.) /31.2.: "병기는 상서롭지 못한 것이니, 군자의 것이 아니다. 어쩔 수 없이 쓰더라도 담담한 것이 가장 바람직하다. 이겨도 좋아하지 않는데, 좋아하면 사람 죽이기를 즐기는 것이다. 무릇 사람 죽이기를 즐기는 사람은 천하에서 뜻을 얻을 수 없노라."(兵者不祥之器, 非君子之器; 不得已而用之, 恬淡爲上. 勝而不美, 而美之者, 是樂殺人. 夫樂殺人者, 則不可得志於天下矣.)

람은 일찍부터 나뉘어 있었다는 말이오. 나는 이를 반대하오. 사람이 사람을 다스린다는 생각부터 건방진 것이오. 내버려 두면 다 알아서 제 길 가는데, 자기네들이 뭐길래 우리를 어쩐다고 하는 것이오? 불쾌하오. 그래서 다스리지 말라는 뜻에서 이 말을 썼소. 내버려 두어도 잘 다스려진다고.

루소 정치가들이여, 가만히 있으라, 그러면 오히려 더 잘산다. 이런 뜻 같네요.

노자 그들이야말로 잉여집단이오. 있어도, 없어도 그만인.

루소 과격하십니다.

노자 그대야말로 당시에는 과격하다 들었소만.

루소 나야 사회계약론이 발흥하던 시대니 발붙일 데라도 있었죠. 선생이야말로 맨땅을 짚고 일어서는 것인데.

노자 우리 시절에는 세상을 '치란治亂'으로 나누어 보았소. '치'는 평화로운 때고, '난'은 혼란스러운 때요. 따라서 여기서 치는 평화를 뜻하는 것으로 보아도 좋소. 내버려 두면 모두가 평화롭다고.

루소 뭐니 해도 평화야말로 모든 사상가가 꿈꾸는 이념이지요.

　　루소, 조용히 진주목걸이를 벗어 책상 위에 놓는다.

제4막

:한 줄기 빛만 있는 방:

구별 없는 세상—빛을 줄여라

어둡다. 노자와 루소도 누가 누군지 잘 보이지 않는다. 그러나 들어오는 한 줄기 빛. 이제 둘의 형체는 구별이 된다. 책상을 사이에 두고 서 있는 그들. 노자가 책상 위의 먼지를 입으로 불자 한 줄기 빛에 먼지가 흩날린다. 사방으로 불규칙하게 산개散開하는 먼지를 가운데 두고 노자와 루소는 자리에 앉는다. 가까이 오자 얼굴이 더 뚜렷하게 보인다. 이제는 누가 누군지 알 수 있다. 그 둘 사이에 훈수꾼이 앉으면서 책상을 훑자 다시 먼지가 일어난다. 루소가 얼굴을 찡그리며 더럽다는 듯 손사래를 친다. 그러자 먼지는 더 산발散發을 하고, 루소는 차라리 가만히 있기로 마음먹는다. 노자는 이런 모습을 멀찌감치 바라보면서 헛수고하는 루소를 가여운 듯 바라본다. 노자의 입 주위에 웃음이 감돈다. 노자는 먼지에 익숙한 모양이다.

4.1. 무한성

노자 나는 이르노니(4.1.) "도는 텅 비어 있으나, 이를 아무리 써도 끝이
　　　나지 않는다."(도충道沖, 이용지혹불영而用之或不盈.)
루소 도는 진리일진데, 진리가 비어 있다니 참으로 위험합니다.
노자 첫 번째 방에서 이미 말했는데, 다시 돌아간 것 같소.
루소 그때는 단순히 말로만 여겼습니다. '진리'라는 말에 아직까지 무엇이
　　　들어가지 않은 것은 맞거든요. 그것이 사회적이고 인간적일 때는 더
　　　욱 그렇죠. 이를테면 '요즘은 돈이 진리야'라고 할 때 진리의 값이 돈
　　　이 된 것이고, 그것은 요즘 일이지 옛날 일은 아니었으니까요. 언젠가
　　　는 '철학' 그것도 '도덕주의'가 그 값이 될 수도 있고, 앞으로도 계속
　　　실용주의 진리관이 그 영향을 발휘할 수도 있죠. 물론 종교적일 때
　　　'진리'라는 말에 아직 어떤 것이 들어가지 않았다고 생각하면 큰일
　　　나지만요. 우리가 신의 뜻을 아직 모를 뿐, 그것은 이미 주어진 것이
　　　지요.
노자 그러면 계시는 앞으로 없는 거요?
루소 음, 그건 그렇군요. 앞으로 어떤 계시가 있다면 신의 진리도 '진리'란
　　　말속에 모두 들어 있는 것이 아니네요. 그래도 창조하면서 이미 신의
　　　뜻이 이 세계에는 들어가 있다고 볼 수 있으니까요.
노자 그건 계몽주의자들의 이신론이라고 그대가 그러지 않았소. 창조는 했
　　　으되 더 이상 간섭은 하지 않는다는.
루소 예, 이신론의 관점에서 볼 때도 신은 이미 진리의 값을 내려 주었지요.
노자 나의 진리는 비었소. 텅 비었소. 그래서 영원하외다.
루소 그렇다면 선생의 말은 '진리'란 말이 비었기 때문에 무엇을 채워 넣

더라도 되고, 따라서 끝이 없다는 겁니까? 나의 진리는 속이 빈 상자 같다. 어느 시절에는 마르크스주의가, 어느 시절에는 자본주의가 들어와도 된다. 나의 진리는 그렇게 늘 비워 놓기 때문에 영원하다. 이 말입니까? 아무것도 없는 것이 무슨 진리입니까, 상자지?

노자 한편으로는 잘 봤소. 방금 전에 그대가 '늘 비워 놓기에'라는 말을 하는 것을 들었소. 그래서 그대가 알아차렸다고 생각했소만 아닌 모양이오. '늘 비우기'도 진리의 행위요, 태도요. 무엇이 들어와도 비우겠다는 주의이고 입장인 것이오.

루소 좀 어렵지만 어렴풋이 감이 옵니다. 버리는 진리다. 이거네요. 채우는 진리가 아니라.

노자 하, 그렇소. 비워 보오. 의외로 많은 것이 들어온다오. 버려 보오. 의외로 많은 것이 채워진다오. 방의 물건을 치우면 공간이 넓어져 좋지 않소? 새 물건이 들어올 수도 있고, 너른 공간에서 명상이나 요가를 할 수도 있고.

루소 요가라니요?

노자 인도에서 유행하는 수련법이라오. 몸의 이완을 통해 마음을 이완시키는 것인데, 몸이 풀어지면서 마음속의 응어리도 풀어지오. 풀어진다는 것이 무엇이겠소. 놓는다는 것이고, 버린다는 것이라오. 없애는 것이오.

루소 그럼 진리론이 아니라, 뭔가 다른 것이네요.

노자 수양론은 구미인들에게는 익숙하지 않은 것이 사실이오. 그러나 우리가 왜 사오? 마음의 평화, 몸의 안식이 제일 중요하지 않겠소. 나의 진리론이 수양론이라고 말하고 싶지는 않소. 그러나 이론적인 진리관이 실천적인 행복에 영향을 미치는 것은 알고 있었으면 좋겠소. 채우는 진리관으로 어떻게 사람의 욕망을 달랠 수 있겠소? 욕망은 끝이 없다 하지 않았소. 비우는 진리관을 갖고 있다면 그래도 욕망을 줄이려 애쓸 것이오.

루소 …….

노자 비워야 차는 것이오. 잊지 마시오. 버릴 때 기쁜 것이오. 잊지 마시오. 비우고 버리는 사람의 영혼은 아무리 써도 닳지 않소. 아무리 많은 진리를 가져다 주어도 늘 비우고 버리기 때문에 그는 가득 차지 않고 텅빈 영혼으로 남아 있을 수 있소.

루소 하긴 주머니가 비어 있어야 뭘 넣긴 하는데.

4.2. 비존재

노자 나는 이르노니(4.2.) "깊도다, 마치 만물의 으뜸과 같다."(연혜淵兮, 사만물지종似萬物之宗.)

루소 듣고 보니 속 깊은 말씀이네요. 그렇다고 해서 만물의 으뜸은 아니지요? 그건 있는 겁니다. 없는 것이 아니고.

노자 하하, 어서 오시오. 드디어 들어오고 있소이다.

루소 없앤다면서 만물의 으뜸은 뭡니까? 으뜸은 버금을 낳고, 버금은 버금딸림을 낳습니다. 이어지는 것은 이어집니다. 없는 데서 있는 것이 나오지 못합니다. 서양사고의 기본은 여기에 있습니다. 으뜸은 있는 것 아닙니까?

노자 하하, 잘 보셨소. 그래서 내가 '같다'고 하지 않소? 내가 언제 그거라고 했소. 그거 같다고 했지. 그거라 했으면 큰일 날 뻔 했소. 허허.

루소 말 돌리지 마세요.

노자 아니오. 그래서 말이 어려운 것이오. 나는 기본적으로 말로 모든 것을 표현할 수 있다고 믿지 않소. 그래서 은유와 상징이 들어가지요. 내가 은유와 상징으로 말하는 것은 어렵게 하고 싶어서가 결코 아니오. 말로 할 수 없으니까 그러는 거요. 말의 한계 때문이오. 그래서 '같다'고도 한 거고. 만물의 으뜸이긴 하나, 만물의 으뜸이라고 하면 그대처럼 받아들일까봐, '이건 직유법直喻法이요'라고 한 것이오. '같다'는 직유니까. 나는 진리를 표현할 때 줄곧 직유를 쓴다오. '진리는 이거'라고 하면 비우는 것이 아니라 채우는 것이라서 그렇소.

훈수꾼 '말로써 말 많으니 말 말을까 하노라'이네요.

루소 최초의 존재 이전의 것이긴 한데, 그것은 존재가 아니라 비존재다, 이렇게 들리네요.

노자 좋소. 그거요. 비존재. 존재를 넘어서 있는 비존재. 나는 그것을 무無라 부르오. 있는 것이 없어지는 것이 아니라, 있음 너머의 없음을 일 컫소. 그 없음은 없는 것이 아니라 있는 것이요.

4.3. 반反이성

노자 나는 이르노니(4.3.) "날카로움을 꺾고, 엉킴을 풀라. 빛을 부드럽게 하고, 먼지와 함께 하라."(좌기예挫其銳, 해기분解其紛, 화기광和其光, 동 기진同其塵.)

루소 날카로움은 이성, 엉킴은 논리, 빛은 진리, 먼지는 조화로 들리네요.

노자 잘 표현해 줘서 고맙소. 그렇소이다.

우리의 날카로움은 모두 지적인 활동의 결과물이오. 이성의 칼날을 부러뜨리시오.

우리는 논리 속에 엉켜 있소. 나의 논리, 너의 논리, 집단의 논리, 이 렇게 말이오. 풀어 버리시오, 잘라 버리시오, 논리의 꼬임을.

우리는 잘 보이는 빛을 바라오. 그러지 마시오. 안 보이면 어떻소. 어 둑한 데 내버려 두시오. 빛을 죽이시오. 진리를 그냥 덮어 버리시오. 진리의 언사를 보이지 않도록 불을 줄이시오.

그리고는 우리 모두 먼지를 뒤집어쓰읍시다. 그래서 덮어 버립시다. 이 성과 논리로 나뉜 시비를 먼지로 안 보이게 합시다. 먼지 속에서는 우리 모두 하나가 됩니다.

루소 그렇게 어울리는 깃을 그리스 사람들은 '조화'(harmonia)라고 불렀습니다. 그러나 그 조화는 철저히 밝은 조화, 합리의 조화였다는 점에서 선생의 먼지 이론과는 무척 다릅니다.

노자 가끔은 내 말을 거꾸로 알아듣는 사람들이 있소. 빛을 '온화溫和'롭게 하는 것이 아니라 빛과 '응화應和'되어 나도 밝아지자는 것으로 해석하는데, 잘못된 것이오. 그것은 나의 뒷말과 맞지 않소. 그러려면 먼지를 치워야지, 먼지를 뒤집어쓴다는 것이 말이 되지 않잖소? 빛을 줄이라는 이야기요. 광내지 말라는 말이오. 눈이 부시게 하지 말라는 말이오.

루소 나도 말로는 이성과 논리를 앞세우며, 마음으로는 가장 감정적인 사람들을 많이 봅니다. 아니, 사람은 겉으로는 이성, 속으로는 감정이라는 것이 내 기본적인 생각이죠.[1] 그게 사람이죠. 뿐만 아닙니다. 본능은 이성적인 덕성(virtu)의 규칙보다는 윤리적으로 순수하지 않을지라도 덕성의 규칙보다는 확실합니다.[2] 그래서 따라갈 만하지요.

노자 그런 사람을 나쁘게 볼 것만이 아니라, 오히려 적극적으로 수용하시오. 그것이 진정 사람의 모습이오. 겉으로는 번드르르하게 논리를 내세우지만, 속으로는 친소 관계에 따라 이해를 나누는 것이 사람이오.

---

[1] 에이리얼과 윌 듀랜트, 《루소와 혁명》 "어떻게 그런 일이 일어날 수 있었는가? (루소는) 볼테르와 디드로와 《백과전서》와 이성의 시대와 반목하고 …… 칸트와 쇼펜하우어의 철학, 실러의 희곡과 괴테의 소설, 워즈워스와 바이런과 셸리의 시, 마르크스의 사회주의와 톨스토이의 윤리학에 영향을 끼쳤다. 그는 말하자면 18세기의 그 어떤 작가, 어떤 사상가보다 후대에 더 큰 영향을 끼쳤던 것이다. 어떻게 그런 일이 가능했는가?─유럽은 감정을 사고보다 우위에 놓는 복음을 받아들일 준비가 되어있었다." 게오르크 홀름스텐, 《루소》, 233쪽 재인용.

[2] 츠베탕 토도로프, 《덧없는 행복》, 103쪽. "오히려 그는 '자연의 본능이 미덕의 규칙만큼 순수하지는 않겠지만, 미덕의 규칙보다 더욱 확실한 것임은 틀림없다.'(《대화》Ⅰ, 864쪽)고 생각한다. 우리 안에 있는 선한 천성(bonté naturelle)이 말을 하도록 내버려 두기만 하면 된다. 그 결과는 미덕(vertu) 덕분에 사람들이 얻을 수 있는 결과와 같거나 오히려 더 좋을 수도 있다."

루소 '화광동진和光同塵', 좋습니다.

훈수꾼 아, 그 말, 광주의 어느 다방에 걸려 있는 것을 본 적이 있는데 그런 뜻이군요. 이것도 '낮은 데로 임하소서'인데요!

4.4. 존재신학

노자 나는 이르노니(4.4.) "고요하도다, 마치 (어디서나) 있는 듯하다."(담혜湛兮, 사혹존사或存.)

루소 여기서도 직유법이네요.

노자 하하, 그렇소.

루소 고요한 것이야, 진리가 어떤 것에도 휘둘리지 않는 시원적인 모습이라는 것을 표현하는 것이라서 쉽게 이해가 갑니다. 고요함, 투명함, 명징明澄함 등이 진리를 대변하지요. 스토아 철학도 그랬고, 이성주의 철학도 마찬가지입니다. 환히 보인다는 이야기죠. 가려져 있지 않고. 그런데 있는 것 같기도 하다는 말은 여전히 뒤로 물러서는 것이라서 좀 그렇습니다.

노자 있는 것 같다, 있을 것이다, 있는 것이라 해도 좋다, 이런 말은 무를 마치 존재의 다른 양상으로 그릴까봐 그러는 것이오. 존재의 영역에서는 존재의 논리만 통하오. 그러나 무의 영역에서는 존재의 논리는 과감히 벗어 버려야 하오. 존재의 영역에서 존재의 논리적인 반대라면 그것은 무가 아니라, 그저 '사라짐', 곧 '유遺'에 지나지 않는다오. 이후 위진시대의 배위라는 사람이 그렇게 주장한다오.[3] '무는 없다. 그것은 유有의 유遺에 불과하다'고요. 있다가 없어진 것에 지나지 않

---

3 배위裴頠, 《숭유론崇有論》. 정세근, 《도가철학과 위진현학》, '제6장 유와 무—위진현학에서의 유무논쟁' 가운데 '6. 배위의 숭유론'.

는데, 무슨 무를 떠들고 있냐는 것이오.

루소 그래서 직유와 같은 표현법을 동원해 존재의 논리학에서 벗어나고자
　　　한다는 거지요?

노자 그렇소. 앞으로 나올 내 말을 잘 보시오. 늘 '~처럼, ~같이, ~듯이'
　　　라는 말을 즐겨 쓴다오.

루소 존재신학적이라고 어렵게 말하기도 하는데, 이것은 모든 것을 존재라
　　　는 큰 틀을 잡아 놓고 작은 존재들을 집어넣는 태도로, 이것은 신학
　　　적이라서 플라톤도 그런 경향이 있다는 것입니다.[4] 큰 존재, 작은 존
　　　재, 앞선 존재, 나중 존재, 이렇게 따지는 것이지요.

노자 없음에 대해 생각합시다. 있음을 넘어서 있는 없음을 말이오. 있음에
　　　딸린 없음 말고요.

4.5. 신보다 앞선 존재

노자 나는 이르노니(4.5.) "누구의 아이인지 나는 모르나, 하느님보다도 앞
　　　서는 듯하다."(오부지수지자吾不知誰之子, 상제지선象帝之先.)

루소 할렐루야!

노자 할렐루야! 그런데 무슨 뜻이오?

루소 신을 찬양하는 소리입니다. 할렐루야!

노자 그런데 좀 미안하오. 하느님보다 앞선다고 했으니 말이오. 하느님보
　　　다 앞선 것이 있으면 안 되는 것이 유대기독교가 아니오?

루소 우리는 '하느님' 소리만 나와도 그 성스러운 이름에 찬양을 하는 것
　　　입니다. 너무 개의치 마시길 바랍니다.

---

4 화이트헤드의 지적으로 자신의 과정신학과 대비된다. 화이트헤드, 《과정과 실재》
　(Process and Reality), 2003.

노자 그대들의 뜻과 다를 것 같소. 나는 도가 누구의 아들이라고 말을 해
놓고, 신보다도 앞선다고 이어 말하여 도를 가장 우선으로 보았소. 잘
보면, '누구의 아들'이라고 한 것이 아니라 '누구의 아들인지 모르겠
다'고 했소. 사람들은 족보를 따지니 그런 의식을 좇아 '누군가의 아
이'라고 물은 것이고, 그러나 결국은 '모르겠다'고 했소. 그건 누구의
아들도 아니라는 이야기요. 거기에 덧붙여 신보다 앞선 것 같다고 한
것이오.

루소 그렇다면 수사를 모두 빼 버리면, '도는 처음부터 있었다'는 말씀이시
네요.

노자 하하.

루소 하느님보다 앞선 도라? 빈 진리는 신보다 앞선다. 신의 뜻보다 진리
의 빔이 먼저 있었다. 도는 비어 있었기 때문에, 신의 뜻도 그 자리
에 머물 수도 그렇지 않을 수도 있었다. 그 말씀이네요.

노자 과거형으로 말을 하니 쏙쏙 들어오오. 말 참 잘하오.

루소 '신보다 앞선 듯하다'면서 '듯하다'라고 하신 것도 언어는 존재신학적
인 논리에 빠져 있기 때문에, 조금이나마 벗어나고자 그렇게 하신 것
이고요. 나도 알 듯 말 듯합니다.

노자 말의 한계인 걸 어떡하오. 말의 한계가 생각의 한계고. 그러나 생각
을 넓히기 위해서는 말의 한계를 조금씩이라도 넘나들어야 하오. 그
러다 보면 생각이 넓어지고, 생각이 넓어지면 말도 넓어지고. 무엇보
다도 이러다 보면 인간과 세계에 대한 이해도 넓어진다오. 체제와 규
율에 갇히지 않고, 사람을 있는 그대로 볼 수 있다오. 내 생각이 갇
혀 있는 것은 내 말이 갇혀 있는 것이고, 따라서 내 말을 늘이면 내
생각도 늘어난다오. 하나로만 보지 않고 이렇게도 저렇게도 볼 수 있
다오.

루소 결국 자유로워지는 거네요.

노자 자유야말로 그대가 강조하는 것 아니오?

루소 평온한 굴종보다는 파란만장한 자유를![5]

훈수꾼 유럽에 정작 자유주의의 깃발을 꽂은 사람은 나폴레옹이 아니라 루소입니다. 지나치게 엄격한 이념이 자유와 빈자의 벗이라고 일컬어 지던 로베스피에르의 피비린내 나는 공포정치를 낳았지만요.[6]

노자 사람이 사람을 죽이면 안 되오. 그건 하늘의 몫이오. 목수가 아닌데 도 끌을 잡다가는 손을 다치지요.[7]

   루소가 입으로 불자 먼지가 다시 인다. 한 줄기 빛조차 사라진다.

---

5 루소, 《인간 불평등 기원론》, 121쪽. "야만인은 문명인이 별 저항 없이 받아들이는 멍에를 향해 결코 목을 내밀지 않는다. 그리고 평온한 굴종보다는 파란만장한 자유를 택한다."

6 로베스피에르가 루소에 매료되었다는 것은 잘 알려진 사실이다. 그는 프랑스혁명이 있던 그해 고향에서 제2신분 대표의원으로 당선되어 4월 26일 파리로 떠나는데, 전 날 밤에 루소에게 헌사를 쓴다. "숭고하신 분! 당신께서는 내가 나를 알게 해 주었습 니다. 일찍이 당신께서는 내 본질의 존엄성을 알게 하셨고, 사회질서의 대원리를 생 각하게 하셨습니다. …… 온갖 고난으로 내 생애가 조숙한 운명으로 희생되더라도 나 는 당신처럼 인민의 권익을 위해 일하고 싶습니다."〈장 자크 루소의 망혼에게 드리 는 막시밀리앙 로베스피에르의 헌사〉(1789). "Dédicace de Maximilien Robespierre aux mânes de Jean-Jacques Rousseau", dans Charlotte Robespierre et ses Méoires, par Hector Fleischmanne, Albin Michel Editeur, 290~292쪽. 주경철은 로베스피에르가 루소를 실제로 만나고 이런 기록을 남겼다면서 다음과 같이 옮긴다. "숭고한 이여! 당신은 내게 나를 아는 법을 가르쳐 주었습니다.… 나는 경애하는 당신의 자취를 따 르고 싶습니다. 나는 다가올 몇 세기 동안 비교할 대상이 없을 이름을 남겨야 합니 다. 전대미문의 혁명이 우리 앞에 펼쳐 놓은 위험한 길 위에서 내가 당신의 글 속에 서 끌어올린 영감에 변함없이 충실할 수 있다면 행복할 것입니다."《주경철의 유럽인 이야기3》 '서양 근대 인물 열전', 제4장〈로베스피에르, 혁명의 불꽃인가 어둠의 심연 인가〉, 휴머니스트, 2017. 연관 기록은 서정복,〈막시밀리앙 로베스삐[피]에르의 루소 사상 수용〉,《프랑스 근대사 연구》, 삼영사, 1991, 179~180쪽.

7 "늘 죽이는 사람이 있어 죽인다. 죽이는 사람을 대신하여 죽이는 것을 목수를 대신 하여 깎는다고 한다. 목수를 대신하여 깎는 사람치고 그 손을 다치지 않는 이가 드 물다."(常有司殺者殺. 夫代司殺者殺, 是謂代大匠斲. 夫代大匠斲者, 希有不傷其手矣.)

제5막

:짚으로 만든 개가 있는 방:

비움의 힘—어질지 말라

　노자와 루소 앞에 짚으로 만든 개가 있다. 귀엽고 앙증맞은 크기지만, 엉성해서 금방 망가질 것 같다. 짚도 단정하지 않고 옆으로 삐져나왔다. 엉터리로 만든 것 같다. 어차피 버릴 것, 대충 만든 것이다. 그래도 노자와 루소 가운데 서서 관객을 바라보고 있다. 네 다리로 간신히 버틴다. 요즘은 짚도 구하기 힘드니 널빤지나 신문지로 만든 개도 좋다. 재활용장난감이다. 쓰고 버려도 조금도 아깝지 않다. 풍선 아티스트가 만든 개도 좋다. 빵하고 터지면 못쓴다. 나무 젓갈로 만들어도 좋다. 일회용이다. 버려도 좋고, 태워도 좋다. 앉아 있는 구석에 작은 드럼통이 있다. 관객은 잘 눈치채지 못한다.

5.1. 대자연의 맹목성

노자 나는 이르노니(5.1.) "천지는 어질지 않아 만물을 짚으로 만든 개처럼 여긴다. 성인도 어질지 않아 백성을 짚으로 만든 개처럼 여긴다." (천지불인天地不仁, 이만물위추구以萬物爲芻狗; 성인불인聖人不仁, 이백성위추구以百姓爲芻狗.)

루소 내가 개요?

노자 화내지 마오. 마음을 가라앉히고 들어보오.

루소 아니, 개로 여기는 사람을 어찌 성인이라 할 수 있고, 성인으로 받들 수 있습니까? 예수가 용서하고, 부처가 자비를 베풀어 우리가 그들을 숭배하는 것 아닙니까? 나를 개로 여기는 자를 어찌 성인으로 볼 수 있습니까?

노자 이 뜻은 이렇소. 천지는 대자연을 가리키오. 알다시피 대자연이 움직일 때 이것저것 가립디까? 화산이 터지고 지진이 났을 때 천지가 좋은 놈, 예쁜 놈을 빼놓고 죽이고 살립디까? 거대한 해일이 지나갈 때 거기에는 선한 자도 악한 자도 모두 휩쓸려 떠내려갈 수밖에 없소. 대자연의 거대함을 생각해 보시오. 지구가 운석에 부딪힐 때 장소를 가리겠소, 사람을 가리겠소? 아니오, 아니오. 화산재는 늑대도, 토끼도, 꽃다운 여인도, 건강한 남자도 가리지 않고 덮어 버릴 뿐이오. 거기에는 호랑이와 사자의 옳고 그름이 없듯이 좋은 사람과 나쁜 사람의 나뉨도 없소.

루소 짚으로 만든 개라 하지 않았습니까? 개도 아니고 짚 개라면, 개만도 못한 것 아닙니까?

노자 잘 보았소. 표현이 과격한 것은 맞소. 그럴 까닭이 있소. 정말 아무것도 아니게 바라본다는 것, 하찮고 또 하찮다는 것을 짚으로 만든 개로 말해 보았소. 우리 시절에는 제사 지낼 때 짚으로 만든 개를 썼소. 제사 지낸 뒤에 선조의 이름이 쓰인 지방을 태우듯, 그것도 제사가 끝나면 태워 버렸소. 위패를 나무로 만들었으면 보관해서 또 쓰지만 종이로 만든 신주神主야 없애 버리지 않소. 짚 개도 그랬소.

루소 훈수꾼 일회용이라는 말씀이네요.

노자 천지가 그렇듯, 성인도 그래야 하오. 사랑한다는 거짓은 버려야 하오. 천지가 사람을 위해서 소를 낳았소? 그렇지 않은데도 사람은 소를 먹잖소.[1] 대자연은 이렇게 무의지로 흘러가고 있으며, 성인도 그걸 닮아야 한다는 것이오.

루소 그래도 개는 되기 싫습니다. 나는 사람이오.

노자 마음을 조금만 더 열어 보시오. 귀족만이 사람인 시절이 그대의 시절 아니오? 그러면 평민은 사람이 아닌 것이 되오. 시종들만 사람이 아닌 것이라 하지만 평민도 정치에 참여할 권리가 없는 한 법적으로 보장받는 사람이라고 할 수 없소. 그것이 사람을 개로 보는 것과 크게 다를 바 없다는 것이오. 게다가 여기서는 사람을 개처럼 대하라는 나

---

1 왕필은 개를 먹는다고 했는데 소로 바꾼다(天地不爲人生狗, 而人食狗). 왕필王弼, 《노자주老子注》: "하늘과 땅은 스스로 그러함(자연自然)에 맡긴다. 하지도 만들지도 않는데도 만물이 스스로 서로 다스리고 이루기 때문에 어질지 않다고 한 것이다. 어짊이란 반드시 만들어 세우거나 베풀어 되게끔 하는 것이기에 예뻐하거나 함이 있다. 만들어 세우거나 베풀어 되게끔 하면 만물이 그 진정함을 잃고, 예뻐하거나 함이 있으면 사물을 늘어뜨려 보아도 제대로가 아니다. 만물이 제대로가 아니니 갖추어 실을 수 없다. 땅은 짐승을 위해 꼴을 낳지 않았어도 짐승은 꼴을 먹고, 하늘은 사람을 위해 개를 낳지 않았으나 사람은 개를 먹는다. 만물에 무위하나 만물은 그 쓰임 되는 바를 따르니(각득기소各得其所; 각적기소용各適其所用) 넉넉하지 않을 수 없다. 지혜가 자기로부터 서게 되면 맡기지 못한다."(天地任自然, 無爲無造, 萬物自相治理, 故不仁也. 仁者必造立施化, 有恩有爲, 立施化則物失其眞, 有恩有爲, 列物不具存, 物不具存則不足以備載矣. 〔天〕地不爲獸生芻, 而獸食芻; 不爲人生狗, 而人食狗. 無爲於萬物而萬物各適其所用, 則莫不贍矣. 若慧由己樹, 未足任也.)《도장집주道藏集注》본에 따라 '지地'를 '천지天地'로 고침.

쁜 뜻이 아니라, 사람만을 위하지 말라는 위대한 선언이 들어간다오. 사람 위에는 하늘이 있고, 하늘에는 별들이 빛나오.

루소 대자연이 만물을 함부로 사랑하지 않듯이, 성인도 사람을 함부로 사랑하지 않는다는 말씀이신가요?

노자 비슷하게 다가오네요. 사랑이라는 것도 한쪽이오. 기울어진 일이오.

루소 이렇게 보면 어떻습니까? 천지가 만물을 차별하지 않듯, 성인도 사람을 차별하지 않는다고요. 천지가 아름다운 공작이나 커다란 코끼리만을 사랑하지 않듯이, 성인도 머리 좋은 천재나 용감한 장군만을 사랑하지 않는다고요.

노자 그런데 중점은 '어짊'에 있소. '천지가 어질다'는 것은 반성되지 않은 선언이오. 대자연이 나를 위해 먹을 것을 주오? 벌이 나를 위해 꿀을 만들고, 벼가 나를 위해 쌀을 만드오? 아니잖소. 그렇듯이 천지가 어질다고 판단하고, 이어 성인도 천지를 닮아 어질 것이라고 판단하는 것이 그르다는 이야기요. 있는 대로 보아야 하오.

루소 동화와는 다르네요. 나를 위해 예쁘게 핀 꽃은 세상 어디에도 없네요.

노자 게다가 유가들은 오상五常을 강조하면서 인의예지신仁義禮智信을 말했소. 그 첫 번째 덕목이 바로 어짊이오. 어짊이 마치 세상의 제1율법인양 말이오. 그건 인간의 관점일 뿐이라오. 냉정해집시다.

루소 나는 보통 사람들의 뜻이 모인 일반의지(Volonté Générale)[2]를 강조했습니다. 그것은 그냥 다수 의견의 총합인 전체의지와는 달리, 인민의 입법 권리를 보장하는 것이었습니다. 다른 권한은 다 줘도, 그것만큼

---

2 흔히 일반의지는 루소의 전문용어로 알고 있지만 선례가 있다. 17세기에는 신앙의 고립주의를 선택한 얀센니스트의 신학에서 신의 보편적인 의지로 등장하며, 몽테스키외는 《법의 정신》 제3편 제11장에서 입법권을 국가의 일반의지(모두의 뜻)로 설정한다는 점에서 루소와 통한다. 그러나 인간에게만 이성적인 자연법을 부여하는 당시의 자연법 학자에 불만이었던 루소는 자연법의 근거를 전체 인류의 일반의지로 보는 백과전서파(디드로 등)와는 구별된다.

은 줄 수 없다는 것이 내 생각이었습니다. 법을 만들어 놓고는 따라야 하지 않겠습니까? 뺏을 때 뺏더라도.

노자 세상의 원리가 몇몇 사람에 있지 않다는 점에서 통하오. 나는 천지를 말했지만, 그대는 일반을 말하는구려.

루소 선생이 말하는 성인이 귀족이나 평민을 나누지 않고 누구나 짚 개로 보고 있다면 받아들일 수 있습니다. 그 성인은 누구나 보석으로 볼 수 있을 테니까요.

5.2. 바람의 생리

노자 나는 이르노니(5.2.) "천지 사이는 풀무와도 같다. 비었으나 움츠려들지 않고, 움직이면 더욱 (많은 것을) 내뿜는다.(천지지간天地之間, 기유탁약호其猶橐籥乎! 허이불굴虛而不屈, 동이유출動而愈出.)

루소 대자연조차 빈 것으로 보시네요. 진리를 빈 것으로 보더니, 대자연도 빈 것이네요. 진리가 비어 어떤 말도 담을 수 있는 것처럼, 대자연도 무엇도 담을 수 있게 비었네요. 그런데 풀무는 웬 풀무입니까?

노자 비어 있지만 활기차지 않소? 비어 있지만 생동감 넘치지 않소? 태어나서 자라고, 섰다 멈추고, 뛰고 날지 않소? 그 움직임을 풀무로 은유해 보았소. 자신은 비었지만, 엄청난 바람을 솟아내는 풀무 말이오. 바람을 일으키면서도 자신은 텅 빈 기구가 풀무 아니오? 부채처럼 손으로 바람을 내던, 네모난 모양으로 발로 바람을 일으키던, 아니면 풍로風爐가 되었던 말이오. 나는 비었지만, 남에게 바람을 불어 주는 풀무 같은 것이 바로 천지요.

루소 비었지만 무엇에 눌려 찌그러지지 않는다는 것이 그 뜻이네요. 찌그러지면 빌 수 없으니 말입니다. 빈 채로 움직여야 더욱 많은 바람을 솟아 낼 수 있고요.

노자 서양에는 그런 것이 없소?

루소 기구야 비슷하지요. 그러나 그것을 철학적인 대상으로 삼아 보지는 않은 것 같습니다. 글쎄요. 플라톤이 우주의 자궁을 코라라고 부르면서, 모든 것이 생성되는 장소로 보았는데, 그것과 비슷한 것 같습니다. 나중에 데리다라는 현대 철학자가 그걸 자기 개념으로 삼습니다.

노자 자궁은 풀무처럼 늘 텅 비어 있다기보다는 차 있다가 무엇인가를 만들어 내는 곳으로 느껴지외다.

5.3. 침묵

노자 나는 이르노니(5.3.) "말이 많으면 자주 막히니, 빔(中)을 지키느니만 못하다."(다언삭궁多言數窮, 불여수중不如守中.)

루소 말은 해야 합니다. 선생도 하지 않습니까?

노자 그러나 말의 한계는 반드시 알아야 하오. 말이 많으면 안 되오. 말은 상대적이고, 대립적이고, 투쟁적이라오.

루소 나는 말을 통해 등단했습니다. 긴 문장으로 나의 생각을 폈고, 그것이 뽑힘으로써 학계에 영향을 미쳤습니다. 늘 쓰고 발표했지요. 어떤 것은 지나치게 과격해서 나중에서야 발표하게 되지만, 그래도 쓰고 또 썼습니다.

노자 그대의 저작은 편지글 같고 소설 같아 읽기 좋고 재밌소. 말재주가 있는 것 같소. 그래도 말이 요약되는 것이 좋지 않겠소? 나의 철학시처럼 말이오.

루소 서양은 에세이 전통이 있습니다. 주절주절 이야기를 펼침으로써 상대방을 이해시키고 설득하는 글쓰기 방법입니다. 이를 통해 자기의 사상을 펼치지요. 요즘의 논문은 너무 형식적이어서 뭔 이야기를 하려는지 감이 도통 오지 않습니다. 지나치게 단편적이라 큰 맥락이 안 보여요. 그게 연구인지, 뭔지 모르겠습니다. 이공계의 짧은 논문을 흉내 내는 철학 논문은 볼 때마다 짜증이 납니다. 인문계는 단발적인 논문이 우선 돼서는 안 됩니다.

노자 그것도 좋지만 나는 말 많은 것이 싫소. 말이 말을 낳고, 한정 없이 지속되는 소모전이 싫소. 말은 채움이오, 말 없음은 비움이오. 나의 철학이 빔에 있다는 것을 알잖소?

루소 그래서 빔을 지키라, 다시 말해 침묵을 지키라는 거군요.

노자 여기서 말하는 '중中'이란 '충沖', 곧 '충허沖虛'함이오. 충허充虛는 '충만한 허무'로 들려 말이 안 되오. 장자에 이은 내 후배인 열자列子의 책을 《충허지덕진경沖虛至德眞經》으로도 부르는데 그이가 바로 빔을 자신의 철학으로 내세웠기 때문이오.

훈수꾼 정조 때 스님 지책旨册이 '충허대사沖虛大師'로 불렸는데, 같은 말이네요.

루소 침묵으로 말하라 …….

훈수꾼 '침묵의 소리'(Sound of Silence)라는 사이먼과 가펑클의 노래도 있는데 …….

루소가 두리번거리자 훈수꾼이 불을 건넨다. 루소, 개에게 불을 붙인다. 활활 타오르자 드럼통에 버린다.

제6막

계곡이 있는 방

여성성의 찬미―모든 것이 모이는 골짜기

계곡에 물이 흐른다. 졸졸졸. 흐르고 또 흐른다. 물이 흐르다 어딘가에 고이는 소리가 끊임없이 들린다. 똑똑똑. 약간은 시끄럽지만 그렇다고 대화가 들리지 않을 정도는 아니다. 계곡의 색깔은 검다. 단순한 골짜기 모양이면 된다. 두 꼭대기와 물이 모아지는 홈이 있으면 된다. 홈이 중요하다. 파인 곳이 있어야 한다. 루소가 들어오면서 이게 뭔가 하는 표정으로 바라보다 손을 씻는다. 그러자 노자는 루소가 손을 씻는 밑으로 가서 손을 담그더니 두 손을 모아 물을 떠서 마신다. 루소가 미안한 듯 손을 잠시 빼다 다시 집어넣는다. 노자는 신경 쓰지 않고 다시 물을 떠서 마신다. 루소, 손을 뺀다. 노자, 다시 물을 떠서 물을 마신다. 그리고는 노자는 세수를 한다.

6.1. 여성성

노자 나는 이르노니(6.1.) "골짜기의 정신은 죽지 않으므로, 이를 일러 검
  은 암컷〔玄牝〕이라 한다."(곡신불사谷神不死, 시위현빈是謂玄牝.)
루소 골짜기에도 사는 것이 있습니까? 이왕이면 산꼭대기에 살아야지, 산
  꼭대기가 아니더라도 너른 마루에 살던지, 웬일로 어둡고 침침한 골
  짜기입니까? 제우스라면 산꼭대기, 그 밑은 그다음 신이 살아야 좋은
  것 아닙니까? 골짜기에 사는 것은 가장 시원찮은 놈입니까? '검은
  암컷'이라 했으니 '가장 시원찮은 년'이라 해도 되겠지만요.
노자 내 말을 벌써 알아들은 듯하오. 나는 골짜기의 정신이라 했는데, 그
  정신을 신적인 것으로 이해했으니 말이오.
루소 정신은 신비롭고 신성한 것이니만큼, 신과 닮은 것 아닙니까? 정신
  은 신의 일종입니다. 신이 사람에게 부여한 것이 바로 정신이지요.
노자 맞소. 나도 신이라고 할 때 귀신을 말할 때가 많소. 신비한 존재 말
  이오. 여기서는 중의적이오. 신비한 골짜기의 귀신도 좋고, 사고하는
  골짜기의 정신도 좋고, 그 둘이 섞인 골짜기의 신성도 좋소. 산꼭대기
  만 아니면 되오. 꼭대기를 숭배하는 자들을 나는 싫어하외다. 낮은 데
  로, 낮은 데로 모아 가는 골짜기가 좋소.
루소 이상합니다. 아까도 말했지만, 이왕이면 높은 데지, 웬 낮은 데를 찾
  습니까?
노자 그대도 남성 중심의 생각을 버리지 못하는 것 같소. 하기야 여성을
  수단으로만 여기는 문화라 들었소.
루소 나의 책 《에밀》에도 여성은 에밀을 위한 상대로 등장합니다. 도구나
  수단은 아닐지라도 남성 에밀이 성인으로 살아가기 위한 환경적 장치

임이 틀림없습니다. 여성이 사고한다는 것은 우리 시대만 하더라도 쉽게 받아들여지지 않았습니다.

노자 나는 유가들의 가부장적 문화를 반대하는데, 그대들의 남성 중심적 사고도 반대해야 하겠소. 나는 여성주의자요.

루소 그렇다면 선생은 세계 최초의 페미니스트네요.

노자 나는 여성적인 것이 남성적인 것을 이끌 때 세상이 평화롭다고 생각하외다. 그것이 페미니스트요?

루소 초창기 페미니스트는 여권 신장에 매달렸지만, 장차 미래의 페미니즘은 그것을 넘어 여성적인 것을 선양하는 데 앞장서야 할 것 같습니다.

노자 아직은 안 그렇다는 것이니, 나는 그런 좁은 페미니스트는 안 하려오. 만일 이 세상의 모든 것이 남성적인 것과 여성적인 것으로 나누어졌을 때, 나는 여성 계열의 것이 남성 계열의 것에 앞서야 한다는 이념적이고 이상적인 페미니스트요. 이를테면, 부드러움, 아름다움, 정감, 공감능력, 서열 없음이 딱딱함, 근육, 이성, 이해능력, 서열주의에 앞서야 한다는 것이요. 세상의 모든 것을 한번 그렇게 나누어 보시오.

루소 해와 달, 낮과 밤부터 시작되지요. 밝음과 어둠도 그렇고요. 철학적인 것은 이성과 감성, 윤리적인 것은 정의와 타협, 미학적인 것은 숭고와 미, 이렇게 되고요. 특히 칸트가 '남성은 숭고하고, 여성은 아름답다'고 한 《아름다움과 숭고함의 감정에 관한 고찰》의 말이 떠오르네요.

노자 바로 그것이오. 남성이라고 아름답지 않으라는 법이 어디 있고, 여성이라고 숭고하지 않으리라는 법이 어디 있겠소? 관념적인 분류에 불과하지. 그러나 우리가 언어를 쓰는 한, 상대 개념을 가지고 놀 수밖에 없소. 따라서 이런 분류는 해 볼 만하오. 그리고는 선택해 보는 것이오.

훈수꾼 아하, 선생의 말씀은 '윤동주는 아름답고 유관순은 숭고하다' 이렇게 거꾸로 될 수 있다는 것이네요. 그리고 사실 숭고(sublime)는 말이 어려워서 그렇지 우리말로는 아무래도 '크기'(size)와 별반 다르지 않네요. 사물의 크기, 인격의 크기까지 포함해서요. 평균적으로 남자가 여자보다 키가 크지요. 키득.

루소 잘 보았습니다. 예수는 숭고합니다. 그대의 말로는 거룩한 것이오. 그 거룩함도 결국은 크기요. 사람의 크기, 믿음의 크기지요. 큰사람이 봉사하고 희생합니다. 실천의 용기도 큰사람이나 갖는 것이고.

노자 남성적인 것과 여성적인 것을 구별해 보라고 했더니 웬 딴소리요? 내가 보기에는 여성이 남성보다 크오. 사랑의 크기는 더욱 그렇소. 남성은 공연히 경쟁하고 투쟁하느라 바쁘잖소? 여성은 화해하고 협조한다오. 게다가 아무리 고달파도 자식에게 밥을 먹이는 어머니의 크기를 어떻게 잴 수 있겠소? 그런 점에서 여성이 사람을 사랑하는 크기는 남자보다 큰 것 같소. 특히 어머니는.

훈수꾼 결국 선생의 철학은 어머니의 철학이네요![1]

루소 '검은 암컷'이 엄청나게 좋은 뜻이네요. 난 맨 처음에는 지나치게 동물적인 것으로 들려 오해가 많았습니다. 게다가 저는 문명 속에서 사회화되고 노예화된 인간이야말로 나약하고 여성화된 생활양식에 빠진 것으로 여겼었습니다.[2]

노자 여기서 암컷이란 여성성을 대변하는 것이외다. 검다는 것은 이성이나 논리를 넘어선 융화를 말하고. 이성과 논리 앞에 어떤 수식어가 붙소이까? '밝은 이성', '논리가 밝은' 이렇게 말하지 않소? 난 아니오. 이러저런 것 나누지 않고 덮어 주니 '검고도 검은 것'[3]이라오.

루소 검은 암컷은 상징 중에 상징이네요. 검은 암컷의 정신은 죽지 않는

---

1 정세근, 《노자 도덕경-길을 얻은 삶》, 2017. 노자를 어머니의 철학으로 해석한다.

2 루소, 《인간 불평등 기원론》, 58쪽. "사회화하고 노예화한 인간은 연약하고 겁이 많아지며 비굴해진다. 게다가 나약하고 여성화된 생활양식은 인간의 힘과 용기를 완전히 무기력하게 만든다. 야생의 상태와 길들여진 상태를 비교해보면 인간들 간의 차이가 동물들 간의 차이보다 큰 것이 사실이다."

3 "검고도 또 검으니 여러 야릇함의 문이다."(玄之又玄, 衆妙之門.)

다. 골짜기에 신비한 동물이 사는데, 그것을 사람들은 검은 암컷이라 불렀고, 그것은 영생한다. 이런 말씀이네요. 어둠의 여신은 죽지 않는다!(The goddess of darkness is never die!)

6.2. 새로운 남근

노자 나는 이르노니(6.2.) "검은 암컷의 문을 일러 하늘과 땅의 뿌리라 한
　　　다."(현빈지문玄牝之門, 시위천지근是謂天地根.)

루소 그런데도 나는 선생이 굳이 남성과 여성 사이에서 하나를 선택하는
　　　까닭을 모르겠습니다. 그냥 중립이면 안 될까요? 아니면, 무성無性으
　　　로 가던지요.

노자 아까도 말했잖소. 언어란 어쩔 수 없이 둘 가운데 하나를 선택하게
　　　되어 있다고.

루소 초월성으로 가면 되지요. 서양철학이 그렇게 강조한 것이 현실을 넘
　　　어선, 경험을 넘어선, 역사를 넘어선 초월입니다. 그것은 보편적이고
　　　영원한 것으로 사려가 되고요. 서양철학이 초월을 강조한 까닭이 단
　　　순히 신의 자리를 마련했다고 보면 안 됩니다. 우리도 상대의 세계에
　　　서 빠져나갈 구멍을 철저히 만들어 놓았습니다. 그것을 신과 자꾸 연
　　　결시키는 바람에 초월의 의미가 많이 희석되었지만요. 그런 점에서
　　　선생의 여성성은 촌스러운 데가 있어요. 억지로 맞추는 듯한.

노자 하하. 맞소. 나의 말도 억지로 하는 것이라오.[4] 그럼에도 초월은 싫
　　　소. 그런 것이야말로 있는 세계 위에 딴 세계를 덧씌우는 짓처럼 보
　　　이오. 내 후배 장자의 말대로 맹랑孟浪[5]한 짓이라오. 사는 게 맹랑하

---

[4] "나는 그 이름을 모르니, '도道'라고 쓰고, 억지로 '크다'大고 이름 짓는다."(吾不知其
　名, 字之曰道, 强爲之名曰大.)

지만, 철학은 더 맹랑하외다. 그대늘이 말하는 형이상학은 더욱더 맹랑하다오.

루소 좋아요. 더 맹랑하게 묻겠습니다. 뿌리는 남성입니까, 여성입니까? 나의 국어 프랑스어야 모든 것을 남성과 여성으로 나눕니다. 선생이 '하늘과 땅의 뿌리'라고 했으니 물어보는 것입니다. 선생의 논리, 아니 전통 동양사상의 논리대로라면, 하늘은 남성이고 땅은 여성인데 뿌리는 하늘에 속합니까, 땅에 속합니까?

노자 뿌리는 바탕이오. 시원처이고 발원지라오. 그런 점에서 남자로 보기 쉽소. 남자가 씨를 뿌리고 여자가 밭을 일구는 식으로. 그래서 남자를 하늘, 여자를 땅으로 보는데 그게 정말 맞소? 여자에게는 씨앗이 없소? 가부장적인 유가의 생각에서는 남성의 씨앗 없이 생명 없는 것으로 보지만, 나는 불만이오. 함께 가야 하지 않는 일이 어디 있겠소? 그런 점에서 씨앗은 충분히 여성적인 것이오. 뿌리도 마찬가지고. 그래서 나는 검은 암컷의 문을 하늘과 땅의 뿌리라고 한 것이오. 그 문은 사람으로 따지면 자궁이라오.

루소 앞서 말한 플라톤의 코라가 떠오르는군요. 《티마이오스》 편의 우주생성 이야기.

노자 흔히 남근男根이라 하오. 생긴 것만 보면 뿌리 같긴 하오. 그러나 왜 여근女根은 잘 안 쓰오? 그저 음문陰門이라는 말만 즐겨 쓰고. 난 뿌리와 문을 함께 씀으로써 여근의 자리를 잡아 주고 싶다오. 암컷의 문은 곧 우주와 생명의 뿌리라오. 여인의 문을 열고 나오지 않은 생명이 있소? 어디 나와 보시오. 만일 있다면, 내 그것을 나의 신으로 섬기겠소.

루소 문이 뿌리라. 듣고 보니 재밌는 말이네요. 모든 것은 여인의 문으로

---

5 《장자》 〈제물론齊物論〉: "그대는 맹랑한 말로 여기지만 나는 오묘한 진리를 행한다고 생각하오."(夫子以爲孟浪之言, 而我以爲妙道之行也.)

부터 뿌리내렸다. 여인의 문이 없었다면 어떤 생명체도 없다. 그런 말씀이네요.

노자 그렇소.

루소 데리다는 서구철학의 남근중심주의를 혹독하게 비판합니다. 대신 코라, 곧 자궁을 중시하지요.

6.3. 무궁함

노자 나는 이르노니(6.3.) "길고 길어 (끊임없이) 있는 듯하니, 이를 (아무리) 써도 다하지 않는다."(면면약존綿綿若存, 용지불근用之不勤.)

루소 여성성은 영원하다. 그 말씀이네요.

노자 좋소.

루소 끈이 이어지듯 여성성은 줄곧 이어져 왔고, 그것은 아무리 쓰고 또 써도 또 나온다는 이야기네요. 면면히 이어지는 여성성을 마치 고치에서 실을 뽑듯이 설명한 것이네요. 아니 그것보다는 거미가 거미줄을 끊임없이 뽑아낸다고 말하는 것이 낫겠네요. 생명의 실, 우주의 끈이네요.

훈수꾼 우주의 생성원리를 설명하는 끈 이론(string theory)도 있던데요. 이제 두 분 사이도 끈끈해지는 것 같습니다. 저는 두 분 사이에서 끊임없이 끈적거리고요. 하하.

루소, 일어서더니 골짜기로 가서 두 손을 모아 물을 떠서 마신다. 다시 두 손으로 물을 떠서 객석으로 뿌린다. '생명의 물이요, 우주의 물이요, 영원의 물이오'라고 외친다.

제7막

장구한 천지—나를 버려라

시계 소리가 들린다. 괘종시계 같다. 그런데 시계 소리가 늦다. 한참 늦다. 드디어 괘종이 울린다. 5초마다 한 번씩 울리는 것 같다. 댕. 그리고 5초. 댕. 그리고 5초. 참으로 느리다. 시계 소리 같은데 느린 시계 소리에 관객이 당황스럽다. 노자, 매우 느린 걸음으로 들어온다. 슬로비디오를 보는 것 같다. 약간은 과장된 몸짓이다. 손으로 하늘을 받치고 발걸음을 안에서 바깥쪽으로 크게 돌리면서 걸음을 매우 느리게 뗀다. 손을 올린 스모 선수의 걸음 같다. 루소, 평소처럼 들어오지만 관객은 매우 빠른 듯이 보인다. 훈수꾼, 노자의 걸음을 흉내 내며 들어오니, 슬로비디오 속에서 루소만 빠르다.

7.1. 장구함

노자 나는 이르노니(7.1.) "하늘은 길고 땅은 오래되었다."(천장지구天長地久.)

훈수꾼 〈천장지구〉(1990)라는 홍콩 영화가 있었는데, 여기서 나오는 말이
군요. 80년대 홍콩 느와르의 정점을 찍었다고 불리는 영화로 유덕화
와 오천련이 나오지요. 후속편이 〈천장지구〉라서 우리나라에서는 그렇
게 나왔는데, 원작은 〈하늘에도 인정이 있다면〉(天若有情)이었습니다.

노자 내 말이 영화 제목도 되는군요.

루소 안타깝게도 철학 공부는 안 하고 철학의 말만 흉내 내는군요.

훈수꾼 처음에는 '○○ 지구地區' 그러니까 '구획'(district)으로 생각했어요.
그런데 중국에서 보니 선생의 말로 쓰여 있어서 조금 당황했습니다.
우리나라에서는 마치 범죄도시, 금지구역이라는 뜻으로 받아들였다는
이야기입니다.

루소 설명을 부탁드립니다.

노자 하늘은 길고, 땅은 오래되었다는 말이외다. 여기서 길다는 것은 공간
적인 표현이고 오래되었다는 것은 시간적인 표현이니, '하늘은 넓디넓
고 땅은 굳고 단단하다' 정도로 받아주면 되오.

루소 갑자기 이 이야기를 하시는 까닭이 무엇입니까?

노자 하늘과 땅이 변합디까?

루소 안 변하지요.

노자 바로 그거요. 그렇게 변하지 않는 하늘과 땅을 보고 그것을 본 삼으
라는 이야기입니다. 하늘과 땅이 유구하듯 불변하듯, 우리도 그것의
원리를 본받아 보자는 것이지요. 왜 하늘과 땅은 오래갈까요?

루소 엉뚱하십니다. 시간과 공간이 있어야 우리가 살죠. 우리의 생명이야

유한한 것이 당연하고. 무한한 시공 속에서 유한한 인간이 사는 것, 그것은 우리에게 이미 주어진 조건입니다. 따질 수 없는 환경이라는 이야기입니다.

노자 그래도 우리는 하늘을 보고 그 맑고 높음에 자신을 반성하고, 땅을 보며 그 꾸준함을 배우지 않소? 진주처럼 영롱한 임의 모습이라는 것도, 진주를 보면서 임을 떠올리는 것이오. 생물은 무생물을 통해 배우고, 동물은 식물을 통해 배우는 것이라오. 우리는 꼿꼿이 자란 소나무의 기상을 배우지 않소이까?

훈수꾼 우리 애국가에 '남산 위의 저 소나무'가 나옵니다. '철갑을 두른 듯 바람서리 불변함은 우리 기상일세' 이렇게요.

노자 사람은 늘 자연물에 기대어 자신을 돌아봤소. 하늘을 우러러 부끄럼이 없길 바라기도 했고.[1] 하늘은 높고, 땅은 넓소.

7.2. 무생명의 영원성

노자 나는 이르노니(7.2.) "하늘과 땅이 길고 오래된 까닭은 그 스스로 살려 하지 않아 오래 살 수 있다."(천지소이능장차구자天地所以能長且久者, 이기부자생以其不自生, 고능장생故能長生.)

루소 그러니까 천지가 장구한 것은 스스로 살려고 하지 않으니 오래 산다는 이야기는 생뚱맞습니다. 무생물이 영원한 것은 당연하지 않습니까?

노자 과학은 그렇게 말을 하지요. 그러나 무생물의 원리를 잘 생각해 보시오. 문학적 상상력을 발휘해 보시오. 그것들은 살려고 아등바등하지 않아요. 그래서 영원하다는 것이오. 삶에 매달리면 죽고, 이미 죽어

---

1 윤동주 '서시序詩' 및 《맹자》〈진심盡心〉 상: "우러러 하늘에 부끄러움이 없고 내려보아 사람에게 부끄러움이 없으면 두 번째 즐거움이다."(仰不愧於天, 俯不怍於人, 二樂也.)

버리면 죽을 수 없소.

루소 스토아 철학자 세네카가 늙음을 찬미하면서 그랬습니다. '우리는 이미 늙어 젊은이들처럼 오래 살 걱정을 안 해도 되니 즐겁다'고 말입니다.[2] 처음에는 웃긴다고 생각했습니다. '지금껏 살았으니 죽어도 된다'는 말인가 해서요. 그러나 그 뜻은 그것보다 '어떻게 살아야 하는지 걱정하지 않아도 되는 나이가 되었다'는 것이었어요. '이미 살아냈다'는 것이지요. 앞으로 살아내야 할 사람보다는, 따라서 걱정이 없지요.

노자 나와는 맥락이 다르지만 재밌는 이야기요. '죽음에 가깝다는 것은 잘 살았다는 것과 같다'는 말로 들리오. 나는 하늘과 땅처럼 무생물의 영원성을 닮아 보라는 뜻이었소. 바위의 견고함을 배우고, 흙의 무던함을 배우고, 하늘의 청명함을 배우라는 말이었소. 그러면 우리도 바위처럼, 흙처럼, 하늘처럼 살 수 있지 않을까 해서요. 바위를 보는 자 바위가 되고, 흙을 닮는 자 흙이 되고, 하늘을 우러르는 자 하늘이 된다오. 생명 없는 것이라 무시하지 말고, 생명 없는 것의 의연함을 좇아 보자는 이야기라오.

루소 무생물에게도 덕이 있습니까?

노자 있지요. 살지 않으려 하잖소? 그러니 영원하오. 우리요? 살려고 하잖소? 그러니 죽는다오.

7.3. 후퇴와 방기

노자 나는 이르노니(7.3.) "그러므로 성인은 그 몸을 뒤로 하나 몸이 앞서게 되고, 그 몸을 버리려 하나 몸을 이루게 된다."(시이성인후기신이신

---

2 키케로, 《우정에 대하여/노년에 대하여/변론에 대하여》, 2017.

선是以聖人後其身而身先, 외기신이신존外其身而身存.)

루소 삶의 기술이군요.

노자 군이 하려 들지 않는 것처럼, '일이 이루어졌으면 몸을 빼야 한다'[3]는 것은 나의 철칙이요. 마찬가지로 훌륭한 사람은 몸을 뒤로 하니 남들이 자신을 앞서게 하고, 몸을 버리니 자기 몸이 남아 있게 된다는 것이오. 자신이 앞서고자 하는 자를 사람들이 내버려 둘 리 없소. 늘 자신을 뒤로하고, 자기를 버린 듯해야 하오.

루소 요즘 시절과는 잘 안 맞아요. 자기 자랑하고, 자기 자리 찾고, 자기 먹을 것 챙겨야지 남들은 아무도 나에게 관심 없습니다.

노자 현대와 과거가 그렇게 다르겠소? 올라가는 놈은 자르고, 나대는 놈은 죽이지 않소?

루소 이리저리 설치고 떠들어 대야 관직을 얻고 명예를 얻는 것이 요즘 시절입니다.

노자 그러나 이 하나는 바뀌지 않소. 흔히들 '평판'(reputation)이라고 하는데, 그게 마치 자기에게 달려 있는 거라고 생각하는데 전혀 그렇지 않소. 평판은 철저히 남의 것이고, 대신 철저히 나에 관한 것이오. 남이 나에 대해 하는 이야기라서 내가 낄 여지가 없는 것이 바로 평판이오. 그러니 내 몸을 앞세운다고 앞세워지는 것도 아니고, 내 몸을 지킨다고 지켜지는 것도 아니오. 평판이 좋아야 장長 자리에도 올라가고, 선거에도 나갈 수 있다오.

훈수꾼 유가들이 말하는 겸손 같습니다.

노자 사실 겸謙이라는 글자는 《주역》에서 강조했소. 오직 이 겸괘만이 모든 괘사와 효사가 나쁘지 않으니 말이오. 그리고 그 《주역》이 유가만의 것이 아니라 도가의 것이기도 하다는 주장도 있소.[4] 나는 겸손이

---

3 "공이 이루어지면 몸을 빼는 것이 하늘의 길〔도道〕이다."(功遂身退, 天之道.)

4 《노자》와 《장자》의 백화 번역(금주금역今註今譯)으로 유명한 진고응陳鼓應의 주장이다.

라는 말을 직접적으로 쓰지는 않으나, '앞장서지 말라'는 말은 종종합니다. 그런 태도는 나의 세 가지 보물 가운데 하나로 꼽힌다오.

7.4. 나 없애기

노자 나는 이르노니(7.4.) "이는 내가 없기 때문이 아닌가? 따라서 나를 이룰 수 있다."(비이기무사야非以其無私耶? 고능성기사故能成其私.)

루소 맥락에서 나를 없애라는 말이 나오는 것은 자연스럽습니다만, 문제는 '그러면 내가 이루어질 수 있다'는 역설에 있습니다. 결국은 나를 없애는 것은 나를 세우기 위한 수단이고 방편입니까? 알량한 처세술 같아 보입니다.

노자 나의 역설적인 표현이 그렇게 들렸다니 미안하외다. '나를 없애라'는데 초점이 있는데, '내가 이루어진다'에 초점을 두고 읽으셨다니 말이오. 나는 철학의 기능이 있다고 생각하오. 나를 뒤로하고 버리고 없앤다고 정말로 그러고 말 것이라고 생각하지 마시오. 그리하면 마침내는 보답이 오겠지요. 아니더라도, 다른 보상이 찾아올 겁니다. 명예 대신 건강, 돈 대신 사랑이 찾아올지도 모르오.

훈수꾼 이순신 장군이 '살려면 죽을 것이고, 죽으려면 살 것이다'(必生卽死, 必死卽生)라고 말씀하신 것과 비슷하네요.

루소 예수도 비슷한 말씀을 합니다. '무릇 자기 목숨을 보전하고자 하는 자는 잃을 것이요 잃는 자는 살리라.'[5] 하늘나라가 끼기는 합니다만.

루소 슬로비디오 속 인물처럼 느릿느릿 걸어가 괘종시계의 시계추를 멈춰 세운다.

---

5 《성경》〈누가복음〉17:33.

제8막

⠂세숫대야에 물이 있는 방⠂

물의 찬가—낮은 데로 낮은 데로

　세 사람이 들어오자 각자의 자리에 세숫대야가 놓여 있고 물이 담겨 있다. 어찌할 줄 몰라 바라보는데, 노자가 먼저 신발을 벗더니 맨발을 대야에 담그고 씻는다. 때가 많은지 열심히 씻는다. 루소는 고양이 세수를 하는 듯하더니, 손수건을 꺼내 물을 묻혀 얼굴을 닦고는 다시 그 물에 손수건을 빤다. 손수건으로 이곳저곳을 닦더니 다시 빤다. 둘의 눈치를 보던 훈수꾼은 자루걸레를 빨아 주위를 닦는다. 그리고는 다시 빤다. 그들과 그들의 주위는 깨끗해졌지만 물은 더러워졌다. 구정물이 되었다.

8.1. 가장 좋은 물

노자 나는 이르노니(8.1.) "가장 좋은 것은 물이다."(상선약수上善若水.)

루소 또 무생물로 비유하시는군요.

노자 문학적 상상력이 꽤나 있는 분이 웬 불만이오? '호수처럼 넓은 마음', '바다처럼 깊은 마음', '맑은 물 같은 너의 생각', '고요한 물 같은 너의 감정', 이런 것들에도 불만이오? '내 마음은 호수요'도 안 되고, '차가운 바다 같은 이성'도 안 되오?

루소 아닙니다. 그러나 계속해서 비유가 나와서요.

노자 말로서 뜻을 다 전하지 못하니, 시를 쓰는 것이지요. 시가 엉뚱한 면도 있지만, 드러내지 못하는 감정을 드러낼 때도 있지 않소? 아까 말한 것도 모두 물과 관련된 비유인데, 어색하지 않잖소?

루소 물이야 좋지요. 물을 못 마시면 바로 죽으니 생명의 물질이기도 하고요. 그래서 가장 좋은 것이 물이라는 말씀입니까?

노자 그거야 과학적인 분석이고, 나는 물의 윤리적인 모습을 보았소. 흔히 내가 물을 좋아하니, 물이 요리조리 흘러가는 것만 보는데 내 뜻의 무게는 거기에 있지 않소. '요리조리'야 처세술도 되고 임기응변도 되니 나랑 그다지 맞지 않는 이야기요. 천천히 말해 봅시다.

루소 '가장 선한 것이 물이다.' 이렇게 봐도 되는 거지요?

노자 아니 되오, 아니 되오.

루소 그 이야기가 그 이야기 아닙니까?

노자 그대는 지금 선악의 선을 말하지 않았소? 노자는 선악을 따지지 않는다오. 선이 아니오. 물이 선이라면, 물은 악도 될 수 있어야 하오. 사물에 주어진 언어는 늘 상대성을 함께 가지니 말이오. 계곡에 목욕

할 때는 선이지만, 물이 불어나면 악이 되는 것이오. 바다가 물고기와 미역을 줄 때는 선이지만, 쓰나미로 밀려올 때는 악 중에서도 악 아니겠소? 그런 점에서 물을 절대선이나 절대악으로 보는 것은 어리석은 일이고, 사람의 눈으로 보는 것일 뿐이오. 물에 무슨 선악이 있겠소? 물 자체에 말이오.

루소 그런데 방금 과학적이지 않고 윤리적이라고 말씀하지 않으셨나요? 윤리는 선악을 따지는 것인데, 앞뒤가 안 맞습니다.

노자 잘 지적했소. 만일 윤리학을 선악을 가르는 일이라고 생각하면 나의 물은 윤리학의 대상이 아니오. 그러나 물의 성질을 사람이 닮아야 한다고 생각하면 나의 물은 충분히 윤리학의 문제가 된다오. 사람이 어떻게 살아야 한다고 말하니 말이오. 윤리가 별거요? 옳고 그른 것을 따지는 것이지, 뭐요? 그러니까 '물의 성질을 따르는 것이 옳다'는 것은 나의 주장에 맞지만, '물은 선하다' 또는 '가장 좋은 선은 물을 보면 드러난다.'고 하는 것은 나의 주장과는 멀어진다는 것이요. 선악에 대해 민감한 나를 이해해 주기 바라오. 노자에게 선악은 없소.

루소 그렇다면 본문에 나오는 선은 뭡니까?

노자 서양어도 마찬가지잖소? 영어에서 '굿good'이라 하면 선하다는 것이라기보다는 '잘했어'라는 뜻이지 않소. 불어의 '봉bon'도 그렇고.

루소 예, 그러고 보니 '아름답다'도 그러하네요. 미학적으로 아름답다는 것이 아니라 그것도 '잘됐다'라는 뜻이 들어 있네요. 영어의 '뷰티풀beautiful'은 일을 잘했다는 것이지 예쁘다는 것이 아니니 말이오. 그리스말에서 아름다움을 뜻하는 '칼론kalon'도 그렇네요. 선생은 불어도 잘하시네요.

노자 놀리지 마시오.

루소 칼론!

노자 나의 선도 그런 뜻이오. 선악의 선이 아니라, '잘한다' 정도의 뜻인 거지요.

루소 그러니까 '가장 잘하는 것은 물이다', '가장 잘사는 놈이 물이다'라는 뜻이네요. 거꾸로 말하면 '물은 뭐든지 잘한다', '물은 참으로 잘산다'는 것이고요.

노자 그렇소.

루소 물이 어떻게 잘사는가 보여 주십시오.

노자 그럽시다. 그런데 먼저 할 이야기가 있소.

8.2. 우과 긴

노자 나는 이르노니(8.2.) "물은 만물을 잘 이롭게 하면서도 싸우지 않고, 뭇사람이 싫어하는 곳에 머물기에, 도에 가깝다."(수선리만물이부쟁水善利萬物而不爭, 처중인지소오處衆人之所惡, 고기어도故幾於道.)

루소 물은 만물을 이롭게 하지요. 싸우기보다는 도와주고. 가끔 홍수가 나서 사람을 어렵게 하기도 하지만 그것보다는 만물을 도와주지요. 홍수는 만물에 이로울 뿐만 아니라, 결과적으로는 사람에게 이롭지요. 사람은 태풍을 무서워하지만 태풍이 지나가지 않으면 강바닥도 뒤집히지 않아 문제고 생활용수도 모자라고요. 그런 점에서 접수할 수 있습니다. 그런데 진리에 가깝다는 것은 너무 나간 것 아닙니까? 물의 길이 있는 것은 받아들일 수 있지만, 물이 곧 길이라는 것은 수많은 물질 가운데 하필 물인지 잘 와닿지 않습니다. 고대 그리스 철학자 탈레스는 '물이 만물의 원질이다'라고 말하긴 했지만, 그것은 물로부터 모든 것이 발생되고 생성되었다는 발견이지 선생처럼 물의 성질과 경향이 곧 진리라는 말은 아니었습니다.

노자 자, 여기서 중요한 것은 물이 만물을 이롭게 하면서도 싸우지 않는다는 데 있지 않소. 나의 중점은 물이 '사람들이 싫어하는 곳에 머문다'는 것이오. 사람들이 싫어하는 더러운 곳에 물은 고인다는 것이지요.

물은 시궁창에 있을 수 있다오.

루소 '물은 맑고 깨끗하다', '물은 싸우지 않고 잘 빠져나간다'가 아니고요?

노자 싸우지 않는다는 것은 맞아요. 그러나 나의 물은 깨끗한 물이 아니오, 더러울 줄 아는 물이요.

루소 시궁 발치에만 가도 냄새에 코를 쥐게 되는데, 선생은 물을 어찌 그리로 보내시나요?

노자 사람들이 싫어하는 낮은 곳에 머물라. 그대들의 예수도 그리하지 않으셨소?

훈수꾼 이청준의 소설 가운데 《낮은 데로 임하소서》(1980)라는 책이 있어요. 100쇄 30만 권이나 팔렸죠. 이장호 감독이 영화(1982)로 만들기도 했습니다. 맹인 안요한 목사의 생애를 그린 전기영화지요.

노자 내 말이 바로 그거요. 낮은 데 있어라. 물처럼 낮게, 낮게 흘러가라. 그곳이 아무리 더럽고 냄새나는 곳이라도.

루소 창녀를 사랑하고, 거지를 존경하라? 창녀는 자비의 보살이고, 거지는 자유로운 해탈자입니까?

노자 그대들은 국가가 인정하는 공창 제도를 운영하지 않소? 자유국가일수록 오히려 거지가 많지 않소?

훈수꾼 스님 흉내 내는 독일 노숙자 피터를 동학사에서 본 적이 있어요. 냄새는 많이 났지만. 그는 아무것도 갖지 않으려 했고, 공원에서 자고 도서관에 머물렀어요.

루소 물의 그런 특징을 살피셨군요.

노자 깨끗한 물이 아니라 더러운 물이라오. 맑은 물이 아니라 검은 물이라오.

8.3. 무위 이로움

노자 나는 이르노니(8.3.) "좋은 땅에 머물고, 좋은 연못에 마음을 두고,

좋은 사랑을 주고, 좋은 믿음으로 말하고, 좋은 다스림으로 바로잡고, 좋은 할 수 있음으로 일하고, 좋은 때 움직인다."(거선지居善地, 심선연心善淵, 여선인與善仁, 언선신言善信, 정선치正善治, 사선능事善能, 동선시動善時.)

루소 물이 사는 모습이네요.

노자 물은 흙에 잘 스며드오. 물은 못도 잘 만드오. 물은 가리지 않고 누구에게나 퍼져 가오. 물은 아래로 흐를 것이라는 믿음을 주오. 물은 길을 만들어 주면 가라는 데로 가오. 그래서 물은 모든 일을 하지요. 때에 맞춰 움직인다오.

루소 이렇게 말씀하시니, 알아듣겠네요. 처음에는 뭔 말인가 했습니다.

노자 처음 말은 사람의 감정을 투영한 것이라 그렇소.

루소 사람에게 투사해 보시지요.

노자 물처럼 땅 위에 스며들 듯 살면 얼마나 좋겠소! 나와 땅이 하나 되어 곡식도 기르고, 움막집도 짓고, 땔감도 얻고.

훈수꾼 얼씨구!

노자 연못물에 내 마음을 비추며 살면 얼마나 좋겠소! 출렁이지 않는 물을 거울삼아, 나도 비추고 임도 비추고, 하늘도 비추고 구름도 비추고.

훈수꾼 얼씨구!

노자 물처럼 사랑을 베풀며 살면 얼마나 좋겠소! 어질고 어진 물의 덕이 생명을 키워 주고 나를 배불리 먹여 주네.

훈수꾼 얼씨구!

노자 언제나 아래로 내려가는 물처럼 변함없이 살면 얼마나 좋겠소! 욕심에 올라갔다 내려갔다 하지 않는 인생이 되어보소.

훈수꾼 얼씨구!

노자 물처럼 사람을 가리지 않고, 물처럼 어우러지면 얼마나 좋겠소! 물 같은 정치야말로 바른 정치라오.

훈수꾼 얼씨구!

노자 이렇게 물은 모든 일을 한다오. 이렇게 물은 때에 맞춰 움직인다오.

훈수꾼 얼씨구, 좋다!

루소 잘들 놉니다.

8.4. 싸우지 않는 물

노자 나는 이르노니(8.4.) "무릇 오직 싸우지 않으니, 허물이 없다."(부유부
　　　쟁夫唯不爭, 고무우故無尤.)

루소 부쟁不爭이라, 싸우지 않는다, 쉽지 않습니다.

노자 낮추시오. 낮추지 않으니 싸우는 것이오.

루소 저도 인간의 불평등이 명예심에서 나왔다고 생각합니다. 그리고 명예 때
　　　문에 싸우고 죽인다고 생각합니다.[1] 명예심만 없으면 싸우지 않을까
　　　요?

노자 먹고사는 것으로 사람이 싸운다고는 하지만, 실상 먹고사는 것만으로
　　　다툴 일은 많지 않소. 더 잘 먹고살려고 다투고, 먹고사는 것 위에
　　　이름을 남기려고 싸우는 것 아니겠소? 보리밥에 된장조차 먹고살지
　　　못하는 상황이라면 죽음을 걸고 싸워야겠지요. 그러나 우리 주변의
　　　많은 싸움은 보리밥에 된장 때문에 싸우는 것이 아니라 그 이상의 것
　　　때문에 죽이고 살리는 것이라오.

루소 맞습니다. 내가 보기에도 동물들은 자기가 죽도록 싸우지 않습니다.
　　　치고 빠지죠. 그러나 인간이라는 족속만이 목숨이 끊어질 때까지 싸

---

1 루소, 《인간 불평등 기원론》, 133쪽. "나는 모든 사람들을 고통스럽게 하는 저 평판
과 명예와 특권에 대한 보편적인 욕구가 얼마나 자주 재능이나 힘을 훈련시키고 비
교하는지, 그리고 그 욕구가 얼마나 정념을 자극하고 증대시키는지에 주목하고 싶다.
뿐만 아니라 그 욕구가 얼마나 사람들을 서로 경쟁하거나 경합하게, 더 정확히 말해
서로 적대하게 만드는지를 지적하고 싶다."

우죠. 인간사회는 자연스럽지 않아요. 지나치게 인위적이에요. 나를 보고 야만으로 돌아가자는 것이냐고 시비를 거는데, 이런 인간사회야 말로 야만적이지요.

노자 살리는 물이 되어야 하오. 죽이는 불이 되지 말고. 전쟁을 불의 마 귀, 곧 화마火魔라고 부르는 까닭을 생각해 보오. 화마가 훑고 지나가 면 황무지밖에 남지 않는다오.[2] 화마가 되지 말고 생명수가 되어야 하오. 아무리 낮고 더러워도 살아 있는 것을 살게 하는 물이 되어야 하오.

노자, 발을 씻었던 물을 들고 가서 화분에 뿌린다. 루소도 따라한다. 훈수꾼도 대걸레를 빤 물이라 멈칫하다가 큰 화분에 붓는다. 노자가 외친다. '물은 남을 깨끗 하게 해주고, 자신은 더러워지노라.'

---

2 "군대가 있었던 곳에는 가시덤불이 생겨난다. 큰 싸움 다음에는 반드시 흉년이 든 다."(師之所處, 荊棘生焉. 大軍之後, 必有凶年.)

제9막

⠿뾰족한 연필이 있는 방⠿

그만하기—날카로우면 부러진다

책상 위에 연필꽂이가 있다. 거기에 참으로 뾰족하게 깎은 연필이 여러 자루 꽂혀있다. 세 사람이 들어오더니, 다들 한 자루씩 잡는다. 책상 위 하얀 종이에 각자 무엇인가 써보는데, 뚝뚝 부러진다. 세 사람 모두의 연필이 그렇다. 노자의 연필부터 부러지고, 루소의 연필이 부러지고, 훈수꾼의 연필이 부러진다. 부러진 자신의 연필을 각자 바라본다. 다시 연필을 한 자루씩 잡는다. 결과는 마찬가지다. 이번에는 루소의 연필이 먼저 부러지고 노자의 연필이 다음에 부러지고 훈수꾼의 연필이 맨 나중에 부러진다. 다들 연필을 들고 바라보다 종이 위에 연필을 놓고 이야기를 시작한다.

9.1. 그침

노자 나는 이르노니(9.1.) "지니어 채우고 있는 것은 그치니만 못하며, 간
직하여 날카롭게 하는 것은 오래 남겨둘 수 없다."(지이영지持而盈之,
불여기이不如其已; 췌이예지揣而銳之, 불가장보不可長保.)

루소 잡아두고 채우는 것은 그것을 멈추는 것만 못하다는 것이네요.

노자 잡아 둘 수 있을 것 같소? 아니오. 잡아 두면 달아나오. 내 손아귀
가 버티지도 못한다오. 채워 놓을 수 있을 것 같소? 아니오. 물도 가
득 채운 듯하지만, 어느새 날아가 버리오. 어느 틈으로라도 새 버리
오. 그러니 멈추시오. 멈추는 것만큼 좋은 것은 없소. 그만두라는 것
이오. 이제 그만. 내버려 두시오.

루소 선생의 '하지 마라'는 무위 사상과 통합니다. '멈춤의 철학'(philosophy of
stop)입니다. 가지 말고 멈춰라.

훈수꾼 비슷한 스님의 명상록이 베스트셀러가 된 적이 있습니다. 《멈추면,
비로소 보이는 것들》(2012). 혜민 스님을 하와이 학회에서 만난 적이
있는데, 공부한 불교학자이시더군요. 키는 참 작고.

노자 나의 사상은 불교와 많이 비슷한 모양이오. 불교가 처음 들어왔을
때, 내가 인도로 가서 부처가 되었다는 이야기도 있소. 노자화호설老
子化胡說[1]이라든가 뭐라든가. 부처가 오자 사람들은 '얼굴 노란 노자'
〔황면노자黃面老子〕라고 부르기도 했소.

루소 부처가 왜 노랗지요?

---

[1] 노자화호설老子化胡說: 노자가 자신의 말(《도덕경》)을 함곡관에서 전하고 인도로 갔
다는 이야기.

노자 자신을 늘 하얗고 깨끗하다고 생각하는 것이 사람이오. 인도 사람들은 흑인인 드라비다족과 백인인 아리아족이 섞인 인종 아니오? 시꺼멓다는 이야기요. 그걸 노랗다고 한 것이오.

루소 금불을 말하는 것은 아닙니까?

노자 지나치오.

루소 뒤의 말씀은 날카로운 것은 부러지기 십상이라는 말씀이지요?

노자 무엇인가 하다보면 말썽이 생기오. 그래서 멈추라 했소. 너무 날카로운 것은 부러지기 쉽소. 그래서 오래가지 못한다고 한 것이오.

훈수꾼 나는 뭉뚝한 연필이 잘 안 부러져 아직도 기계보다는 칼로 깎는 것을 좋아합니다.

9.2. 금옥만당

노자 나는 이르노니(9.2.) "금과 옥이 집안에 가득하나 지킬 수 없고, 부귀하여 잘난 척을 하니 스스로 허물을 남긴다."(금옥만당金玉滿堂, 막지능수莫之能守; 부귀이교富貴而驕, 자유기구自遺其咎.)

루소 재물이 있는 집에 도둑이 들지요. 가져갈 것이 없는 집에 무슨 도둑이 들겠습니까?

훈수꾼 사전에도 나오는 금옥만당金玉滿堂이라는 말이 여기서 나오는군요? 금과 옥이 집에 가득하다는 뜻이지요. 홍콩영화 가운데 〈금옥만당〉(1995)이라는 제목으로 장국영이 나오는 코미디도 있었어요. 서극 감독의 요리영화였던 것으로 기억합니다.

노자 쓸데없는 이야기는 줄이시오. 흠, 돈만 문제가 아니오. 사람은 돈이 있으면 교만해지오. 그러니 스스로 허물이 되고 마오.

루소 서양인들에게도 교만(arrogancy; superbia)은 죄악으로 칩니다. 기독교에서도 신 앞에 교만한 것인 만큼 칠죄종七罪宗 가운데 첫째죠. 교만,

인색, 질투, 분노, 음욕, 탐욕, 나태가 그것들입니다. 원죄를 짓는 것도 교만의 결과지요. '자랑'(pride)으로 흔히 번역됩니다만 현대적 용법과 맞지 않습니다. '자랑질'이라면 모를까.

노자 있는 사람이 숨기가 쉽지 않소. 아는 사람이 모르는 척하기가 쉽지 않듯이. 설령 교만하지 않은 사람이라도, 남들보다 더 낮추지 않으면 사람들은 교만하다고 할 것이라오. 그래서 어려운 것이오. 남들은 '네가 잘났다고 그러느냐'라는 마음의 비수를 이미 감추고 있다오.

루소 성서에도 낙타가 바늘구멍에 들어가는 것이 부자가 천국에 가기보다 쉽다[2]고 했는데, 비슷하군요.

노자 좋은 말씀이오.

9.3. 몸 빼기

노자 나는 이르노니(9.3.) "공이 이루어지면 몸을 빼는 것이 하늘의 길〔道〕이다."(공수신퇴功遂身退, 천지도天之道.)

루소 공을 이루었으면 그 대가를 받아야 하는 것 아닙니까? 논공행상論功行賞은 공을 따져 상을 주는 것이고, 그것은 세계 어디나 마찬가지입니다.

노자 혁명이 있으면 반反혁명이 따라온다오. 공을 받았으면 그 공을 시기하는 사람이 따라온다오. 논공행상이 잘못된 것에 반발한 사람들이 다시금 혁명을 일으키기도 한다오. 혁명으로 희생된 사람들의 친구나 가족이 힘을 모아, 혁명을 다시 일으키기도 한다오. 몸을 뺐다면 그런 와중에 휩싸이지 않는다는 것이오. 일이 중요하지, 자리가 중요하오?

루소 나의 사상이 프랑스 대혁명에 큰 영향을 미치지요. 그러나 나의 추종

---

2 《성경》〈마태복음〉 19:23~24.

자들도 희생되고 말았습니다. 슬픕니다. 자유 때문에 사람을 죽이고 죽다니요. 심지어 자유롭지 않은 사람은 죽여야 한다는 공포의 독단이 횡행했지요.

노자 이 말은 앞에서도 했지만 앞으로도 곳곳에서 할 것이오.3 이루어지면 떠나시오. 때가 되었는데도 떠나지 않아 다들 창피당하지 않소? 아이가 다 컸으면 떠나보냅시다. 일이 이루어졌으면 손을 놓읍시다.

훈수꾼 이제 공치사功致辭는 안 해야 되겠네요.

루소, 필통의 모든 연필을 꺼내 쥐더니 날카로운 심을 한꺼번에 부러뜨린다. 날카로움을 미워하듯 부러뜨린다.

---

3 "만물을 만들었으나 말이 없고, 낳으면서도 갖지 않고, 하면서도 자랑하지 않고, 공이 이루어지면 머물지 않는다."(萬物作焉而不辭, 生而不有, 爲而不恃, 功成而弗居.) /9.3.: "공이 이루어지면 몸을 빼는 것이 하늘의 길(도道)이다."(功遂身退, 天之道.) /17.3.: "부드럽구나, 말을 아낌이여. 일이 잘되어 끝날 때, 사람들은 모두 말한다. 나는 스스로 그러하다고."(悠兮, 其貴言. 功成事遂, 百姓皆謂: 我自然.) /34.2.: "만물은 이에 기대어 태어나지만 아무 말 없고, 일이 이루어졌지만 이름을 얻으려 않으며, 만물을 덮고 기르지만 주인이 되려 들지 않는다."(萬物恃之以生, 而不辭. 功成而不名有, 衣養萬物而不主.) /77.3.: "그러므로 성인은 하면서도 자랑하지 않고, 일이 이루어지면 머물러 있지 않으니, 그렇게 똑똑함을 보이려 하지 않는다."(是以聖人爲而不恃, 功成而不處, 其不欲見賢.)

제10막

하나의 기—나의 바람

　덩그러니 큰 거울이 놓여 있다. 지저분해 보인다. 노자가 들어오면서 거울을 힐 끗 본다. 그러나 별다른 행위 없이 자리에 앉는다. 지저분한 거울을 당연하게 받아 들이는 것 같다. '보이면 보고, 말면 말고'라는 태도다. 뒤늦게 들어오는 루소가 거 울을 보자 옷에서 하얀 손수건을 꺼내 닦기 시작한다. 그래도 잘 닦이지 않는 듯, 닦고 또 닦는다. 그래도 시원치 않자 짜증이 나는 모양이다. 옷으로도 닦아 본다. 팔꿈치에 있는 금속 단추에 거울이 긁히면서 '찍' 소리가 난다. 앉아 있는 노자도, 이제야 들어오는 훈수꾼도 놀란 듯 귀를 막는다. 관객들도 비명을 지른다. 유리 긁 히는 날카로운 소리!

10.1. 포일

노자 나는 이르노니(10.1.) "살아 있는 몸뚱이에 실려 하나를 껴안으면서 도[포일抱一] 떠나지 않을 수 있을까?"(재영백포일載營魄抱一, 능무리호 能無離乎?)

루소 하나는 서구 문명에서 중요합니다. 유일자인 신이기도 하니까요. 유 일자라는 말이 곧 '하나뿐인 자'를 가리킵니다. 유일자는 곧 절대자입 니다. 그런데 선생도 그런 관념이 있나요?

노자 어느 문명이나 하나에 대해서 생각했을 것이외다. 세상의 하나 됨은 늘 철학적 관심이 되었소. 하나로 설명할 수 있는 세계, 하나로 모아 지는 사회, 하나로 돌아가는 삶, 이런 것들은 사람이라면 어쩔 수 없 이 추구하는 것 아니겠소? 세계의 중심을 말하고, 사회의 원리를 말 하고, 일생의 목적을 말할 때 등장하는 것이 바로 하나라오. 그런 점 에서 하나를 말하지 않은 철학은 없다고 해도 된다오.

루소 그런데 서구사회는 종교적이 되어 '하나밖에 없는 신'으로 이야기를 끌고 갔지요. 그쪽은 어떤가요?

노자 세계의 중심을 천문학적으로 말할 때, 북극성을 말할 수밖에 없소. 북극성만큼은 이 세계에서 유일하게 움직이지 않는 것이지 않소? 모 두 움직이오. 해도 달도, 땅도 물도 움직이오. 별도 움직이는데, 오직 하나 북극성만큼은 안 움직이오. 고대인들은 이를 매우 중요하게 여 겼소. 권력의 중심이야 왕조가 바뀌는 것을 보며 변할 수 있다고 생 각하게 되고, 사람의 생각이나 믿음도 사람마다 다르니 어느 하나를 답이라 할 수 없다고 여기게 되지만, 북극성은 움직이지 않소. 별자리 의 중심일 뿐만 아니라, 벌판이나 바다에서 방향을 잡으려면 북극성을 보는 길밖에는 없었소.

루소 서구사회에서는 북극성이 그렇게 중요하지 않은 듯합니다. 종교적인
　　의미는 강하지 않다는 것입니다.

노자 마침내 북극성은 '태일太一'로 불리고 그것은 당시에 신적인 숭배 대
　　상으로 자리 잡소. 내가 말하는 하나도 그것과 무관하진 않소. 그렇다
　　고 내가 말하는 하나가 신이라고 말하진 마오. 말을 공유하는 것이
　　반드시 생각도 공유하는 것은 아니니 말이오.

루소 하나를 껴안는다니요?

노자 세계의 하나 됨은 중요하외다. 우리는 하나 될 수 있소. 하나가 되어
　　야 하고.

루소 어떻게요?

노자 우리는 세계의 일부분이오. 살아 있을 때는 나라는 것이 있어서 자기
　　와 대상을 분리하기 쉽지만, 그래 봤자 우리는 자연물을 섭취하며 삶
　　을 유지할 수밖에 없소. 우리 몸 그 자체가 자연의 일부분일 수밖에
　　없는 것이오. 하나의 관념은 우리의 하찮은 분별 의식을 깨뜨려 준다
　　오. 그래서 하나를 껴안자고 하는 것이오. 남을 껴안는 것도, 돌을 껴
　　안는 것도, 나무를 껴안는 것도 아닌, 하나를 껴안자는 것이오.

루소 전통적인 말로는 '천인합일天人合一' 아닙니까?

노자 천인합일은 동양의 이상인 것은 맞소. 그러나 주안점과 결론이 조금
　　씩 다르오. 유가의 천인합일은 사람 쪽에 기울어서 인간이 자연 속에
　　서 무엇인가 하는 것에 초점이 맞추어진다면, 도가의 천인합일은 오
　　히려 자연에 순응하는 인간에 초점을 맞추어진다오. 말은 같은데, 뜻
　　이 조금씩 다르다오.

루소 그래도 합일, 곧 하나 되자고 주장했으면 통할 수 있을 것 같습니다.

노자 내 얼이 담긴 몸뚱이를 자연과 합일시키자는 뜻이면 받아들일 수 있소.

루소 영혼만은 안 됩니까?

노자 육체와 영혼을 구별하는 사고는 참으로 못됐소. 말로야 누구든 구별

하지만, 실제로 그렇게 엄격하게 구별되겠소? 이를테면 혼백魂魄이라는 말은 '보이지 않는 것은 혼, 보이는 것은 백' 이렇게 쉽게 나누어질 수 있지만, 그렇다고 혼백이 완전히 따로 놀 수는 없는 거요. 그래서 말 자체가 이렇게 붙어 다니잖소?

루소 데카르트 이후 이렇게 되었습니다. 영혼과 육체가 엄격하게 분리되었지요. 송과선이라는 이상한 기관을 설정해서 영혼이 육체를 지배하는 통로로 제시하였지만, 기본적으로 '생각하는 실체'와 '자리를 차지하는 실체'[1]로 나누면서 영혼과 육체는 이별을 고합니다.

노자 하나가 되어 어느 것과도 따로 놀지 않아 봅시다. 떠나지 말아 봅시다. 유리遊離되지 맙시다.

10.2. 기

노자 나는 이르노니(10.2.) "힘[氣]을 모으고 부드러움을 다하면서도 아기일 수 있을까?"(전기치유專氣致柔, 능영아호能嬰兒乎?)

루소 그 유명한 동양의 개념인 기氣가 여기에 나오네요. 힘이라고 말씀하셨지만요.

노자 기라고 하면 너무 철학적으로 받아들일까 봐 쉬운 일상 언어로 말해 보았소. 뜻도 '힘이 넘치면서도 아기 같으면 좋겠다'는 것이니 말이오.

루소 아기야말로 힘이 넘치지 않나요?

노자 하하, 잘 보았소. 바로 그런 뜻이오. '힘을 모으면서도 부드러운 아기이고 싶다'는 염원을 여기에 담았소.

---

1 '연장延長의 실체'란 이곳저곳 늘어나 부피를 가진 것이라는 뜻으로 오늘날 한국어에서는 쓰지 않는 표현이다. 천지사방天地四方 어딘가에서 공간을 점유한다는 것으로 '자리를 차지한다'는 뜻과 다르지 않다.

루소 아기 좋아하시죠?

노자 그럼요. 아기야말로 내가 추구하는 이상적인 모습이오. 원초적이고
근원적이며, 나아가 생명력이 넘치는 존재가 바로 아기요.

루소 니체도 아기를 좋아했습니다. 낙타, 사자 위에 있는 존재가 아기지요.

노자 그이가 뭘 아는구려.

루소 기에 대해 한 말씀 해 주시죠.

노자 기는 세상을 움직이는 힘이오. 그대들 말로 에너지energy 같은 것이
오. 세상은 기로 가득 차고, 기가 변하여 사람도 되고 꽃도 된다오.
형상 뒤에 숨어서 형상을 만들고 움직이는 놈이라고나 할까? 아까
하나를 말했지요. 세상을 움직이는 것을 하나로 말하라고 한다면, 그
것이 바로 기라 할 수 있소. 나의 후배 장자가 나중에 이것을 '일기一
氣'로 정리한다오. 그러나 이미 나도 '하나'〔一〕와 '힘'〔氣〕을 통해 '하
나 된 힘'을 말한다는 점에서 그런대로 비조가 된다오. 나는 이후에도
기를 말할 것이오. 우주의 생성원리로서도 말하고,[2] 사람의 기분상태
로도 말할 것이오.[3] 앞의 것은 '음양이라는 두 기'〔陰陽二氣〕의 뿌리가
되고, 뒤의 것은 '마음이 기를 다룬다'는 것인데 요즘도 쓰이는 '심기
心氣'라는 말과 이어지오.

루소 선생이야말로 기론의 원조네요!

노자 아니오. 단 세 번 말했을 뿐이오.

루소 서양사람들도 요즘은 기(치ch'i)를 다 압니다. 영화에도 종종 나오고
요. 기공氣功술도 관심 있고요.

---

2 "도는 하나를 낳고, 하나는 둘을 낳고, 둘은 셋을 낳고, 셋은 만물을 낳는다. 만물은
음陰을 업고 양陽을 안고, 기氣로 가득 참으로써 조화로워진다."(道生一, 一生二, 二生
三, 三生萬物. 萬物負陰而抱陽, 沖氣以爲和.)

3 "온화함을 아는 것을 늘 그러함이라 하고, 늘 그러함을 아는 것을 밝음이라 한다. 삶
에 도움이 되는 것을 상서롭다고 하고, 마음이 기를 좇는 것을 강하다고 한다."(知和
日常, 知常日明. 益生日祥, 心使氣日强.)

노자 그것보다는 어린아이가 힘이 넘치는 것을 봅시다. 그렇게 힘이 넘치는 데도 부드럽잖소? 참으로 닮고 싶소.

10.3. 거울 닦기

노자 나는 이르노니(10.3.) "검은 거울을 씻어 내면서도 흠이 없을 수 있을까?"(척제현람滌除玄覽, 능무자호能無疵乎?)

루소 검은 거울은 좋은 겁니까, 나쁜 겁니까?

노자 단도직입적으로 물어줘서 고맙소만, 이건 말의 이중성 때문에 벌어지는 일이요.

루소 예?

노자 검은 거울을 닦으면 하얗게 되어야 하오, 검게 되어야 하오? 검은 것은 더욱 검게 만들어야 닦는 것이 아니겠소? 검은 구두를 닦듯이 말이오. 검정을 칠해 검지 않은 부분을 더욱 검게 만들어야 검정 구두를 닦는 것이오. 검은 거울도 마찬가지요. 검은 거울을 씻어내어 더욱 검게 만들자고 하는 것이라면 검은 거울은 좋은 뜻일 거요. 그러나 검은 거울의 검정을 때라고 생각하면 검은 거울은 나쁜 뜻일 거요.

루소 선생에게 '검음'(현玄)은 좋은 것 아닙니까? 거울이라는 말이 붙어 헷갈려서 그렇지.

노자 나는 검음을 늘 좋게 말해 왔소. 여기라고 해서 나쁘게 말할 까닭은 없소. 신비의 거울, 원초의 거울, 포용의 거울, 드러내 주지 않고 오히려 묻어 주는 거울로 생각해도 좋소. 내가 허물이 많지만 검은 거울 앞에서는 모든 것이 가려지는 그런 거울 말이오.

루소 신데렐라의 거울은 어찌되었던 사실을 말하는데, 선생의 거울은 숨겨 주는 거울이고 감춰 주는 거울이네요. 자신의 흉을 가려 주는.

노자 그런데 잘 안 보이니 잘 닦으라는 것이요. 상처 안 나게.

루소 검정이야말로 잘 닦아야 해요. 검은 표면은 이렇게 해도 저렇게 해도 흠이 나기 십상이거든요. 햇볕에 잘 드러나지요. 하얀 것일수록 잘 안 드러나고요.

훈수꾼 맞아요. 검은 차에 자잘한 상처가 잘 나요. 아니, 검은 차라서 잔 긁힘이 잘 보인다고 해야겠지요.

루소 검은 거울을 흠이 나지 않게 잘 닦아라. 그러면 그 검은 거울은 나의 흠을 감추며 비춰 줄 것이다. 어렵습니다.

노자 그럼, 그냥 나무에 검은 옻칠을 하여 검은 거울을 만들었는데 닦으면 흠이 나서 못쓰게 되니, 흠나지 않게 잘 닦을 수 있다면 좋겠다는 뜻으로 생각하오. 조심하고 조심하라, 세심하고 세심하라는 것이니.

10.4. 애국의 방법

노자 나는 이르노니(10.4.) "사람을 사랑하고 나라를 다스리면서도 (아무것도) 하지 않을 수 있을까?"(애민치국愛民治國, 능무위호能無爲乎?)

루소 무위 정치를 말씀하십니다.

노자 그렇소. 애국한다고 꼭 뭐를 해야 하는 것이 아니오. 묵묵히 농사짓는 사람이야말로 애국자요. 그런데 위정자들은 애국한다면서, 정치한다면서 남을 괴롭히지 않소? 결국은 자기의 이익만을 챙기면서 말이오. 그래서 무위야말로 애국의 길이라 생각하는 것이오.

루소 너무 소극적입니다. 군주와 계약을 해서 통치권을 맡기고, 그것이 유효할 때까지는 명령에 복종하고, 그러나 평화나 생존과 같은 계약의 주된 내용이 깨졌을 때는 계약이 파괴된 것이니, 통치권을 회수해 올 수 있는 것 아니겠습니까? 나의 지나친 생각입니까? 아닙니다. 지금은 이런 해석이 기본입니다. 사회계약론이라고 불리죠. 앞선 홉스나 로크와 내가 다른 점은 입법권은 양도할 수 없다는 견해차 때문이지만, 나도 사회계약론의 중심에 있습니다. 좀 그렇게 적극적으로 나갈 수 없습니까? 주권재민主權在民!

노자 여기서 나는 위정자의 태도를 말하는 것이지, 그대가 말하는 주권자 자세를 말하는 것이 아니외다. 나는 정치가를, 그대는 인민을 말하고 있지 않소? 그래서 나도 '백성을 다스릴 때'[치민治民]라고 말한 것이오. 애국의 주체도 위정자들이고.

루소 정치인들이여, 제발 가만히 있어라. 뭐 하려 들지 말고. 이런 뜻이네요.

노자 맞소. 우리 시절만 하더라도 그랬소. 정치가들이 전쟁을 일으키고, 사방공사를 내리고, 성벽을 쌓아야 하오. 정치가 활발해질수록 백성은 피폐해졌다는 말이오. 임금이여, 임금을 모시는 이들이여, 가만히 계시오, 가만히 계시오, 이것이 내 뜻이오.

루소 그렇다면 약간은 무정부주의 냄새가 나는데요. 정부가 필요 없다는. 무정부주의는 이상적인 것 가운데에서도 가장 이상적인 정치이념이지요. 무정부주의는 '하늘에도 어떤 절대 권위가 없고, 땅 위에도 어떤 절대 권위가 없다'는 데에서 시작합니다.

노자 그대가 말하는 하늘의 권위는 인격적인 신이요?

루소 예.

노자 그렇다면 나는 그런 하늘과 땅 위의 권위를 받아들이지 않으니 무정부주의자일 수 있겠소. 자연으로서 하늘[天]의 권위라면 당연히 받아들이지만 말이오.

10.5. 여성

노자 나는 이르노니(10.5.) "하늘의 문이 열리고 닫히면서도 암컷일 수 있을까?"(천문개합天門開闔, 능위자호能爲雌乎?)

루소 문은 여성적인 상징일 수 있으니 암컷이 주인공이 되는 것이 당연하겠습니다. 여성성을 지니자는 이야기죠?

노자 여성성이 중요하외다. 버려진 여성성을 되찾읍시다. 그렇다고 여성만
이 제일이라는 것은 아니오. 내 말의 중점은 '여성'이 아니라 '여성성'
에 있소. 창조의 여성성, 융합의 여성성을 되찾자는 이야기요. 내 기
준으로는 나대고 설치는 여성은 오히려 남성성에 가깝소. 이렇게 어
떤 개성을 성별로 나누는 것을 요즘 사람들은 봉건적이라 하겠지만
요. 억눌린 여성성, 드러나지 않았던 여성성을 복원해서 새로운 세상
을 만들어 보지 않겠소? 포용, 화해, 용서, 타협, 양보 같은 것을 되
살리자는 이야기요. 아닌 경우도 있지만, 대체로 아버지가 애를 때리
면 어머니가 말리지 않소. 그것뿐이오. 때리지 말고 말려라.

루소 때리지 말고 말려라? 이건 잘 오네요. 싸움 붙이지 말고 싸움 말려
라. 야단치지 말고 보듬어 줘라. 크게는 '죽이지 말고 살려라', 작게는
'밥은 먹여라' 이런 것 아닌가 싶습니다.

노자 밥은 먹여라, 아주 좋소. 나는 밥 먹이는 어머니를 최상으로 칩니다.
식모食母[4]라고 하지요. 밥어머니!

10.6. 무지

노자 나는 이르노니(10.6.) "밝음이 동서남북에 이르면서도 알지 못할 수
있을까?"(명백사달明白四達, 능무지호能無知乎?)

루소 늘 어둠을 말하더니 웬 밝음입니까? 이렇게 왔다 갔다 하시면 어지
럽습니다.

노자 이 밝음에 대해서는 나중에 길게 말할 것이오. 그냥 해가 비추는 밝

---

[4] "나만 홀로 남들과 다르니 밥어머니(食母)를 높이 여긴다."(我獨異於人, 而貴食母.)

음이 아니라는 것만은 일러두겠소. 여기서는 '사방을 잘 알면서도 모를 수 있다'라는 것이 핵심이오.

루소 무슨 말씀이신지?

노자 쉽소. 사방이 뭐요? 아는 사람만 알지 사방四方이 동서남북 사방을 가리킨다는 것을 자신 있게 말할 수 있는 사람이 있소? 그냥 네 꼭지 정도로 알지. 좋소. 동서남북도 아는 사람만 알지 다 안다 할 수 있겠소? 해가 뜨는 곳이 동쪽이라는 것은 알지만 그다음부터는 헷갈리는 사람도 많소. 요즘처럼 어디나 전기가 들어오고 방이 따뜻하면 더 그렇소. 흐린 날에도, 비 오는 날에도, 어두워지더라도, 캄캄한 밤이라도, 별도 보이지 않더라도 동서남북을 알 수 있다는 것은 보통의 예지가 아니었소. 바로 그가 지도자요, 목자요, 선장이었소.

루소 그럼 아는 것이지 모른 것이 아니잖습니까?

노자 말 잘했소. 동서남북을 그리 잘 알면서도 그냥 알지 이론적으로 배워서 아는 것이 아니라는 것이오. 난방이 좋지 않았던 어린 시절, 요즘도 추우면 그러지만, 햇볕만 좇아야 했던 때가 있었소. 겨울철 마루에서 햇볕만 따라다니는 거요. 그것처럼 내 머릿속에 남쪽이 뭔지 몰라도, 동서남북이 어디인지 몰라도 나는 해를 좇지요. 그것처럼 동서남북에 대한 개념, 방위에 대한 지식, 천문에 대한 이해가 없이도 동서남북을 알 수 있으면 좋겠다는 것이오.

루소 아하, 동서남북이라는 말을 모르고도 잘 찾아다니는 거군요?

노자 그렇소.

루소 나는 언어의 기원에 대해 글을 쓴 적이 있는데, 내 주장은 대륙처럼 너른 데서는 혼자 이리저리 다녀 소통이 필요 없어 언어가 발생되지 않다가, 섬처럼 작은 데로 가면서는 사람끼리 어쩔 수 없이 소통이 필요해 언어가 발생되었다는 것입니다.[5]

---

5 루소, 《인간 불평등 기원론》, 102쪽. 언어의 섬 기원설이다. "대륙의 숲속을 자유롭게

훈수꾼 나는 선생의 그런 언어 발생에 대한 주장을 '언어의 섬 기원설'로
　　　말하는데, 괜찮겠죠? 보통은 거꾸로 생각하기 쉬운데, 특이해서 기억
　　　합니다.

루소 선생의 말씀은 좁은 데 사는 삶을 더 좋게 보시는 거네요?

노자 그렇소. 닭과 개소리가 들려도 서로 왕래하지 않는.6

루소 내가 자주 섬을 이야기하는 것과 같습니다.

노자 나의 '작은 나라 적은 사람'〔소국과민小國寡民)7의 이념을 '섬'으로 바
　　　꾼 것 같소.

10.7. 생육

노자 나는 이르노니(10.7.) "낳고 기른다."(생지축지生之畜之.)

루소 그럼요, 생물인 한, 동물인 한, 사람인 한, 낳고 길러야지요. 천지가
　　　우리에게 준 자연적 삶인데요.

노자 그래서 아이들은 모두 고아원에 보냈소?

루소 참내, 교육은 국가의 책임이라고 나는 굳건히 믿습니다. 게다가 그럴
　　　수밖에 없는 상황을 만든 사회에 대한 원망이 인민들에게 가득해서
　　　나의 사상을 빌어 혁명으로 드러난 것 아닙니까?

노자 글쓰기가 중요하오, 양육이 중요하오?

돌아다니던 사람들보다는 이러한 섬에서 서로 가깝게 살아야 했던 사람들에게서 하
나의 공통된 방언(idiome)이 형성되었으리라는 것은 쉽사리 추측할 수 있다. 따라서
섬 주민들이 처음 항해했을 때 대륙에 사는 사람들에게 언어 사용법을 퍼뜨렸다고
생각할 수 있다. 사회와 언어는 섬에서 비롯되었으며 대륙에 알려지기 이전에 이미
완성되어 있었다는 주장은 적어도 매우 자연스러워 보인다."

6 "닭과 개 소리가 서로 들려도, 사람들이 늙어 죽을 때까지 서로 오가지 않는다."(鷄
狗之聲相聞, 民之老死, 不相往來.)

7 "나라는 작게 백성은 적게 하라."(小國寡民.)

루소 양육은 개인의 문제지만, 글쓰기는 사회의 문제입니다. 내가 글쓰기
　　　를 함으로써 사회가 바뀌면 나만이 아니라 우리 모두가 처해 있는 양
　　　육의 문제는 해결되는 것입니다.

노자 그래도.

루소 안타깝습니다.

노자 글보다 삶이 먼저요. 훈수꾼도 그렇게 적고만 있다가 몸 다 버리겠소.

훈수꾼 예, 저도 손가락도 아프고, 허리도 뻐근하고, 눈도 두 겹으로 보이
　　　네요.

노자 아이를 낳고 기르시오. 그대의 삶을 낳고 기르시오.

10.8. 현덕

노자 나는 이르노니(10.8.) "낳으면서도 갖지 않고, 하면서도 자랑하지 않
　　　고, 키우면서도 다스리지 않으니, 검은 덕〔玄德〕이라고 한다."(생이불유
　　　生而不有, 위이불시爲而不恃, 장이부재長而不宰, 시위현덕是謂玄德.)

루소 앞에서도 비슷한 말씀을 하셨고8 뒤에서도 똑같은 이야기 하실 것
　　　같아9 그만 말하고 싶습니다. 아이들도 떠오르고요.

노자 안 됐소.

훈수꾼 삶보다 글이 먼저면 안 되는데 나도 이 꼴이니.

루소 (소리 지른다.)

　　　노자, 거울을 뒤로 돌려놓고 나간다.

---

8 "만물을 만들었으나 말이 없고, 낳으면서도 갖지 않고, 하면서도 자랑하지 않고, 공
이 이루어지면 머물지 않는다."(萬物作焉而不辭, 生而不有, 爲而不恃, 功成而弗居.)

9 "낳으면서도 갖지 않고, 하면서도 자랑하지 않고, 키우면서도 다스리지 않으니, 검
은 덕(玄德)이라고 한다."(生而不有, 爲而不恃, 長而不宰, 是謂玄德.)

제11막

:바퀴가 있는 방:

무의 효용—비어 있어야 쓸 수 있다

서부영화에 나올 법한 커다란 마차바퀴가 책상 옆에 놓여 있다. 나무 바퀴지만 바닥에 철판을 댔다. 그런데 살이 반드시 30개라야 한다. 중국에서 수레를 만들 때 그렇게 규칙에 맞게 만들었다. 이른바 수레(乘)란 그런 것이었다. 일승一乘, 삼승三乘은 당시의 신분을 상징했다. 자동차 한 대, 세 대 꼴이다. 운송기관이 세 대나 있다는 것은, 자신이 그만큼 여러 곳을 관장해야 함을 뜻했고, 자기 일을 해줄 권솔眷率[1]이 필요했다는 말이다. 노자, 바퀴를 들어 바큇살이 꽂혀 있는 가운데 조그만 동그라미를 바라본다. 그리고는 그 옆에 있는 수레의 축을 그 동그라미에 꽂아본다. 그 축을 중심으로 두 개의 바퀴가 굴러갈 것이다. 바퀴도 나무를 통째로 쓰지 않고 살로 지탱하는 것이 재밌다. 가냘픈 바큇살이지만 서른 개가 모여 바퀴를 만들고 그 큰 수레를 지탱한다. 바큇살은 가냘프고, 바퀴는 두껍다.

---

1 식솔食率. 집안에 머물면서 자신을 따르는 사람들.

11.1. 바퀴를 바퀴 되게 하는 것

노자 나는 이르노니(11.1.) "서른이나 되는 바큇살이 한곳으로 모여 있지만 (바퀴의 가운데는 비어 있어야 돌아가므로) 없음(無)을 만나야 수레가 쓸모 있게 된다."(삼십폭三十輻, 공일곡共一轂, 당기무當其無, 유거지용有車之用.)

루소 이제는 사람이 만든 것을 관찰하십니다.

노자 바퀴를 가만히 보시오. 바퀴조차 가녀린 바큇살이 꽂혀 만들어지지 않소? 통째로 된 나무 바퀴도 있지만 그건 한참 원시적인 거요. 아마도 통 바퀴는 굴리기 무거울 뿐만 아니라, 오히려 빠개지기 쉬웠을 것이오. 어디 부딪히면 통째로 못쓰게 된다는 것이오. 바큇살은 힘을 골고루 분산시켜 줘 튼튼하다오. 바큇살 하나 정도 나간다고 안 굴러가는 것도 아니고. 무게도 훨씬 적게 나가고 말이오. 이렇든 저렇든 모든 바큇살은 하나로 모이고, 그 모인 데 축이 꽂히오. 바퀴의 가운데가 비지 않고 돌아갈 수는 없소. 돌로 만든 바퀴든, 통나무로 된 바퀴든, 바큇살이 있는 바퀴든, 심지어 자전거 바퀴든 모두 마찬가지요. 가운데 빈 곳이 있어야 바퀴가 바퀴 노릇을 할 수 있다오.

훈수꾼 자동차 바퀴나 비행기 바퀴도 마찬가지네요. 가운데 꽂히는 빈 곳이 없이는 바퀴 구실을 할 수 없네요.

노자 바큇살이 꽂히는 그 빈 곳이나 유심히 바라보길 바라오. 그곳이 없으면 바퀴는 아무짝에도 쓸 데 없다오.

루소 바퀴가 바퀴인 까닭은 굴러가기 때문이다. 구르기 위해서는 바퀴의 빈 데가 있어야 한다. 결국 바퀴를 바퀴답게 만드는 것은 바퀴가 아니라 바퀴를 구르게 할 그 빈 데다. 따라서 그 빈 데가 중요하다. 이런 말씀이네요.

노자 형체만 보지 말고 형태를 보시오.

루소 형체는 바퀴지만, 형태는 빔을 쓰는 원리다. 이거죠? 형체가 껍데기
라면, 형태는 껍데기가 그 노릇을 하게 하는 것이고.

노자 그렇소. 자동차 형체는 이래도 저래도 되지만, 빨리 달리려면 일정한
형태를 지닐 수밖에 없잖소? 모든 자동차는 되도록 바람과 부딪히지
않는 형태를 갖추고자 하오. 말을 넣어 보겠소. '모든 자동차는 되도
록 바람과 부딪히지 않는 형체를 갖추고자 한다.' 어색하지 않소? 형
태는 형체와는 달리 기능과 밀접한 관계를 갖는 말이네요. 달리기는
누구나 할 수 있지만, 잘 달리기 위해 요구되는 것은, 일정한 형체가
아니라 형태인 것처럼 말입니다. 뒤룩뒤룩 살찐 형체가 아니라 몸매
가 날렵한 형태가 필요하지요.

노자 태態는 체體의 여러 모습 가운데 하나요. 인체(체)가 여러 태도(태)
를 보이는 것처럼. 그런데 모든 바퀴는 반드시 이 한 태를 지녀야 하
오. 속이 빈 태태 말이오. 모든 바퀴라는 형체(체)는 이 하나의 형태
(태)를 떠나 존재할 수 없소. 내가 하고 싶은 말이 이것이오. 바퀴의
형체보다 중요한 것은 바퀴 속 가운데 빔의 형태라는 것이오.

훈수꾼 지금으로부터 5천 년 전에 바퀴가 발명되었다는 것이 일반적인 설
인데, 아직도 바퀴 문화네요. 고무로 바뀌었다 하더라도 여전히 바퀴
고요. 하다못해 비행기도 날아다니지만 뜨고 앉을 때는 여전히 바퀴
를 쓰고요. 글쎄, 자기부상열차 정도나 되어야 바퀴를 벗을까.

노자 맞소. 나무에서 쇠로, 쇠에서 고무로 형체는 바뀌었어도, 가운데 빈
곳을 쓰는 형태는 아직 바뀌지 않았잖소?

루소 인공물에 대한 관찰력도 대단하시네요.

노자 옛사람들이 먼저 그것을 보고 바퀴를 만든 것 아니겠소? 나야 그것
을 설명할 뿐이고.

훈수꾼 나는 어렸을 때 자전거의 엷은 림을 지탱해 주는 얼기설기 꽂혀

있는 가냘픈 살들이 놀라웠습니다. 웅덩이에 덜컹대다 바퀴가 휘었을 때, 수리공은 림을 대강 잡아 놓고 바큇살을 조정하며 원형을 맞춰 갔습니다. 바퀴의 주인공은 림이 아니라 살이라는 것을 깨닫는 순간이었습니다. 철사 같은 살이 바퀴를 만들고, 그 바퀴가 나와 짐을 싣고 다니는 것이 신기했습니다. 철사의 끝이 팔짝팔짝 이어 뛰면서 나를 싣고 다니는 느낌이었습니다.

노자 말이 길지만, 좋은 예요.

루소 바뀌지 않는 바퀴의 그것!

11.2. 그릇의 용도

노자 나는 이르노니(11.2.) "흙을 이겨 차지게 하여 그릇을 만들지만 (그릇을 만드는 까닭은 빈 곳을 얻으려는 것이므로) 없음(無)을 만나야 그릇이 쓸모 있게 된다."(연식이위기埏埴以爲器, 당기무當其無, 유기지용有器之用.)

루소 아까 예가 어려웠는데, 이건 쉽습니다. 그릇을 만드는 것은 그릇의 재질 때문이 아니라 그릇의 형태 때문이다, 이 말이네요. 그리고 그 형태는 바로 우묵하게 비게 만드는 것이고, 빈 데가 있으니 물을 담든 밥을 담든 할 수 있다, 이거네요.

노자 말도 잘하오.

루소 더 쉽게 말해 볼까요? 그릇을 먹나요, 그릇에 담긴 것을 먹나요? 그릇은 무엇인가 담기 위한 것이지, 그릇 자체를 위한 것이 아니잖습니까? 가끔은 예술적인 그릇도 있어 감상용으로 쓰인다지만, 당시에는 쓰기 위한 것 아니었겠습니까? 청자와 백자는 귀족들이 거기다 술과 차를 마시고, 사기그릇은 평민들이 밥과 국을 먹고. 생산지에서 호사 취미로 반 토막짜리 도자기가 만들어지기도 했고, 도자기가 유럽으로 수입되면서 예술용 장식으로 변하기도 했지만요.

노자 내가 술을 마시는데 청자면 어떻고 백자면 어떻고 사기잔이면 어떻
　　소? 잔이 예쁘면 술맛도 좋겠지만, 취하는 건 마찬가지요. 술을 위해
　　잔을 찾지, 잔을 위해 술을 찾소?

루소 유럽에서는 도자기가 귀해 지나치게 예술적으로 취급되었나 봅니다.

노자 술을 위해 잔을 찾지만, 잔을 찾는 것은 잔이 빈 데가 있어서 찾는
　　것이지 빈 데가 없는 잔은 어디다 쓰겠소. 그것이 빈 데가 있어 그릇
　　이 쓸모가 있어졌다는 말이오.

훈수꾼 돌멍게 껍데기를 소주잔으로 쓰면 향기가 좋습니다.

노자 술 이야기로 보기를 들었더니 신이 나는구려.

루소 '월드컵, 데이비스컵' 이렇게 서양 스포츠 컵이 경기의 이름인 것은
　　승리의 잔이기 때문입니다. 그 잔에다 술을 한번 마셔보아야 되는데.

노자 그대도 그렇소? 하하.

훈수꾼 유일한 반례가 있네요. 아이스크림 과자요. 그릇도 씹어 먹잖습니까?

노자와 루소 하하.

11.3. 유한과 무한

노자 나는 이르노니(11.3.) "문이나 창을 뚫어 집을 만들지만 (집을 만드는
　　까닭은 집의 빈 곳을 쓰려는 것이므로) 없음(無)을 만나야 집이 쓸모
　　있게 된다."(착호유이위실鑿戶牖以爲室, 당기무當其無, 유실지용有室之用.)

루소 집을 만드는 것도 공간 때문이라는 말씀이네요.

노자 그렇소. 우리가 들어가서 살아야 하잖소?

루소 이젠 좀 자세히 여쭙겠습니다. 그러나 문제는 선생이 말하는 없음은
　　무라기보다는 공간에 가깝습니다. 무를 공간으로 다루는 것은 초보적
　　사고 같습니다. 송구스럽지만, 무에 대한 깊은 사유가 없다는 말입니다.

노자 내 그럴 줄 알았소. 왜 안 나오나 했소. 이제서 나오는구려.

루소 서양이 무에 대해 깊은 사유를 하지 않은 것은 사실이지만, 그렇다고 무와 공간을 구별하지 않을 정도로 어리석지는 않습니다. 그리고 공간은 무가 아니라 유입니다. 뭔가로 꽉 차 있는 유죠.

노자 나의 초등 사유를 이해해 주시구려.

루소 서양은 우리가 돌아다니는 공간, 그러나 호흡하는 공간을 어떻게 표현할까 고민을 많이 했습니다. 초창기의 답이 곧 '에테르ether'였습니다. 뭔가 꽉 차 있어야, 전달도 되고 교신도 되니까요. 물론 없는 것은 없기 때문에 공간조차 유의 범주로 보는 것이 답답할 수 있습니다. 그러나 선생처럼 공간이 무라는 사고는 아무래도 이상합니다.

노자 동양도 그랬소. 하늘이 무너지지 않는 것도 그 사이에 뭔가 꽉 차 있다고 생각했소. 이를테면 한나라 때 나오긴 하오만, 우주의 모양을 달걀로 그리는 '혼천설渾天說' 또는 '단황설蛋黃說'에서 노른자가 지구라면 흰자위는 정기精氣와 같은 물질로 차 있는 것으로 그렸소. 이후의 모든 혼천의渾天儀가 이런 모양을 갖추고 있소.

루소 그렇다면 그것은 무가 아닌 기氣로 설명해야 하는 것 아닙니까?

노자 내 이후 그런 표현이 자주 나오오. 내 한계일 수도 있소.

루소 왜 그것을 없다고 보셨는지요? 우리는 공간 속에서 호흡도 하고, 집을 짓기도 하고, 불을 붙이기도 하는데 말입니다.

노자 앞으로 말할 것이오. 나의 무는 세 가지 정도의 뜻이 있소. 절대무, 상대무, 그리고 쓰임으로서 무요. 이 자리에서 말하는 것은 나의 세 번째 무요. 내 주안점은 무의 쓰임〔用〕에 있소.

루소 주안점이 무 자체가 아니라 무의 용에 있다고 하더라도 공간을 무라고 한 것이 변명되지는 않습니다.

노자 공간에 대해 말해 봅시다. 그대들은 공간은 무가 아니라 유라 생각하는 듯하오.

루소 맞습니다. 공간은 있는 것이지, 아무리 멀리 나가도 없어지는 것이 아닙니다.

노자 무한은 무가 아니라 유란 것이오?

루소 맞습니다. 무한하다는 것은 그래봤자 셀 수 없는 유, 갈 수 없는 유, 보이지 않는 유이지, 그것이 사라지는 것은 아닙니다.

노자 여기서 우리가 갈라지오. 나는 무한을 무의 영역으로 보오. 어떻게 셀 수 없고, 갈 수 없고, 볼 수 없는 것을 유라 할 수 있겠소. 그런 것은 이미 유의 영역을 넘어서는 것이오. 그런데도 유라고 붙잡고 있는 것이 우습소.

루소 아니, 999의 숫자가 무한히 나간다 해도 그것은 무한으로 있는 것이지, 어떻게 없는 것이 됩니까?

노자 그 무한을 있는 것으로 잡는 것이 웃긴다는 이야기요. 무한으로 표현된 그것을 왜 굳이 유의 영역으로 보오. 그 마지막은 그냥 무에게 주어 버리면 안 되오? 유한은 유고, 무한은 무다. 왜 이렇게 생각을 못하오?

루소 흔히 무한을 표시하는 리미트(limit: ∞)는 정확히는 극한極限이지 무한無限은 아니었는데, 어떻게 리미트가 무한의 언리미트(unlimited) 또는 리미트리스limitless가 됐는지는 잘 모르겠어요. 그러나 극한이 유인것은 분명하지요.

노자 그렇소. 미적분에서 리미트가 0으로 수렴한다고 해서 0이 되지 않기 때문에 유라는 것이지요? 그건 유의 영역 같소. 그런데 말 그대로 극한이 아니라 무한으로 가면 어떻소? 극한과 무한은 다르오.

루소 후대의 수학자 칸토어가 무한을 수학의 영역으로 넣어 계산을 하기도 합니다.

노자 이제는 선택을 해야 하오. 이는 형이상학이기도 하오. 무한을 무로 볼 것인지, 유로 볼 것인지.

루소 형이상학이라? 세계관을 말씀하시는 건가요?

노자 잘 봤소. 블랙홀은 있는 것이요, 없는 것이요? 블랙홀이라는 말은 있으니 있다고 칩시다. 그럼 블랙홀 안은 있는 것이요, 없는 것이요?

블랙홀은 모든 것을 집어삼키지만 그것으로 끝이라던데 그 끝은 있는 것이요, 없는 것이요? 이렇게 사유의 끝은 우리에게 선택을 요구하오. 나는 그대들이 기독교적 세계관 때문에 무에 거부감을 갖고 있다고 생각하외다. 그러나 동양은 그렇지 않았소. 무야말로 우리가 돌아가야 할 이념이고 얻어야 할 경지였소. 동양의 선사禪師들이 불佛 자를 써 놓고 있는 것만 보았소? 무無도 좋아하오. 뒤에 하나 더 붙인다면 무 자 천지일게요. 무심無心, 무념無念, 무정無情, 무상無常, 이렇게 말이오.

루소 과학적인 진리도 그 배후에 형이상학을 담고 있는 것은 분명합니다. 뉴턴도 자신의 저서가 '자연철학의 수학원리'라고 생각했으니까요.

노자 나는 요즘 말로 하면 극한에 해당할 태극太極이란 말은 안 썼어요. 대신 무한에 해당할 무극無極이라는 말은 썼지요. 나는 무극을 통해 무를 보려는 것이었지, 태극이나 지극至極을 통해 유를 보려는 것이 아니었기 때문이오. 후대에 주자가 나타나 나의 무극이나 태극이 같은 뜻이라는 바람에 김샜지만, 분명 나는 태극이 아니라 무극을 말했소.[2] 맥락은 다르지만 허극虛極도 말했소.[3] 끝〔極〕도 자주 말하오.[4] 그러나 극한은 말하지 않소. 말이 이상하지 않소? 지극이야 '지극정성'처럼 '정성을 끝까지 다하라'는 윤리적 언사이니 크게 불만이 없소만.

---

2 "끝없음으로 되돌아간다."(復歸於無極.)

3 "빈 끝에 다다라, 고요함과 돈독함을 지킨다."(致虛極, 守靜篤.)

4 "빈 끝에 다다라, 고요함과 돈독함을 지킨다."(致虛極, 守靜篤.) /28.2.: "끝없음으로 되돌아간다."(復歸於無極.) /58.2. "화는 복이 기대는 곳이고, 복은 화가 숨어 있는 곳이다. 누가 그 끝을 아는가?"(禍兮福之所倚; 福兮禍之所伏. 孰知其極?) /59.1.: "이기지 못하는 것이 없으니 그 끝을 알지 못한다."(無不克則莫知其極.) /59.2.: "그 끝을 알지 못해 나라가 있을 수 있고, 나라의 어머니가 있어 길이 오래갈 수 있으니, 이를 뿌리가 깊고 바탕이 굳은, 오래 살고 길게 보는 길(도道)이라고 이른다."(莫知其極, 可以有國; 有國之母, 可以長久; 是謂深根固柢, 長生久視之道.) /68.2.: "이를 먼 옛날의 끝과 짝한다고 한다."(是謂配天古之極.)

11.4. 존재와 무의 관계

노자 나는 이르노니(11.4.) "따라서 있음〔有〕의 유익함은 없음〔無〕의 쓰임
〔用〕에 있다."(고유지이위리故有之以爲利, 무지이위용無之以爲用.)

루소 유는 무에 기대 비로소 이익이 된다는 것은 '유가 유다워지려면 무의
도움을 받지 않고는 안 된다'는 말로 들립니다. 유의 실익은 무의 효
용 때문에 가능하다는 것이지요.

노자 맞소, 맞소. 그래서 내가 무를 강조하는 것이라오. 유가 세계에 이익
이 되는 것처럼 보이는데, 그 이면에는 무가 쓰여서 비로소 가능하다
는 이야기요.

루소 내장기관도 그런 것 같습니다. 우리의 몸속이 꽉 차 있는 것 같아도
오히려 빈 곳을 써서 숨을 쉬고, 밥을 먹고, 똥을 누니까요. 허파도
비어 있고, 위도 비어 있고, 창자도 비어 있어야 무엇인가를 넣을 수
있네요.

노자 죽음은 그것이 차서 비워지지 않을 때 온다오.

노자가 루소에게 바퀴를 굴리자 루소가 받는다.

제12막

산탄총이 있는 방

감각의 노예—저것보다 이것을

노자가 들어서는데, 반대편에서 루소가 뭔가를 들고 나온다. 총이다. 노자, 움칠 놀란다. 루소, 총을 접어 총탄을 넣는다. 산탄총이다. 총알이 비산飛散되어 넓게 짐승을 사냥하는 총이다. 이를테면 새를 잡을 때 정확하지 않아도 총알 가운데 하나만 맞아도 되는 총이다. 총알과 짐승의 일대일 승부가 아니라서 조금은 비겁한 총이다. 그러나 효율을 좋는 총이다. 사람의 욕심이 가득한 총이다. 접시를 날리고 총을 쏴 깨는 스포츠 종목도 있다. 접시는 새를 대신한다. 이때는 두 눈을 다 떠야 한다. 움직임을 봐야 하기 때문이다. 단순히 멈춰 있는 것을 쏠 때는 한쪽 눈으로 대상을 맞추면 되지만, 멀리 도망가는 것은 두 눈으로 거리감을 느껴야 한다. 루소, 대상물을 총으로 좇아가다 발사하는 흉내를 내며 자리에 앉는다.

12.1. 호화로운 비단

노자 나는 이르노니(12.1.) "다섯 색깔은 사람의 눈을 멀게 한다."(오색령
　　인목맹五色令人目盲.)

루소 하필 다섯 색깔입니까?

노자 동양의 완전수는 5라오. 모든 것을 다섯으로 설명했소. 동서남북 그
　　리고 가운데라서 5방이고, 거기에 맞춰 배분되는 색깔이 바로 5방색
　　이오. 동서남북 그리고 가운데의 순서대로라면, 청백적흑황이요. 여기
　　서 5색은 모든 색을 말하는 것이지, 다섯 가지 색깔만 말하는 것이
　　아니라오.

루소 우리가 눈으로 보는 것이 바로 모든 색깔인데, 왜 이런 말씀을 하십
　　니까?

노자 하하, 자연적인 색을 뭐라 하겠소만, 화려하고자 찬란하고자 자기에
　　게 별의별 색을 다 쓰니 망조라는 것이오.

루소 호화찬란한 비단을 찾는 것과 같은 것이네요.

노자 그렇소. 한번 빠지면 색깔로 사람을 눈멀게 한다오. 무명옷을 더 이
　　상 입지 못하고, 비단옷만 찾게 되니, 눈이 머는 것이 아니고 뭐겠소?

훈수꾼 설악산에는 오색 약수터가 있는데, 그곳이 오색령이라서 오색약수
　　터인지, 오색약수터라서 오색령인지는 몰라도, 약수터 안쪽 골짜기인
　　주전골의 단풍이 화려강산입니다. 그래서 오색령, 오색골, 오색약수터
　　로 부르는 것 같습니다.

노자 자연색을 말하는 것이 아니오. 자연색을 자기 치장에 쓰는 것을 말하
　　는 것이오.

훈수꾼 송구합니다.

12.2. 귀족의 음악

노자 나는 이르노니(12.2.) "다섯 소리는 사람의 귀를 먹게 한다."(오음령
　　　인이롱五音令人耳聾.)

루소 음악이야 인성을 계발하는 것 아닙니까? 음악까지 마다하십니까?

노자 아니오. 노래야 좋지요. 그런데 지나치게 좋은 음악은 안 된다는 거요.

루소 지나친 음악이 있고, 그렇지 않은 음악이 있습니까?

노자 오케스트라에 한번 맛 들이면 작은 악기가 시원찮게 보일 수 있소.
　　　그뿐만이겠소? 헤비메탈에 한번 빠지면 다른 음악이 자극을 주지 못
　　　한다오. 관현악도 그렇소. 왕과 귀족 몇몇을 위해 그 많은 사람이 동
　　　원되어야 하는 일이 벌어지지 않소?

루소 음악 전문가의 한 사람으로서 음악이 사람의 귀를 오히려 막는다니
　　　슬픈 일이네요.

노자 한 사람이 부는 통소 소리를 내 어찌 뭐라 하겠소.

12.3. 식도락

노자 나는 이르노니(12.3.) "다섯 맛은 사람의 입을 버리게 한다."(오미령
　　　인구상五味令人口爽.)

루소 한번 입맛을 올리면 그다음부터 싼 것 못 먹죠.

노자 그것을 걱정하는 것이요. 맛난 것도 먹지만, 거친 것도 먹을 줄 알아
　　　야 하오. 반찬투정이야 배고프지 않아서 하는 짓이오.

훈수꾼 시장이 반찬이랍니다.

루소 그래도 미식은 좋은 것 아닙니까? 미식가를 영어로 고메이gourmet라
　　　고 하는 것은 프랑스에 워낙 미식가(고흐메)가 많아 그 감별력이 뛰

어났기 때문이 아닙니까?

노자 감별력을 따지는 것이 아니라 맛있는 것을 먹기 위해 벌이는 짓거리
　　가 한심해서 그렇소. 푸아그라는 거위를 학대해서 얻은 간이고, 베이
　　징덕은 오리를 가두어 놓고 억지로 입에 쑤셔 넣어 얻은 기름 많은
　　껍질이라오. 미식의 행위가 이렇게까지 잔인해질 수 있는 거요.

루소 하기야 왕실 사람들은 많이 먹으려고 토하면서까지 먹었다니 내가
　　봐도 한심합니다.

노자 미식은 식도락食道樂(gourmandism)을 낳고, 식도락은 대식大食(gourmand)
　　을 낳소.

훈수꾼 내가 미식가라고 했더니, 사람들이 '네가 무슨 미식가냐, 대식가이
　　지'라 하던데, 그게 그거군요.

루소 식도락이 문제네요. 음식 쓰레기도요. 남기지 않으면 덜 죽일텐데.

12.4. 폭로와 곶프

노자 나는 이르노니(12.4.) "말달리며 사냥하는 것은 사람의 마음을 미쳐
　　버리게 한다."(치빙전렵령인심발광馳騁畋獵令人心發狂.)

루소 예나 지금이나 마찬가지네요. 동양이나 서양도 마찬가지고요. 유럽의
　　왕실은 늑대 사냥터를 갖고 있었지요. 남들은 못 잡고 자기네들만 잡
　　는 곳이지요. 그건 동양도 마찬가지였을 겁니다. 사냥이 그렇게 재밌
　　다는 것이지요. 말달리며 사냥하는 것은 단순한 체육놀이라기보다는
　　생명을 포획하는 잔인한 즐거움이 그 속에는 없지 않을 겁니다. 그러
　　니 미치도록 재밌죠.

노자 말을 빨리 달리는 것은 속도의 쾌감을, 사냥은 정복의 희열을 준다오.

루소 요즘도 여전히 자동차 경주는 공적으로 사적으로 횡행합니다. 한번
　　빠지면 목숨을 걸지요.

훈수꾼 오래된 영화지만 지금 꼰대들도 〈이유 없는 반항〉의 제임스 딘에
　　열광했지요!

노자 말 타고 사냥하는 것과 비슷한 경기가 있다고 들었소.

루소 폴로입니다. 말과 토지가 있는 귀족들의 스포츠였지요. 말을 타고 공
　　을 몰아 골대에 넣는 것인데, 사냥과 비슷하지요. 사람들이 한번 빠지
　　면 헤어나지 못하는 것이 현대의 골프인데, 이것도 장소를 이동하며
　　공을 골대에 넣는다는 점에서 비슷합니다.

12.5. 희귀보석

노자 나는 이르노니(12.5.) "얻기 어려운 보화는 사람의 갈 길을 어지럽히
　　게 한다."(난득지화령인행방難得之貨令人行妨.)

루소 희귀한 보석 때문에 벌어지는 사건은 많았습니다. 사람을 어지럽힐
　　뿐만 아니라 죽이기까지 하지요.

노자 그깟 돌을 어디다 쓸려고 그러는지 모르겠소. 먹지도 못할 것인데.

12.6. 저것과 이것

노자 나는 이르노니(12.6.), "그러므로 성인은 배를 위하지 눈을 위하지 않
　　으니, 저것을 버리고 이것을 갖는다."(시이성인위복是以聖人爲腹, 불위목
　　不爲目, 고거피취차故去彼取此.[1])

루소 앞에서 말한 '허심실복虛心實腹',[2] 곧 '마음을 비우고 배를 채운다'는

1　12.6./38.6./72.2.: '저것을 버리고 이것을 얻는다.'(거피취차去彼取此)

것과 같은 맥락이네요. 눈으로 욕심을 상징했으니 '허목실복虛目實腹', 곧 '눈을 비우고 배를 채운다'는 이야기네요. 그래요. 중요한 것은 배이지 눈이 아니지요. 보는 걸로 배를 채울 수는 없는 일이죠.

노자 행여나 내가 예술가들의 눈을 무시한다고 생각하지 않았으면 좋겠소. 삶의 우선순위가 그렇다는 것이오. 예술이 밥을 먹여 주진 않지만 눈을 즐겁게 하는 것을 잘 알고 있소. 어쩌면 위정자들은 예술가들의 창조적인 작품부터 바라지 말고, 그들을 먹여 주는 것부터 시작하라는 이야기이기도 하다오. 그래야 창작이 되지 않겠소.

루소 선생의 말씀 가운데 '저것을 버리고 이것을 가져라'는 말이 참 마음에 듭니다. 관념적이고 추상적인 것을 버리고 실제적이고 구체적인 것을 좇으라는 이야기이니 말입니다.

노자 저것은 먼 데 있고, 이것은 가까이 있소이다. 가까이에 있는 것부터 챙깁시다.

루소 선생의 말씀이 관념적이고 추상적이라 생각했는데, 이런 표현을 보니 아닌 것 같습니다. 어렵지도 않은 말로, 먼 것 버리고 가까운 것 챙겨라, 밥부터 먹이라고 하니 말입니다. 좋네요.

노자 나의 말은 알기도 매우 쉽고 행하기도 매우 쉽소. 그런데도 사람들이 알지 못하고 행하지 않을 뿐이오.3 큰길〔대도大道〕은 넓고, 사람들이 가기도 편하다오.4

루소, 산탄총의 총알을 뺀 다음 총을 반으로 접어 어깨에 걸치고 나간다. 사냥을 하지 않을 모양이다.

---

2 "그러므로 성인의 다스림은 마음을 비우게 하고, 배를 채우며, 뜻을 약하게 하며, 뼈를 강하게 한다."(是以聖人之治, 虛其心, 實其腹, 弱其志, 强其骨.)

3 "내 말은 무척이나 알기 쉽고, 무척이나 하기 쉽다. 천하 사람들은 알지도 못하고, 하지도 않는다. 말에는 할아버지가 있고, 일에는 임금이 있다."(吾言甚易知, 甚易行. 天下莫能知, 莫能行. 言有宗, 事有君.)

4 "큰길(대도大道)은 무척 넓지만 사람들은 샛길을 좋아한다."(大道甚夷, 而民好徑.)

제13막

경적이 있는 방

자기애—정작 너를 사랑하느냐

루소와 훈수꾼이 앉아 있는데 노자가 들어온다. 갑자기 주머니에서 뭔가를 꺼내 누른다. 빵 소리에 다들 놀란다. 자전거에 달려 있던 경적 같다. 고무로 만들어 누를 때마다 소리가 난다. 주머니에 넣는 척하더니 책상 밑에서 한 번 더 울린다. 놀라게 하는 것이 재밌나 보다. 한 번 더 누르는데 더 이상 놀라지 않자 그만둔다. 오토바이 배달꾼의 '빠라빠라빠라빵'도 좋다. 놀라게 하기만 하면 된다. 자동차 클락슨(claxon horn)처럼 큰 소리면 더 좋다. 호루라기도 좋지만 불 것을 예측할 수 있어 안 좋다.

13.1. 누리는 삶

노자 나는 이르노니(13.1.) "예쁘게 보여도 밉게 보여도 놀란 듯하며, 한 걱정을 몸처럼 아낀다."(총욕약경寵辱若驚, 귀대환약신貴大患若身.)

루소 뭐가 그렇게 놀랄 일이 있습니까? 게다가 사람들에게 밉보이는 것이 문제지, 예쁘게 보이면 좋은 것 아닙니까?

노자 아닙니다. 모두 놀라야 합니다.

루소 그리고 몸을 걱정해야지, 걱정을 몸처럼 아끼라니, 말이 거꾸로 된 것 아닙니까?

노자 내 말 좀 들어보소.

13.2. 사랑과 미움을 넘어서

노자 나는 이르노니(13.2.) "'예쁘게 보여도 밉게 보여도 놀란 듯하다'는 것은 무엇을 말하는가? 예쁘게 보이는 것(이나 밉게 보이는 것)을 낮게 여기니, 그것을 얻어도 놀라고 잃어도 놀란다. 이것이 '예쁘게 보여도 밉게 보여도 놀란 듯하다'고 하는 것이다."(하위총욕약경何謂寵辱若驚? 총寵〔욕辱: 하상공본河上公本〕위하爲下, 득지약경得之若驚, 실지약경失之若驚, 시위총욕약경是謂寵辱若驚.)

루소 그렇다면 예쁘게 보이거나 밉게 보이거나 할 것 없이 그것은 좋지 않은 것으로 보라는 말씀 같습니다. 사랑받아도 놀라고 미움받아도 놀라라. 사랑받거나 미움받는 것을 모두 놀란 듯 걱정하라. 이런 말씀 이지요?

노자 그렇소. 사랑에도 놀라고, 미움에도 놀라라는 말이오. 거듭 말하외다.
사랑도 멀리하고, 미움도 멀리하오.
루소 흔히 '모두 사랑하라'고 하는데, 사랑도 멀리하라니 좀 뚱딴지같은 말
씀입니다.
노자 사랑도 미움과 같이 평정심이 아니라오. 동요하는 마음이라는 점에서
사랑도 미움과 같소. 사랑하다 미움으로 가는 경우를 자주 보지 않소?
미워하다 사랑하는 경우도 있고. 결국 사랑과 미움은 동요된 마음일
뿐 평정심은 아니라는 것이고, 평정심을 잃을 때 주의하고 또 주의하
라는 점에서 '사랑에도 놀라고 미움에도 놀라라'라고 한 것이오.
루소 스토아에서 평정심을 강조했는데 비슷하군요. 정념에 흔들리지 않는
상태인 아파테이아apatheia를 추구했지요. 아파테이아는 파토스pathos
가 없는(a) 상태, 곧 격정이나 열정에 휩싸이지 않는 상태를 이상적
으로 보았습니다. 그러면 아타락시아라는 열락悅樂의 상태에 이를 수
있다는 것이지요.[1] 즐거운 무관심 또는 무관심한 기쁨을 말합니다.
노자 나를 그리 좋아하지 않았던 맹자孟子 양반이 이런 마음의 상태를 부
동심不動心이라고 불러, 부동심으로 번역하는 아파테이아군요? 그런데
많이 다르오. 아파테이아는 감정이 없는 상태지만, 부동심은 변하지
않는 마음이오. 굳건한 마음 같은 것 말이오. 감정의 동요가 없다는
점에서 통하지만, 그것은 격정이 없는 것이라기보다는 일정한 마음에
가깝기 때문이오. 하나는 의지가 없다면, 다른 하나에는 의지가 개입
되오. 스토아는 무정념이라면, 맹자는 오히려 일심이오.
루소 강한 의지로 정념을 없애면 마찬가지 아닙니까?

---

1 재밌게도 루소는 아타락시아 상태는 미개인이 더 낫다는 발언을 한다. 《인간 불평등
기원론》, 138쪽. "미개인은 안식과 자유만을 추구하고 한가로이 지내기를 바랄 뿐이
다. 스토아학파의 아타락시아ataraxia도 미개인의 다른 모든 것에 대한 깊은 무관심에
는 미치지 못한다. 이와 반대로 문명인은 항상 활동하면서 땀을 흘리고 불안해하며
더욱더 힘든 일을 찾아 끊임없이 번민한다."

노자 동양에서는, 특히 불교에서는, 해탈하려는 욕구에 매달리지도 말 것을 말한다오. 그러니까 자유에 매달리면 자유롭지 않다는 식으로요. 수양의 궁극에 가서는 늘 의지의 부정을 통해 진정한 경지에 이르려고 한다오.

훈수꾼 선가에 이런 이야기가 있습니다. 두 스님이 가다가 내를 건너지 못하는 여인을 만납니다. 나이 든 스님이 여인을 업어 내를 건넜는데, 어린 스님이 여인을 만진 것을 따집니다. 그러자 나이 든 스님은 '나는 벌써 거기서 건너왔는데, 너는 아직도 거기서 건너오지 못했구나'라고 말하지요.

루소 재밌습니다. 스토아가 신으로부터 주어진 운명에 따르려고 한다면, 맹자는 스스로 만든 운명에 따른다, 이 정도로 보아도 좋겠습니까?

노자 좋은 표현이오.

13.3. 걱정의 위대함

노자 나는 이르노니(13.3.) "'한 걱정을 몸처럼 아낀다'는 것은 무엇을 말하는가? 내가 한 걱정이 있는 까닭은 내가 몸이 있기 때문이다. 내가 몸이 없다면 내 무슨 걱정이 있겠는가?"(하위귀대환약신何謂貴大患若身? 오소이유대환자吾所以有大 患者, 위오유신爲吾有身, 급오무신及吾無身, 오유하환吾有何患?)

루소 '한 걱정한다'는 것은 '큰 걱정한다'는 말이니 알겠습니다. 그런데 아까는 '걱정을 몸처럼 아낀다' 하시더니, 지금은 '몸을 걱정한다'로 들립니다. 걱정이 먼저입니까, 내 몸이 먼저입니까?

노자 하하. 그게 그거요. 몸을 걱정하는 것이나, 걱정을 몸처럼 아낀다는 것이나 마찬가지라오.

루소 예?

노자 사람은 제 몸부터 걱정하게 되어 있소. 아프거나 배고파 봐요. 그게 가장 먼저 아니오. 나도 아픈데 남 신경 쓸 여력이 있겠소? 배고픈데 딴생각이 나겠소? 따라서 몸이 중요하다는 것이오. 놀란 듯하라고 했는데 걱정하니까 놀라는 것이요. 걱정하지 않으면 놀랄 일도 없소. 남이 나를 사랑하거나 미워하면 내가 다칠까봐 놀라는 것이오. 내 몸을 걱정해서 놀라는 것이오. 그래서 무엇보다 중요한 것은 내 몸이오. 자기 몸을 아끼지 않으면 걱정할 일도 없다는 것이오. 그러니까 '사랑과 미움의 걱정을 내 몸 아끼듯 했으면 좋겠다'는 것이 앞서 한 말이고, 그러니 '걱정은 모두 내 몸 아끼는 데서 나오지 않느냐'는 것이 뒤에서 한 말이오.

루소 줄여서 말해 주세요.

노자 뒤부터 말하겠소. '내 몸이 없으면 걱정도 없다. 내 몸을 아끼는 데서 걱정이 나온다. 따라서 걱정도 내 몸처럼 아껴라.' 이거요.

루소 그냥 단순하게 '사랑받는 것과 미움받는 것을 모두 내 몸에 병이 드는 것처럼 걱정하여 놀라라'고 하시면 될 것을.

노자 하하. 시라서 운율을 맞추다 보니 그렇게 되었소. '큰 병이 몸에 들어오는 것처럼 사랑과 미움을 받으면 놀라야 한다.'(총욕약경寵辱若驚, 여대환어신如大患於身) 이 정도면 되겠소?

루소 내가 사랑하고 미워하는 것이 아니라, 남에게 사랑받고 미움받음을 이야기하는 것은 쉽게 이해가 갑니다. 남이 나에게 감정을 주는 것에 주의해야 한다면, 당연히 내가 남에게 감정을 주는 것도 주의해야 하니까요.

노자 그렇소. 타인 위주의 화법이라 미안하오. 자기 위주의 화법과 다르지요? 남이 나에게 하는 것을 말하면, 내가 남에게 하는 것은 굳이 말할 까닭이 없어 그렇소.

13.4. 자중자애

노자 나는 이르노니(13.4.) "따라서 몸을 천하처럼 아끼니 천하를 줄 만하고, 몸을 천하처럼 사랑하니 천하를 맡길 만하다."(고귀이신위천하故貴以身爲天下, 약가기천하若可寄天下: 애이신위천하愛以身爲天下, 약가탁천하若可託天下.)

루소 그래요. 나를 먼저 귀중하게 여기는 것이 중요합니다. 자기를 귀중하게 여기는 사람이 세상도 귀중하게 여깁니다. 그런 사람에게 세상을 맡겨야 합니다. 나를 먼저 사랑하는 것이 우선입니다. 자기를 사랑하는 사람이 세상을 사랑합니다. 자기도 사랑하지 못하는 사람에게 어떻게 세상을 맡기겠습니까? 나를 미워하면 남도 미워하게 됩니다.

노자 일상 윤리에서도 비슷하게 말하잖소. '내 몸처럼 소중하게 다뤄라', '내 물건처럼 아껴 써라', '네 집처럼 깨끗하게', 이런 말을 많이 하는 것은, 그만큼 나는 사랑할 줄 안다는 것이오. 그리고 그 사랑으로 세상을 사랑하라는 것이지요.

루소 프롬이라는 현대철학자가 《사랑의 기술》[2]이라는 책에서 말하는 결론도 같습니다. 나를 사랑하지 않는 사람은 남도 사랑할 수 없으니 나부터 사랑하라고. 타인을 사랑하기 위해 먼저 자신부터 사랑하라는 것이지요. 정말로 자기를 사랑하는 사람이 사랑 때문에 '너 죽고 나 죽자'고 덤비지는 않죠.

노자 나를 사랑하지 않고는 남도 사랑하지 못한다오. 남만 이기적이라고 생각하는 것은 아닌지 생각해 보오. 내가 나를 사랑하듯, 남도 자신을 사랑하는 것을 이해해야 하오.

루소 상당히 서구적인 개인주의입니다.

---

2 에리히 프롬 지음, 황문수 옮김, 《사랑의 기술*The Art of Loving*》, 문예출판사, 2019(50주년 기념판).

노자 나보다는 늦은 시절이지만, 맹자 시절에 상당한 세력을 지닌 양주楊
　　朱라는 친구가 있었소. 그는 '나의 털 하나를 뽑아 천하가 이롭게 되
　　더라도 그렇게 하지 않겠노라'[3]는 말 한마디로 철학사에 남소. 철저한
　　자기애를 강조한 것이오. 그런 면에서 내 후학이오. 그렇다고 정말 그
　　렇게 생각하는 것은 아니겠고.

루소 요즘 말로 하면 무정부주의자네요.

노자 양주를 비난하던 맹자가 그랬소. 양주가 그렇다고. 맹자의 말로는 '임
　　금이 없다'〔無君〕[4]고 했는데, 여기서 임금은 나라가 아니고 뭐겠소?

루소 기억되어야 할 유산입니다.

노자 다시 한번 물어봅시다. 우리 모두에게 물어봅시다. 나를 사랑하냐고.

　　노자, 나가기 전에 경적을 한 번 더 울리더니 자꾸 울린다. 신나는 모양이다.

---

3 《열자》〈양주楊朱〉.
4 《맹자》〈등문공滕文公〉하.

제14막

∶노래방∶

황홀의 세계—길을 열다

　번쩍거린다. 노래라도 한 곡조 불러야 할 것 같다. 노래방의 기구가 돌아가며 노자와 루소만이 아니라 관객도 비춘다. 나는 그 기구의 이름을 모른다. 샹들리에 같지만 돌아가는 그것을 말한다. 조각 유리로 가득한 구형의 그것 말이다. 그래서 비추지 않는 데가 없고 장소에 따라 조각빛이 늘어나기도 하고 줄어들기도 하는 그것이다. 어렸을 때 거울로 망원경 같은 것을 만들고 거기에 색종이 가루를 넣고 돌려보면 신기했다. 그것을 만화경이라 불렀다. 그때는 만화같이 재밌는 만화경漫畵鏡인 줄 알았다. 그런데 독일 사람이 발명한 만화경萬華鏡이란다. 그 화華 자는 꽃화花 자와 통한다. 꽃이 만발하는 유리거울. 그러나 지금 생각으로는 천변만화千變萬化한다는 점에서 만화경萬化鏡도 좋을 것 같다. 아니면 꽃으로 가득 찬 거울이라는 뜻에서 만화경滿華鏡으로 하던지. 나는 노래방의 그 거울 공을 늘 황홀경이라 불렀다. 맞는지 모르겠다. 훈수꾼, 마이크를 잡고 노래하는 시늉을 한다. 황홀경이 돌아간다.

14.1. 감각의 경계에서

노자 나는 이르노니(14.1.) "보려 해도 보이지 않아 아스라하다(夷)고 말하고, 들으려 해도 들리지 않아 어렴풋하다(希)고 말하고, 잡으려 해도 잡히지 않아 조그마하다(微)고 말한다. 이 셋은 따져볼 수 없으니, 따라서 뒤섞여 하나가 된다."(시지불견視之不見, 명왈이名曰夷; 청지불문聽之不聞, 명왈희名曰希; 박지부득搏之不得, 명왈미名曰微. 차삼자불가치힐此三者不可致詰, 고혼이위일故混而爲一.)

루소 신비합니다.

노자 이런 말 때문에 나를 신비주의자라고 하는데, 그렇지 않소이다. 나는 언어를 넘어 있는 세계를 표현하려고 애쓸 뿐이오. 나는 신비한 언어는 믿지 않소. 언어의 신비는 믿을지언정. 그러나 가장 믿는 것은 세계 그 자체라오. 세계 그 자체야말로 신비하지 않소. 언어의 망에 걸리는 것은 그것의 아주 조금일 뿐이라오.

루소 내가 언어의 발생에 대해 관심을 갖고 있는 것도 그런 태도와 무관하지 않습니다. 언어가 본래부터 있었다는 태도가 아니라 언젠가부터 나오게 되었다는 것입니다. 태초에 말이 있었다는 것은, 신의 뜻이 있다는 것이지 언어가 태초부터 있었다는 것은 아닐 겁니다.

노자 그렇다면 짧게 말해 보겠소.

루소 예.

노자 세상에는 보려 해도 보이지 않는 것이 많소. 들으려 해도 들리지 않는 것도 많소. 잡으려 해도 잡히지 않는 것도 많소. 그런데 사람들은 마치 자기가 본 것, 들은 것, 잡은 것이 다인 양 떠들어대오. 얼마나 웃긴 일이요. 말로 할 수 없는 것이 많다는 것을 알아야 하오.

루소 그래도 말로 많은 것을 표현하지 않습니까?

노자 그건 그대에게나 많은 거지, 우주에서 보면 얼마나 적은 부분이겠소. 코끼리 다리 만지기가 아니라, 강가(Ganga; Ganges; 항하사恒河沙, 겐지스)강에서 모래 잡기 아니오?

루소 생떽쥐베리에서 붓다까지 폭넓게 비유를 드시네요. 하하.

노자 그래도 나는 형용했소이다. 아스라하고〔이夷〕, 어렴풋하고〔희希〕, 조그마하다〔미微〕고 말이요. 말을 할 수 없지만 이렇게 말하지 않소?

루소 셋이 다른 것은 아니지만, 어찌 되었든 세계의 말할 수 없음을 말씀하시는 거죠? '불가치힐不可致詰'이란 '형용불가形容不可'라는 뜻이고요.

노자 나는 말할 수 없는 것뿐만 아니라 '꼬집어 물을 수도 없음'을 이야기하고 싶었소.

루소 잘 표현하신 것 같아요. 세상은 안개처럼 아스라하고, 메아리처럼 어렴풋하고, 먼지처럼 조그마하다고 말입니다.

노자 그대도 매우 문학적이오. 형이상학形而上學은 별것이 아니오. 이렇게 볼 수도, 들을 수도, 잡을 수도 없는 것을 말해 보는 것이라오. 그래서 《주역》에 나오는 '형이상자形而上者'라는 말로 서양의 형이상학을 번역했다오.

루소 그러고 보면, 선생은 형이하의 감각과 형이상의 지각 사이에서 노시는 것 같습니다.

노자 나는 형이상의 지성 같은 것은 믿지 않소. 형이상의 지각이 뭘 말하는지 모르겠지만, 언어의 한계를 뛰어넘을 줄 아는 지성의 능력이라면 받아들일 수 있소. 더욱이 감각과 지각의 사이라고 했으니 말이오.

루소 현대철학자 가운데 《지각의 현상학》을 주창한 메를로퐁티라는 사람이 있습니다. 그는 몸을 부활시키려고 노력했지요.

노자 몸이 중요하지요. 몸의 말을 들어봐요. 머리에서는 여럿이라도 몸에서는 하나가 된다오.

14.2. 황홀한 진리

노자 나는 이르노니(14.2.) "위로는 번쩍이지 않으며, 아래로는 깜깜하지도 않으며, 이어지고 이어져 이름 지을 수 없어, 아무것도 없는 데로 돌아간다. 이를 꼴 없는 꼴, 아무것도 없는 것이라 말하며, 이를 아찔하고 어릿거린다[홀황(惚恍)]고 말한다."(기상불교其上不皦 기하불매其上不皦, 기하불매其下不昧, 승승불가명繩繩不可名, 복귀어무물復歸於無物. 시위무상지상是謂無狀之狀, 무물지상無物之象; 시위홀황是謂惚恍.)

루소 빛나지도 깜깜하지도 않다는 것은 말로 나눌 수 없다는 것 같고, 그 말로 할 수 없음은 줄곧 이어져서, 만물이 이름 갖기 전으로 돌아간다. 이 말씀이지요?

노자 대단하오. 언어는 상대적이니 밝다 어둡다는 것도 상대적일 뿐이라서 진정하게 세계를 그릴 수 없소. 그렇게 세상을 이름 지을 수 없음은 인류보다도, 인류의 언어보다도, 인류의 문명보다도 훨씬 오래되어 오늘까지 이어지는 것이오. 모든 것은 일단 만물이 이름을 갖기 전으로 돌아가야 하오.

루소 꼴 없는 꼴, 아무것도 없는 것은 무엇입니까?

노자 사물은 상황 속에서 형상을 가질 수밖에 없소. 그러나 그것은 사람이 이름 지어 주고 관계 맺어 주는 사물이 아니오. 홀로 있는 것이오. 사람과 사람의 눈을 떠나 홀로 있는 것이오.

루소 그래서 역설적으로 표현하신 거군요. 꼴 없는 꼴, 사물 아닌 사물, 상황 아닌 상황, 나아가 말로 할 수 없는데도 말로 해 버린 말!

노자 그렇소. 그것이 바로 황홀 또는 홀황한 것이오. 언어를 떠나고 이성으로 그릴 수 없는 아찔하고 어릿거리는 상태, 그것이 황홀경이오.

훈수꾼 설악산 오색에 단풍이 활짝 폈을 때 풍경이 정말로 황홀하지요. 말로 할 수 없지만 있는 대로 느낌이 열리면서 풍경 속에 빠져듭니다.

루소 서양어의 엑스타시는 신과의 합일인데, 선생은 만물과의 합일이네요.

신에게 모든 것을 맡겨 내가 사라지는 것과는 다릅니다. 인격신이 없어요.

노자 서양의 그것을 무아지경無我之境이라 한다면, 동양은 그것을 물아일체物我一體라고 하지요.

14.3. 보이지 않음

노자 나는 이르노니(14.3.) "맞이하려 하나 그 머리를 보이지 않고, 따라가려 하나 그 뒤를 보이지 않는다."(영지불견기수迎之不見其首, 수지불견기후隨之不見其後.)

루소 세계를 맞이하고 따라가고 싶지만 머리도 꼬리도 보여주지 않는다. 보고 싶지만 볼 수 없으면 너무 슬프지 않습니까?

노자 왜 그놈을 잡으려 하오? 그냥 그놈이 되시오. 굳이 그놈의 머리와 꼬리를 잡으려 말고. 그대도 그놈이 아니면 누구겠소?

루소 놈, 놈 하지 마세요.

노자 그럼 이렇게 바꿔 말하면 되겠소이까? '왜 세계를 알려 하오? 그냥 세계 자체가 되시오. 굳이 세계의 처음과 뒤를 알려 하지 말고. 그대도 이 세계가 아니면 누구겠소?'

14.4. 첫 경험

노자 나는 이르노니(14.4.) "옛 길(도道)을 잡아 오늘에 있는 것을 다루려 한다. 옛 처음을 알 수 있으니 길의 벼리(도기道紀)라고 한다."(집고지도執古之道, 이어금지유以御今之有. 능지고시能知古始, 시위도기是謂道紀.)

루소 황홀한 첫 경험을 했습니다.

노자 고맙소.

루소 시간을 관통해서 존재했던 과거와 현재의 모습이 보이는 것 같습니다. 아니, 옛날부터 있던 그 진리로 오늘의 존재들을 제어制御할 수 있을 것 같습니다. 이제는 옛날부터 있던 길을 벼리 곧 기준으로 삼아 오늘 내 앞에 있는 모든 것을 몰고 나갈 수 있을 것 같습니다.

노자 바로 그것이요. 그래서 그대는 말했잖소. '자연으로 돌아가라'고. 그것이 바로 옛길이요, 황홀한 진리라오. 그대의 말처럼 안개처럼 아스라하고, 메아리처럼 어렴풋하고, 먼지처럼 조그마하지만, 우리가 처음부터 가야 할 길이었소.

황홀한 빛 속에서 노자와 루소는 춤을 춘다. 관객도 일어나 황홀경悅惚境을 즐긴다. 황홀경의 경은 경지境地의 경이지 거울 경鏡이 아니다. 훈수꾼이 말 달리는 시늉을 한다. 옛 길을 고삐로 잡아 오늘을 말 달린다. 강남스타일!

제15막

:칼이 있는 방:

무사의 길—손님이 되어라

　루소와 훈수꾼이 앉아 있는데, 노자가 칼을 들고 들어오면서 칼춤을 추듯 무사 흉내를 낸다. 동작은 느리지만 조심스럽고 우아하다. 사방을 주시하고, 주위를 경계한다. 걸음은 살얼음판을 걷듯 하지만, 언제나 적을 맞이할 수 있을 것처럼 자신 있다. 눈을 감는다. 모든 것을 다 듣는 듯이. 눈을 뜬다. 모든 것을 다 볼 듯이. 싸움닭 같지 않고, 무용수 같다. 싸우는 사람 같지 않고 춤추는 사람 같다. 돌이라도 채일까 발을 밀며 앞으로 나간다. 칠흑 같은 밤인 듯 칼을 저으며 앞으로 나간다. 그리고는 느린 동작으로 칼을 책상에 놓고 자리에 앉는다. 루소는 훈수꾼을 보며, 왜 저러지라는 표정을 짓는다. 어이없이 느끼는 것 같다.

15.1. 칼잡이

노자 나는 이르노니(15.1.) "옛날 좋은 칼잡이는 조그마하면서도 야릇하고
〔微妙〕 검은 것을 꿰뚫으니〔玄通〕, 깊이를 알 수 없다. 무릇 알 수 없
으니, 따라서 억지로 그려 본다. 머뭇거리도다, 겨울에 내를 건너는
듯하구나. 망설이도다, 네 구석을 살피는 듯하구나. 의젓하도다, 그는
손님인 듯하구나. 흘러가도다, 얼음이 녹아내리는 듯하구나. 도탑도다,
그는 통나무인 듯하구나. 비어 있도다, 그는 골짜기인 듯하구나. 섞여
있도다, 그는 흐린 듯하구나."(고지선위사자古之善爲士者, 미묘현통微妙玄
通, 심불가식深不可識. 부유불가식夫唯不可識, 고강위지용故强爲之容. 예혜약
동섭천像兮若冬涉川. 유혜약외사린猶兮若畏四鄰, 엄혜기약객儼兮其若客, 환혜
약빙지장석渙兮若氷之將釋, 돈혜기약박敦兮其若樸, 광혜기약곡曠兮其若谷, 혼
혜기약탁混兮其若濁.)

루소 평화주의자인 줄 알았는데, 갑자기 칼잡이 이야기는 왜 꺼내시는지요?

노자 잘 봤소. 나야말로 반전주의자요. 전쟁은 남는 것이 하나도 없거든요.
전쟁은 정말 슬프고 안타까운 일이오. 군대의 형식조차 바꿔야 한다
고 생각하는 사람이외다.[1] 여기서 칼잡이를 말하는 것은 단순한 비유
라오. 오해는 마시오.

루소 말씀은 많지만, 결국 조심하고 또 조심하라는 것 아니겠습니까?

노자 그렇소. 살얼음판을 걷듯 살펴보고, 얼었던 물이 녹아내리듯 소리 없

---

1 31.3.: "좋은 일은 왼쪽을 높이고, 나쁜 일은 오른쪽을 높인다. 부대장은 왼쪽에 자리
하고, 대장은 오른쪽에 자리한다. 상례喪禮로 다룬다고 한다. 사람을 죽인 무리는 슬
픔으로 울며 맞이한다. 전쟁에서 이기면 상례로 다룬다."(吉事尙左, 凶事尙右. 偏將軍居
左, 上將軍居右; 言以喪禮處之. 殺人之衆, 以悲哀泣之; 戰勝以喪禮處之.)

이, 그러나 아무렇게나 버려져 있는 통나무처럼 무던해야 한다는 것이지요. 골짜기처럼 비어 있고, 흐린 물처럼 감춰 주면서, 삶을 마치 손님처럼 살라는 것이지요.

루소 칼잡이에게 너무 좋은 표현을 주는 것 아닌지요?

노자 수행하는 사람의 자세를 이렇게 표현하는 것이라오.

루소 서양에도 신중함(prudence)은 아리스토텔레스 이후 중요한 덕목이었습니다. 사려 깊음이죠. 인명이나 지명으로 쓸 정도입니다.

노자 그 말은 유가 경전인 《중용》에 나오는 신독愼獨도 비슷하외다. 언제 어디서나 삼가고 또 삼가라는 것이니.

루소 집에 칼을 걸어 놓아야 하겠습니다. 나의 정신이 흐트러지면 다시 날카로운 칼날 위에 올려놓게 말입니다.

훈수꾼 정약용의 호를 여유당與猶堂이라고 하는데, 여기에서 따온 말입니다. 판본에 따라 '예豫' 자가 '여與'로 된 것도 있지요. 오늘날의 표현으로 한다면 '처럼의 집'입니다. 어조사만 따옴으로써 선생의 말인 것을 숨겼고, 그러나 사화의 와중에서 가장 절실한 덕목을 추구했던 것입니다. 재밌는 당호입니다.

15.2. 자정작용

노자 나는 이르노니(15.2.) "누가 흐린 것을 고요하게 하여 천천히 맑게 할수 있을까? 누가 멈추어 있는 것을 움직이게 하여 천천히 살아 있게 할 수 있을까?"(숙능탁이정지서청孰能濁以靜之徐淸; 숙능안이동지서생孰能安以動之徐生.)

루소 '천천히'가 중요하네요.

노자 중국인들은 아직도 '천천히 하라'(만만디慢慢地)는 말을 달고 살지요. 그렇다고 해서 반드시 느리오? 아닐 것이오. 상대방을 편하게 해 주면서도 일을 착실하게 완수하라는 주문이 들어가지요.

훈수꾼 우리말에서 '어여 가'(빨리 가)라는 말과 뜻은 같네요. 공연히 인사 하느라 나한테 시간 쓰지 말고 네 시간을 잘 쓰며 가라는 것이니.

노자 잊지 마시오. 태풍에 뒤집힌 호수도 며칠이면 맑아진다오. 기다리고, 또 기다리오. 더럽지만 맑아질 것이고, 멈춘 것도 천천히 살아나게 될 것이오. 사회도 그런 것이고, 생명도 그런 것이라오.

루소 생태계란 그렇다는 것이지요? 그것이 사회생태계든, 자연생태계든 말 입니다.

노자 그렇소.

루소 너무 느리잖습니까?

노자 느려도 탈이 없잖소. 자정능력이 있다는 것이오.

루소 누가 그렇게 하냐고 물으시던데 누굽니까?

노자 어찌 누구라고 말할 수 있겠소? 스스로 그러할 뿐이지요.

15.3. 부영배

노자 나는 이르노니(15.3.) "이 길(도道)을 갖고 있는 사람은 채우려 하지 않는다. 무릇 채우지 않으니, 따라서 덮어 버려도 새로 이루어질 수 있다."(보차도자保此道者, 불욕영不欲盈. 부유불영夫唯不盈, 고능폐이신성故能蔽而新成.)

루소 진리가 비어 있다는 선생의 주장과 같군요. 따라서 진리를 추구하는 사람도 진리를 채우려 하면 안 되고요.

노자 맞소.

루소 채우지 않으므로, 문제가 생겨도 새롭게 처리할 수 있고요.

노자 완성시키면 수정될 수 없는 그림과 같소. 완성시키지 말고 조금씩 이 루어나갑시다. 그것이 나의 뜻이 아니라 그대의 뜻일지라도. 그럼 어떻소? 함께 가는 길인 걸.

훈수꾼 불영배不盈杯라는 희한한 물건이 있더군요. 가득 채우면 물이 쏟아
집니다. 그래서 늘 적당히 채워야죠. 욕심부리는 것을 스스로 경계하
기 위해 만든 잔입니다. 채우다가는 모두 잃게 된다는 것을 알려주죠.
그래서 조심하고 또 조심하는 겁니다.

루소 스피노자도 '조심'(CAUTE; caution)이라고 새긴 반지를 끼고 다녔습
니다. 자기 이름의 이니셜이 위에 있고 가운데는 장미 문양이 있고
아래에 이렇게 새겼습니다. '신중'의 뜻입니다.

훈수꾼 신중愼重의 신이 바로 신독愼獨의 신입니다. 우리말의 조심操心은
마음을 뛰어다니지 않게 잡으라는 것이고, 중국어의 소심小心은 마음
을 덤벙대지 말고 자그맣게 만들라는 것으로 모두 주의의 뜻입니다.
주의注意의 의(意: 音+心)도 뜻이 가고자 하는 것[의향意向]이니 모두
마음 잡기라고 볼 수 있습니다. 맹자가 '달아나려는 마음을 지켜라'
(수방심守放心)고 했는데 이것도 같은 맥락입니다.

루소, 처음에 노자가 한 것처럼 흉내 내 본다. 서양식의 꼿꼿한 자세에 동작만
느려 이상하다. 한단지보邯鄲之步가 되었다.

제16막

:나무뿌리가 있는 방:

무한과 극한—뿌리로 돌아가라

등걸이 뒤집혀 있다. 나무의 거대한 뿌리가 하늘로 향하고 있다. 뿌리의 모양이 잘 드러나면 어떤 나무라도 좋다. 우리가 뿌리를 이렇게 자세히 볼 기회는 많지 않다. 잘 보자. 뿌리는 늘 감춰져 있지만 흙속에서 화려하게 자라고 있다. 뿌리 없이 나무는 자랄 수 없다. 거센 바람에 나무가 넘어지면 죽는다. 뿌리가 흙에서 뽑혔기 때문이다. 뿌리 없는 나무 없다. 뿌리가 작용을 못하면 나무는 역할을 못한다. 나무의 아래인 뿌리는 본本('木'+'_')이고, 위인 가지는 말末('木'+'一')이 된다. 그만큼 뿌리가 중요하기 때문에, 뿌리라는 말(근根, 본本)이 곧 근본根本, 근원根源, 본원本源, 본질本質, 모본模本 등의 어원이 된다. 돌아누운 뿌리가 커서 훈수꾼을 가리지만 지장은 없다.

16.1. 빔의 끝에서

노자 나는 이르노니(16.1.) "빈 끝에 다다라, 고요함과 돈독함을 지킨다."
　　(치허극致虛極, 수정독守靜篤.)

루소 끝이면 끝이지 빈 끝은 뭡니까? 찬 끝도 있습니까?

노자 무한이나 극한은 다르오. 무한은 '무한한 직업' 이렇게 쓰고, 극한은
'극한 직업' 이렇게 쓰오. 완전히 다른 뜻이오. 직업이 많다는 것과
직업이 힘들다는 것이기 때문이오. 나는 무한을 말하지 극한을 말하
지 않소. 극한은 오직 하나일 뿐이고 존재의 영역이고, 무한은 무진장
한 것이고 무의 영역이오. 세계를 존재와 무로 나눌 때, 극한은 존재
의 범주에, 무한은 무의 범주에 속한다는 것이오.

루소 빈 끝은 빔이 막바지에 다다른 것이고, 찬 끝은 참이 막바지에 다다
른 것이기 때문에 다르다는 말씀입니까?

노자 논리로는 그렇지만, 의미는 그렇지 않소. '막바지에 다다르다'고 할
때는 빔의 끝이나 참의 끝이나 그게 그거일 수 있어서 그렇소. 빔의
끝은 막바지에 다다를 수 없고, 다다라서도 안 되오. 참의 끝은 실재
로도 그렇고 관념으로라도 다다를 수 있겠지만. 그래서 무한은 무의
것이고 극한은 유의 것이라는 것이오.

루소 빔의 끝은 무한하고 무의 영역이고, 참의 끝은 유한하고 존재의 영역
이라는 말씀이신데요.

노자 빈 끝은 빔의 끝이기도 하고, 끝이 비어 있는 것이기도 하외다. 말장
난을 하자면, 허극虛極은 허의 극이기도 하지만 극이 허하기도 한 거
요. 무한無限이 한이 없는 것이듯이 말이오.

루소 그리고 보면, 무극無極과 태극太極은 많이 다르네요. 끝이 없는 것과

큰 끝이라는 것이니 말입니다. 무와 존재라는 두 카테고리로 나눌 때, 전혀 다른 방향으로 나가는데요. 무극은 공간을 극대화하는 것이라면, 태극은 사물을 극대화하는 것이네요. 속이 없는 것의 끝과 속이 있는 것의 끝은 다른 양상을 가질 수밖에 없죠. 마치 가장 큰 수박의 안과 그 가장 큰 수박의 밖은 여전히 다르잖아요?

노자 비유가 좋소. 이제 나의 형이상학도 이해가 되는 모양이요.

루소 아직 멀었습니다.

노자 무극은 무고 태극은 유요. 무한과 극한을 혼동하는 것과 같소. 이러려면 차라리 유와 무가 같다고 말하는 편이 낫소.

루소 헤겔이 그런 식으로 말한 것 같습니다. 《대논리학》에서 '순수한 존재와 순수한 무는 동일한 것이다'라고 주장했습니다. 규정되지 않는 순수한 존재는 규정되지 않기 때문에 무 이상도 이하도 아니게 된다는 것이죠.

노자 무극과 태극이 하나라는 것은 이미 갈라진 두 개념을 하나로 합치려는 철학사적인 작업이라는 점에서 가상하오만, 그러려면 차라리 무를 부정하지 않았어야 한다는 것이오. 주자는 그런 점에서 그대가 말한 헤겔만큼 개념적으로 넉넉하지 않은 것 같소.

루소 주자가 차라리 하이데거처럼 무는 존재자의 본질 자체이니 존재자의 불안 속에서 무를 찾았으면 어땠을까 싶네요.

노자 유가들에게 무는 버려야 할 나쁜 것이었기에 쉽지 않았을 거요. 일용후생日用厚生의 학學이 바로 유학 아니겠소?

루소 제 말이 그 말입니다. 가득 채우고 싶은 불안을 무라 해놓고 버려야 할 나쁜 것으로 설정하면, 윤리적인 설정도 되고 악마 같은 무도 저주할 수 있잖습니까?

노자 재밌소. 그런데 나의 무는 바로 불안을 넘어 평화 속에 있다오. 무를 얻어야 불안하지 않고, 욕심부리지 않고, 꾀부리지 않고, 진정한 자유를 얻는다는 것이오.

루소 그렇다면 선생의 무는 사르트르와 비슷해지는데요. 본질로부터 벗어나 있는 사람이 자유롭고자 하면 자신을 관조하는 자유로운 의식이 있어야 하고, 그 의식은 어떻게든 대상에 속하지 않고 벗어나 있기 때문에 정말로 아무것도 아닌 무라는 것이죠. 무는 곧 자유가 됩니다. 사르트르도 헤겔처럼 대상에 매달려 있는 것을 즉자卽自라고 했고, 대상을 그 위에서 바라보는 것을 대자對自라고 구별했어요. 선생은 무를 통해 대자의 세계로 가시네요? 사르트르는 그걸 무화無化라고 불렀지요.

노자 나는 없음이야말로 자유와 해방이고, 나아가 행복이라고 생각하외다.

루소 아하, 그래서 없음을 다하면 고요함과 돈독함이 지켜진다고 하신 거군요?

노자 그렇소. 고요함은 평정이고 돈독함은 화합이요. 고요함은 평화고 돈독함은 포용이오. 평화와 포용을 말하는 무, 좋지 않소? 그것이 바로 무의 유용함이오. 허극 또는 무극의 효용이오. 빔의 끝으로 달려가 봅시다. 우리 모두의 여유이자 관용이오. 채우지 맙시다. 비웁시다. 당장은 무섭고 힘들지라도 무의 세계로 나가 봅시다. 열린 없음의 세계를 통해 닫힌 있음의 세계를 혼내 봅시다. 후. 내가 말이 많소.

16.2. 돌아감

노자 나는 이르노니(16.2.) "만물이 함께 만들어지니 나는 돌아감을 바라본다."(만물병작萬物竝作, 오이관복吾以觀復.)

루소 없음을 말하고 이어 만물의 생육화생을 말씀하시다니?

노자 그 없음에서 만물이 나오는 것이요. 꽉 차 있는 세계에서 뭐가 나오겠소. 답답함만 더 줄 뿐이지. 없어야, 비어야 만물이 힘을 모아 함께 나올 수 있소. 몇몇 주된 만물의 잔치가 아니라, 모든 백성과 창생의 잔치라오. 낮은 것들이 놀도록 비워 둡시다. 힘센 것들이야 어떻게든

비집고 나오지 않소?

루소 돌아가서 본다니요?

노자 무로 돌아가소. 돌아가서 바라보소. 아무것도 아니라오. 삶도, 이름도, 돈도, 사람들 사이의 힘도 아무것도 아니라오. 아무것도 아니라는 것을 알 때, 만물은 비로소 함께 자라난다오.

루소 폭력도 없고, 강제도 없고, 독단도 없는 세상이네요.

노자 그 세상에서 살아 보고 싶지 않소? 돌아가서, 내가 돌아가서, 아니 내가 돌아가는 것을 바라보면서 살아 보고 싶지 않소? 나를 바라보는 삶이오. 내가 돌아가는 것을 바라보는 삶이오. 돌아가는 것에 매달리지도 않고, 돌아가는 것을 그윽하게 바라보는 삶이요.

루소 사르트르가 말했듯이, 의식의 위대함은 대상에 속하지 않고 대상을 바라보는 것인데, 그 바라봄은 아무것도 아니어야 가능하죠. 내가 바라보면 내가 되지만, 나를 바라보는 그것은 내가 아니니까요. 아무것도 아니니 무이고, 아무것에도 잡혀 있지 않으니 자유이고요.

16.3. 생명의 회복

노자 나는 이르노니(16.3.) "만물이 잘 크니 다 그 뿌리로 돌아간다. 뿌리로 돌아가는 것(復根)을 고요함(靜)이라고 하니, 이것을 생명으로 돌아간다(復命)고 한다. 생명으로 돌아가는 것을 늘 그러함(常)이라고 하니, 늘 그러함을 아는 것(知常)을 밝음(明)이라고 한다. 늘 그러함을 알지 못하면, 엉망으로 만들어져 흉측하다."(부물운운夫物芸芸, 각복귀기근各復歸其根. 귀근왈정歸根曰靜, 시위복명是謂復命. 복명왈상復命曰常, 지상왈명知常曰明. 부지상不知常, 망작흉妄作凶.)

루소 돌아가자, 돌아가자. 뿌리로 돌아가자. 없음으로 돌아가자. 그곳에 생명이 있고, 일상이 있고, 불변이 있다. 그것은 밝음의 길이다. 그렇지 않으면 흉측하다. 이런 말씀이네요.

노자 덧붙일 말이 없소.

루소 그래도 어둠을 말하시는 분이 갑자기 밝음을 이야기해서 당황했습니다.

노자 앞으로 밝음을 말할 일이 많아 뒤로 미루겠소.

루소 그래도 궁금하니 한 말씀만.

노자 나의 밝음은 그냥 밝음이 아니오. 해와 달이 있는 밝음, 정확히는 달 속에서 빛나는 해 같은 밝음이오.

루소 무슨 말씀인지요?

노자 밝음은 많소. 그러나 내가 말하는 밝음은 어둠 속의 밝음이라는 말이오.

루소 이를테면?

노자 밤 하늘의 별 같은 것이오.

루소 조금은 감이 옵니다. 어둠이라는 기조는 유지하되, 그 어둠 속에 반짝이는 밝음은 칭송하고 예찬하겠다는 것이죠?

노자 그렇고 말고요. 낮에 밝은 거랑 밤에 밝은 것이 같소이까?

16.4. 공평

노자 나는 이르노니(16.4.) "늘 그러함을 알면 너그럽고〔容〕, 너그러우면 공평〔公〕하고, 공평하면 온전〔全〕하고, 온전하면 하늘〔天〕이 되고, 하늘은 길〔도道〕이고, 길은 오래〔久〕되니, 죽도록 위태롭지 않다."(지상용知常容, 용내공容乃公, 공내전公乃全, 전내천全乃天, 천내도天乃道, 도내구道乃久, 몰신불태沒身不殆.)

루소 늘 그러한 진리가 있겠지요. 그것을 알 때 우리는 여유로워질 수 있지요. 죽음이라는 생명의 진리가 있고 그것이 우리 삶을 삶으로 만드는 것을 알아야 마음이 편하니 말입니다. 여유가 공평함을, 공평함이 완전함을 만들지요. 그리고 완전한 것은 자연이고, 자연은 진리고, 진리는 영원하고, 내 삶을 다하도록 죽어 사라지지 않는다는 것이지요?

노자 늘 그러함을 아시오. 눈앞에 왔다 갔다 변하는 것에 매달리지 말고. 그것이 나의 상常의 철학, 불변의 철학이오. 그 상과 불변을 길로 말한 것이오. 늘 그러한 도, 곧 상도常道가 바로 그것이오. 늘 그러한 도를 좇읍시다.

루소 태어남과 죽음이 있고, 그 사이에 길이 있네요. 그 길이 다들 다닐 수 있는 길이길 바래 봅니다.

노자 그것이 뿌리의 길이오. 근본의 앎이자 본연의 삶이오. 그대들 삶의 뿌리를 사랑하길 빌겠소.

루소 좋은 말씀입니다.

노자 뿌리 없이 줄기 없소. 빔 없이 참 없소. 죽음 없이 삶 없소. 없음 없이 있음 없소이다.

노자, 위로 뻗은 뿌리를 사랑스럽게 어루만져 본다.

제17막

자연이란 말의 탄생─말을 아껴라

용상龍床은 임금이 앉는 자리를 가리킨다. 의자인데 넓으니 침대라는 뜻에서 상이라고 쓴다. 의자를 높여 부르는 것이기도 하다. 책상도 넓어서 상이다. 밥상도 국과 찌개가 올라갈 만하니 상이다. 그러나 가장 넓은 상은 자연이다. 자연이란 상위에는 모든 것이 올라간다. 용상처럼 화려하고 권위적이지 않지만 자연의 상은 꾸밈없고 평범한 채로 만물을 올린다. 자연이라는 밥상 위에 놓인 만물이야말로 가장 다양하고 찬란한 반찬이다. 루소가 들어오면서 개다리 밥상이 보이자 한번 앉아 본다. 밥상이 아닌 의자로 안 모양이다. 노자가 루소에게 일어나라는 손짓을 하더니 밥상을 책상 위에 올린다. 상 위의 상이다. 노자는 이것을 용상처럼 생각하는지 그상에 임금이 앉아 있듯 읍을 한다. 서 있던 루소가 자리에 앉는다.

17.1. 사랑받는 임금

노자 나는 이르노니(17.1.) "가장 높은 것이 있음을 아래 사람은 알기만
하면 된다. 그다음으로는 가까이하거나 멀리 보는 것이다. 그다음으로
는 무서워하는 것이다. 그다음으로는 깔보는 것이다."(태상太上, 하지유
지下知之; 기차其次, 친이예지親而譽之; 기차其次, 외지畏之: 기차其次, 모
지侮之.)

루소 임금님 이야기네요. 그런데 임금을 무서워해야지 그러지 않으면 영令
(명령)이 서지 않잖습니까? 지나칩니다.

노자 나나 그대나 세상을 다시 보자는 데에는 일치하는데 웬 서운한 말이
오? 넘친다는 뜻에서 지나친 것이 아니라, 우리가 지나쳐 버렸다는
뜻에서 지나친 것으로 받아들이겠소.

루소 절대군주가 있는데 아랫사람은 그것이 있다는 것만 알면 곧 맞먹는
것 아닙니까? 그러니까 지나치다고 하는 겁니다.

노자 왜 사람들이 절대군주를 꼭 겁내야 하오? 그냥 잘살고 있는 사람들
에게 절대군주가 꼭 필요하오? 그렇다고 해서 절대군주를 없애자는
것도, 모른다는 것도 아니오. 그저 그것이 있다는 것만 알면 그걸로
된다는 이야기요.

루소 홉스가 말하듯, 개인 간의 호혜적인 계약을 통해 권력을 절대군주에
게 통째로 양도했다면, 그에게 복종해야지 먼 산 쳐다보듯 하면 안
되는 것 아닙니까?

노자 내가 지나친 것이 아니라, 그대가 지나친 것이 있소. 내가 과한 것이
아니라 그대가 놓쳤다는 말이오.

루소 그게 뭡니까?

노자 현실에서 그런 권한의 위임이 있을 수 있다고 하더라도, 그 권력에 복종해야 한다는 사고는 아직까지 백성의 처지에서 말하는 것은 아니라고 생각하오.

루소 사회의 안정과 평화는요?

노자 그걸 요즘 말로 감시사회나 통제사회라고 하오. 현대야 기술문명의 발달로 이렇게 된 것인데, 그대는 앞장서서 왕권에 따른 감시와 통제를 받아들이다니 참으로 속상하오. 감시와 통제 없이도 잘살 수 있는 것이 백성이오. 아니더라도, 군주를 좋아하여 스스로 높이는 것이 더 좋지 않겠소. 어린아이들처럼 이럴 수 있다면 정말 좋겠소. '우리 임금님은 너무 좋아요. 나는 우리 임금님을 존경해요.'

루소 정치권력은 모두 빼앗겨 버렸지만 사람들에게 예찬받는 교황을 떠올리면 되겠네요. '교황님, 사랑해요. 교황님, 존경해요.'

노자 그다음이 무서워하는 것이오. 무서워하면 억지로 말은 듣겠지만, 스스로 따르는 것이 아니오. 자발적인 존경이야말로 권위의 기반이라오. 총칼로 유지하는 권세는 불안 불안한 것이라오.

루소 사람들에게 잘해 주다가 맞먹으면 어쩌죠?

훈수꾼 유행하는 영화대사가 있어요. '호의가 계속되면, 권리인 줄 안다.'[1] 그런 걱정이죠?

노자 그래서 나도 마지막으로 가장 나쁜 것은 우습게 여기는 것이라 했잖소? 권위를 우습게 여기면, 법률을 우습게 여기고, 법률을 우습게 여기면 계약을 우습게 여기게 된다오.

루소 그 결과로 평화가 깨지게 되고요.

노자 그렇다오.

---

1 〈부당거래〉(2010).

17.2. 믿음의 부족

노자 나는 이르노니(17.2.) "믿음이 모자라니 믿지 못함이 있다."(신부족언
　　信不足焉, 유불신언有不信焉.)

루소 내가 사람을 선생만큼 온전히 믿지 못한다는 말씀 같습니다.

노자 기꺼이 믿어봅시다. 함부로 사람들을 믿지 못할 대상으로 여기지 맙
　　시다. 민주사회 이전의 위정자들이 백성을 못 믿을 것들, 내버려 두면
　　딴짓할 것들로 여긴 것이 문제라오.

루소 믿음이 부족하니 불신이 생긴다는 이야기는, 위정자들의 백성에 대한
　　불신은 다른 데서 나온 것이 아니라 그들 자신이 백성을 확실히 믿지
　　못하는 데서 비롯되었다는 것으로 들립니다. 그런데 앞뒤의 주어를 달
　　리 넣어 보니 '통치자가 못 믿으니 피치자도 못 믿는다'로도 들리네요.

노자 서로 믿어야 그다음 단계로 나갈 수 있소. 서로 믿지 못하면 존경은
　　없고 무력만 남소. 군비경쟁이 곧 그런 거라오.

루소 사람들을 믿어 보자는 것인데, 나의 기조도 그겁니다. 서양적 전통과
　　는 아주 다르지요.

훈수꾼 그래서 칸트가 선생의 것을 읽다가 산책도 잊었다는 거군요? 일반
　　적인 생각과는 너무 달라서.

노자 동양적 용어를 쓰자면, 내가 보기에 그대들이 사회를 보는 눈은 성악
　　에 가깝소. 동양의 철학자들이 순자를 제외하고는 대체로 성선의 길
　　을 가는 것과 비견되오. 사람을 믿어 보자는 전통이 동양에는 살아
　　있소. 유가도 도가들의 성선에 대한 무한한 신뢰에 대응하기 위해 맹
　　자가 말하는 성선의 전통을 철학사적으로 선택한다오. 당나라 말기의
　　이고李翶와 한유韓愈가 기치를 올리면서 주자朱子가 받아들인다오.

루소 나만 하더라도 서양의 지적 전통의 배경 속에서 약하게 주장할 수밖
　　에 없었는데, 선생이야말로 백성에 대한 확실한 믿음이 있었군요.

17.3. 위대한 천성

노자 나는 이르노니(17.3.) "부드럽구나, 말을 아낌이여. 일이 잘되어 끝날 때, 사람들은 모두 말한다. 나는 스스로 그러하다고."(유혜悠兮, 기귀언 其貴言. 공성사수功成事遂, 백성개위百姓皆謂: 아자연我自然.)

루소 말도 없이 잘 해내고, 일이 되면 그냥 그렇게 끝이지 누가 잘했고 누가 못했고가 없다는 말이네요.

노자 일이 부드럽게 이루어져야 잘된다오. 뒤탈은 억지로 일을 시키고 일부러 매듭지었을 때 벌어진다오. 부드럽게 끝난 일에 사람들은 공과를 다투며 상벌을 바라지 않는다오. 오로지 스스로 그렇게 되었다, 절로 그렇게 되었다고 말할 뿐이오.

루소 풍년이 들어 사람들이 넉넉해 하는 장면이 떠오르네요.

노자 그 비유는 가뭄이 들었을 때가 떠올라 좀 그렇소. 이건 어떻소? 아버지가 쌀을 팔아 와서 아이들이 맘껏 먹는 것을 볼 때와 같은 심정 말이오. 내가 힘들게 돈 벌어 와서 너희들 먹인다고 떠드오? 사내들은 가끔 공치사를 하니 여인네로 가봅시다. 엄마가 밥해 주면서 말이 많소? 아니잖소? 그저 그렇게 자식들이 밥 먹는 것을 바라본다오.

루소 모든 일이 저절로 되었다고 말해 보아야겠네요.

노자 훌륭한 위정자라면 공을 아랫사람에게 돌려야겠지요. 그러면 아랫사람은 윗사람에게 공을 돌릴 터이고, 결국은 절로 된 것이라는 말을 하게 될 것이오. 그것이 잘되어 가는 나라의 모습이오.

루소 마치 국난을 헤쳐 나가면서 정략적으로 당파적으로 일을 하지 않고, 위기를 헤쳐 나가게끔 저절로 힘이 모아지는 것 같습니다.

훈수꾼 어허, 우리나라의 외환위기 때 저절로 금이 모아진 것과 똑같습니다. 사람들은 그때 스스로 그러하다고 했고요.

노자 그것이 한국인의 천성天性인가 보오.

루소 한국인만 그런다면 자연이 내려 준 사람의 본성은 아니고, 제2의 천성 정도 되겠네요.

훈수꾼이 개다리 밥상을 들고 앞으로 나오자, 노자와 루소는 몸을 개다리처럼 휘더니 개다리를 한쪽씩 잡고 머리 위로 들어 올린다. 사람 위에 개다리, 개다리 위에 만물이 놓여 있다.

제18막

인의와 충효—도덕 이전으로 돌아가라

효자비가 있는 고을이 있었다. 마을의 자랑이었다. 열녀문도 많았다. 나라에서 정문旌門을 내려 주며 열녀를 칭송하였다. 비가 뭐길래, 문이 뭐길래, 효도와 정절을 그렇게 장려했나? 어른을 위해서, 남자를 위해서? 아니면 가정을 위해서, 가문을 위해서? 가정에서는 효도를 말하여 위계가 유지되도록 했고, 가문에서는 정절을 말하여 혈통을 보존코자 했다. 가정이 유지되려면 부모에 대한 상향 윤리 말고도 자식에 대한 하향 윤리도 있어야 했는데 유학은 그것을 강조하지는 않았다. 남편이 없는 가정은 이미 결손가정인데도 가문이라는 큰 범위 안에 여인을 복속시켜 꼼짝달싹 못하게 했다. 이것이 효자비와 열녀비의 어쩔 수 없는 풍경이다. 효자비를 물끄러미 바라보는 노자와 루소다. 비에는 '천하효자의 비'(天下孝子之碑)라고 쓰여 있다.

18.1. 인의의 출현

노자 나는 이르노니(18.1.) "큰길(大道)이 무너지니 인仁과 의義가 생기고 지혜가 나오니 큰 거짓이 생겼다."(대도폐大道廢, 유인의有仁義; 지혜출智慧出, 유대위有大僞.)

루소 도덕 없이도 사람들이 잘살고 있었다고 생각하시는 거죠? 나도 자연상태의 사람은 잘살고 있었다고 생각합니다. 문명화되면서 권력이 방대해지고 소유도 방만해지면서 다툼이 생겼습니다. 단순히 먹고사는 것을 넘어 문제가 다양해졌다는 것이죠. 그때 윤리라는 것이 생겨 '서로 사랑하라'[인仁], '할 것은 하라'[의義]와 같은 명법이 생기는 것이지요.

노자 서로 사랑하고 있다면 사랑하라고 말할 필요가 없소. 할 것을 하고 있으면 할 것을 하라고 말할 이유가 없소. 사랑하지 않고, 할 것을 하지 않기에 인의라는 윤리규범이 등장하는 것이오.

루소 사랑해도 사랑하라고 말할 수 있잖습니까? 잘해도 꼭 그래야 한다고 할 수 있잖습니까? 양이 좀 부족해서라도 좀 더 채우라고 말할 수 있을 것 같습니다.

노자 부족은 벌써 사랑이 제대로 되지 않음을 보여 주는 것이오. 알아서 잘하는데 이래라저래라 할 까닭은 없소.

루소 예를 들어 주시죠.

노자 엄마는 아기를 사랑하오. 그것은 본능이오. 따라서 동서양을 막론하고 '여성은 모성애를 가져야 한다'는 윤리는 없소. 모성애를 다른 아이에게까지 확산하거나 여자가 아닌 아버지에게까지 요구할 수는 있겠지만 말이오. 모성애를 인류애로 확대하자는 주장은 있어도, 여성은 모성애를 가져야 된다고 말하는 윤리는 없소.

루소 모성애는 여자라면 거의 모두가 갖고 있기 때문에, 모성애 그 자체는 윤리적 덕목으로 성립할 수 없다는 말씀이시네요.

노자 나의 철학도 사람들에게 어머니의 마음으로 살아 보자고 말하는 것이지, 어머니의 윤리를 첫째, 둘째, 셋째, 이렇게 나누어 말하고 있는 것이 아니오.

루소 크레인 브린튼이라는 사상사가 말하길, '그 사회의 표어를 보면 그 사회는 대체로 그렇지 않음을 알 수 있다'고 했는데,[1] 바로 그 말과 통하네요.

훈수꾼 민정당 곧 민주정의당 시절이 가장 민주적이지 않고, 가장 정의롭지 못한 것과 같군요. 그리고 거리마다 장밋빛 표어만이 난무했습니다.

루소 그 사회가 청결을 내세우면 더럽다는 것이고, 그 사회가 공정을 내세우면 공정하지 않은 것은 사실입니다.

노자 인의라는 도덕도 그렇고, 지혜도 그렇소. 지혜가 나옴으로써 큰 거짓도 만들어지는 것이오.

루소 거짓을 없애는 것이 지혜 아닙니까?

노자 여기서 지혜는 꾀요. 사람은 이리저리 꾀를 부리지 않소? 그러다 거짓말도 하는 거요.

루소 지식과 지혜는 구별되는 것 아닙니까?

노자 내가 말하는 지혜가 오늘날의 지식이오. 아둔하더라도 꾀부리지 않는 삶, 무식하더라도 순박한 삶이 내가 바라는 것이오. 만일 좋은 의미에서 오늘날과 같은 지혜를 가리키는 말은 내 식대로라면 '밝음'〔명明〕 정도요. 남들 앞에서 똑똑해지는 것이 아니라, 스스로 밝은 것이오.[2]

---

1 크레인 브린튼 지음, 차기벽 옮김, 《혁명의 해부》, 학민사, 1983. /크레인 브린튼 지음, 최명관·박은구 옮김, 《서양사상의 역사》, 을유문화사, 1984.

2 33.1.: "남을 아는 사람은 똑똑하고, 스스로를 아는 사람은 밝다."(知人者智, 自知者明.)

어둠 속에서 훤해지는 것 말이오.

루소 한마디로 윤리는 사람들 사이의 참다움이 무너지자 생겼고, 이 사회
의 큰 거짓부렁은 지혜의 출현에 말미암는다는 말씀입니다.

18.2. 충효의 심상

노자 나는 이르노니(18.2.) "부모형제끼리 사이좋지 않으니 효도와 자애가
생기고, 나라가 어지러우니 충신이 생겼다."(육친불화六親不和, 유효자有
孝慈; 국가혼란國家昏亂, 유충신有忠臣.)

루소 효자충신孝慈忠信도 그렇다는 것이지요. 혈육끼리 싸워 대니 부모에게
는 효도를, 형제끼리는 우애를 강조했고 국가가 혼란스러우니 비로소
충신의 가치를 제시하게 되었다는 것이지요?

노자 세상에는 효자충신이라는 각 방향에 맞는 덕목이 있다오. 자식이 부
모에게는 효도를, 부모는 자식에게 자애를, 신하는 임금에게 충성을,
임금은 신하에게 신뢰를 보여야 한다고 가르치오. 그러나 그것은 혈
육끼리 싸우고 국가가 혼란하니 비로소 나온 덕목이라오. 그런 덕목
없이도 서로 사랑하고 믿으면 얼마나 좋겠소?

훈수꾼 그렇다면 충성과 신뢰를 충성스러운 신하로 적은 것은 잘못된 것이
네요.[3]

노자 원리적으로 그렇소. 골육지간의 덕목을 거론하니 효와 내리사랑을 모
두 말해야 했고, 국가가 혼란할 때 임금이 신하에게 충신의 품덕을
내세움을 드러내고자 했소.

루소 효자비는 효자가 많지 않아서 세우고, 열녀문은 열녀가 많지 않아서

---

3 38.5.: "무릇 예란 충성과 신뢰의 얇아짐이며 어지러움의 처음이다. 예를 앞에서 이끄
는 것은 도를 꾸미고 어리석음을 벌리는 것이다."(夫禮者, 忠信之薄, 而亂之首.)

세우지 않았기를 바랄 뿐입니다. 구미 사회에는 효라는 말이 없어요. 그래서 한 단어로 번역도 어렵죠. 그냥 '부모에 대한 의무'(filial duty) 정도로 말하고 말지요. 그렇다고 해서 자식이 부모한테 못하냐면, 그렇지 않을 겁니다. 크리스마스 때는 좋든 싫든 집에 가고, 사회보장이 잘돼 있어도 부모를 찾아뵙는 것은 마찬가지니까요. 유가의 기준에서는 부족할지 모르지만, 그런 것이 효라는 말은 없어도 효행은 한다는 것이 아닐까 싶습니다.

노자, 효자비를 넘어뜨린다.

제19막

:하얀 천이 늘어진 방:

소박의 세계—깨끗하면 거칠어도 좋다

하얀 천이 날린다. 이곳저곳에서 날린다. 바람 속에서 펄럭인다. 회전 선풍기를 틀어 놓은 것 같다. 천의 날림이 이쪽에서 저쪽으로 차례차례 날린다. 염색집 같기도 하다. 그러나 염색된 천은 없고 하얀 천만 있으니, 오히려 직조공장에 가깝다. 너무 하얗지 않아도 된다. 탈색을 한 것은 이 자리에 걸릴 수 없다. 최소한의 인공만을 허용하기로 한다. 광목 정도의 하얀빛도 좋다. 그 정도면 하얗다. 그래도 멋지다. 바람에 날릴 때는 하얀 천이 이곳과 저곳을 나누어 주는 것 같다. 본래의 세계와 현상의 세계, 천연의 세계와 인공의 세계, 선천의 세계와 후천의 세계가 하얀 천으로 갈라지는 것 같다. 하얀 천은 바로 그 경계를 나눈다. 그러면서 자신에게는 아직까지는 염색도 안 되고, 무늬도 없고, 글씨도 쓰이지 않아서 아직은 자연성을 지니고 있다고 나부댄다. 노자, 천 가운데 하나를 낚아채 자기 몸을 감싼다.

19.1. 도덕의 가식

노자 나는 이르노니(19.1.) "성인의 가르침을 끊고 지식을 버리면 사람들의 이로움이 백 배가 된다. 인을 끊고 의를 버리면 사람들이 효도와 자애를 되찾게 된다. 기교를 끊고 이로움을 버리면 도적이 없어진다."(절성기지絕聖棄智, 민리백배民利百倍; 절인기의絕仁棄義, 民復孝慈; 絕巧棄利, 盜賊無有.)

루소 동의합니다. 틀에 박힌 교육과 맹목적인 지식이 문제입니다. 그런 교육과 지식은 사람에게 해로울 뿐입니다. 그곳에서 벗어나야 제대로 된 배움을 얻고 참다운 앎이 넓어집니다. 도덕의 강요도 문제입니다. 도덕률은 오히려 인간의 본성에 내재된 사람다움을 규정해 버립니다.

노자 더 말씀해 보시오.

루소 사람은 내버려 두어도 부모를 사랑하고 자식을 사랑합니다. 그 사이에 껴 있는 출세, 명예, 재산이 그들 사이를 갈라놓지요. 그런 것을 강요하는 부모는 자식에게 그것을 얻는 것이 효도라고 우기니 부모가 싫지요. 자식이 부모를 출세의 발판, 명예의 전승, 재산의 상속으로 여기면서 그러지 못하는 부모를 원망하게 됩니다. 거의 모든 부모가 그렇게 해주지 못하는데, 몇몇 부모가 그러는 것을 일반화시켜 공연히 기대하게 되는 겁니다. 하다못해 최상위의 몇몇 부모라고 할지라도 그것을 모두 만족시켜 주지는 못할 겁니다. 설령 부모가 만족시켜 주더라도 자식은 그것이 부담스럽고요.

노자 좋소. 조금 더.

루소 사회의 기술적인 측면이 늘어나면서 이로움이 많아진 것은 사실입니다. 그러나 정교한 기계를 통해 우리의 생활은 나아졌을지라도 과연 그 이로움이 우리 모두에게 골고루 나뉘었을까요? 회의적입니다. 사회가 정교해질수록, 이익이 늘어날수록 도둑이 늘어납니다. 그 정교한 체제 속에서 자기의 지위를 높이려 별짓을 다하고, 이익의 독점을 위해 보통 사람들이 가져야 할 혜택을 가로챕니다. 그것이 도둑이 아니고 무엇입니까? 그런 것을 끊고 버려야 합니다.

노자 그대의 지론과 같아서 잘 이해하나 보오.

루소 자연으로 돌아가자는 이야기니까요.

노자 모든 것을 끊고 버리기가 쉽겠소?

루소 끊고 버리자는 선생이 그렇게 말씀하시면 되겠습니까? 하하.

노자 끊고 버리려면 바로 덤덤하게 살 줄 알아야 한다는 것이오. 욕심이 있는데 어떻게 마다할 수 있겠소. 교육도, 지식도, 도덕도, 기술도 모두 욕심의 결과요. 그것은 모두 잘살고자, 남을 어떻게 해 보고자, 위아래를 나누고자, 아름답고 도움이 되는 것을 가져 보고자 하는 욕망이라오. 스스로 끊지 않는 한, 인간에게 만족이란 멀고도 먼 것이오.

19.2. 채워지지 않는 것들

노자 나는 이르노니(19.2.) "이 세 가지는 꾸며도 모자라는 것이다."(차삼자此三者, 이위문부족以爲文不足.)

루소 선생이 말하는 늘 부족하게 느끼는 사람들의 마음을 나는 지나쳐 버린 것 같습니다. 사람들은 아무리 꾸며도, 그러니까 장식하고 수사를 붙여도 모자란다고 느끼지요.

훈수꾼 요즘은 성형중독이라는 것도 있습니다. 얼굴을 외과적 수술로 고치고 또 고치는 것입니다.

노자 지식, 도덕, 기술 이 세 가지는 아무리 진보해도 끝을 볼 줄 모른다오.

루소 교육을 통해 지식을 전승하는 것은 인류를 위해 좋은 일 아닙니까?

노자 내가 무지를 말한다 하여 모든 지식을 거부한다고 여기지는 마시오. 지식을 전승하는 것은 전문가 집단이 해도 되오. 일반 사람들이 그 많은 것을 모두 알 필요는 없소이다.

훈수꾼 자꾸만 어려워지는 우리의 대학입시가 그것이네요?

루소 맞습니다. 적당해야지요. 그리고 관심 있는 사람은 대학에서 더 공부하고, 그래도 흥미 있는 사람은 대학원을 가면 됩니다. 왜 어린 학생들에게 전문적인 지식을 그렇게 강요합니까? 《에밀》에서 강조하듯 성장과정에 따른 단계적인 발전을 왜 무시합니까?

노자 내가 도덕도 끝을 볼 줄 모른다는 것은 자꾸만 도덕이 복잡해지고 어려워져서 그렇소. 오늘날은 법령으로 도덕조차 규정하는 것 같아 안타깝소. 법률은 최소한의 도덕이 되어야 하는데, 모든 도덕을 담으려고 법령이 설치오.

훈수꾼 《내가 정말 알아야 할 모든 것은 유치원에서 배웠다》¹라는 책도 있죠. 오랜 베스트셀러입니다. 도덕이 뭐 복잡해야 합니까?

루소 니체는 우리의 도덕을 '노예도덕'이라 불렀습니다. 사람을 노예로 만드는 도덕이라는 것이죠.

노자 기술을 만들어 사람들에게 편리를 주려 한다는 것도 거짓이오. 편리한 기술을 만드는 데 그치지 않고, 그것으로 돈을 벌려 하니 말이오. 끊임없이 편리함을 추구하다가 결국 기술 개발자에게 끌려다니게 된다오.

훈수꾼 2년마다 휴대전화를 바꿔야 하는 것처럼요? 그것의 아름다움과 편리함에 우리는 미쳐가고 있지요.

루소 나의 시대만 하더라도 사회조직이 문제였지 기술문명에 대해서는 무관심했습니다. 하이데거 이후에나 나오는데, 선생은 참으로 일찍부터 그런 데에 눈을 뜨셨습니다.

노자 나의 후배 장자가 그랬소. '기계가 있으면 기심機心이 생긴다'고. 기

---

1 로버트 풀검, *All I really need to know I learned in kindergarten*, 2018.

계의 마음이라고 보아도 좋지만, 기계機械의 기 자는 기회機會의 기 자이기 때문에, '꾀부리는 마음'인 것이오. 나는 지식이나 지혜 모두 꾀부리는 것으로 좋지 않게 보잖소.

루소 나는 인간의 본성으로 돌아가서 생각하기보다는 군집사회와 정치체제에 집중하느라 그런 자기 수양에 관심을 두지 못했습니다. 좋은 말씀입니다.

노자 왜 나라고 수양을 말하지 않겠소? 흔히 나는 자연주의자이니 어떤 수양도 부정한다고 오해하는데, 아니라오. 우리가 자연스러운 삶을 살고 있지 못하다는 점에서 자연스러움을 되찾는 것 그 자체가 바로 수양을 필요로 한다오. 그것뿐이겠소? 욕구를 넘어 욕망이 생길 때 그것을 눌러야 하고, 필요를 넘어 낭비가 될 때 그것을 멈춰야 한다오. 그것이 수양이 아니고 뭐겠소?

루소 그 수양의 기준을 말씀해 주시죠?

노자 그것은 소박이오.

19.3. 소와 박

노자 나는 이르노니(19.3.) "따라서 돌아갈 곳이 있도록 한다. 흰 것을 드러내고 거친 것을 껴안아라. 나를 줄이고 욕심을 적게 하라."(고령유소속故令有所屬: 현소포박見素抱樸, 소사과욕少私寡欲.)

루소 흰 것을 드러내는 것과 거친 것을 껴안으라 하시네요. 그런데 '현소'와 '포박'은 이질적입니다. '소素'는 흰 것이고 '박樸'은 거친 것이라 많이 다릅니다. 흰 쪽으로 가야 합니까, 거친 쪽으로 가야 합니까?

노자 둘이 달라 보여도 순수라는 관점에서 보면 마찬가지요. 아기를 봅시다. 살결이 정말 희어 아무 때도 묻지 않은 것 같소. 그래서 희다고 하는 것이오. 그러나 무턱대고 오줌 누고 아무 데나 똥 싸지요. 아무것도 가리지 않소. 그래서 거칠다고 하는 것이오. 그 둘을 모두 가리켜 소박이라 하는 거요.

루소 아하, 본래 소박이란 말은 소와 박이라는 서로 다른 성질의 결합이고, 따라서 두 의미를 각기 가리키고 있는 것이네요. 재밌는 표현입니다. 깨끗하지만 거친 아이를 좋아하라고 들려요.

훈수꾼 백 살 때 스스로 생을 마감한 자연주의자 스콧 니어링의 부인 헬렌이 쓴 《소박한 밥상》이라는 책이 있는데,[2] 여기서 강조하는 것은 혀를 즐겁게 하는 먹거리가 아니라 몸을 지켜 주고 마음을 살찌게 하는 먹거리였습니다. 별로 요리하지 않는 요리 책이죠. 원제는 '단순한 음식'(simple food)인데 익숙한 우리말인 '소박한 밥상'으로 번역을 해서 많은 사람의 관심을 끌었습니다.

루소 부부가 자본주의에 반기를 들고 귀농했다고 들었습니다. 반전주의자이기도 했고요.

노자 내 정신적 계보를 잇는 서양 사람들이 꽤 있나 보오.

루소 《월든》의 소로우도 그렇습니다.[3]

노자 그보다 그대가 말하는 '소박'(naïveté)이 내 말로부터 온 것이 아닌가 싶소. 중국에서 활동한 예수회 신부들의 라틴어 번역본도 있었을 테고, 당시 계몽주의자들은 중국을 이상으로 삼지 않았소? 그대가 내 편이라면 볼테르는 공자 편이었소. 중국의 유가와 도가가 대립하고 경쟁하는 구도와 마찬가지요. 닮아도 너무 닮았소. '나를 없애고 욕심을 줄이라'는 마음의 수양론은 없지만 말이오.

흰 무명천을 훈수꾼이 건네자 루소가 목도리처럼 목에 두르고 멋을 부린다.

---

2 헬렌 니어링, 《소박한 밥상Simple food for the good life》, 2001.
3 헨리 데이빗 소로우, 《월든Walden》, 2011.

제20막

고독한 자아─홀로 서라

　방 안에 누대처럼 높은 곳이 있고 거기에 잔칫상이 차려져 있다. 회갑잔치 때처럼 음식도 고여 놓았다. 이것저것 먹을 것이 많은 것처럼 쌓아 놓았다. 살면서 한 번쯤은 그런 상을 받아볼 수 있을는지 모르겠다. 노자와 루소가 나란히 들어오다 잔칫상을 물끄러미 쳐다본다. 노자는 루소에게 누대에 올라앉아 보라고 손짓을 한다. 루소는 머뭇거리지만 올라가서 앉는다. 환갑상을 받은 루소다. 루소가 올라오라고 손짓하자, 노자는 끝내 사양한다. 그러면서 표정이 밝지 않고 어둡다. 아니, 갈 곳을 잃은 듯 휘청거린다. 훈수꾼, 노자를 살짝 부축해서 자리에 앉힌다. 루소도 내려와 자리에 앉는다.

20.1. 네와 응

노자 나는 이르노니(20.1.) "배움을 끊으면 걱정이 없다. 네라고 하던 응이
  라고 하던 서로 얼마나 다른가? 좋다고 하든 싫다고 하든 서로 얼마
  가량 다른가? (그렇지만) 남들이 두려워하는 것은 두려워하지 않을
  수 없다. 황당함이여, 그 가운데를 맞추지 못함이여!"(절학무우絶學無
  憂. 유지여아唯之與阿, 상거기하相去幾何? 선지여오善之與惡, 상거약하相去若
  何? 인지소외人之所畏, 불가불외不可不畏. 황혜기미앙재荒兮其未央哉!)
루소 배움을 끊으라는 일관된 주장이십니다. 그런데 우리는 존대어가 많지
  않아 무슨 말인가 싶습니다.
노자 우리는 어른한테는 '네'라고 말하고, 아이에게는 '응'이라고 말하오.
  'ㅇ' 발음이 아무래도 쉬워, 많은 언어가 긍정의 표시에는 'ㅇ' 발음이
  들어간다오. 'ㅇ' 발음 가운데에서도 좀 길고 어려우면 존경을 담고,
  'ㄴ'처럼 'ㅇ'보다 덜 쉬운 발음은 부정이나 존칭이 된다오. '예스'와
  '노', '응'과 '네'처럼 말이오.
루소 같은 긍정인데도 발음이 어려워지면 존칭이 된다는 것이죠? 그런데
  그게 뭐 그렇게 다르냐는 것이고.
노자 그렇소. '갈거냐, 말거냐'를 나누면 그만인 것을 '응'과 '네'처럼 나누
  는 것은 그다지 필요해 보이지 않소. 그건 권위의식이거나 계급 설정
  에 지나지 않는다오. 알다시피 어린아이가 할아버지한테 '응응' 거린
  다고 할아버지가 뭐라 하지 않잖소? '밥을 먹을 건지 말 건지' 그것
  에 신경 씁시다.
루소 우리는 긍부정은 비슷하지만 거기에 지위나 자격을 부르는 것으로
  존칭을 합니다. '옛, 썰!'(Yes, Sir!) 이렇게 말입니다.

노자 중국어도 비슷하오. 분명한 존칭이 없어서 앞이나 뒤에 호칭을 붙이는 것이 매우 중요하지요.

훈수꾼 미국에서 경찰관에게는 '오피서officer'를 붙이는 것과 같네요. 경찰관은 상대방에게 미스터Mr나 맘mam이라 붙이고요.

노자 보시오. 이렇게 상하관계, 명령관계, 권력관계가 성립될 때 민감해지지 않소? 따라서 평소의 존칭은 사실 위의 관계를 확인하는 데 기여할 뿐이라는 것이오.

훈수꾼 우리가 나이 따지고, 선후배 따지고, 직위 따지는 것과 같네요.

노자 그런 다름을 어떻게 아오? 바로 배움으로 아는 것이오. 그래서 배움을 끊으라 했소. 어떤 배움은 곧 차별을 만드는 기제가 된다는 말이오. 종족주의도 가짜 과학으로부터 나오는 것과 같지 않소? 결론부터 내리고 증명하는 과학 말이오.

루소 수도pseudo 사이언스science를 넘어 쿼시quosi 사이언스네요. 비슷함을 넘어 속이기까지 하는 학문을 싫어하시는 것 같습니다. 아니면 학문 자체가 그런 사기의 경향이 있음을 말씀하는 것이든지요.

훈수꾼 연구비 준 쪽에 맞춰 결론을 내는 것을 말씀하시는 것이죠?

노자 돈을 많이 주면 '네'하고, 안 주면 '응'하는 것이지요. '좋다, 싫다'도 그렇소.

루소 선악도 그렇겠네요. 미국과 소련이 군비 경쟁할 때 돈 많이 주는 나라에 붙는 것이네요. 나를 도와주면 선, 나를 괴롭히면 악이네요.

훈수꾼 북한은 소련과 중국 사이에서 저울질을 하면서 이쪽저쪽에서 모두 얻어냈지요.

노자 그래서 그 사이가 얼마나 되겠냐고 묻는 거라오. 그게 그거라오.

루소 너무 상대주의적이지 않습니까?

노자 언어가 상대적인데, 어찌하겠소. 선악을 비롯해서 미추美醜, 빈부貧富, 시비是非 이렇게요.

훈수꾼 이른바 '피차일반彼此一般'이네요. 피장파장, 된장이나 고추장이나!

루소 현실에서 그렇게 상대주의로 끝날 수는 없잖습니까?

노자 바로 그렇소. 그래서 사람들이 무서워하는 것은 무서워하라는 것이외다. 함부로 덤비거나 까불지 말고. 나는 사람이 다치는 것은 원치 않소. 피차 마찬가지라고 대들지 말고, 그래서 권위는 존중하라는 것이오. 현실을 인정하라?

노자 황당하지만 어쩔 수 없소. 상대적인 것의 중앙을 어찌 알겠소. 이른바 중용이라고는 하지만 그것은 이쪽과 저쪽의 가운데만일 수는 없소. 늘 가운데를 찾아야 하는 것이오. 그때그때, 자리마다 주저하며 모색해야 하는 것이오.

루소 아리스토텔레스도 그랬어요. 중용은 산술적인 중간이 아니니, 때마다 자리마다 중용을 찾아야 한다고. 그느라 걱정이 많으시네요.

노자 나 홀로 이렇게 걱정이 많다오.

20.2. 웃지 않는 아기

노자 나는 이르노니(20.2.) "뭇사람들이 즐거워하는 것이 잔치를 벌인 것 같고 봄에 산에 오른 것 같다. 나 홀로 조짐도 없이 담박하니 아기가 웃지도 못할 때 같다. 지쳐 버려 돌아갈 곳도 없는 듯하다. 뭇사람들은 모두 남음이 있는데 나만 홀로 잃어 버린 듯하다. 나는 어리석은 사람의 마음이런가! 아득하도다."(衆人熙熙, 如享太牢, 如春登臺. 我獨泊兮其未兆, 如嬰兒之未孩. 儽儽兮, 若無所歸. 衆人皆有餘, 而我獨若遺. 我愚人之心也哉! 沌沌兮.)

루소 사람들은 흥겹고 신나는데, 선생만 홀로 멍하게 사는군요. 안 됐습니다. 그래도 나만 하려고요?

노자 얼마나 심했길래?

루소 정말로 혼자라고 생각했습니다. 죽기 전에 나는 형제도 친구도 없는 외톨이라고 느꼈습니다. 만장일치로 추방시켜 놓고, 산채로 파묻으며 즐거워하는 것 같았습니다.[1]

노자 힘들었겠소.

루소 선생의 감정은 그래도 분노가 없습니다. 차분하시네요.

노자 나요? 나는 담담하기가 아기들이 아직 웃지도 못할 때와 같다오. 아기들이 자라면 방글방글 웃지요? 나는 그렇게 자라기도 전 아기의 마음이라오. 아무런 웃음도 없이 젖이나 달라고 울기나 하는. 내가 어떻게 될지도 모르겠고, 내가 어디로 돌아가야 할지도 모르겠소. 사람들은 모두 여유만만한데, 나만 외로이 버려진 것 같소. 나는 바보라오. 나는 바보의 마음을 지녔다오. 멍텅구리라오. 컴컴하다오.

루소 너무 자책하지 마세요. 헤라클레이토스를 '우는 철학자', '어두운 철학자'라고 불렀는데, 선생과 사유가 비슷한 것이 많습니다. '모든 것은 흐르고 그를 넘어 로고스가 있다'는 주장도 선생과 비슷합니다. 벗이 있다고 생각하십시오. 동서를 뛰어넘는 생각의 벗 말입니다.

노자 고마운 위로요. 그도 철학적인 외로움에 시달렸군요. 원컨대 그대도 나를 위로하기에 앞서 자신을 위로하시오. 그대도 스스로를 사회에서 축출한 것이지 그대의 말처럼 버려진 것은 아니었다오. 아무도 늙은 그대에게 인사 대신 침을 뱉지는 않았다오.[2]

---

1 《고독한 산책자의 꿈》 1권 995쪽. "이렇게 나는 지상에서 혼자이다. 형제도 가까운 사람도 친구도 없다. 나 자신 외에 동무가 돼 줄 사람이 아무도 없는 것이다. 모든 사람들 중 가장 사교적이고 사랑스러웠던 한 인간이 만장일치의 결의를 통해 추방당한 것이다. 지나가는 행인들은 내게 인사를 하는 대신 침을 뱉지 않는가? 이 세상 사람 모두가 나를 산채로 파묻으며 즐거워하지 않는가?" 게오르크 홀름스텐, 《루소》, 215쪽에서 재인용.

2 게오르크 홀름스텐, 《루소》, 215쪽. "늙은 그를 플라트리에르 가에서 '추방하고' 그의 앞에서 '침을 뱉으려는' 사람은 아무도 없었다. '모든 사람들 중 가장 사교적인 인간'은 아무도 방문하지 않고 방문객들을 테레즈를 통해 돌려보내고 서신교환도 제한하

20.3. 식모

노자 나는 이르노니(20.3.) "속세의 사람들은 빛이 나는데, 나만 홀로 어둡네. 속세의 사람들은 (이것저것) 살펴보는데, 나만 홀로 마음 졸이네. (물이) 조용하기가 바다와 같고, (바람이) 높이 나는 것이 끝이 없는 것 같네. 뭇사람들은 모두 있는 것으로 (자랑)하지만, 나만 홀로 완고하고 비천하다. 나만 홀로 남들과 다르니 밥어머니〔食母〕를 높이 여긴다."(속인소소俗人昭昭, 아독혼혼我獨昏昏. 속인찰찰俗人察察, 아독민민我獨悶悶. 담혜기약해澹兮其若海, 료혜약무지飂兮若無止. 중인개유이衆人皆有以, 이아독완사비而我獨頑似鄙. 아독이어인我獨異於人, 이귀식모而貴食母.)

루소 남들과 다른 선생을 단독자라고 부르고 싶습니다.

노자 무슨 뜻이오?

루소 워낙은 키에르케고르가 우리는 신 앞에서 홀로 선다면서 제시한 말입니다. 그렇게 신과 만난다는 겁니다. 선생도 선생이 말하는 진리인 도와 홀로 만나고 있잖습니까? 그래서 불안하고.

노자 단독자라는 말은 좋은데 불안과는 거리가 있소. 내가 마음 졸인다고 하니, 불안으로 본 것 같은데, 아니라오. 마음 졸이며 사는 것은 맞소. 그러나 그렇다고 해서 불안에 매달리는 것은 아니오. 조심해서 살라, 빛을 죽이며 살라, 이렇게 주저하는 것은 맞소. 그러는 내가 남들과 다르고 걱정 투성이인 것도 맞소. 그러나 그 모습은 깊은 바다 같고 높은 바람 같이 조용하고 한정이 없다오. 나의 걱정은 심연의 바다와 멈추지 않는 바람 같이 끝을 알 수 없다오.

루소 신 앞에서 불안한 것이 아니고요?

노자 나의 그 모습이 비루할 정도로 완고해 보이는 것도 맞소. 고집스러운 것이 지나치면 비루해 보이지 않소. 이른바 똥고집이 얼마나 비천하

면서 스스로를 사회에서 축출했다."

게 보이오? 남들과 엇비슷하게 살아야 하는데 그렇지 못하니 말이오.

루소 선생 스스로 걱정이 많아 우울하다고 해 놓고, 그 모습이 또한 비천하다고 해 놓고, 도대체 뭐가 다르다는 겁니까?

노자 남들은 자신이 갖고 있는 것을 자랑하오. 그러나 나는, 그리고 나만 홀로, 밥어머니를 높인다오.

루소 밥어머니요?

노자 어쨌든 밥은 먹읍시다. 배고픈 사람에게 밥을 줍시다. 세상에서 가장 소중한 것은 바로 나에게 밥 주는 사람이라오. 그러니 우리는 남에게 밥어머니가 되어야 하오. 강아지는 돈 벌어오는 주인보다 밥 주는 식모를 더 따른다오.

루소 우리가 개입니까?

노자 그런 것은 아니고, 이렇게 물어봅시다. 어머니가 아이들에게 가장 많이 하는 말이 뭐겠소? 그것은 바로 밥 먹었냐는 말이라오. 그 말이야 말로 걱정의 말, 사랑의 말이지요. 그러니 만물의 밥어머니인 식모食母를 귀히 여기는 것이오.

훈수꾼 못살던 시절 시골에서 밥 한 숟갈이라도 던다고 도회지로 식모살이를 보냈습니다. 식모라는 말이 여기 나오네요. 한자로는 '밥을 먹인다'는 뜻에서 먹을 식이 아닌 먹일 사飼가 맞겠지만 '사모'가 아닌 많이 쓰는 말인 '식모'가 잘 와닿습니다.

루소 선생이 비루하다 하시더니, 비천한 식모를 귀하게 여기시네요. 나는 낮게, 남은 높게! 남들이 낮게 여기는 것을 높게 여기는 선생의 의지가 엿보입니다. 선생께서는 그것을 완고함으로 말하셨지만, 나는 그것이 어리석은 고집으로 보이지 않습니다. 깊은 바다가 큰놈 작은놈 가리며 빠뜨립니까? 높은 바람이 귀한 것 천한 것 따지며 불어옵니까? 아니지 않습니까? 선생은 잔치에서는 보이지 않는 주방 사람을 생각하십니다. 선생이 비천해짐으로써 비천한 이와 어울립니다.

　루소, 나가면서 고인 음식을 무너뜨린다.

제21막

절구가 있는 방

진리와 사물—뭇 사내를 거느리다

아직 쓿지 않은 쌀이 한 움큼 쌓여 있다. 껍데기가 그대로다. 쓿다는 말을 모르는가? 빻다는 말은 알 것이다. 쌀, 보리, 밀, 수수 등의 껍데기를 벗겨 먹을 수 있는 상태로 만드는 것을 일컫는다. 절구질한다는 뜻에서 절구를 닮은 용舂 자를 쓰기도 한다. 도정搗精이라고 일본식 용어를 빌려와 쓰기도 한다. 껍질을 많이 벗길수록 달고 맛있다. 그래서 '몇 분도'라는 말이 있는 것이다. 9분도, 7분도 이렇게 말이다. 술도 많이 깎아낸 쌀로 담은 술을 좋은 술로 쳐서, 일본의 사케는 이에 따라 '준마이'(순미純米) 등급이 달라진다. 우리나라에서도 좀 더 깎은 막걸리를 상품으로 내놓기도 했다. 그러나 그것은 소박하지 않다. 깨끗할 수는 있어도 거칠지 않다. 막걸리라기보다는 동동주에 어울린다. 동동주는 막걸리보다 달아 술꾼들은 싫어하지 않는가.

21.1. 큰 덕

노자 나는 이르노니(21.1.) "큰 덕의 깊이는 오로지 도만이 헤아린다."(공
　　덕지용孔德之容, 유도시종唯道是從.)

루소 도와 덕을 달리 쓰시네요? 도가 먼저, 덕이 나중인 듯한데.

노자 도는 벌써 자주 말했소. 그러나 덕은 천천히 말할 것이오. 반은 도
　　를, 반은 덕을 말할 것이오.[1] 그래서 내 책이 《도덕경道德經》이오. 그
　　런데 사람들은 내 책이 마치 '도덕'에 대한 경전으로 알고 있소. 안타
　　깝소. 내 책은 도와 덕에 관한 글이지 도덕적인 글이 아니오. 내 책
　　은 바로 진리와 그 효용에 대한 글이오. 도가 이론이라면 덕은 실천
　　이고, 도가 이상이라면 덕은 실현이오. 진리, 이론, 이상이 있으면 뭐
　　하오? 그것이 실현되어야 할 것 아니겠소. 나는 그 실천의 영역을 덕
　　으로 보았다오. 말만 하면 뭐하오? 몸이 따라야지.

루소 덕에 관해서는 그 덕이 그윽하다는 뜻에서 검은 덕, 곧 '현덕玄德'[2]을
　　제시하시더니 이제는 큰 덕, 곧 '공덕孔德'을 거론하시네요.

노자 나의 덕은 크다오. 그냥 윤리적 덕목이 아니란 말이오. 그것을 넘어
　　서는 덕을 생각하시오.

루소 윤리를 넘어선 덕도 덕입니까?

노자 그러니 큰 덕이라 하잖소? 나는 억울한 것이 있소. 사실 도덕이라는
　　말은 내가 제대로 정의했는데, 후대에 나의 도덕을 윤리도덕에 한정

---

1 제38장부터 〈덕경〉이다.
2 10.8. /51.3.: "낳으면서도 갖지 않고, 하면서도 자랑하지 않고, 키우면서도 다스리지
　　않으니, 검은 덕〔玄德〕이라고 한다."(生而不有, 爲而不恃, 長而不宰, 是謂玄德.)

하는 바람에 초라해지고 말았소. 이론과 실천이라는 말에는 어떤 이론도 어떤 실천도 들어갈 수 있소. 그런데 유가들이 '도덕'의 값에 '인의'를 대입하고 정답이라고 선언하는 바람에, '인의도덕仁義道德'이라는 말이 생겼고 나의 도덕은 곧 인의가 되어 버렸소. 이런 어처구니없는 일이 있소? 그 큰 도덕이 오직 하나의 인의만 좇게 되었다니!

루소 '도덕인의'도 아니고 '인의도덕'이라서 더 속상하셨겠네요.

노자 잊지 마시오. 나는 도와 덕을 말했고, 큰 도와 큰 덕은 무엇으로 규정될 수 없소. 물론 덕은 실천의 방향이니 뭔가 제시하긴 해야 하외다. 그러나 기본적으로 내가 제시하는 것이 절대적으로 옳다는 생각은 없소. 그것이 나와 공자의 차이라오.

루소 큰 덕이란 무엇입니까?

노자 일단 맛보기나 하시오. 큰 덕의 꼴은 도만 좇을 수 있다오. 그저 윤리적 덕목에 그치는 것이 아니라 실행과 완성이 무엇인지 묻기 때문에 그렇소. 덕은 이렇게 도와 한 묶음으로 다닌다오. 한마디로 도는 나의 길이고 덕은 나의 길을 따름으로써 얻어지는 힘이요. 덕은 한마디로 공효功效, 효용效用, 기능機能, 공능功能 등으로 말할 수 있는 폭넓은 힘이요. 도의 결과물이라오.

루소 도만이 따른다고 하지 않으셨습니까? 덕이 따르는 것이 아니라.

노자 큰 덕의 모습을 다 그릴 수 없는데, 도만이 그 모습을 그려 낼 수 있소. 그런 뜻에서 덕의 모습을 도만이 따른다고 한 것이오. 또한 이론이 먼저고 실천이 나중이라고 하는데, 그게 그렇게 구분되는 것이 아니라오. 걷다 보면 길이 생기는 것과 같소. 길이 곧 도道가 아니고 뭐겠소?

루소 도와 덕의 밀접한 연관관계에 집중해 보겠습니다.

21.2. 황홀 속으로

노자 나는 이르노니(21.2.) "도라는 것은 어릿거리고 아찔하다. 아찔하고
　　어릿거리는데 그 속에 어떤 꼴[象]이 있고, 어릿거리고 아찔한데 그
　　속에 어떤 것[物]이 있도다. 아득하고 어두운데 그 속에 알맹이[精]가
　　있고, 그 알맹이는 정말 참되니 그 속에 미더움[信]이 있도다."(도지위
　　물道之爲物, 유황유홀惟怳惟惚, 홀혜황혜惚兮怳兮, 기중유상其中有象; 황혜홀
　　혜怳兮惚兮, 기중유물其中有物. 요혜명혜窈兮冥兮, 기중유정其中有精; 기정심
　　진其精甚眞, 기중유신其中有信.)

루소 정말로 어릿거리고 아찔한 것 같습니다. 황홀합니다.

노자 좋소?

루소 참다운 것은 잘 인식되지 않지만 그것이 감각적으로는 다가온다는
　　말씀으로 들립니다.

노자 나는 머리보다 몸을 말했소.3 꾀부리는 것을 싫어하오. 뜻이 지나치
　　게 강한 것도 안 되오. 그래서 인식보다는 지각이 좋소. 지각知覺이라
　　는 말도 반은 지성知性이고 반은 감각感覺이라서 그다지 좋지는 않지
　　만, 어찌 되었든 몸의 느낌을 살려 주는 것이라서 나쁘지 않소. 사실
　　지각은 성리학에서 빌려온 말이지만 유학도 마음의 층차를 중시한다
　　는 점에서 일리가 있소.

루소 지각(perception)이란 말을 가장 단적으로 쓴 것은 버클리로 '존재란
　　지각된 것이다'(esse ist persipi)라고 주장했습니다. 극단적으로 경험주
　　의를 밀고 나간 것인데, 그런 점에서 선생의 황홀을 설명하는 데 써
　　도 될 것 같았습니다. 이후 메를로퐁티도 몸의 복원을 주장합니다.

노자 나의 길은 뭐라 말할 수는 없지만 거기에 가까이 가면 어릿어릿 아

---

3 "그러므로 성인의 다스림은 마음을 비우게 하고, 배를 채우며, 뜻을 약하게 하며, 뼈
　　를 강하게 한다."(是以聖人之治, 虛其心, 實其腹, 弱其志, 强其骨.)

찔하오. 가만히 보면 그 속에 뭐가 있고 그놈은 또 알맹이를 지녔소. 그 알맹이야말로 진짜고 믿을 만한 것이라오.

루소 진리는 황홀하다. 황홀 속에 물상이 있다. 그것도 아득하고 그윽한데 그 속에 정수가 있고, 그것이야말로 진리요 생명이다. 이런 말씀이시죠?

노자 나는 '어릿거리고 아찔한 것'〔황홀恍惚〕과 '아득하고 어두운 것'〔요명窈冥〕을 함께 이야기했소. 앞의 말이 살아남고 뒤의 말은 많이 죽었지만, 앞의 것은 도를 그릴 때 쓰고 뒤의 것은 사물을 그릴 때 쓴다오. 진리나 물상이나 모두 신비롭고 신기하기는 마찬가지요. 공연히 안다고 떠들지 말아야 하오. 대신 그것의 정수를 찾고, 그 정수가 바로 우리가 믿을 수 있는 것이오. 진리가 진리에서 끝나지 않고 사물의 진정성과 그것의 숨어 있던 진실까지도 찾게 해 주는 것이라오.

루소 진리는 말할 것도 없고, 사물을 안다는 것도 건방진 말이죠. 그 사물을 아무리 잘 묘사하고 표현해 봤자 그 사물과는 다를 테니까요. 러셀은 이것을 '물리적인 대상'(physical object)이라고 했고 우리가 아는 것은 그것의 감각자료(sense data)에 지나지 않는다고 했어요.⁴ 다른 점이 있다면 선생은 그런 인지의 불가능에서 멈추지 않고 사물의 진정성과 고유한 진실까지 추구하시네요. 만물에 대한 애정이 엿보이십니다.

노자 자연이 황홀하지 않소? 산다는 것이 신기하지 않소? 밤하늘의 별부터 내 발밑의 풀까지 신비롭지 않소? 모든 존재는 그것만의 진실성이 있다오.

루소 서양의 진정성(authenticity)과 비슷합니다. 믿음직하다〔信〕는 것이죠.

훈수꾼 주렴계 같은 유가는 그것을 '성誠'이라고 표현했어요. 천지 운행의 진실함이지요.

노자 정수精髓라고 할 때의 정 자는 빻을 정이오. 겨를 벗겨 내고 알맹이

---

4 그런 의미에서라면 러셀은 칸트의 물자체物自體(Ding an Sich)를 받아들이겠다고 한다.

를 먹어야 하잖소. 그렇게 나온 알갱이를 또한 정이라 부르고, 그런 과정을 도정搗精한다고 하오. 껍질을 먹소, 알맹이를 먹소?

21.3. 뭇 사나이

노자 나는 이르노니(21.3.) "예로부터 오늘까지 그 이름은 없어지지 않으니 뭇 사나이를 거느린다. 나는 어떻게 뭇 사나이의 모습을 아는가? 이로써이다."(자고급금自古及今, 기명불거其名不去, 이열중보以閱衆甫. 오하이지중보지상재吾何以知衆甫之狀哉? 이차以此.)

루소 여성을 말씀하시다 갑자기 사나이를 말씀하시니 어색합니다.

노자 뭇 사내를 거느리는 것은 누구겠소? 여성이라오. 그렇게 이해해 주시오.

루소 그 이름은 사라지지 않는다 했는데, 제시된 이름은 도와 덕입니다. 도는 큰 덕을 이루려고 하는데, 그 큰 덕은 뭇 사나이를 거느릴 수 있을 정도로 힘이 있다. 이것이네요. 도는 황홀한데, 그것의 효능으로 마침내 모든 수컷들을 다룬다는 것이기도 하고요. 여성의 온화함, 자비로움, 동정심이 남성을 포용해서 사랑에 귀의토록 한다는 뜻이기도 하고요.

노자 내가 '이것'을 '저것'보다 좋아하지 않소? 가까운 이것이 먼 저것보단 난 것 아니오? 여기서도 이것으로 그냥 말했소만, 이것은 우리 눈앞에 바로 있는 길이요 참다움이라오. 나의 길은 믿음의 길이라오. 온갖 사람들이 따르는 미더운 길이라오.

루소, 쌀을 절구에 넣고 빻고 꺼내 보는데 아직 겉껍질이 벗겨지지 않는 것이 꽤나 있다. 노자, 다 쓿지 않은 쌀을 그냥 입에 털어 넣고 왕겨채 씹어 먹는다.

제22막

⁝풀려진 활이 있는 방¹⁝

자기복원성—비어야 찬다

　풀린 활이 있다. 활은 풀어놓고 보관한다. 탄력성을 유지하기 위해서다. 굽어져 있는 활은 늘 펴지려 하기 때문에 활의 역할을 다한다. 활의 탄성이 곧 화살의 세기이다. 힘없는 사람은 활을 구부러뜨려 끼우지도 못한다. 이런 만물의 자기 복원력이 물건을 낳았다. 활을 비롯해서 용수철, 고무줄, 쇠 줄자가 그렇다. 용수철이 없으면 자판도 두드리지 못하고, 자동차도 덜덜거려야 하고, 볼펜도 심을 들어 넣지 못한다. 탄성을 지닌 모든 것이 복원을 꿈꾼다. 최근에는 형상기억합금도 만들어 냈다. 노자, 책상 위의 풀린 활을 들어 본다. 그저 나무와 끈이 있지 완성된 활은 없다.

---

1 cf. 제77막 〈줄이 걸린 활이 있는 방〉

22.1. 천하의 법식

노자 나는 이르노니(22.1.) "구부러지면 제대로 되고, 휘면 바르게 되고, 파이면 차고, 낡으면 새로워지고, 적으면 얻고, 많으면 모자라게 된다. 그러므로 성인은 하나를 안아 천하의 법식式이 된다."(곡즉전曲則全, 왕즉직枉則直, 와즉영窪則盈, 폐즉신敝則新, 소즉득少則得, 다즉혹多則惑. 시이성인포일위천하식是以聖人抱一爲天下式.)

루소 좋아하시는 상대성에 대한 강조입니다. 늘 그 반대가 될 수 있고, 되어 가고, 그래야만 한다는 뜻입니다.

노자 구부러져만 있겠소? 펴질 날 있겠지요. 휘어만 있겠소? 똑바로 설 날 있겠지요. 파여만 있겠소? 막힐 날 있겠지요. 낡기만 하겠소? 새로워질 날 있겠지요. 줄어들기만 하겠소? 얻을 날 있겠지요. 많아만 지겠소? 빠질 날 있겠지요.

루소 사물도 그렇겠지만, 인간도 그럴 것 같습니다.

훈수꾼 유명한 노래가 있어요. '쨍하고 해 뜰 날 돌아온단다.'

노자 따라서 상대성에 머물지 말고 그 대립을 모아 하나로 만들어야 한다오. 따라서 나는 결코 상대주의자가 아니오. 상대적임을 말하고, 절대적인 데로 가자고 하지 않소? '절대'라는 표현은 지나치게 초월적이고 신적인 것이라서 내가 꺼려 하는 표현이라 '하나'[일一]라는 말을 더 좋아하지만 말이요.

루소 절대가 뭐하면 초절超絶이라면 어떻습니까?

노자 초절은 사전적으로는 다른 것보다 아주 뛰어난 것을 말하는데, 이를테면 절세미인絶世美人 같이 말이오. 그런 뜻이오?

루소 예, 초월은 아예 딴 세상을 이야기하는데 초절은 그런 것보다 현세에서 제3의 길을 추구하니까요.

노자 그래서 동양에서는 '음양상대陰陽相對'라는 표현보다는 '음양대대陰陽對待'라는 표현을 선호하는 것이오. 상대성이 서로 기다린다는 뜻이지요. 그러나 기다리는 것을 넘어 그대 말처럼 제3의 기준을 만들어야 하오.

루소 그래서 성인은 하나를 껴안아 그것으로 천하의 법식을 삼는다고 하신 거군요?

노자 포일이 바로 그런 뜻이오.[2] 종교적인 뜻이 들어가기도 하지만,[3] 기본적으로는 '자연과 인위의 하나 되기'(천인합일天人合一)처럼 두 대립항의 통일이오. 자연과 인위를 나누기가 얼마나 힘드오? 어디까지가 하늘의 일이고 어디까지가 사람의 일이오? 나누기 정말 어렵소. 문명이 발전하면 할수록 더욱 힘들다오.

루소 이렇게 줄이면 되겠네요. 세상이 상대적임을 알라. 그러나 늘 그것을 하나로 보아야 한다.

노자 좋소. 정신과 육체라고 상대적으로 나누었으면, 거기에서 그치지 말고 그 둘의 합일을 생각하라는 것이오. 영육일체靈肉一體요.

루소 '둘을 하나로 껴안기'(hugging two into one)네요. 줄여 '투two 투to 원one'도 좋습니다.

노자 포일이 투투원이라? 재밌소.

---

2 10.1.: "살아 있는 몸뚱이에 실려 하나를 껴안으면서도〔抱一〕 떠나지 않을 수 있을까?"(載營魄抱一, 能無離乎?)

3 이는 후대 중국 곽점에서 초간으로 발견된 《태일생수太一生水》에서 확연하게 드러난다. 태일이라는 별이 물이라는 원질을 낳는다는 것이다. 북극성이 은하수를 거느린다고 생각하면 쉽다. 정세근, 〈곽점 초간본 《노자老子》와 《태일생수太一生水》의 철학과 그 분파〉, 《노장철학과 현대사상》, 2018.

22.2. 나를 뒤로 하라

노자 나는 이르노니(22.2.) "스스로 드러내지 않으니 밝아지고, 스스로 옳
　　다 하지 않으니 빛나고, 스스로 (남을) 치지 않으니 공이 있고, 스스
　　로 자랑하지 않으니, 오래간다."(부자현不自見 고명故明; 부자시不自是,
　　고창故彰; 부자벌不自伐, 고유공故有功; 부자긍不自矜, 고장故長.)
루소 상대적인 세상에서 자기중심적으로 생각하면 한쪽만 잡는 셈이니, 늘 자
　　신을 뒤로 물리라는 것이네요. 그럼으로써 상대방이 오히려 자신을 높
　　여 주니 말입니다. 자기 잘났다는 사람을 남이 올려줄 리 없으니까요.
훈수꾼 잘난 사람은 잘난 척해도 되는 것 아닙니까?
노자 그것도 말 되지만, 잘난 사람은 '주머니 속의 송곳'(낭중지추囊中之錐)
　　이라고 삐져나오게 되어 있는데, 뭐 하러 스스로 나대오? 오히려 상
　　대방을 올려 주니 상대방이 그의 공적을 칭송하게 되는 것이오.
루소 내가 옳다 하지 않으면 빛이 난다는 것은 주장이 곧 자신인 사회에
　　서 쉽지 않습니다. 떠들면 그게 곧 내가 옳다는 것 아닙니까?
노자 말을 해도 우기지 않으면 되오. 말을 하면서도 남의 말을 받아들이면
　　되오. 무엇보다도 좋은 결론으로 가기 위한 과정임을 철저히 인식하
　　면 문제가 없을 것이오. 목소리도 살짝 낮추고. 그것도 포일이오.

22.3. 부쟁

노자 나는 이르노니(22.3.) "무릇 싸우지 않으니, 천하가 그와 싸울 수 없
　　다."(부유부쟁夫唯不爭, 고천하막능여지쟁故天下莫能與之爭.)
루소 선생은 참으로 싸우지 않는 것을 좋아하십니다. 싸우지 말라는 뜻에
　　서 부쟁不爭을 이미 말하셨습니다.4 싸우지 않아야 좋긴 하지만 어떻

게 싸우지 않을 수 있겠습니까?

노자 나는 이 말을 다시 또 할 거요.[5] 그만큼 싸움은 좋지 않다오. 싸우지 않고 서로 양보하고 타협해서 사는 것이 좋을 것이오. 모자라면 모자란 대로, 남으면 남은 대로 삽시다. 꼭 편평하게 만들려 하지 말고.

루소 말이 재밌습니다. 싸우지 않으니 싸울 수 없다. 맞붙으려 해도 상대방이 시큰둥하면 대결할 방도가 없으니까요. 싸우지 않으려면 남이 이러쿵저러쿵하더라도 일단 내가 거기에 말려들지 않는 것이다, 이 말씀이시네요.

훈수꾼 속담에 '손바닥도 마주쳐야 소리가 난다'는 말이 있습니다. 협력하라는 뜻도 있으나 한쪽에서 싸우려 하지 않아 싸움이 되지 않는다는 말도 됩니다.

22.4. 회복

노자 나는 이르노니(22.4.) "옛말에 '구부러지면 제대로 된다'는 것이 어찌 빈말이겠는가! 정말로 제대로 되어 그리로 돌아간다."(고지소위곡즉전자古之所謂曲則全者, 기허언재豈虛言哉! 성전이귀지誠全而歸之.)

루소 아까 말이 선생의 말이 아니었습니까?

노자 우리의 말투이긴 하지만, 좋은 말은 옛날부터 있어 왔소. 그것을 잘 풀어 놓고 굳이 내가 말했다고 하기도 싫소. 금언과 격언은 일찍부터 있었고, 그것을 잘 살피면서 삽시다.

루소 선생의 말이 어원인 것이 많은데 선생도 그 이전의 말을 배운다니,

---

4 8.4.: "무릇 오직 싸우지 않으니, 허물이 없다."(夫唯不爭, 故無尤.)

5 66.2.: "그는 싸우지 않기 때문에, 따라서 천하가 그와 싸울 수 없다."(以其不爭, 故天下莫能 與之爭.)

어색하지만 의미가 있습니다.

노자 서양 사람들은 자기가 만들었으니 특허 낸다면서 지적소유권을 주장하지만, 동양은 지식이란 공유한다는 생각이 강했소. '하늘 아래 새로운 것이 어디 있으랴!'라는 태도요. 유구한 역사를 지닌 문명의 특징이오.

루소 특허권(patent)이라는 것도 로마시대에 개인과 가문의 기술을 국가가 사서 공개하겠다는 취지에서 나온 법적 개념이라는 점에서 선생과 통합니다.

루소, 풀려진 활의 끈을 걸고 관객을 향해 마치 화살이 있는 듯 당겨 본다.

제23막

우산이 있는 방

현실과 개념—내가 가면 길이 된다

바람이 분다. 바람 소리가 방에 가득하다. 노자가 들어와 아무 말없이 앉아 있다. 1분이 넘어 루소가 들어오는데 그도 아무 말도 하지 않는다. 바람 소리 때문에 말을 해도 잘 들리지 않을 테지만 다들 말이 없어 관객들이 무슨 일인가 한다. 다시 1분이 지나자 훈수꾼이 들어오는데, 노자와 루소를 묵묵히 차례로 바라본다. 바람은 멈추지 않고 줄곧 분다. 노자에게 1분가량 시선을 주더니, 루소에게 다시 그만큼 시선을 준다. 그리고는 관객 쪽을 쳐다본다. 먼 데 쳐다보던 노자와 루소 서로 마주 보더니 1분이 또 지난다. 노자가 들어와서 지금까지 모두 5분가량 지났다. 잠시 침묵에도 익숙하지 않은 현대인이다. 5분밖에 지나지 않았는데 10분은 넘게 지난 듯 느낀다. 바람 부는 소리가 멈추자, 노자가 말문을 연다. 탁자 위에는 우산이 놓여 있다.

23.1. 소나기

노자 나는 이르노니(23.1.) "말이 드문 것이 자연스럽다. 따라서 회오리바
람은 아침나절을 가지 않고, 소나기는 하루를 가지 않는다. 무엇이 이
렇게 하는가? 하늘과 땅이다. 하늘과 땅도 오래가지 못하는데, 하물
며 사람에서랴?"(희언자연希言自然. 고표풍부종조故飄風不終朝, 취우부종
일驟雨不終日. 숙위차자孰爲此者? 천지天地. 천지상불능구天地尙不能久, 이황
어인호而況於人乎?)

루소 회오리바람은 정말 잠시만 붑니다. 횅하니 왔다가 횅하니 갑니다. 아
침나절을 끌지 못합니다. 그런데 회오리바람과 말을 적게 하는 것이
무슨 상관입니까?

노자 회오리바람을 불겠다고 천지가 공고하오? 그것을 예측해서 떠드는
것은 사람이지 천지가 아니오. 천지는 아무 말이 없소. 우리가 회오리
바람이 오래가진 않는다는 것을 알고 있을 뿐이오.

루소 말 없는 천지처럼 우리도 말을 줄이자는 말씀인데, 하필 회오리바람
을 비유로 들으셨는지요?

노자 사람들은 말을 하면서 이 말이 영원할 것이라고 생각하는 경향이 있
소. 말은 사람과 동떨어져 홀로 존재하며, 따라서 나를 벗어나면 영원
히 남아 있을 것 같이 보이오. 그러나 그렇지 않소. 말은 그야말로
말뿐이오. 흘러가고 사라진다오. 그래서 회오리바람처럼 잠깐씩 말하
는 것이 좋다는 것이오. 필요할 때마다 조금씩, 그리고 집중적으로 하
고는 멈추자는 것이오.

루소 소나기도 마찬가지네요. 금방 그치니 소나기죠.

훈수꾼 우리말에 '소나기는 피해 가라'는 말이 있습니다. 공격이 거세면 맞

받아서 싸우기보다는 기다렸다 싸우라는 뜻이죠. 선생의 말을 들으니 열대의 스콜이 거짓말처럼 왔다가는 것이 떠오르네요. 우리의 한여름 소나기가 그 짝이고요.

노자 천지의 회오리바람이나 소나기도 그럴진대 사람 말이야 더욱 그런 것 아니겠소? 그러니 말이 적은 것이 자연스럽지요. 말로 이긴다고 생각하지 마시오. 잠깐뿐이오. 말로써 이긴 듯하지만 후과는 더 크오. 천지처럼 말을 줄여야 하오. 잠시 동안만 회오리바람을 일으키고 소나기를 내리는 천지처럼 말을 줄여야 하오.

23.2. 자아와 진리의 일치

노자 나는 이르노니(23.2.) "따라서 길(도道)을 따르는 사람은 길과 하나가 되고, 얻음을 따르는 사람은 얻음(德)과 하나가 되며, 잃음을 따르는 사람은 잃음(失)과 하나가 된다."(고종사어도자故從事於道者, 동어도同於道; 덕자德者, 동어덕同於德; 실자失者, 동어실同於失)

루소 말을 따로 놓고 살지 말고, 말과 한몸이 되라는 말씀이 맞습니까?

노자 그렇소. 얻으면 얻은 것이지, 얻음이라는 말이 따로 있고 얻음이라는 현실이 따로 있진 않소. 잃음도 마찬가지요. 길을 가는 사람도 길을 따르고 섬기면 그 길 자체가 된다오. 길 따로 나 따로가 아니라. 지도를 보는 것은 내가 길을 따로 생각하는 것이지만, 동네 마실 나가는 것은 내가 가는 길이 곧 길이 된다오. 이때 길과 내가 다르지 않소. 길이 아니더라도 이웃집 동무를 만나러 자주 가다 보면 길이 나지 않소. 길이면 길이겠고, 길이 아니어도 길이 되고, 길이 없었어도 길이 되니 나와 길은 하나가 아니고 뭐겠소?

루소 길은 가면 길이다는 말씀입니다. 내가 가면 길이다. 내가 가는 것과 길은 하나의 행위이자 결과다, 이것이지요?

노자 그렇소. 길이 처음부터 있었다고 생각하지도 말고, 길이 이 길밖에 없다고 생각하지도 마시오. 길이라는 말을 따로 떼어놓지 않는다면, 나와 길이 하나가 아닐 까닭은 없소. 이곳저곳 산속을 헤매는 심마니조차 그것은 심마니의 길이 되는 것이오.

루소 도가 길이라는 뜻이니, 길을 통해 진리와 자아가 일치되는 것은 알겠는데, 웬 얻음과 잃음입니까? 생뚱맞습니다.

노자 도 다음 이야기하는 것이 뭐랬소? 진리와 그 효용처럼.

루소 덕이죠?

노자 덕을 어렵게 생각하지 마시오. '덕德'은 '득得'이오. 같은 소리로 그 뜻을 푸는 것은 오래된 한자 풀이의 방법이오.[1] 그런데 득은 얻음이라서 이어 잃음 곧 '실失'을 말하게 된 것뿐이오. '득실得失' 이렇게 말이오.

루소 아하, 도에서 덕으로, 덕은 득이니까, 득에서 실로 나갔다는 말씀이네요. '도덕'에서 '득실'로.

노자 어쨌든 말을 따로 떼어놓지 말고 말과 하나가 되시오. 아니면 말을 적게 하며 살던지.

루소 말을 적게 하면 인간과 세계의 불일치가 줄어드니까요?

노자 좋소.

23.3. 즐거운 진리

노자 나는 이르노니(23.3.) "길과 함께 하는 사람은 길도 그를 즐겁게 얻고, 얻음과 함께 하는 사람은 얻음도 그를 즐겁게 얻고, 잃음과 함께 하는 사람은 잃음도 그를 즐겁게 얻는다."(동어도자同於道者, 도역낙득

---

1 《이아爾雅》.

지도역락득지知道亦樂得之; 동어덕자同於德者, 덕역락득지德亦樂得之; 동어실자同於失者, 실역락득지失亦樂得之.)

루소 그렇게 되면 개념이 곧 사람이 되어 즐겁게 살 수 있다는 말씀입니다.

노자 매우 좋소.

루소 개념들이 마치 좋아하는 것처럼 의인화된 표현은 하셨지만, 그것은 내가 개념을 나와 분리시키지 않았기 때문에, 단순히 개념화로 끝나는 것이 아니라 개념이 나와의 합일된 상태로 즐거울 수 있음을 과장법으로 말씀하신 것 같습니다.

노자 고맙소. 나는 그렇게 분석적으로 말을 못하오. 말 적은 것이 좋기도 하고.

23.4. 언어와 행위의 불일치

노자 나는 이르노니(23.4.) "믿음이 모자라도다. 믿지 못함이 있도다."(신부족언信不足焉, 유불신언有不信焉.)

루소 믿음이 없으니 믿지 못함이 있다는 말씀은 마치 동어반복 같기도 하지만, 아까 식으로 풀면, 인간관계의 사실에서 믿음이 없으니 윤리적 언어인 '불신不信'이라는 말이 생겼다로 들립니다.

노자 그렇소. 다들 믿고 살면 '불신'이라는 말이 있을 수 없소. 불신이라는 악덕은 바로 인간사회의 신뢰 부족에서 나온다오. 나와 말이 나뉘지 않는데 달리 믿지 못할 것이 있겠소? 꿔간 것은 꿔간 것이고, 주운 것은 주운 것이고, 얻은 것은 얻은 것이지 다른 것일 수 없소. 그러나 믿음이 모자라면 꿔간 것을 얻었다 하고, 얻은 것을 주웠다 한다오. 그러면 서로 못 믿게 된다오.

루소 현대 영미철학자 가운데 언어의 이행 이론을 주장한 사람이 있습니다. 존 설도 그런 분류인데 '말이 나오면 짓이 따라 나온다'는 것이죠. 욕을 들으면 화가 나듯이요. '화행話行'이라 어렵게 번역하지만, 언어의 실효성(pragmatic)과 이행성(performance)을 부각시킨 이론입니다. 선생의 말을 들으니, 고대의 화행론자이시네요.

노자 말을 적게 해야 할 텐데.

소나기가 오는 소리가 들린다. 루소, 우산을 잡아 펴더니 이어 다시 접는다. 3분이 지나고 빗소리가 멈추자 함께 퇴장한다.

제24막

:한 발로 서 있는 방:

항상성—모자라지도 남지도 않게

노자가 한 발로 깡충깡충 들어오다 삐끗하더니 두 발로 선다. 다시 한 발로, 다시 두 발로. 나이 탓인지 균형 감각이 없는지 한 발로 뛰어드는 것을 잘하지 못한다. 그래도 몇 번의 실패 끝에 자리에 앉는다. 휴. 루소는 좀 낫다. 그래도 한두 번은 두 발로 섰다 다시 떼기를 해야 했다. 훈수꾼은 가장 못한다. 넘어지기까지 한다. 관객들, 웃는다. 우여곡절 끝에 셋이 모두 좌정한다. 훈수꾼의 거친 숨소리가 객석까지 들린다. 헉헉.

24.1. 비정상 보행

노자 나는 이르노니(24.1.) "깨금발을 한 사람은 서 있을 수 없고, 다리 가
   랑이를 벌린 사람은 걸을 수 없다."(기자불립企者不立, 과자불행跨者不行.)
루소 당연하지 않습니까? 이런 말씀을 하시는 까닭은?
노자 내가 말하는 것은 당연한 것들이오. 당연當然할 뿐만 아니라 자연自然
   스럽기까지 하다오. 깨금발을 하고 오래 서 있을 수 없고, 가랑이를
   벌린 채 걸을 수 없는 것은 너무나도 당연하오. 왜? 자연스럽지 않기
   때문이오.
루소 자연스럽게 살아야 한다?
노자 삶의 길이 그렇소. 공연히 키 큰 척 깨금발로 걷다가는 종아리에 알
   이 배겨 다음날은 걷지도 못할 것이오. 지나치게 높은 하이힐이 여성
   의 발건강에 좋지 않다는 것은 다들 알지 않소? 가랑이를 벌려 성큼
   성큼 걷다가는 허벅지에 쥐가 나기 쉽다오. 일반 보폭이 가장 좋은
   것이오. 차라리 보폭을 줄여 걸으면 산행할 때 힘이라도 덜 들지만
   말이오.
훈수꾼 산행 기법 가운데 가장 중요한 것은 잘라 걷는 것입니다. 잘라 걷
   는다고는 하지만 평소처럼 걸으라는 것이기도 하지요. 바위가 있다고
   사람들이 무리해서 걸음을 늘리니까요. 이때 전문가들은 걸음을 나누
   라고 하지요. 그래야 오래간다고, 힘이 덜 든다고. 그러나 사람들은
   빨리 올라갈 마음에 걸음을 오히려 늘리다가 낙오합니다.

24.2. 스스로 자랑 말라

노자 나는 이르노니(24.2.) "스스로 드러내는 사람은 밝지 못하고, 스스로
　　　옳다 하는 사람은 빛나지 못하고, 스스로 (남을) 치는 사람은 공이
　　　없고, 스스로 자랑을 늘어놓는 사람은 오래가지 못한다."(자현자불명自見
　　　者不明; 자시자불창自是者不彰; 자벌자무공自伐者無功; 자긍자부장自矜者不
　　　長.)
루소 자기를 높이다가는 남이 나를 내려 버리는 형국이네요.
노자 지나치게 처세를 가르친다고 생각하지 말고, 그것이 세상인심임을 깨
　　　닫기 바라오.
루소 세상인심 참으로 사납죠.
노자 경험이 있는 모양이오?
루소 《학문과 예술에 관한 논고》로 디종 한림원의 현상논문상(1750)을 받
　　　은 나인데도 《사회계약론》(암스테르담, 1762.4.)과 《에밀》(파리 및 암
　　　스테르담, 1762.5.)은 동시에 판금조치 되었으니 말입니다.[1] 체포령 때
　　　문에 스위스로 망명을 갔습니다.
노자 그 모두 그대를 드러내고 그대가 옳다고 한 댓가라오.
루소 그래도 기꺼이.

24.3. 남아도 안 된다

노자 나는 이르노니(24.3.) "그런 것들이 참다움(道)에 있음을 일러, 남아
　　　도는 밥(餘食)이나 군더더기 살(贅形)이라고 한다. 만물은 이를 언제나

---

1 게오르크 홀름스텐, 《루소》 〈연보〉.

싫어하니 도가 있는 사람은 그런 데 머물지 않는다."(기재도야其在道也, 왈여식췌형曰餘食贅形. 물혹오지物或惡之, 고유도자불처故有道者不處.)

루소 과식하고 옷과 보석 같은 군더더기로 치장하는 것은 자연의 삶과는 거리가 멀지요.

노자 없어도 그만, 잘라도 그만인 것을 왜 덧붙이오? 사마귀처럼 잘라 버릴수록 좋은 것이라서 '췌형贅形'이라고 했는데, 군더더기 말을 '췌언贅言'으로 부르는 것과 같은 맥락이오.

훈수꾼 필요 없는 가정이나 존재는 잘라 버리라는 오컴의 면도칼(Occam's Razer)이 떠오르네요.

루소 나의 삶에 군더더기가 무엇이었나?

　　루소, 가랑이를 크게 벌리며 걸어 나간다. 그러다 엉덩방아를 찧는다. 아이코. 훈수꾼은 깨금발로 발레를 하듯 루소를 좇아가다 힘이 드는지 발꿈치를 슬쩍 내린다.

제25막

:어머니가 있는 방:

천하모天下母──홀로 바뀌지 않는 자

　누구의 어머니라도 좋다. 한복 입은 어머니 사진이 중앙에 있다. 곱지만 그다지 꾸미지 않은 모습이다. 나이가 제법 들어서 할머니 티가 난다. 여자는 약해도 어머니는 강하다는 말이 있다. 그런 느낌의 초상이면 된다. 연필로 그려도 좋다. 목탄으로 그리면 더 좋겠다. 붓으로 미인도가 아닌 늙은 어머니의 모습을 그릴 수만 있다면 그것도 좋다. 그 어머니는 천하를 대표하는 어머니인 만큼 가장 보편적인 얼굴이어야 한다. 잘생기지도 못생기지도, 크지도 작지도 않아야 한다. 보면 그냥 어머니로 느껴져야 한다.

25.1. 천지에 앞서

노자 나는 이르노니(25.1.) "어떤 것이 섞여 이루어지는데, 하늘과 땅보다
　　　먼저 태어났다. 소리도 꼴도 없으며, 홀로 서 바뀌지 않고, 맴돌면서
　　　도 멈추지 않으니, 천하의 어머니(天下母)이리라."(유물혼성有物混成, 선
　　　천지생先天地生. 적혜료혜寂兮廖兮, 독립불개獨立不改, 주행이불태周行而不殆,
　　　가이위천하모可以爲天下母.)
루소 천지보다 먼저 태어난 것을 천하의 어머니 곧 천지모라 한다는 말씀
　　　인데, 그러면 이때 천하의 어머니는 상징이지 진짜 어머니들을 말하
　　　는 것은 아니네요.
노자 그렇소. 그러나 어머니의 마음가짐은 똑같소. 어머니가 눈에 띄오?
　　　어머니는 홀로지만 어디 바뀌오? 어머니는 우리 옆에서 끊임없이 맴
　　　돌잖소? 그런 특징의 대명사를 나는 천하모라고 부른 것이오. 천하의
　　　어머니라고 하면 모든 어머니로 들릴 수 있으니, '천하라는 어머니'라
　　　해도 좋소.
루소 아무래도 나는 선생의 여성성은 배우지 못한 것 같습니다. 자연의 여
　　　러 특징 가운데 여성성도 포함되는데 말입니다. 마치 인류학적으로
　　　논쟁이 되는 원시사회가 모계사회라는 가정처럼 말입니다. 사회의 중
　　　심이 여성이라는 생각은 기독교적 문화에서 쉽지 않습니다. 선생은
　　　유교적 문화에 적극적으로 반기를 들으셨지만.
노자 그것이 그대의 한계라오. 여성이 남성에 견주어 부차적이라는 생각을
　　　하니 말이오. 하다못해 육체적인 것이 아닌 정신적인 것을 나누고, 여
　　　인의 정신적인 것이란 하나의 대상에 고정시키거나 특정한 대상을 선
　　　택하여 정력을 쏟아 자기의 지배력을 강화시키고 복종해야 할 남성을

우위에 두려는 감정일 뿐이라고 하니 말이오.[1]

루소 내 말은 육체적인 것에만 매달리면 욕구를 해소하면 그만인 걸, 정신적인 것이 발생하여 그렇게 복잡해지고 치열해졌다는 것입니다.

노자 그대는 여자가 성의 대상만을 바라본다고 생각하오? 그리고 자신의 권력을 넓히기 위해 복종해야 할 성이 우위를 차지하기를 바라고 있다고 보오?

루소 여자들의 시기와 질투가 그런 것 아니겠습니까? 그리고 남성을 통해 우위를 확보하려는 의향 말입니다.

노자 한심하오. 왜 그대는 여자만 보고 어머니를 보지 않소? 어머니도 여자라서 빼놓았소? 가녀린 여인도 어머니가 되면 굳건해진다오. 그 어머니가 바로 그대를 낳고 길렀소. 천하에 여성으로부터 나오지 않는 남성이 있소?

루소 아픈 데를 건드리시네요. 나의 어머니는 나를 낳자마자(1712.6.28.) 돌아가셨단(7.4.) 말입니다. 아무래도 산후 여독이겠죠. 열 살(1722) 넘어서는 삼촌에게 맡겨졌는데 삼촌은 목사에게 교육을 위탁하셨죠. 목사의 여동생이 때릴 때 이상하게도 기분이 좋던 기억도 납니다.[2] 10대 때는 수습공과 하인 노릇을 하며 신학교와 음악학교도 다녔고 나이 든 부인과 열여덟에 사랑의 경험(1734)도 하니, 방랑자나 식객

---

1 루소, 《인간 불평등 기원론》, 86쪽. "여자들이 자기의 지배력을 확립하고 본래 복종해야 할 성을 우위에 두기 위해 온갖 수완과 주의를 기울여 찬양하고 있는 감정이라는 사실을 쉽사리 알 수 있다. …… 미개인들은 자연이 심어 준 성욕을 따랐을 뿐이며, 자기가 자연에서 얻지 못할 취향은 따르지 않았다. 그러므로 미개인들에게는 여성이라면 누구라도 좋은 것이다." 여기서 취향은 명예나 권력을 가리키고, 미개인은 가치와 미에 대한 '비교'의 관념이 없음을 말한다.

2 루소는 육감肉感마저 느꼈다고 고백한다. 여자의 손으로 맞을 때 성적 본능이 일어났고, 그녀의 오빠가 때릴 때와는 달리, 다시 맞고 싶었다고 말한다. 루소의 이러한 마조히즘적 경향은 연상의 여인에 대한 관심에서도 엿볼 수 있다. 게오르크 홀름스텐, 《루소》, 27~28쪽. 그것은 루소를 낳자마자 죽은 어머니에 대한 콤플렉스에서 나오는 것이 아니었을까 싶다.

의 신세였습니다. 글쎄요. 처음 만난 그 부인이 다른 애인이 생기지 않고 저를 끝까지 돌봐주었다면 제 여성관이 달라졌을지도 모르지만 말입니다.

노자 미안하오. 속사정을 몰랐소. 나는 여관의 하녀 출신인 열 살 아래 테레즈와 결과적으로 평생을 함께 하였다고 들었소. 비록 테레즈를 가정부 이상으로 생각하지 않았고,[3] 그녀와의 관계에서 나온 다섯 아이를 모두 고아원에 보냈지만.

루소 내 사정입니다. 그런데 내가 어머니도, 딸도, 아내 모두를 여자라고 일반화시킨 것 같긴 합니다. 딸을 기르다 보면 남의 딸도 내 딸 같아 함부로 못한다는 말도 있지요.

노자 모성은 여성 위의 것이오. 나라고 해서 여성만을 예찬하자는 것이겠소? 여성 속의 모성을 사회화시키고 보편화시키자는 것이지. 모성을 지닌 정부는 굶주린 사람에게 밥을 주고 잘 데 없는 사람을 재워 주는 데 주저하지 않을 것이오.

훈수꾼 남자들이 여자랑 결혼한 줄 아는데, 결과적으로는 자식의 어머니와 결혼했다는 것을 깨닫게 되지요. 대체로 아이들이 먼저고, 남편은 뒷전이니 말입니다. 남편을 아이들 밥 먹이듯 챙기기만 해도 좋은 아내죠. 하하.

노자 가만히 보시오. 나도 여자를 직접 말하면 오해가 심할까봐 '검은 암컷'〔현빈玄牝〕이라고 말하지 않소? 여성성이라는 것이지 여성이 아니라는 뜻에서 말이오. 검음은 형이상학적인 것이고 암컷은 형이하학적인 것이라서 둘이 맞아떨어지면서 오묘한 개념을 창출하오. 그리고는

---

3 루소는 《고백록》에서 테레즈를 대리 보충(supplément)의 것으로 생각한다. 그녀조차 식물이나 책의 대열에 놓는다. 대리 보충은 이후 데리다Derrida의 주요 용어로 성립된다. 나아가 테레즈는 가정부(gouvernante)로 사랑스러운 개, 나이 든 고양이, 시골의 새들, 숲속의 수사슴과 함께 나열된다. 《말제르브에게 보내는 편지》I, 1139. 츠베탕 토도로프, 《덧없는 행복》, 83~85쪽에서 재인용.

인류사회에서는 '어머니'라는 기호가 가장 적당해서 그 말을 천하에 붙여 본 것이오. 천하의 어머니, 천하라는 어머니, 나아가 어머니 같은 천하를 이상으로 삼고 지향코자 말이오.

훈수꾼 천하모는 내가 참 좋아하는 말입니다. 제 책 앞면에 '천하의 어머니께'(위천하모爲天下母)라는 헌정사를 단 적도 있습니다.[4] 천하를 어머니로 보는 마음가짐이 돋보입니다. 한 번 더 말하실 거죠?[5]

25.2. 억지법

노자 나는 이르노니(25.2.) "나는 그 이름을 모르니, '도道'라고 쓰고, 억지로 '크다'(大)고 이름 짓는다."(오부지기명吾不知其名, 자지왈도字之曰道, 강위지명왈대强爲之名曰大.)

루소 선생이 말하고자 하는 그것은 이름을 갖는 순간 규정되어 버리기 때문에 이렇게 에둘러 말씀하시는 것을 잘 알겠습니다.

노자 내가 말하는 것이 무엇이라고 말하기는 뭐하니, 그저 크다고 형용하고 싶소.

루소 억지로 말해 도라고 하셨습니다.

노자 도라고 형용하는 순간, 그 도는 참다운 도가 아니오. 언어적 제약에 빠져 버리고 마오. 그런데 억지로 말해 볼 수는 있으니 그것이 바로 '길'이고, 그것도 '큰길'이라오. 길은 많소. 그 모든 길을 일컬어 '도道'라 하고 많은 길이 모이는 길이기 때문에 '대도大道'라고 하는 것이오.

---

4 정세근, 《노자 도덕경-길을 얻은 삶》, 2017.

5 52.1.: "천하에 처음이 있으니 천하의 어머니로 여긴다. 그 어머니를 얻었으니 그 아이를 안다. 그 아이를 알았으니 그 어머니에게 돌아가 지키므로 죽도록 위태롭지 않다."(天下有始, 以爲天下母. 旣得其母, 以知其子; 旣知其子, 復守其母; 沒身不殆.)

루소 잘 말씀하시네요.

노자 말을 피해 말을 하려니, 이렇게 억지로 이름 붙인다고 말하는 것이
오. 진리는 억지법으로 말해야지 정공법으로 말해서는 안 되는 것이
오. 진리는 이것도 저것도 아닌 개방의 모습이어야지, 하나의 준칙이
나 가치로 규정되어서는 안 되는 것이오.

25.3. 큰 네 개

노자 나는 이르노니(25.3.) "크니 '떠난다[逝]'하고, 가니 '멀다[遠]'하고,
머니 '돌아온다[反]'한다. 따라서 도도 크고, 하늘도 크고, 땅도 크고,
사람[왕]도 크다. 나라에는 네 큰 것이 있는데, 사람[왕]이 그 하나에
자리한다."(대왈서大曰逝, 서왈원逝曰遠, 원왈반遠曰反. 고도대故道大, 천대
天大, 지대地大, 인[왕]역대人[王]亦大. 역중유사대域中有四大, 이인[왕]거기
일언而人[王]居其一焉.)

루소 크다 해 놓고도 자꾸 다른 말을 덧붙이십니다.

노자 크다와 비슷한 것으로 꾸며 보았소. 너무 크니 자리에 머물러 있을
수 없고, 떠나 보니 멀리 가고, 멀리 가니 되돌아오게 된다오.

루소 아이가 커서[대大] 집을 떠나고[서逝] 멀리 유학 가서[원遠] 학업을 마
치고 되돌아온다[반反], 이런 구도로 받아들이면 됩니까?

노자 예를 잘 들었소.

훈수꾼 참, 해석자들이 '왕王'(왕필본王弼本) 자를 '인人' 자로 바꿨다는 것
을 말씀드립니다. 그러면 임금이 큰 것이 아니라 사람이 큰 것으로
바뀝니다.

루소 도가 가장 크고, 하늘이 다음으로 크고, 땅이 다음으로 크고, 왕은
그다음이라는 말은, 왕이 최고가 아니라는 뜻도 포함되어 있네요.

노자 아무리 천자天子라도 하늘의 아들이지 하늘의 아버지가 아니오. 하늘

의 아들이니 하늘 밑이오.

루소 말을 돌리기는 했지만, 왕이 큰 것이 아니라 '도'가 큰 것임을 말하고 있네요. 왕을 크다고 하면서 왕보다 큰 천지를 말하고, 천지보다 큰 도를 말하고 있으니까요. 흘려 버리면 안 될 것은, 사람이 그 하나로 머문다는 의식입니다. 네 개의 큰 것 가운데 하나에 사람이 낄 수 있어야 사람의 지위도 상당히 높아집니다.

25.4. 도와 자연

노자 나는 이르노니(25.4.) "사람은 땅을 본받고, 땅은 하늘을 본받고, 하늘은 도를 본받고, 도는 스스로 그러함을 본받는다."(인법지人法地, 지법천地法天, 천법도天法道, 도법자연道法自然.)

루소 진리란 곧 자연스러움이다. 자연스러움을 닮으면 그것이 곧 진리다. 진리는 스스로 그러함을 본받는다. 사람을 넘어 땅이 있고, 땅을 넘어 하늘이 있고, 하늘을 넘어 진리가 있는데, 진리는 스스로 그러한 것 그 이상도 이하도 아니다. 이렇게 이해해도 됩니까?

노자 인간과 만물이 가진 자연성이 무엇인지 많은 생각이 필요하겠지만, 도와 자연이란 말이 동격이라는 것은 꼭 기억해 주기 바라오. 내가 말하는 철학은 바로 자연으로 내려오는, 자연화하는, 자연성을 체인體認하는 일련의 활동에 다름 아니오. 물질적인 자연이 되는 것이 아니라 내 속에서 울리는 자연성을 있는 그대로 듣는 것이오.

루소 진리가 너희를 자유롭게 하는 것이 아니라, 자연스러움이 진리를 자유롭게 하는 것이네요. 자연이 최고의 범주로 설정되는 순간입니다. 스피노자가 '신은 곧 자연'이라고 말하는 것과 같습니다.

　루소, 어머니 초상에 국기에 대한 경례로 인사를 한다. 천하의 어머니는 참모총장보다 높다.

제26막

:둥그런 안락의자가 있는 방:

임금과 철학자의 길—사유의 제비집

제비집 같다. 둥그렇게 생겨 소파에 몸이 쏙 안긴다. 편하다. 아무 생각 없다. 돈도 명예도 이런 편안함보다 못한 것 같다. 아니면 이런 편안함을 위해 돈과 명예를 바랐는지도 모른다. 그러나 이 정도의 편안함이면 돈과 명예가 많지 않아도 된다. 안락의자야 살 수 있지 않은가. 국가가 집의 크기를 제한하던 시절이 있었다. 그래서 돈이 아무리 많아도 99칸 밖에는 짓지 못했다. 그러나 지구 위 어느 나라도 사람들의 안락의자를 제한하지는 않는다. 그 속에서 초탈할 수 없을까. 그 속에서 초연할 수 없을까. 그 속에서 명예와 권력을 잊고 낮잠을 한 숨 자면 어떤가? 무겁고도 깊게, 깊고도 무겁게 잠들면 어떨까? 중요한 것은 내 한 몸인데. 루소가 들어오는데 노자는 벌써 안락의자에 빠져 잠들어 있다. 코 고는 소리가 요란하다. 훈수꾼이 들어오면서 노자를 깨우자 노자는 귀찮다는 듯 손짓을 하더니 잠시 있다 기지개를 켠다. 잘 잤다.

26.1. 무겁고 고요하라

노자 나는 이르노니(26.1.) "무거움은 가벼움의 뿌리이고, 고요함은 시끄러움의 임금이다. 그러므로 성인은 하루 내내 가도 (군수품을 실은 중요한) 짐수레를 벗어나지 않는다."(중위경근重爲輕根, 정위조군靜爲躁君. 시이성인是以聖人, 종일행終日行, 불리치중不離輜重.)

루소 모든 것이 상대적이지만 선택을 하라면 가볍기보다는 무겁고, 시끄럽기보다는 조용하라는 것인데, 자연의 모습이 그래서 그러는 것 아닙니까?

노자 자연은 늘 무겁게 그 자리에 있지 않소? 함부로 옮겨 다니지도 않고, 쉽게 변하지도 않소. 춘하추동이 바뀐다고요? 춘하추동이라는 변화의 규칙이 바뀌오? 말 그대로 늘 그러하니 자연이잖소? 사람이 시끄럽지 자연이 시끄럽소? 인공의 세계가 소란스럽소. 그러니 무겁고 고요함을 우선하라는 것이오.

루소 짐수레는 뭡니까?

노자 짐수레는 무겁고 조용하오. 날렵하고 빠르지 않아도 좋소. 그래서 짐수레라는 것이오.

루소 그럼 바위 같다고 하면 될 걸, 군사용어 같습니다.

노자 그것도 맞소. 짐수레는 군수품을 싣고 다니오. 군사작전에서 중요한 것이 싸움만큼이나 먹거리가 중요하오. 사람들이 잊는 것이 바로 그것이오. 성을 만들고 성을 지키는 가장 큰 까닭이 방어도 좋지만 성 안에는 물과 식량이 비축되어 있기 때문이오. 공격하러 온 사람들이 성만큼 음식을 싣고 다니기는 쉽지 않잖소? 그것처럼 나는 공격부대보다는 보급부대에 머무르고 싶소. 군수軍需를 싣고 다니는 짐수레를 떠나지 않으려 하오.

훈수꾼 나는 며칠씩 산행할 때 무조건 식량을 짊어집니다. 그럼 나를 버리고 가지 못하지요. 하하. 날이 갈수록 줄어드니 더욱 좋고요.

26.2. 초연하라

노자 나는 이르노니(26.2.) "비록 좋은 볼거리가 있어도 제비집(같이 포근한 속)에서 (모든 것을) 벗어난 듯하다. 어찌 전차 만대를 가진 임금이 천하에서 몸을 가볍게 하겠는가?"(수유영관雖有榮觀, 연처초연燕處超然. 내하만승지주奈何萬乘之主, 이이신경천하而以身輕天下?)

루소 제비집 같은 나의 안식처를 늘 찾았습니다. 늘 이곳저곳을 돌아다녔지요. 초대도 받고, 망명도 하고, 피신도 하면서 늘 느끼는 것이 내가 머물 곳이었습니다. 제 괴팍한 성격에 사람들과 늘 불화했고요. 쉰 번째 생일을 한두 달 앞두고 《사회계약론》(1762.4.)을 암스테르담에서, 《에밀》(1762.5.)을 파리에서 출간했는데 《에밀》이 압수되었지요. 파리 의회가 유죄로 판결하면서 체포 명령을 내려 스위스로 도피했는데(1762.6.9.), 제네바 공국이 열흘 만에 두 책을 불사르라는 유죄판결(6.19)을 내리는 바람에 프로이센 공국의 뇌샤텔로 망명하여 시민권을 얻어(1763.4.16.) 살기도 했습니다. 몇 년 뒤(1766.1.4.) 흄을 따라 영국으로 갔지만 1년 4개월 만에(1767.5.) 돌아왔습니다.[1]

노자 파란만장하오.

루소 《산에서 쓴 편지》를 써서 제네바 총독과 논쟁이 벌어지지 않나, 볼테르가 익명의 팜플렛 《시민들의 견해》를 통해 공격하지 않나, 주민들

---

1 게오르크 홀름스텐, 《루소》, 228~229쪽. 이 책의 루소의 저작 연표를 볼 것.

이 박해하지 않나, 영국에서 돌아와서는 귀족들의 외딴 영지나 이런 저런 시골에서 가명을 쓰고 살아야 했습니다.[2] 나에게 안주란 거리가 먼 것이었습니다. 포근한 제비집 이야기를 들으니 제 인생이 주마등처럼 지나가네요.

노자 제비집은 속이 쏙 들어가 있어 밖이 잘 보이지 않고 바람도 잘 막아주오. 또한 비를 피하려고 바위 밑에 많이 짓잖소? 제비가 사람과 친하다고 여겨지는 것은 비바람을 피하려고 처마 밑에 집을 짓기 때문이오. 그대에게 정작 필요한 것이 제비집 같은 안식처였구려.

루소 그러면서도 《고백록》을 쓰기 시작했습니다(1764). 프로이센의 산골마을 모티에에서도, 비엔 호수의 외딴 섬 생피에르에서도 이러저러한 글(코르시카 섬의 헌법초안, 《음악사전》의 편찬)과 함께 성찰을 이어나갔습니다. 영국에서 돌아와 프랑스 각지를 떠돌다 파리로 돌아와서야 마침내 6년 만에 《고백론》을 탈고합니다(1770).

노자 어찌 보면 그대의 육체는 제비집 밖에서 떠도는 것 같지만, 그대의 정신은 오롯이 자기의 길을 가기 위해 제비집 안에 머물렀구려. 내가 말하는 것이 바로 그거요. 만승의 전차를 지닌 천자가 함부로 움직이지 않는 것처럼, 그대도 그대의 가치를 온전히 보존했구려.

루소 그냥 글이나 썼으면 어땠을까 싶습니다.

노자 부귀영화를 볼 수 있어도 제비집처럼 그 속에서 떠나 있으라는 말 때문에 그러오?

루소 제비가 머물 듯 초연하라는 표현이 재밌어서 그럽니다.

노자 시류에 휩싸이지 않고 저작만을 계속했으면 어떨까 하는 생각도 드오. 그러나 시대와의 불화가 그대를 있게 했을 수도 있소.

루소 일생을 떠돌아다녔지만, 저의 말년은 경제적으로 어려웠습니다.

노자 그대의 정신세계가 곧 인류가 지켜야 할 제비집이었소. 만승의 전차

---

2 게오르크 홀름스텐, 《루소》, 229쪽.

를 지휘할 수 있는 천자와 같은 정신으로 프랑스 대혁명에 불을 지폈고, 칸트와 쇼펜하우어와 같은 후대의 철학자들에게 새롭게 생각할 거리를 주었소.

26.3. 초싹대지 마라

노자 나는 이르노니(26.3.) "가벼우면 바탕을 잃고, 시끄러우면 임금을 잃는다."(경즉실본輕則失本, 조즉실군躁則失君.)

루소 예, 나의 행동이나 언사는 가벼울 수 있었습니다. 그래서 늘 말썽을 일으켰습니다. 시끄러워지니 나도 나를 참지 못했고, 남도 나를 도와주지 못했습니다. 그러나 나의 바탕은 지켰습니다. 선생이 말하는 그 가치를 무던히 지켰습니다. 누구보다도 사람을 믿었습니다. 자연 상태의 사람이 문명 상태의 사람보다 나을 것이라고 주장했습니다.

노자 잘했다오, 잘했다오.

훈수꾼 불가의 선사禪師처럼 말씀하시네요. '선재善哉! 선재!'

루소, 안락의자에 몸을 던진다.

제27막

:열쇠가 걸려 있는 방:

상대성의 인정—못난 것을 사랑하라

열쇠가 주렁주렁 매달려 있다. 요즘은 사랑의 징표로 열쇠를 이곳저곳에서 걸어 놓는 것이 유행이다. 관광지마다 이런 시속時俗 때문에 볼 거리가 있지만 그 무게를 탓하며 한꺼번에 정리하기도 한다. 거기서 사랑을 맹약했던 연인들이 얼마나 헤어지지 않고 잘살고 있을까? 회의적이다. 연인들은 자주 헤어진다. 게다가 관리인들이 잘라 버리기까지 하니 헤어지지 않을 까닭도 없다. 정말 헤어지지 않으려면 열쇠를 잠글 것이 아니라 마음을 다짐해야 한다. 그런데도 우리는 물질적인 족쇄로 서로를 동여매려고 한다. 되나? 안 된다. 잠그지 않는 것이 가장 좋다. 그래야 풀 일이 없다. 떠나보내지 않으려 않는 것이 가장 좋다. 그래야 떠나가는 것이 떠나가는 것이 아니라 돌아올 일이 된다.

27.1. 흔적 없는 사람들

노자 나는 이르노니(27.1.) "잘 다니는 사람은 바퀴나 발의 자국이 없고, 잘 떠드는 사람은 허물이나 꾸지람이 없고, 잘 세는 사람은 산가지를 쓰지 않는다."(선행무철적善行無轍跡, 선언무하적善言無瑕謫, 선수불용주책善數不用籌策.)

루소 정말 그러네요. 수레를 잘 모는 사람이 수레바퀴 자국을 내지 않지요. 왔다 갔다 하다 보니 흙이 파이고 삐뚤빼뚤합니다. 걷기를 잘하는 사람은 앞으로 단정하게 걸음을 내딛습니다. 어느 한쪽을 치우치지 않는 안정된 자세는 발자국을 남기지 않습니다. 말을 못하니 남의 허물이나 헐뜯고 야단치듯이 합니다. 말 잘하는 사람은 허물을 물고 늘어지지 않으며 함부로 꾸짖지 않습니다. 조근조근 이야기하면서도 할 이야기는 다합니다. 계산에 능한 사람은 암산이 기본이죠. 자기의 암산을 못 믿고 셈에 둔하니 나뭇가지를 빌려 계산을 합니다. 암산이 안 되면 수학도 어렵습니다.

노자 대신 잘 말해 주었소. 바퀴 자국만 봐도 이 사람이 말을 얼마나 잘 모는지 알 수 있다잖소.

훈수꾼 스키 자국을 보면 그 사람의 스키 실력이 나오지요. 퍼지지 않고 깔끔하게 회전한 자국이어야 선수급입니다.

루소 이 이야기를 하시는 까닭은?

노자 대가는 흔적을 남기지 않는다는 거요. 마부든, 달리기 선수든, 변호사든, 수학자든 안정되고 노련한 자세로 주위와 관계없이 자기 길을 간다는 것이오.

루소 완전한 것은 독립적이죠. 대상이나 사물에 의존해서는 그 완전함을 온전히 드러낼 수 없지요.

노자 멋진 말이오! 다만 서구 사상의 개인주의적인 면을 강조하는군요. 동양은 꼭 그렇지만은 않지만, 그래도 내 말을 이해하는 것 같아 좋소. 나를 위시한 도가의 사고가 개인주의적인 면이 강하게 있으니 말이오.

루소 아시다시피, 개인주의(individualism)는 분리된 개체(individual)에 대한 옹호이지, 사회 속에서 자기(ego; self) 이익을 추구하는 이기주의(egoism)가 아닙니다. 더 이상 나뉠 수 없는(in+divide) 최후의 존재로서 개인이야말로 존중받아야 합니다.

노자 그대가 완전한 것은 독립적이라고 말한 것을 따서, 나는 아름다운 것은 흔적을 남기지 않는다고 말하고 싶소. 유선형의 디자인이야말로 첨단의 과학 아니겠소? 아름다운 것은 부드럽고 매끈하여 자국이 남을 수 없소.

훈수꾼 좋은 차일수록 부드러운 코너링을 자랑하지요. 하하.

27.2. 원인무효

노자 나는 이르노니(27.2.) "잘 잠그는 사람은 자물쇠와 열쇠 없이도 열수 없게 하고, 잘 묶는 사람은 끈과 매듭이 없이도 풀 수 없게 한다."(선폐무관건善閉無關鍵, 이불가개而不可開; 선결무승약善結無繩約, 이불가해而不可解.)

루소 원인무효네요. 처음부터 잠그지도 묶지도 않으니, 당연히 열 수도 풀수도 없죠. 원천봉쇄이기도 하고요.

노자 자물쇠와 열쇠를 쓰지 않거나 끈과 매듭이 없이 남의 손을 타지 않게 하려면 남들에게 보이지 않게 하는 것이 더 좋을 것이오. 숙련공을 만나면 열고 푸는 것은 누워 떡먹기라오. 그러나 가장 좋은 것은 손 탈 것이 아예 없는 것이오. 그것을 장자는 '천하를 천하에 숨기라'1고 했소.

루소 그렇습니다. 자물쇠도 부수면 되고, 매듭도 잘라 버리면 되니까요.

노자 잠그지 않고 묶지도 않는 사람이 되고 싶소.

27.3. 밝음

노자 나는 이르노니(27.3.) "그러므로 성인은 늘 사람을 잘 살리므로 사람
을 버리지 않으며, 늘 온갖 것을 잘 살리므로 아무것도 버리지 않는
다. 이를 밝음을 이어받음이라고 말한다."(시이성인상선구인是以聖人常善
救人, 고무기인故無棄人; 상선구물常善救物, 고무기물故無棄物. 시위습명是謂
襲明.)

루소 나도 평생 인민의 친구로 살았습니다. 그 인민이 저의 뜻을 모른다고
느꼈기도 했지만요. 그러나 선생처럼 사람을 구하려면 버리지도 말라
는 것은 잘 몰랐나 봅니다. 원망에, 불화에 나의 벗을 떠나보내고 말
았지요. 좋게 이야기하면 제 주의주장에 충실한 것이었지만, 그럴수록
친구는 떠나갔어요. 사람을 버리지 말라는 말씀이 가슴을 찌릅니다.
흄은 나를 영국까지 데려갔는데도 서먹해지고야 말았습니다.

노자 글로 주의주장을 펴야지, 말로 그러면 다투게 되오. 머릿속에 안 보
고 말지라는 생각은 버려야 하오. 사람을 살리자며 버리면 되겠소?
내가 늘 이야기하잖소? '일이 되면 몸을 빼라'고. 그런 성인의 가르침
이 서양 사람들에게는 부족한 것 같소. 서양인들 대체로 말이 많잖
소? 정적을 불안해하고.

루소 사물에 대한 말씀은 귀에 쏙 들어옵니다. 좋은 목수는 버리는 나무가
없습니다. 잘라 버릴 것도 용처를 찾아 맞게 쓰지요. 좋은 요리사는

---

1 《장자》〈대종사大宗師〉: "천하를 천하에 숨긴다."(藏天下於天下.)

버리는 재료가 없습니다. 요리조리 맞추어 쓰지요.

훈수꾼 요리사가 요리조리? 조리사가 요리조리? 하하.

노자 서툰 사람의 눈에만 보이지 않을 뿐이오. 모든 나무처럼 모든 사람도 각자의 구실이 있다오.

루소 밝음을 이어받다니요? 밝음이 어둠 속의 밝음이라고만 말씀하신 것 같은데.

노자 깜깜한 밤하늘에 빛나는 달 같은, 별 같은 밝음이오. 그냥 밝으면 주의주장만이 보이오. 어두운 속에서 밝음이 빛나야 나의 주의주장과 남의 주의주장을 골고루 볼 수 있다는 것이오. 이 밝음에 대해서는 천천히 말합시다.

27.4. 야릇함

노자 나는 이르노니(27.4.) "따라서 잘난 사람은 못난 사람의 스승이며, 못난 사람은 잘난 사람의 바탕이다. 그 스승을 높이하지 않거나 그 바탕을 사랑하지 않으면, 안다 하더라도 크게 어지러워진다. 이를 일러 야릇함을 모음이라고 말한다."(고선인자故善人者, 불선인지사不善人之師; 불선인자不善人者, 선인지자善人之資. 불귀기사不貴其師, 불애기자不愛其資, 수지대미雖智大迷; 시위요묘是謂要妙.)

루소 그 생각을 못했습니다. 잘난 사람이 못난 사람의 스승이라는 생각만 했지, 못난 사람이 있어서 잘난 사람이 잘난 척을 할 수 있다는 생각을 정작 못했습니다. 알지 못하는 사람이 있으니 교수와 교사가 있고, 죄짓는 사람이 있으니 율사律士가 있지요. 다들 잘 알면 선생(teacher)이라는 직업이 뭐 필요하겠습니까? 다들 잘못하지 않으면 검사, 판사, 변호사를 어디다 써먹겠습니까?

노자 그렇소. 그러니 교사는 학생에게 고마워해야 하는 것이오. 특히 공부 못하는 학생들을 아껴야 하는 것이오. 다들 공부 잘하면 교사가 굳이 필요하겠소? 일반 서민들처럼 법에 대한 지식 없이 잘사는 사람들은 평생 판검사와 변호사를 만날 일이 없잖소? 따라서 율사들은 죄인들을 나쁜 놈이라고만 하지 말고, 자신들을 먹여 살리는 사람으로 여기고 인간적으로 대해 주시오.

루소 잘난 놈은 잘 못하는 놈을 바탕으로 삼는다는 말씀은 정말로 휴머니스트의 말씀입니다. 상대적인 세계에서 머무르지 않고 나아가 그 상대성을 사랑하라는 것이니 말입니다.

노자 잊지 마시오. 못난 놈이 있어 잘난 놈이 잘난 척을 할 수 있는 것이오. 못난 놈은 잘난 놈의 자원資源인 것이오. 공부 못하는 놈에게 그대의 시간을 투자投資하시오. 죄지은 놈이 왜 죄를 짓게 되었는지 그대의 자금資金을 들여 보시오. 그대가 투자할 자금이 곧 그들로부터 나왔음을 잊지 마시오.

루소 어느 한 방향이 아니라 선생은 선생대로, 학생은 학생대로 존경하고 사랑하라는 교육철학이십니다. 그러지 않으면 미혹된다고요. 그것이야말로 '주요한 오묘함'[요묘要妙]이라는 말씀이시고요. 다른 말로 하면 '요묘'란 각기의 상대성에 대한 경애敬愛의 태도를 그린 것이네요.

노자 일방의 세계에서 머물지 말고, 쌍방의 세계로 나가시오. 하나만 일방적으로 사랑하지 말고, 다른 일방도 사랑하시오. 하나에만 의미를 두는 일방의 의식에서 쌍방 모두에 의미를 두는 쌍방의 의식을 가지시오. 세계야 가만히 있소. 그러나 우리의 의식이 이렇게 커지면 세계도 커지오. 그래서 의식세계라는 말이 있는 것이오. 의식은, 의식의 변화는, 의식의 변화에 따른 세계에 대한 이해는 이렇게 크다오.

훈수꾼 선생을 통해 우리의 의식세계가 넓어지고 깊어지길 바랍니다.

노자, 큰 열쇠 하나를 망치로 두드려 빼 버린다.

제28막

:통나무가 있는 방:

복귀의 철학—처음으로 돌아가라

통나무가 있고 도끼가 있다. 노자, 통나무를 자른다. 크게 자르자 땔감이 된다. 잘게 자르자 불쏘시개가 된다. 장작을 기대어 쌓고 그 밑에 불쏘시개를 넣는다. 나름 불을 붙이면 잘 탈 것 같다. 그 옆에 앉아 불쏘시개에서 삐져나온 작은 나무줄기로 이를 쑤신다. 이제 통나무 이쑤시개가 되었다. 루소, 장작 가운데 하나를 쥐더니 망치로 쓴다. 도끼를 장작 위에 놓고 나무망치로 때린다. 훈수꾼이 들어오더니, 장작 하나를 베고 눕는다. 장작이 이젠 베개가 되었다. 통나무가 된 것을 세어 본다. 땔감, 불쏘시개, 이쑤시개, 망치, 베개다. 통나무가 잘려 될 수 있는 것은 끝도 없이 많다. 책상, 의자, 책꽂이, 문짝, 서까래, 처마, 기둥, 대들보, 마루도 나무다. 전봇대부터 이쑤시개까지 모두 통나무가 흩어져 이루어진 것이다. 전봇대는 다듬기만 한 것으로, 이쑤시개는 다듬다 나온 것이지만 모두 통나무의 한 갈래다.

28.1. 천하의 시냇물

노자 나는 이르노니(28.1.) "수컷을 알면서도 암컷을 지키니 천하의 시냇물이 된다. 천하의 시냇물이 되니 늘 그러한 덕이 떠나지 않아 아기로 되돌아간다."(지기웅知其雄, 수기자守其雌, 위천하계爲天下谿. 위천하계爲天下谿, 상덕불리常德不離, 복귀어영아復歸於嬰兒.)

루소 계곡물이라는 것이 이 산 저 산의 물을 모두 받아 흘러가지요. 비한 번 오면 엄청나게 불어나는 계곡을 기억합니다. 이렇게 모든 것을 받아들이면 덕이 넘치겠죠.

훈수꾼 산에서 가장 무서운 것이 계곡이라는 말이 있습니다. 피할 새도 없이 물이 불어나지요.

노자 계곡은 모든 것을 다 받아들여 아래로 아래로 보내지요.

루소 계곡이 여성을 표상한다는 것은 육체적인 모습도 그렇고 해서 받아들일 수 있습니다. 그런데 수컷을 알다니요?

노자 내가 암컷을 이야기하니 사람들이 내가 수컷을 알길 우습게 여기는 것처럼 오해하오. 아니오. 수컷을 알긴 알아야 하오. 그러면서도 암컷의 덕을 지키라는 것이오. 내가 사내인데 계집이 되어야 한다는 것이 아니라, 남성이면서도 포용과 자애의 여성성을 지킬 수 있어야 한다는 말이오.

루소 아기는요?

노자 여성성이란 곧 창조의 능력이오. 여자는 아기를 낳음으로써 어머니가 되지 않소? 바로 그것이오. 따라서 계곡과 여성 그리고 아기는 의미적으로 연결되는 것이오. 아기를 안은 여성이 떠올려지오, 남성이 떠올려지오?

루소 남자도 아기를 기를 수 있잖습니까?

노자 말 잘했소. 그것이 바로 남성을 알면서도 여성을 지키는 것이오. 아빠이면서도 엄마 노릇하는 것 말이오. 아빠임을 똑바로 알고 있지만, 내가 아빠라고 해서 아기에게 엄마 노릇을 못하는 것이 아니어야 하오.

루소 복귀는 선생의 독특한 용어죠?

노자 맞소. 나 이래로 복귀란 말이 유행했소. 우리는 본시 원초적인 상태, 근원적인 모습이 있음을 설정하고, 그 떠나온 시발처로 돌아가자는 뜻이라오.

루소 왜 복귀라는 말이 의미 있죠?

노자 그것은 인간에 대한 신뢰를 담고 있기 때문이오. 사람의 처음이 본래 나쁜 모습이었다면 굳이 돌아갈 까닭이 없소. 사람의 처음은 때 묻지 않은 순정純正한 상태임을 받아들여야 돌아가자고 할 수 있는 것이오. 따라서 나는 인류 역사에서 가장 먼저, 가장 깊이 사람의 본성을 믿었던 사람이오.

루소 맹자도 성선설을 주장하지 않았습니까?

노자 그런 면에서 나는 유가도 나의 어떤 면을 받아들였다고 생각하오. 공자가 강조하는 예禮는 외부적 형식으로 내면에 규율을 부여하는 것이라서 강제적인 면이 많소. 그것을 가장 잘 드러낸 이가 성악설의 순자요. 그 반대편에 있던 맹자의 성선은 나의 지론을 많이 닮았소. 맹자는 '만물이 나에게 다 갖추어져 있다'[1]고 하지 않소?

루소 한 걸음 더 나아가 성선의 강약을 따진다면, 선생 다음에 맹자, 도가 다음에 유가라는 말씀입니다.

훈수꾼 같은 유학자 가운데에서도 주자보다는 양명이 더 성선에 가깝다 할 수 있습니다. 그래서 현대 신유학자는 주자를 아예 순자 계열로 보기도 합니다.

---

1 《맹자》〈진심盡心〉上: "만물이 모두 나에게 갖추어져 있다."(萬物皆備於我矣.)

루소 그래도 맹자는 도가와는 대척점에 있었습니다.

노자 다행히 맹자는 극단적 개인주의자였던 양주와 철저한 이타주의자였던 묵자를 비난하지 나를 비난하진 않았소. 양주가 내 무리라고 여기면 모를까.

28.2. 천하의 법식

노자 나는 이르노니(28.2.) "힘을 알면서도 검음을 지키니 천하의 법식이 된다. 천하의 법식이 되니 늘 그러한 덕이 어긋나지 않아 끝없음으로 되돌아간다."(지기백知其白, 수기흑守其黑, 위천하식爲天下式. 위천하식爲天下式, 상덕불특常德不忒, 복귀어무극復歸於無極.)

루소 기준은 흰 것보다는 검은 것이다. 왜냐하면 하양은 드러나는 것이지만 검정은 감춰 주는 것이기 때문이다. 따라서 분석보다는 종합을 행위의 준칙으로 삼아라. 그래야 덕을 쌓을 수 있다. 이런 말씀입니다.

노자 좋소.

루소 그런데 끝없음이라니요?

노자 그 덕이 끝없다는 이야기라오. 비난보다는 포용하고, 공격하기보다는 용서하니 끝이 없는 덕이 되오. 바로 그 끝없음으로 돌아가야 하오.

루소 싸우면 둘이 되지만, 사랑하면 하나가 된다는 뜻이네요.

훈수꾼 남녀가 곧 그렇지요. 그리고 하나가 되어 또 다른 하나를 낳고요.

노자 그러니 포용은 끝이 없소. 용서도 마찬가지요. 미움은 작아지는 길이고 사랑은 커지는 길이라오. 미움의 길은 전쟁, 학살, 분리에서 멈춰 버리지만 사랑의 길은 평화, 이해, 통합으로 나아간다오. 작아지는 길로 가겠소, 커지는 길로 가겠소?

28.3. 천하의 골짜기

노자 나는 이르노니(28.3.) "자랑을 알면서도 부끄러움을 지키니 천하의 골짜기가 된다. 천하의 골짜기가 되니 늘 그러한 덕이 채워져 통나무로 되돌아간다."(지기영知其榮, 수기욕守其辱, 위천하곡爲天下谷. 위천하곡爲天下谷, 상덕내족常德乃足, 복귀어박復歸於樸.)

루소 영광을 알면서도 일부러 욕됨을 지킨다는 것이죠? 무엇이 명예를 누리는 길인 줄 알면서도 굴욕의 길을 기꺼이 간다는 것이죠? 이름을 얻을 줄 알면서도 욕볼 줄 안다는 것이죠?

훈수꾼 충청도 사투리에는 '욕본다'는 말에는 수고롭다는 뜻이 있습니다. 편하지 않고 노고스럽다는 것이지요. 욕본다는 것은 요즘 젊은 사람의 표현으로는 '자발적으로 지질하게 되기'이네요.

노자 여기서 나는 골짜기를 말하지만 위에서 말한 시내와 마찬가지요. 계곡은 '시냇물'[계谿]과 '골짜기'[곡谷]를 통틀어 일컫는 말이오. 계곡의 정신은 죽지 않는다[2]고 하지 않았소?

훈수꾼 이것도 '낮은 데로 임하소서'의 정신이네요.

노자 앞으로도 골짜기는 줄곧 강조될 것이오.

28.4. 자르지 마라

노자 나는 이르노니(28.4.) "통나무가 흩어져 기물이 되니, 성인은 이를 본받는 우두머리이다. 따라서 큰 나눔은 자르지 않는다."(박산즉위기樸散則爲器, 성인용지聖人用之, 즉위관장則爲官長. 고대제불할故大制不割.)

---

2 6.1.: "골짜기의 정신은 죽지 않으므로, 이를 일러 검은 암컷[玄牝]이라 한다."(谷神不死, 是謂玄牝.)

루소 세상의 여러 물건은 원형의 모습이 쪼개지면서 나오는 것이죠. 통나무 같은 것이 책상, 걸상, 책꽂이, 대들보, 마루, 기둥, 이쑤시개로 나뉘지 않습니까? 게다가 통나무는 그냥 통나무만을 가리키는 것이 아니라, 선생의 의도대로라면 원초적인 거침이기도 합니다. 깨끗함은 소이고, 거침은 박이라서 소박이라는 말이 나오지 않았습니까?

노자 그대도 소박(naïveté)을 말했소. 흔히 순진純眞하여 천진무구天眞無垢함을 가리키는데, 거기에 이런 거침도 있소이까?

루소 천진天眞이라는 말 자체가 자연의 진정한 모습임을 가리킵니다. 천진은 자연성이야말로 참이라는 선언이 들어 있는 겁니다. 원시인은 사악하다기보다는 사납다고 해야 합니다.[3] 거친 것이 악한 것은 아니죠.

노자 통나무가 나뉘어 여러 물건이 되고, 그것을 잘 쓰는 사람이 세상의 우두머리가 된다오. 나무로 배를 만들어 고기잡이를 하게끔 하고, 나무로 물레방아를 만들어 곡식을 찧게 하는 사람을 지도자로 될 수 있게 하는 것이오. 사물의 용도를 발견해 내는 큰사람이니 그렇소. 그런데 잊지 말아야 할 것은, 크게 나누려면 잘게 잘라서는 안 되오.

루소 크게 나누는 것은 무엇이고 잘게 자르는 것은 무엇입니까?

노자 쉽소. 무겁고 불편해도 나무를 크게 갖고 놀아야지 일단 자르고 나면 쓸 데가 없어지기 때문이오. 통나무에서 온갖 모습을 봐야 대들보와 기둥을 만들지, 그저 창틀과 문짝만을 생각하고 자르면 안 된다는 것이오. 이어 붙일 것이 따로 있지, 모든 것을 자른다고 생각하면 되겠소?

훈수꾼 끝부분 말씀은 장자의 '쓰임 없는 것이야말로 쓰임이 있다'는 것과 살짝 통합니다. '크게 쓰이려면 쓰이지 말라'로 들리니 말입니다.

루소, 세워 놓은 장작더미를 거칠게 발로 차 무너뜨린다. 노자, 빙그레 웃는다.

---

3 루소,《인간 불평등 기원론》, 84쪽. "그다지 활발하지 않은 정념과 대단히 유효한 자제력을 지니고 있던 당시의 사람들은 사악하다기보다는 사나웠으며, 타인을 해치고 싶은 마음보다는 타인에게서 입을지 모르는 피해로부터 스스로를 지키는 데 더욱 신경을 쓰고 있었으므로 위험한 분쟁에 휩싸일 우려가 없었다."

제29막

나무토막 빼내기 놀이가 있는 방

부득이로의 권유—어쩔 수 없듯 하라

나무토막을 세 줄씩 엇갈려 쌓아 놓고 빼내기를 하는 놀이가 있다. 넘어뜨리는 사람이 지는 거다. 젠가Jenga 게임이라고 한다. 18층으로 쌓는데, 영국의 보드게임 디자이너 레슬리 스콧이 고안해 1983년에 출시했는데, 단순하지만 질리지 않고 구조공학을 생각해야 하지만 아이들도 좋아한다. 책상 위에 한 줄이 올라가 있다. 노자가 맨 밑 세 토막 가운데 하나를 뺀다. 루소가 바로 위 엇갈린 것 가운데 하나를 뺀다.

29.1. 신비로운 천하

노자 나는 이르노니(29.1.) "천하를 얻어 무엇인가 하려 하지만, 나는 어쩔 수 없음을 본다. 천하는 신비로운 물건이니 (어찌) 해서는 안 된다. 하는 사람은 지고, 잡는 사람은 놓친다."(장욕취천하이위지將欲取天下而爲之, 오견기부득이吾見其不得已. 천하신기天下神器, 불가위야不可爲也. 위자패지爲者敗之, 집자실지執者失之.)

루소 세상이 굴러가는 것은 참으로 신기합니다. 그런데 선생은 아예 천하를 신기神器, 곧 신비로운 기물로 보고 함부로 건드리지 말라고 권유합니다. 잘못 건드렸다가는 일 난다는 것이지요.

노자 자기 뜻대로 어쩌려고 하지 말라는 이야기요. 세상은 세상의 원리가 있소. 사람이 그걸 제멋대로 건드릴 일이 아니오. 정치하는 사람일수록 그렇소. 뭔가를 하려 들지 말고, 뭔가를 하지 않으려 해 보시오. 오히려 세상이 잘 보일 수 있다오.

훈수꾼 옛날에 집에 못을 박는다든가 뭔가 건드리면 '동티 난다'고 어른들이 그러셨습니다. 땅, 돌, 나무를 잘못 건드려 지신地神이 화를 낸다는 것인데, 그것보다는 공연히 건드려서 일을 내는 것을 주로 말했습니다. 천하를 건드려 동티 내는 거네요. 속담에 말하길, '긁어 부스럼 만든다'고 하잖습니까.

노자 그 속담 참 좋소. 내 말이 바로 그거요. 그래서 모든 일은 부득이하게 하라는 말이오. 부득이不得已의 어원도 나오. 어쩔 수 없을 때에야 비로소 한다는 뜻이오. 한자적인 뜻은 그만두고 있지 못하여 비로소 무엇을 한다는 것이오.

훈수꾼 워낙 많이 쓰는 표현이라 우리말로 아는 사람도 많습니다. 부사로 많이 쓰지요. '부득이(하게) 이렇게 하고 있다'는 뜻으로요.

루소 서양 사고에서는 어색합니다. 피할 수 없다는 뜻에서 불가피不可避라는 말을 쓰는데, 그것은 논리적이고 사실적으로 어쩔 수 없음(inevitability)으로 자기 행위의 선택과는 거리가 멀거든요. 죽음이 그렇고, 운명이 그렇고, 사고가 그렇습니다. 그러나 선생의 부득이는 그것과는 다르게 나의 행위를 철저히 소극적으로 하라는 뜻입니다. 주체의 판단이 개입됩니다. 하려 들지 말고, 하지 않으려 하라. 하지 않은데도 해야 한다면 부득이하게 해라. 이것이죠.

노자 잡으려 욕심만 부리면 잡히오? 실패失敗하는 것은 바로 의욕이 지나치기 때문이오. 무욕하게 세상을 마주하시오.

29.2. 겸허한 성인

노자 나는 이르노니(29.2.) "무릇 만물이란 때로 앞서가고 때로 뒤따라가며, 때로 입김을 천천히 내뿜기도 하고 때로 빨리 내뿜기도 하며, 때로 힘이 세기도 하고 때로 여위기도 하며, 때로 잘 쌓기도 하고 때로 무너뜨리기도 한다. 그러므로 성인은 지나친 것, 뽐내는 것, 거드름 피우는 것을 없앤다."(부물夫物, 혹행혹수或行或隨, 혹허혹취獻或吹, 혹강혹리或强或羸, 혹재혹휴或載或隳. 시이성인거심是以聖人去甚, 거사去奢, 거태去泰.)

루소 세상은 가지가지라서 양면성을 갖습니다. 도와주는 줄 알았더니 무너뜨리고, 세워 주는 줄 알았더니 넘어뜨립니다. 그러니까 아예 거센 방향의 것은 버리고 부드러운 방향의 것을 잡으라는 말씀입니다.

노자 버릴 것은 지나친 것이오. 뽐내거나 거드름 피우는 것도 버려야 하오.

루소 끊임없는 소극성이 저를 지치게 합니다.

노자 이렇게 생각해 주면 좋겠소. 여기서는 소극적인 것이라기보다는 과잉

된 것을 말하는 것이라고. 이쪽이든 저쪽이든 좋지만 이쪽이든 저쪽이든 지나친 것은 아니 된다는 정도로 말이오. 판단할 때, '심하다', '사치다', '너무 크다'고 생각하면 과감히 버리시오. '과유불급過猶不及'이라는 말은 '지나친 것과 모자란 것이 같다'는 뜻이지만, 현실에서는 오히려 '지나치면 모자란 것보다 못하다'(過不如未及)라는 뜻으로 쓰이잖소? 내 뜻도 마찬가지요.

훈수꾼이 노자나 루소가 뺀 것 바로 옆의 것을 이어 빼자 갸우뚱거리더니 위의 탑이 모두 쓰러진다. 세 번 만에 쓰러진다. 그렇게 안정된 것이지만 잘못 건들면 세 수 만에 넘어진다.

제30막
수수가 넘어져 있는 방

전쟁의 후과─이제 그만

전차가 지나갔나 보다. 땅이 파이고 곡식이 누웠다. 땅을 일구려면 처음부터 다시 시작하는 수밖에 없다. 흙을 메우고 도랑을 다시 파야 한다. 심어놓았던 키 큰 수수가 모두 자빠졌다. 옥수수도 그렇고, 해바라기도 그렇다. 다 밟혔다. 농사는 다 망쳤다. 먹을 것이 걱정이다. 그렇다고 군대에 항의도 못한다. 그들은 우리를 위해 전장에서 목숨을 걸고 있는데 따질 수도 없다. 저기 멀리서 수수 덤불이 바람결에 굴러온다. 망연자실茫然自失! 노자, 쓰러진 옥수수에서 몇 개 옥수수를 딴다. 알이 작아 먹을 수도 없다.

30.1. 칼로 흥한 자 칼로 망한다

노자 나는 이르노니(30.1.) "길(道)로써 임금을 돕는 사람은 병기로 천하를 억지로 만들지 않는다. 그런 일이란 돌고 돌기 마련이다."(이도좌인주 자以道佐人主者, 불이병강천하不以兵强天下. 기사호환其事好還.)

루소 총칼로 천하를 잡은 사람은 총칼로 천하를 잃는다는 뜻이죠? 말 위에서 천하를 잡은 사람은 말 위에서 죽고요. 총칼이라는 것이 일시적으로 사람을 복종하게는 해도, 지속적으로 그렇게 할 수는 없지요. 군대는 혁명 초기에는 필요하지만, 계속 군대를 활용하다 보면 반反혁명에 휩싸이게 됩니다.

노자 따라서 제대로 된 길을 가는 사람은 인군人君을 총칼로 세상 위에 세워서는 안 되오. 무력으로 임금을 보좌하면 그런 일은 반복적으로 순환될 수밖에 없소.

루소 안정되지 않는 나라에서 쿠데타가 끊이지 않는 것과 같습니다.

노자 누구도 그러는데 나라고 왜 못 그러냐는 생각이 들끓는 것이오. 그러다 보면 사변事變이 연속될 수밖에.

루소 프랑스혁명 당시의 정국을 생각하면 되겠네요. 서로 죽이고 죽이는 살육의 무력이 넘실댔습니다.

노자 무력, 결코 안 되오.

30.2. 전쟁의 망조

노자 나는 이르노니(30.2.) "군대가 있었던 곳에는 가시덤불이 생겨난다.

큰 싸움 다음에는 반드시 흉년이 든다."(사지소처師之所處, 형극생언荊棘生焉. 대군지후大軍之後, 필유흉년必有凶年.)

루소 설득력 있게 말씀하십니다. 그냥 싸우지 말라가 아니라, 군대가 머물렀던 곳에는 가시덤불밖에 남지 않고, 전후에는 흉년이 들 수밖에 없다고 말씀하시니 잘 와닿습니다.

노자 사단 병력이 머물러 보아요. 근처에 남아도는 것이 없소. 먹는 것이 넉넉하면 모르는데, 그렇지 않으면 주위 농작물이 남아나지 않소. 병력이 주둔하는 바람에 농사를 갈아엎은 데다가 병사들의 한 입 두 입에 남는 과실이 없는 거요.

루소 동서양을 막론하고 농부들이 군 병력으로 차출되기도 했지요? 그럼 일할 사람이 없고, 결국 농사가 순조롭게 될 리 없죠.

노자 동양은 그것을 '역役'이라 했소. 병역兵役의 역이 그것이오. '세稅'는 돈을 내는 것이고, 역은 육체노동을 제공하는 것이오. '부역賦役'이라는 말도 있잖소? 성을 쌓는 일에 동원되는 것 말이오.

루소 나는 사회체제에 대해서는 관심이 많았지만, 그 결과로서 군대에 대해서는 그다지 생각을 못했습니다.

노자 체제를 유지하는 데 군대는 당연히 필요하다고 본 것 아니오?

루소 논리적으로라면, 평화를 유지하기 위한 군대라면 나쁠 것도 없을 것 같습니다. 경찰이 필요하듯이 말입니다.

노자 나는 사변적인 대답을 원하는 것이 아니라, 전쟁의 실제적인 결과를 보라는 것이오.

30.3. 그냥 끝내라

노자 나는 이르노니(30.3.) "잘하는 사람은 끝이 있을 뿐, 힘을 가지려 들지 않는다. 끝나도 자랑하지 말고, 끝나도 (남을) 치려 들지 말고, 끝나도 잘난 척하지 말라. 끝나면 어쩔 수 없었듯이 하고, 끝나면 힘을 내세우지 마라."(선자과이이善者果而已, 불감이취강不敢以取强. 과이물긍果而勿矜, 과이물벌果而勿伐, 과이물교果而勿驕. 과이부득이果而不得已, 과이물강果而勿强.)

루소 말씀은 많으신데 한마디로 그냥 끝내고 말라는 것이네요. 결과만 있으면 됐지, 거기서 무엇을 얻으려고도 자랑하려고도 더 다치게 하지도 자랑지도 말라는 것이네요. 게다가 결과에 대해서도 최소한의 행위를 했다고 하고, 이겼다고 더 강해지려 하지 말라는 것입니다. 가만히 보면, 이것도 판단이고 방향입니다.

노자 잘 보셨소. 행위의 최소화, 무력의 최소화, 상흔의 최소화, 공과의 최소화가 또한 전쟁의 후과를 최소화해 주는 것이오.

훈수꾼 과장하자면, 기억의 최소화이기도 합니다. 쓰라린 기억이든, 자랑스러운 기억이든 그것은 폭력과 살육의 잔인한 기억이기 때문입니다.

---

1 2016년 5월 11일 미국 대통령으로는 처음으로 히로시마 원폭 공원을 방문한 오바마는 방명록에서 '이것이 전쟁의 후과後果(agency)'라고 썼다. 일본인은 사죄로 듣고 싶겠지만 그의 뜻은 전쟁을 일으키면 이렇게 된다는 것에 가깝다. 이른바 '평화 공원'으로 불리는 그곳에 미국 대통령이 가는데 항의서한조차 띄우지 못하는 우리나라 정부가 한스러웠다. 나는 '평화 공원'으로 불리는 한, 그곳에 발을 들여놓을 수 없었다. 오바마는 그 옆 한인 희생자 위령탑도 들렀어야 했다.(《슬픈 히로시마》 및 〈에이전시〉, '정세근 교수의 인문학으로 세상 읽기', 충청타임즈, 2018.3.7. 및 3.21.) 노자의 말에 따르면, 벤야민이 이야기하는 섬광처럼 스쳐가는 역사의 기억조차 줄여야 한다. 왜냐하면 일을 당한 사람만 기억하는 것이 아니라 일을 벌인 사람도 기억하기 때문이다. '칼로 전쟁포로의 목을 벤 기억'이나 '가스실로 유대인을 밀어 넣었던 기억'이 섬광처럼, 그것도 영광스럽게 떠오르면 어떡하겠는가? 좋든 싫든 군대에서의 무용담武勇談은 남성들의 좋은 술안주가 되지 않는가.

30.4. 힘자랑의 끝

노자　나는 이르노니(30.4.) "만물이 힘을 부리면 늙게 되니, 이를 일러 길
　　〔道〕이 아니라고 한다. 길이 아니면 일찍 그친다."(물장즉노物壯則老, 시
　　위부도是謂不道. 부도조이不道早己.)

루소　늘 힘셀 수는 없지요. 힘을 쓰다 보면 늙는 것이지요. 그러니 힘을
　　오히려 줄여야 합니다.

훈수꾼　용쓰는 것은 좋은 길이 아니네요.

노자　길이 아니면 일찍 맛이 가오. 제 길로 가야 하오. 힘든 길을 빠르다
　　고 힘껏 오르다가는 탈진해서 오도가도 못 하외다.

루소　동양은 역시 돌고 도는 사고를 좋아합니다. 우리는 일직선으로 쫙 나
　　가길 좋아하는데.

노자　훈수꾼도 우리 대화에 너무 용쓰다 탈나는 것 아니오?

　루소, 노자가 따 놓은 알이 작은 옥수수를 챙겨 나간다. 그거라도 먹을 요량인가?

제31막

전쟁과 살인—승리를 슬퍼하라

루소, 군복을 입고 나와 뽐을 낸다. 전에 입던 옷도 나폴레옹의 군복과 같은 모습이었다. 루소는 여태 입었던 초상화 속의 옷에 나폴레옹의 모자만 씌워도 군인으로 느껴질 것이다. 노자는 상복 두루마기를 걸치고 나온다. 한국식 삼베옷이다. 초상 때 상주들이 입는 것이다. 양복 위에 걸치기도 하고, 두건만을 쓰기도 했다. 요즘은 많이 입지 않는데도 하다 못해 완장腕章이나 상장喪章으로라도 단다. 상중임을 나타내기 위해 군복의 휘장徽章 아래에 달기도 한다. 못 말릴 전통의 위세다. 장章이 무엇일까? 권력, 증거, 표지, 이런 것들일 것이다. 휘장은 전과를 자랑하는 표징이고, 상장은 상중이라는 표식이다. 좀 더 나가 보자. 군복은 적군을 죽여도 된다는 면허고, 거꾸로 적군은 나를 죽여도 된다는 징표다. 상복은 부모가 죽어 슬프고 조심해야 하는 사람이니 알아 달라는 기호다. 휘장에 다는 상장은 어떻게 받아들여야 하는가? 남을 죽이는 사람이지만 나의 부모가 죽은 것은 슬프다는 뜻인가?

31.1. 좌우 전도

노자 나는 이르노니(31.1.) "무릇 좋은 병기란 상서롭지 못한 것이다. 만물은 거의 이를 싫어하니, 길[道]이 있는 사람은 이에 머물지 않는다. 군자는 살면서 왼쪽을 높이나, 총칼을 쓸 때는 오른쪽을 높인다."(부가병자夫佳兵者, 불상지기不祥之器; 물혹오지物或惡之, 고유도자불처故有道者不處. 군자거즉귀좌君子居則貴左, 용병즉귀우用兵則貴右.)

루소 병기를 상서롭지 못한 것으로 보는 태도는 선생이 확실한 반전론자임을 드러내는 것입니다. 마치 총을 만지지 못하게 하는 종교단체[1] 같습니다.

노자 너무 크게 나가지 않아도 되오. 아이들에게 칼을 맡기오? 다칠까 걱정하지 않소. 같은 것이오. 총칼을 지니면 우쭐하게 되니, 상서로울 수 없는 것이오.

루소 상서롭다는 것은 길상吉祥의 서기瑞氣가 있는 것이니, 상서롭지 않다는 것은 흉악凶惡의 조짐兆朕이 있다는 것이네요. 요즘 말로 재수 없다는 것이고요.

노자 총과 칼을 좋아하면 안 되오. 그래서 쓰고 나면 눈에 안 띄게 보관하는 것도 그런 까닭이오. 만물이 다 싫어하오. 나를 쏠까봐, 나를 벨까봐. 그것을 자랑하면 아니 되오.

루소 그래서 평소의 예와는 달리, 왼쪽 오른쪽을 바꿔라?

노자 동양의 전통은 왼쪽이 높고 오른쪽이 낮소. 해가 왼쪽인 동쪽에서 뜨고 오른쪽인 서쪽에서 지잖소? 물론 기준은 임금이 남면南面하고 있

---

1 여호와의 증인(Jesuit's witness)의 예.

는 것이오. 사람들도 마찬가지여서 남쪽으로 집을 짓고 그쪽을 창을 내고 바라보지 않소?

훈수꾼 그래서 좌의정이 우의정보다 높군요? 그 둘을 총괄하는 것이 영의 정이고. 요즘 식으로라면 총리, 경제부총리, 교육부총리인 셈이고요.

노자 상례喪禮 때 어떻게 하오? 죽음은 음의 세계니 모든 것을 거꾸로 하지 않소? 읍할 때의 손도 앞뒤를 바꾸고, 젓가락도 돌아가신 분을 기준으로 하면 왼쪽에 놓지 않소? 그것처럼 군사를 쓸 때는 좌우를 바꿔서 이것이 정상正常이 아닌 비상非常임을 드러내야 하는 것이오. 사람을 죽이자는 것이 어떻게 정상 시국일 수 있겠소?

루소 예의 형식을 바꿔 전쟁은 정상이 아님을 환기하라는 뜻이네요.

노자 군자라면 그래야 하오. 군자가 사람을 살리지, 죽이오?

31.2. 적은 상상

노자 나는 이르노니(31.2.) "병기는 상서롭지 못한 것이니, 군자의 것이 아니다. 어쩔 수 없이 쓰더라도 담담한 것이 가장 바람직하다. 이겨도 좋아하지 않는데, 좋아하면 사람 죽이기를 즐기는 것이다. 무릇 사람 죽이기를 즐기는 사람은 천하에서 뜻을 얻을 수 없노라."(병자불상지기兵者不祥之器, 비군자지기非君子之器; 부득이이용지不得已而用之, 염담위상恬淡爲上. 승이불미勝而不美, 이미지자而美之者, 시락살인是樂殺人. 부락살인자夫樂殺人者, 즉불가득지어천하의則不可得志於天下矣.)

루소 무기를 쓰더라도 부득이하게 쓰고 마음가짐을 담담하게 지녀라. 승리를 자랑하는 것은 살인을 좋아하는 것이고, 살인을 좋아하는 사람이 어떻게 사람들에게 환호받겠느냐? 이런 말씀인데, 죽일 때는 죽여야 하는 것 아닙니까?

노자 그대의 자유에 대한 절대적인 추구가 폭력을 낳은 것을 아시오? 공포정치에서 나온 자유의 절대적인 이상화가 남긴 상처를 아시오? 자유조차 절대화되어서는 안 되는 것이오.

루소 나는 자유를 절대화시켜야 된다고 생각합니다. 자유는 어떤 덕목의 결과나 조건이 아니라 덕목 그 자체가 되어야 합니다.[2]

노자 그래서 로베스피에르처럼 '자유롭지 않은 시민은 인간임을 포기했으므로 죽어도 된다'고 생각하는 거요?

루소 혁명이란 죽이고 죽을 수밖에 없는 것입니다. 나는 프랑스혁명에 불을 붙인 사람입니다. 파리 판테온의 내 석관 문을 비집고 나온 횃불을 든 손 조각이 뜻하는 것이 바로 그것입니다.

노자 로베스피에르가 담담했소? 그는 격정적이고 흥분한 상태였소. 그렇게 사람을 죽이면 안 되는 것이오. 그래서 사람들의 뜻을 얻지 못한 것이오. 승리를 기뻐하지 말고, 승리에 희생당한 사람을 위로했어야 하는 것이오.

31.3. 상례

노자 나는 이르노니(31.3.) "좋은 일은 왼쪽을 높이고, 나쁜 일은 오른쪽을 높인다. 부대장은 왼쪽에 자리하고, 대장은 오른쪽에 자리한다. 상례喪禮로 다룬다고 한다. 사람을 죽인 무리는 슬픔으로 울며 맞이한다. 전쟁에서 이기면 상례로 다룬다."(길사상좌吉事尚左, 흉사상우凶事尚右. 편장군거좌偏將軍居左, 상장군거우上將軍居右; 언이상례처지言以喪禮處之. 살인지중殺人之衆, 이비애읍지以悲哀泣之; 전승이상례처지戰勝以喪禮處之.)

루소 평소라면 높은 자리에 앉는 윗사람이 왼쪽에 앉고, 오히려 아랫사람

---

2 Leo Strauss, *Natural Right and History*, p. 278. '루소의 자유는 덕의 조건이거나 결과이기보다는 덕 그 자체로 나타난다.' 김용민, 《루소의 정치사상》, 119쪽에서 재인용.

이 오른쪽에 앉음으로써 전쟁의 예법을 상례로 하라는 말씀인데, 지나치지 않습니까?

노자 누가 이기지 말라고 했소? 이겨도 기뻐하기보다는 오히려 슬퍼하라는 말이오. 포화 속에 희생된 아군이든 적군이든 안타깝게 생각하라는 말이오. 우리는 사람을 죽인 무리임을 깨닫고 죽은 사람들의 넋을 달래 주라는 이야기라오. 그대가 살아 있기에 더욱 그래야 할 것이오.

루소 파리에는 개선문이 있습니다. 전승을 기념하는 문입니다.

노자 당장 부숴 버리시오.

노자, 상복 두루마기를 벗어 루소에게 준다. 루소, 옷 위에 상복을 걸쳤지만, 거기에 나폴레옹의 모자를 쓴다.

제32막

균등한 은혜─손님을 맞이하라

노자가 호리병을 차고 나온다. 앙증맞다. 세상에 어찌 그리 예쁜 박이 있어 물통으로 쓰게끔 하는지, 천지조화天地造化가 놀랍다. 여기서 조화는 조화調和가 아니라 요즘 말로 창조다. 하모니harmony가 아니라 크리에이션creation이다. '천지의 조화로세', '이게 웬 천지조화인지'라고 할 때의 조화다. 창조와 다른 점이 있다면 연속적으로 벌어지는 변화의 과정에 좀 더 주안점이 있다는 것이다. 창조는 단풍나무를 만든 것을 가리키고, 조화는 거기에 더하여 단풍나무에 단풍이 드는 것까지 말한다. 단풍나무는 홀로 단풍 들지 못한다. 햇볕도 도와줘야 하고 비도 도와줘야 한다. 날씨와 나무의 교감을 통해 단풍이 아름다워진다. 이것이 조화다. 단풍을 창조한다고 말하진 않는다. 호리병도 그렇다. 천지가 사람을 위해 호리병박을 만들지 않았지만 사람은 그것으로 물병도 만들고, 술잔도 만든다. 플라스틱이 지금처럼 흔해지기 전 약수터에는 호리병박으로 만든 잔이 걸려 있었다. 한해살이 넝쿨 풀 안에 이런 조화가 들어 있었다. 노자, 물을 손에 덜더니 얼굴에 묻힌다.

32.1. 이름 없는 길

노자 나는 이르노니(32.1.) "도는 늘 이름이 없으니, 통나무로다. 비록 작
  지만 천하에 그것을 부릴 것은 없다. 임금이 이를 지킬 수 있다면 만
  물은 스스로 손님이 될 것이다."(도상무명道常無名, 박樸; 수소雖小, 천
  하막능신야天下莫能臣也. 후왕약능수지侯王若能守之, 만물장자빈萬物將自賓.)
루소 도를 도라 하면 도가 아니다. 길을 길이라 하면 어떤 길이지 모든
  길을 아우르는 길일 수 없다. 이것은 앞에서 말씀하셨습니다. 그런데
  통나무는 뭡니까?
노자 진리의 성격을 가장 잘 표현하는 것이 바로 통나무요. 다듬어지지 않
  은, 아직 이름 붙여지지 않은, 무엇이 될 수도 있고 안 될 수도 있는
  그런 통나무가 바로 진리를 대변해 준다오.
루소 물이 도에 가깝다고 하시지 않았습니까?
노자 거기서 물은 낮은 데로 흘러가 사람들이 싫어하는 곳에 머물 줄 아
  는 성질이 도에 가깝다고 한 것이고, 여기서 박은 도라는 이름이 처
  음부터 주어진 것이 아니라는 것을 잘 보여 준다는 것이오. 물은 도
  의 자연성을, 박은 도의 무명성을 잘 드러내 준다고나 할까. 자연은
  본래 이름이 없는 것도 사실이오만.
루소 헷갈립니다.
노자 이렇게 말해 봅시다. 물은 이리저리 옮겨 다녀도 물이라오. 시냇물도 물
  이고, 바닷물도 물이오. 찬물도 물이고 짠물도 물이오. 더러운 물도
  물이고 깨끗한 물도 물이오. 그런 점에서 물은 물이라는 이름을 버리
  지 못하오. 끓는 물에서 나는 김이나 물이 얼은 얼음 정도가 다를 뿐
  이오. 그러나 통나무는 완전히 다른 이름으로 나뉘오. 몽둥이부터 지

휘봉까지, 전봇대에서 이쑤시개까지, 가구부터 다리까지 이렇게 다양하오. 그런 점에서 통나무가 여러 물건으로 흐트러지기 전 이름 없는 상태가 도의 무명성을 가장 잘 드러내 준다는 것이오. 엄격히 구별하자면, 박은 도에 가깝고 물은 덕에 가깝기도 하오. 이름 없음은 도의 가장 중요한 특징이고, 아래로 흘러가는 것은 덕 가운데 덕이니 말이요.

루소 그러니까 앞에서 말한 '물은 도에 가깝다'는 말씀은 '물의 덕이 도에 가깝다'는 말씀이시네요.[1]

노자 역시! 물이 만물에 해 주는 기능과 역할을 강조하면서 자신의 처신을 분명히 하는 것이니 물의 덕이지요. 덕은 효용이잖소? 주어로 '수덕水德'이나 '수지덕水之德'이라고 넣어도 전혀 이상하지 않소.

루소 이름 없는 별것 아닌데도 그것을 부릴 수 있는 것은 천하에 아무것도 없다는 말씀은 그 통나무가 무엇이라도 될 수 있기 때문이고, 따라서 통치자가 이것을 지킬 수 있다면 세상 만물이 모두 그에게 다가올 것이라는 이야기죠?

노자 아무것도 아니나 무엇이라도 된다는 그대의 풀이는 말장난 같지만 뜻이 깊소. 내가 아무것도 아니니 만물이 스스로 나의 손님 되길 바란다는 것도 그렇소. 내가 무엇이라면 그것에 맞는 사람이야 찾아오겠지만, 맞지 않는 사람이 어찌 찾아오겠소?

루소 진리에 이름을 붙일 수는 없지만, 통나무 정도는 괜찮다는 뜻도 있습니다.

노자 그렇소. 내가 뭐랬소? '크다'〔大〕 정도로 도를 표현할 수 있는 것처럼[2] '통나무'도 좋소. 비록 그것은 사람들에게 작고 보잘것없는 것으로 보이지만 말이오. 하하.

---

1 8.2.: "물은 만물을 잘 이롭게 하면서도 싸우지 않고, 뭇사람이 싫어하는 곳에 머물기에, 도에 가깝다."(水善利萬物而不爭, 處衆人之所惡, 故幾於道.)
2 25.2.: "나는 그 이름을 모르니, '도道'라고 쓰고, 억지로 '크다'〔大〕고 이름 짓는다." (吾不知其名, 字之曰道, 强爲之名曰大.)

32.2. 골고루

노자 나는 이르노니(32.2.) "하늘과 땅이 서로 만나 단 이슬을 내린다. 사람이 시키지도 않았는데도 스스로 골고루 뿌린다."(천지상합天地相合, 이강감로以降甘露; 민막지령이자균民莫之令而自均.)

루소 하늘과 땅은 편견을 갖지 않지요. 나에게 잘해 준다는 생각은 착각이거나 공연한 오만일 겁니다. 하늘과 땅이 만나 이슬을 내려 주는데 사람을 가립니까? 그런 공평함을 지니며 살라는 말씀이지요?

노자 어찌 사람이 천지에게 그러라고 했겠소? 그것이 스스로 똑같이 이슬을 내려 주는 것이지. 자연에서도 평등함을 찾을 수 있는 것이오.

루소 나는 자연에서 평등함보다는 자유로움을 보았습니다.[3] 그런데 선생은 평등도 보시네요?

노자 자유는 무엇보다도 중요하오. 그러나 그 자유는 골고루 자유로워야지요. 여기서 '골고루'가 바로 평등이라오. 내가 말한 '하늘과 땅은 어질지 않다'[4]는 주장도 같은 맥락이라오. 예쁜 놈, 미운 놈을 나누지 않잖소.

루소 그렇다면 선생은 자유가 먼저입니까, 평등이 먼저입니까?

노자 날카롭구려. 그저 자연이라오.

---

3 김용민, 《루소의 정치철학》, 2004, 116쪽. "자유, 평등, 박애라는 인류의 보편적 가치가 루소의 철학에서 중요한 주제를 형성하고 있는 것은 사실이지만, 루소의 철학에서 핵심적 자리를 차지하고 있는 것은 바로 자유란 가치이다. 홉스, 로크, 몽테스키외와 같은 루소 이전의 철학자들이 자유란 개념의 근거를 마련하고 개인의 자유를 확대하고 보장할 수 있는 정치체제와 법에 관해 천착해온 것은 분명하지만, 그 어느 누구도 루소처럼 '자유를 절대화'(absolutization of freedom)시키지 못하고 있다.(…) 마르크스를 '평등의 절대화'(absolutization of equality)를 추구했던 철학자로 대비시켜 파악한다면 조금 더 명료해질 수 있을 것이다."

4 5.1.: "천지는 어질지 않아 만물을 짚으로 만든 개처럼 여긴다. 성인도 어질지 않아 백성을 짚으로 만든 개처럼 여긴다."(天地不仁, 以萬物爲芻狗; 聖人不仁, 以百姓爲芻狗.)

루소 아니, 자연의 성질에서 자유를 먼저 보았습니까, 평등을 먼저 보았습니까?

노자 이를 데 없이 날카롭구려. 그러나 그대도 《인간 불평등 기원론》에서 평등을 무척이나 강조하지 않았소이까?

32.3. 그쳐라

노자 나는 이르노니(32.3.) "만듦이 비롯되자 이름이 있고 이미 이름이 있으니 그침도 알게 될 것이다. 그침을 알면 위태하지 않으니, 마치 도가 천하에 있고 시내가 강과 바다로 흐르는 것과 같다."(시제유명始制有名, 명역기유名亦旣有, 부역장지지夫亦將知止. 지지가이불태知止可以不殆, 비도지재천하譬道之在天下, 유천곡지어강해猶川谷之於江海.)

루소 예, 사람이 개입되고 문명이 창조되면서 이름이 생기고, 따라서 이미 생긴 이름을 멈출 수 없게 되었지만, 그래도 멈춰 보라는 말씀이십니다. 개념화시키고 범주화시켜서 규정되어 버린 세계가 아닌 본연의 세계에서 놀아 보라는 이야기이고요.

노자 그쳐 봅시다. 이름 짓기, 이름 매기기, 이름 높이기, 이름 낮추기, 이름 떠받들기에서 떠나 봅시다. 그래야 위태롭지 않소. 진리가 세계에 존재하는 방식은 모든 계곡의 물이 강과 바다로 흘러가서 비로소 멈추는 것과 같소.

루소 이름 없는 세상이 어떨까 궁금합니다.

노자 적어도 귀천貴賤이나 고하高下 같은 인위적인 분별은 주어지지 않았을 거요. 빈천貧賤이나 상하上下를 말하지 않고, 귀천과 고하를 말하는 것이 바로 사람의 차별의식의 발로요.

　루소, 노자에게 호리병을 받아 눈 주변을 닦는 듯하더니 고개를 젖히고 입에 물을 쏟아 넣는다. 흘리는 것이 반이다. 물은 사람도, 사람의 부위나 상태도 차별하지 않는다.

제33막

:유오지족의 엽전이 걸려 있는 방:

지족 관념의 기원—이만하면 됐다

중국집에 가면 장식품으로 걸려 있는 것이 있다. 엽전 같이 가운데가 네모로 비어 있고 글씨가 쓰여 있다. 마치 아주 큰 상평통보常平通寶와 같은 꼴이지만 글씨는 가운데 입구 자를 중심으로 네 자가 모두 그것을 공유하고 있다. 이름하여, '유오지족唯吾知足'이다. '오유지족吾唯知足'으로 읽어도 되지만 어조사가 앞으로 가는 것이 일반적이다. 오직 나는 됐음을 알뿐이다. 이 정도면 만족할 줄 안다는 뜻이다. 특히 알 지 자가 들어가면서 '만족스럽지 않아도 만족스럽게 여길 줄 안다'는 함의를 담는다. 이것이 중요하다. 만족은 어렵다. 그러나 나는 만족할 줄 안다. 장사하는 사람이 돈을 벌고자 하면서 이런 것을 붙여 놓는 것이 웃긴다. 그것이 엽전에 새긴 글이기 때문에 더 웃긴다. 옆에는 황금 모양의 장식이 주렁주렁 달려 있어 더더욱 웃긴다. 루소와 훈수꾼, 중국집처럼 내려진 차양을 손으로 비키며 들어온다. 뒤를 이어 들어오는 노자, 유오지족의 장식을 들고 와서 삐죽 튀어나온 차양 걸이에 걸어놓는다.

33.1 자신을 알라

노자 나는 이르노니(33.1.) "남을 아는 사람은 똑똑하고, 스스로를 아는 사
　　람은 밝다."(지인자지知人者智, 자지자명自知者明.)
루소 다들 말하는 것이네요. 금언 가운데 이런 말이 많지요. 남을 아는 것
　　도 좋지만 너 스스로를 알기가 가장 어려우니, 이에 힘써라. 이렇게
　　말입니다. 소크라테스의 '너 자신을 알라'도 같은 맥락이고요. 다만
　　똑똑함과 밝음을 구별하시는 선생의 말씀을 듣고 싶습니다.
노자 철학자의 개념이라는 것이 자기 정의가 많을 수밖에 없소. 새로운 의
　　미의 창출이 철학자의 작업 가운데 하나니까 그렇소. 나는 지혜의 지
　　를 좋지 않게 보오. 지식과 지혜를 일반적으로 구별하지만, 나는 둘
　　다 인간의 지력智力이라는 면에서 그다지 좋은 것 같지 않소. 본성의
　　울림을 들어야 하오.
루소 무지의 사상과 같습니까?
노자 그렇소. 그래서 지력이 아닌, 저절로 다가오는 밝음을 말하는 것이오.
　　그러니까 나는 여기서 배워서 아는 지성의 능력인 '똑똑함'(지智)을 타
　　고난 본래의 능력인 '밝음'(명明)을 나누고, 똑똑함을 넘어 밝음으로
　　가길 권유하는 거라오.
루소 지각과 비슷합니다.
노자 앞서 말했지만,[1] 지각이라는 번역어에 '지知' 자가 들어가서 좀 그렇
　　소. 어찌 됐든 감각의 부활, 육체의 복원을 이른다오.

---

1 이 책의 《노자》 14.1과 21.2.를 보라.

33.2. 자기를 이겨라

노자 나는 이르노니(33.2.) "남을 이기는 사람은 힘이 있고, 스스로를 이기
　　는 사람이야말로 세다."(승인자유력勝人者有力, 자승자강自勝者强.)
루소 그렇습니다. 남을 이기기보다 나를 이기기가 가장 어렵죠. 나에게는
　　늘 져주고 말죠.
노자 힘만 넘치면 뭐하오? 그 힘을 스스로 이기는 데 써야지 비로소 강해
　　지는 것이오.
루소 강한 것을 안 좋아하시던데, 이럴 때 좋게 쓰시네요.
노자 그래서 다음(33.4.)에도 좋게 쓰려하오. 강한 것과 약한 것이 비교될
　　때 강한 것이 약한 것보다 못하다고 했지, 강한 것이 무조건 안 좋다
　　고는 안 했소. 상대 개념이라는 것이 늘 이런 약점을 갖고 있는 것을
　　알면서 그러시오? 이렇게 말하면 이해하겠소? '부드러운 것을 지키는
　　것이 센 것이다.'[2] 부사를 좀 넣으면 '부드러움을 지킬 수 있어야 정
　　말로 세진다'라는 말이 되오.
훈수꾼 쾅쾅 넘어뜨리면서 부드러운 길이라고 하니 좀 어색하긴 하지만,
　　'유도柔道'라는 이름의 것이 추구하는 바가 그렇네요. 부드럽게 이긴다
　　는 것이니.

33.3. 됐다

노자 나는 이르노니(33.3.) "됐음을 아는 사람은 넉넉하다."(지족자부知足者富.)
루소 만족하면 행복합니다. 만족하면 부자죠. 만족 못하면 불행하고 가난

2　52.3.: "작은 것을 보는 것을 밝음이라 하고, 부드러운 것을 지키는 것을 힘셈이라고
　　한다."(見小曰明, 守柔曰强.)

합니다. 우리네 삶이 그렇습니다. 행복은 만족을 욕망으로 나누는 건데, 욕망이 커질수록 분모가 늘어나서 불행해집니다. 그래서 욕망을 줄여 만족해 버리면 분자가 늘어나서 행복해지지요. 부자도 그래요. 99억 있는 사람이 100억 채우려고 불행해지잖습니까?

노자 이런 '지족知足'의 사상은 내가 제일 먼저 제시한 것 같소. 그냥 만족하라는 것이 아니라, 만족을 스스로 얻어가는 심리적 과정을 강조했으니 말이오. 여기서 앎이란 스스로의 판단이고 선택이오. 남이 해 줄 수 없는 것이오.

루소 여기서는 지성을 좋게 말하시네요?

노자 만족으로 가는 심리적 과정이고 훈련하듯 연습의 결과로 얻는 판단이라서 지족이라 했소. 그러니까 '만족하라'는 것은 대상에 대한 감정이라면, '지족하라'는 것은 주체에 대한 감정이오. 감정의 방향이 정반대요.

훈수꾼 살수대첩 때 을지문덕이 우중문에게 보내는 시에서 '지족'이라는 말이 나와,[3] 고구려 때 이미 선생의 책이 전래되었다고 학술적으로는 판단합니다. 흔히 '지족하니 물러가라'고 번역하지만 '지족하니 멈추라'는 것으로 위에서 말씀하신 멈춤의 철학과도 통하고, 지족과 지지知止가 한 데로 연결됩니다.[4]

---

3 〈여수장우중문시與隨將于仲文詩〉: 지족원운지知足願云止.

4 44.3.: "됐음을 아니 욕됨이 없고 멈춤을 아니 위태롭지 않아 길게 오래갈 수 있다."(知足不辱, 知止不殆, 可以長久.) /32.3.: "만듦이 비롯되자 이름이 있고 이미 이름이 있으니 그침도 알게 될 것이다. 그침을 알면 위태하지 않으니, 마치 도가 천하에 있고 시내가 강과 바다로 흐르는 것과 같다."(始制有名, 名亦既有, 夫亦將知止. 知止可以不殆, 譬道之在天下, 猶川谷之於江海.)

33.4. 강 길 가자

노자 나는 이르노니(33.4.) "힘차게 나아가는 사람은 뜻이 있다."(강행자유
　　지强行者有志.)
루소 뜻이 있어야 가지요. 어떤 뜻을 말합니까?
노자 욕심을 채우기 위한 의지는 나쁘지만, 만족하기 위한 의지는 좋은 것
　　이오. 권력이나 명예에 대한 욕심은 약하게 만들고, 사색과 명상에 대
　　한 관심은 강하게 만드시오. 그것이 지족으로만 가능하다는 것도 알
　　았으면 하오.
루소 내가 결국 《고독한 산책가의 몽상》(1776~78)에서 말하는 철학자의
　　길과 흡사합니다. 자연인에게도 원초적인 자유가 있었고(《인간 불평등
　　기원론》, 1754), 시민에게도 정치적 자유가 있어야 하지만(《사회계약
　　론》, 1760 초고, 1761), 가장 중요한 것은 바로 자기의 도덕을 설정하
　　고 그에 따르는 철학적 자유입니다. 나는 에밀이 그런 고고한 자유를
　　얻길 희망했습니다.

33.5. 있을 곳을 찾아라

노자 나는 이르노니(33.5.) "그 자리를 잃지 않으면 오래가고, 죽어도 잊히
　　지 않으면 오래 산다."(불실기소자구不失其所者久, 사이불망자수死而不亡者壽.)
루소 있을 자리를 찾으라는 말씀인데, 나의 말년 생활과 비슷합니다. 흔히
　　나를 말년에는 대인기피가 있는 피해망상증 환자로 보는데, 그건 나
　　의 저술에서 나온 묘사이지 그것이 곧 나의 정신세계는 아니었습니다.
노자 제자리를 찾았다는 것이오?
루소 산책을 하며 식물을 채집하는 것이 가장 좋아하는 취미생활이었습니

다. 벗의 딸에게 보내는 형식으로 〈식물학에 관한 편지〉를 쓰기도 했습니다. 식물학에 열정적이던 괴테가 이러한 저의 정신세계를 극찬합니다.5 음악도 저의 평생 반려였습니다.

훈수꾼 재밌네요. 월든 숲에서 혼자 산 적이 있는 소로우도 식물학에 조예가 깊었다고 합니다. 야생사과에 대해 쓴 글도 있습니다. 그리고 산책하는 사람은 태어나지 만들어지지 않는다는 말을 했지요.6

노자 식물학이라? 정주했단 말이오?

루소 어찌 나의 방랑이 마무리될 수 있겠습니까? 그러나 내가 있어야 할 자리는 꾸준히 지켜왔습니다. 게다가 사후 6년 프랑스혁명 주도자들은 나의 관을 영광스럽게도 프랑스의 위인을 모신 판테온으로 옮겨주었고, 국민의회는 미망인에게 명예연금을 지급했습니다. 나는 죽었지만 프랑스혁명의 정신적 지주가 되었습니다.

노자 내가 말한 대로, 죽어도 잊히지 않아 오래 사는구려.

루소 그렇다고 제가 정치적인 데 관심을 끊은 것은 아니었습니다.《폴란드 정부에 관한 고찰》(1772)도 이때 쓰지요. 폴란드를 스파르타와 같은 정치체제를 실현할 국가로 생각해본 것입니다.7

노자 시절도 수상했지만, 그대의 관심도 넓소이다.

노자, 유오지족이라고 쓴 장식 엽전을 손으로 쳐서 빙글빙글 돌린다.

---

5 '식물을 사랑하는 은자에게' 보내는 편지. "지극히 존경스러운 루소의 외로운 산책을 따르고 싶지 않은 사람이 어디 있겠는가. 인간과 반목했던 그는 산책을 하며 식물과 꽃의 세계로 관심을 돌리고, 그 순수하고 솔직한 정신력으로 조용한 매력을 지닌 자연의 아이들과 친하게 지냈다." Goethe, Morphologie, 'Geschichte meines botanischen Studiums', 게오르크 홀름스텐,《루소》, 210쪽 및 주에서 재인용.

6 헨리 데이비드 소로,《산책 외》, 2009, 99~143, 19쪽. "여러분은 산책가 집단Walkers의 가족으로 태어나야 한다. 산책가는 태어나는 것이지 만들어지는 것이 아니다."

7 루소,《인간 불평등 기원론》, 119쪽. "훌륭한 건물을 세우기 위해서는 리쿠르고스Lycurgos가 스파르타에서 한 것처럼 우선 부지를 청소하고 낡은 건축 자재들을 말끔히 치워야 하는데, 사람들은 끊임없이 수리만 해댔던 것이다."

제34막

무명과 무욕─주인이 되려 말라

아주 작은 조각을 이어 예쁘게 만든 전통 조각보가 걸려 있다. 그렇게 작은 조각이 모여 어떻게 저렇게 보기 좋은 보자기가 될 수 있는지 신기하다. 조각보도 창작의 한 형식임에 틀림없다. 퀼트 이불, 퀼트 가방도 좋다. 조각 이불이고, 조각 가방이다. 다른 것이 모여 하나를 이루는 아름다움이다. '각기도생各其圖生'이나 '총화단결總和團結'이다. 노자, 들어오면서 관심 있게 본다. 어떤 천을 이었는지, 어떤 바느질로 꿰맸는지 하나 하나 살펴본다. 루소, 멍하니 본다.

34.1. 어디든 가자

노자 나는 이르노니(34.1.) "큰 도가 넘치나니, 왼쪽 오른쪽 어디라도 갈
수 있도다."(대도범혜大道氾兮, 기가좌우其可左右.)

루소 진리가 넘친다, 어디라도 적신다. 멋있는 표현입니다.

노자 적신다는 것은 그대의 수사요. 그대가 멋지오.

루소 진리의 쓰나미? 어떻습니까?

노자 쓰나미는 무서워 싫소.

루소 원래는 츠나미죠. 진파津波라고 쓰는데, 해저의 지진으로 갑자기 해안
가에 밀려오는 파도를 뜻합니다. 한자적으로는 바다의 노래라고 해소
海嘯라고도 불리는데, 전 세계적으로 통용되는 말이라서 쓰나미라고
써봤습니다. 선생은 '천지가 어질지 않다'[1]고 하지 않으셨습니까. 이런
해일海溢이 대표적으로 어질지 않죠. 남녀노소, 성인군자 가리지 않고
몰려오니까요.

노자 진리의 홍수 정도로 합시다. 천지가 어질지 않지만 어머니의 마음으
로 감싸 주기도 하니까요. 홍수가 나야 농작물도 잘 크고 강물도 맑
아진다오.

루소 원뜻은 진리의 범람氾濫이지요? 나일강이 범람해 줘서 풍요로운 나일
강 문명을 만들었듯이요.

노자 진리의 효용은 이렇게 크다오.

루소 야스퍼스는 실존주의자이면서도 유신론자이었는데, 물길을 잡아 주는

---

1 5.1. 天地不仁, 以萬物爲芻狗; 聖人不仁.

것이 바로 절대자(포괄자)라고 표현했습니다. 그런데 선생은 좌우사방
左右四方을 가리지 않는다고 하십니다.

노자 도는 모든 것에 미치면서도 자신을 앞세우지 않소.

34.2. 자랑 말자

노자 나는 이르노니(34.2.) "만물은 이에 기대어 태어나지만 아무 말 없고,
　　 일이 이루어졌지만 이름을 얻으려 않으며, 만물을 덮고 기르지만 주
　　 인이 되려 들지 않는다."(만물시지이생萬物恃之以生, 이불사而不辭. 공성
　　 이불명유功成而不名有, 의양만물이불위주衣養萬物而不爲主.)

루소 진리는 대가를 바라지도, 칭송을 바라지도, 숭배를 바라지도 않는다
　　 는 말씀입니다.

노자 길은 길일 뿐, 길로 편하게 다닌다고 돈을 달라 하오? 통행세를 받
　　 는 것은 사람이지.

루소 통행료가 아니라 통행세라고 말씀하시네요.

노자 길을 뚫어 놓고 돈 달라는 것은 철저하게 자본주의적인 사고요.

루소 오늘날 영국은 모든 고속도로의 나들목을 개방하였습니다. 자동차세
　　 가 통행료를 대신한다는 개념입니다.

노자 일을 해 주면서 자랑도 말고, 이름나기도 바라지 말고, 주인이 되려
　　 고도 마시오. 일만 되면 되오.

루소 되면 된다?

34.3. 작음부터 큼까지

노자 나는 이르노니(34.3.) "늘 하고자 하는 것이 없으니 작다고 이름 부

를 수 있고, 만물이 돌아가는 곳이면서도 주인 되려 들지 않으니 크다고 이름 부를 수 있다. 그 끝을 스스로 크다고 여기지 않으니, 따라서 그 큼을 이룰 수 있다."(상무욕常無欲, 가명어소可名於小, 만물귀언萬物歸焉, 이불위주而不爲主, 가명위대可名爲大. 이기종불자위대以其終不自爲大, 고능성기대故能成其大.)

루소 욕심이 없으니 크다기보다 작고, 작으니 만물이 어렵지 않게 생각해서 그에게 돌아간다는 말씀이네요. 만물이 돌아가니 오히려 크다고 말할 수 있고요. 그렇다고 해서 스스로 크다고 하지 않으니 오히려 그 큼을 잘 이룰 수 있고요.

노자 그렇소. 스스로 작아져야 클 수 있소. 작아야 사람들이 모인다오. 겸손한 이에게 사람들이 모이지 않소?

훈수꾼 겸손의 겸謙은 《주역》에서 강조하는데 그런 말씀을 한 번도 안 하시면서 결국은 그리로 돌아가시는 것 같습니다.

노자 나는 아래[하下]를 말하오.² 아래로, 아래로.

훈수꾼 불교의 마음 내려놓기인 하심下心과 통합니다.

루소 그래서 사람들이 불교의 매력에 빠지는 모양입니다. 평정한 자기 버리기를 실천하잖습니까? 고요한 겸허 속에서 높은 깨달음을 얻기를 바라지 않습니까? 작아서 크고, 크다고 여기지 않으니 마침내 큼을 이루잖습니까? 여기 선불교에서 큰 것은 깨달음의 길이고요.

노자 나도 돌아가는 것을 좋아하는데, 불교도 귀의歸依한다고 하지요? 작은 데서 큰 데까지 가봅시다.

　　루소, 조각보를 내려 자기 목에 걸쳐 본다. 목도리처럼 멋을 내 본다. 조각보는 작은 것을 모아 큰 것을 이루는 아름다움이다.

---

2 61.1.: "큰 나라가 아래로 흐르면 천하가 모여든다."(大國者下流, 天下之交.)

제35막

:우뭇가사리묵이 있는 방:

맛 없는 맛—맹맹하라

우뭇가사리묵이 책상 위 접시에 한가득 놓여있다. 영양소는 많되 칼로리는 낮다. 맛도 없다. 쓰다는 것이 아니라 별맛이 없다는 것이다. 무미無味도 별미別味다. 무미無味도 맛 가운데 하나다. 대표적인 것이 도토리묵이나 청포묵 같은 것이다. 도토리에서 쓴맛도 나오지만 크게 보면 맹맹하다. 녹두에서 단맛이 나오지만 마찬가지로 맹맹하다. 그래서 도토리묵은 야채와 더불어 매운 맛을 가미하고, 청포묵은 간장에 듬뿍 찍어 먹는다. 맹맹한 맛이야말로 참맛이다. 맛이 거의 없는 것이 오래간다. 밥맛이 좋다 나쁘다 하지만 주식主食은 기본적으로 맹맹해야 먹는다. 밥도 빵도 맹맹하다. 쌀도, 밀도 작지만 모여서 밥과 빵이 된다. 노자, 묵을 잘 먹는다. 간장이 없어도 잘 먹는다. 훈수꾼, 잘 먹는다. 루소, 한 모 귀퉁이를 먹어 보니 별맛이 없어 뱉는다.

35.1. 평안과 태평

노자 나는 이르노니(35.1.) "큰 꼴을 잡으니 천하가 제 길로 간다. 가면서
도 남을 해치지 않으니 태평스럽다."(집대상執大象, 천하왕天下往, 왕이
불해往而不害, 안평태安平太.)

루소 큰 것을 먼저 잡아야죠. 작은 것에 매달리면 큰 것을 못 보죠.

훈수꾼 맹자는 말합니다. '먼저 큰 것을 세우라'고.[1]

노자 세상이 돌아가는 가장 큰 것을 잡으면 이치가 자명하고 원리가 분명
해지오. 세상의 운행 법칙이 명철하게 드러나는 것이오. 따라서 천하
가 제 갈 길로 가면서도 남을 해치지 않소. 그러니 평안하고 태평해
지오.

루소 나는 그 큰 것을 '사회계약'이라는 꼴로 잡았습니다. 계약이 사회의
원리라고 생각했습니다. 누가 누구를 지배하고 누가 누구에게 복종하
는 것이 아니라, 평등하게 평화를 위해 계약을 맺었다는 것입니다. 그
래서 권력을 맡겼지만, 평화가 깨지면 계약도 깨진다는 것입니다.

노자 당시 많은 사회계약론자가 있었소?

루소 내 생각의 원천은 홉스입니다. 그러나 그와 나의 가장 큰 차이는 최
초의 인간이 싸우고 있는지, 잘 지내고 있는지에 있습니다. 홉스는 누
구랑도 싸우고 있는 '만인 대 만인의 투쟁'(늑대와 늑대와의 싸움)을
말했지만, 나는 평화로운 자연 상태를 이상적으로 그렸습니다. 그리고
자연 상태(état de nature)와 사회 상태(état de société)를 엄격히 구분
하여[2] 전쟁과 무력은 사회 상태의 것으로 보았습니다.

---

1 《맹자》〈고자告子〉: "먼저 큰 데서부터 세우라."(先立乎其大者.)

노자 나와 같소.

루소 나는 야만 상태로 돌아가자는 것이 아닙니다. 이상 상태로 가야 한다는 것이지요.

노자 만일 계약이 깨지면 어떻게 되오?

루소 임금이 임금이 아닌 거죠. 저항권이 있습니다. 특히 생명권은 절대로 양도될 수 없는 자유인의 권리입니다.

노자 법은?

루소 나는 입법권도 양도될 수 없는 것으로 보았습니다. 로크는 대의代議 정치라는 개념으로 양도될 수 있다고 보았지만, 나는 그러다가는 그들이 제멋대로 할까 봐 걱정을 했거든요.

훈수꾼 오늘날의 대의 정치가 선거철에만 국민을 위하는 것과 같군요. 스위스는 아직도 광장에 모여 직접 의사결정을 해나가지요? 칸톤이라는 작은 집단에서부터 국가까지 나가는 겁니다. 시간은 걸려도 분명한 직접 민주정치의 이상을 실현하는 것입니다.

루소 나야말로 그곳에서 망명객으로 보냈지요. 《산에서 쓴 편지》가 그때 쓴 것이고요.

훈수꾼 코미디언 채플린도 '빨갱이 물러가라'는 반공주의 매카시 열풍이 불었을 때 스위스로 망명 갔지요. 말년에 아카데미 공로상을 받으러 단 한 번 미국으로 오지만요. 스위스의 힘이 바로 그런 직접민주주의에서 나오는 것이 아닐까요? 영세중립국이라는 거의 유일한 국가 이념도 그렇고. 나아가 적십자도 그렇지요. 스위스 국기의 음영을 바꾸어 만들지 않았습니까?

노자 태평성대太平聖代는 곧 자연 상태를 가리킨다오.

2 자연 상태état de nature와 사회 상태état de société. 츠베탕 토도로프, 《덧없는 행복》, 17~18쪽. 제도와 편견이 만들어 놓은 이상해진 사람이 곧 자연스럽지 않은 사람이다.

35.2. 무미건조

노자 나는 이르노니(35.2.) "즐거운 노래와 맛난 음식에 지나가는 손님이 멈춘다네. 도는 밖으로 나와도 담담하여 아무 맛도 없다네. 보아도 보이지 않고, 들어도 들리지 않고, 써도 다함이 없다네."(낙여이樂與餌, 과객지過客止. 도지출구道之出口, 담호기무미淡乎其無味, 시지부족견視之不足見, 청지부족문廳之不足聞, 용지부족기用之不足旣.)

루소 사람들은 맛난 것을 먹지만, 진리는 '무無 맛'이라는 것이죠?

훈수꾼 무도 맛있는데?

루소 '무우, 무수' 말고 없을 무 자 무 맛요. 하하.

노자 맛 없다는 말을 자주 혼동하는데, 맛이 '아예' 없다고 말해야 제대로 전달이 되오. 지나치게 짜고 맵고 단것도 맛이 없지만, 맛이 아예 없는 것도 맛이 없는 거라서.

루소 빵도 맛있는데요?

노자 물은 어떻소?

루소 물도 여러 맛이 있잖습니까?

노자 다른 먹을 거랑 비교하면 정말로 맛 자체가 없지 않소?

루소 아하, 물맛이라! 프랑스 물은 석회가 많아요.

노자 차를 달여 먹기에는 계곡물이 가장 좋소. 광천수보다도 좋은 것이오. 광천수는 차를 달이면 뭐가 뜨오.

훈수꾼 담담淡淡하다는 표현이 여기서 나오네요?

노자 그것이 나의 염담恬淡 사상이오.[3] 마음은 편안하게, 몸은 민물처럼 맑게. 염수, 담수할 때의 담 자요.

루소 정신적인 경지까지 올라가시네요?

---

3 31.2.: "병기는 상서롭지 못한 것이니, 군자의 것이 아니다. 어쩔 수 없이 쓰더라도 담담한 것이 가장 바람직하다."(兵者不祥之器, 非君子之器; 不得已而用之, 恬淡爲上.)

노자 싱겁게 삽시다. 담담하게.

훈수꾼 그래서 경기 전 감정을 물을 때 담담하다고 가장 많이 말하는 거군요. 하하. 속으로 떨리니까 그렇게 말하는 것이겠지만. 승리 뒤에도 자랑을 덜 하려고 담담하다고 말하고. 하하.

노자 물은 땅속에도 흐르지만 보이지 않고, 그 소리는 당연히 들리지 않소. 지하수맥 같은 것 말이요. 그러나 그 물이야말로 우리를 끊임없이 먹여 살리오.

훈수꾼 담담은 우리말로는 덤덤이네요. 무덤덤!

　　루소, 우뭇가사리묵을 다시 먹기 시작한다. 간장도 없다. 영양소는 많지만 살이 안 찐단다.

제36막

:농구공이 있는 방:

작용 전 반작용—얻으려면 줘라

제자리 멀리 뛰기를 할 때 앞선 동작이 잘될수록 멀리 나간다. 준비 동작이다. 운동은 힘으로만 하면 안 된다. 힘을 쓸 줄 알아야 한다. 노동도 그렇다. 무거운 것을 올릴 때 반드시 뒤로 몸을 빼고 나서 올려야 한다. 공을 받을 때도 그냥 받지 않는다. 오는 방향으로 당기면서 받는다. 안 그러면 튀어 나간다. 노자, 책상 위의 농구공을 루소에게 던진다. 던질 때 반드시 팔을 굽혀야 된다. 그래야 멀리 제대로 나간다. 루소, 노자가 던진 공을 받을 때 공을 안듯 받는다. 둘 다 관객에게 보라는 듯 과장하여 동작이 크다. 루소, 노자에게 공을 던진다. 노자, 루소에게 다시 던진다. 루소, 공을 받는다.

36.1. 조그마한 밝음

노자 나는 이르노니(36.1.) "움츠리게 하려면 반드시 펴 줘야 하고, 힘없게 하려면 반드시 힘세게 해 줘야 하고, 누르고자 하면 반드시 일으켜 줘야 하고, 얻으려고 하면 반드시 줘야 한다. 이를 일러 조그마한 밝음[微明]이라 한다."(장욕흡지將欲歙之, 필고장지必固張之; 장욕약지將欲弱之, 필고강지必固强之; 장욕폐지將欲廢之, 필고흥지必固興之; 장욕취지將欲取之, 필고여지必固與之; 시위미명是謂微明.)

루소 동작이 이루어지려면 준비 동작이 있어야 합니다. 동작 전 선先 동작이라고 부를 수도 있고, 반反 동작이라고도 부를 수 있겠습니다. 그렇듯 세상사도 그렇다는 것이죠?

노자 그렇소. 줘야 받소.

루소 조그마한 밝음, 곧 미명微明이라니요?

노자 내가 밝음을 좋아하잖소. 그러나 그 밝음은 낮 같은 밝음이나 해 같은 밝음이 아니라 어둠 속의 밝음이나 밤별 같은 밝음이오. 밝음이 너무 크면 오해할까 봐 미세한 광명이라는 뜻에서 미명이라 했소. 나는 이런 밝음을 좋아한다오. 세지 않은 밝음, 어둠을 비추는 밝음, 달빛 같은 밝음을 말이오.

루소 이런 정서는 서양에는 참으로 없어요. 태양 같은 주군이나 대낮 같은 이성을 좋아하지, 어둠 속의 달은 정정당당하지 않고 조금은 칙칙합니다.

노자 대명천지大明天地가 좋다는 말이오?

루소 어둠은 악마의 것이라는 생각이 없지 않습니다. 명징明徵한 것은 말 그대로 초지일관 환한 것이지 어둠 속에서 빛나는 것으로 보기 어렵습니다.

노자 낮의 철학이구려, 나는 밤의 철학이라오.

36.2. 유약

노자 나는 이르노니(36.2.) "부드럽고 힘없는 것이 굳세고 힘센 것을 이긴
　　다."(유약승강강柔弱勝剛强.)

루소 유명한 경구입니다. 유약이 강건剛健하거나 강력强力한 것을 이긴다는
　　말씀입니다.

노자 모든 운동도 선수급이 되면 동작이 딱딱하지 않고 부드러워지오. 손
　　동작부터 몸동작까지 부드러워지오. 무술武術도 무술의 예술, 곧 무예
　　武藝가 된다오.

훈수꾼 발레 선수가 야쿠자를 이기는 것을 보고 배달 최영의가 많이 깨달
　　았다고 합니다. 그 아름다운 동작으로 야쿠자의 급소를 쳐서 이겼다
　　는 것입니다. 무술도 부드러워야 함을 깨닫는 경험이었다고 합니다.

루소 태극권도 그렇습니까?

노자 태극권도 진가 양가로 나뉘어 동작이 거친 것도 있지만, 어쨌든 부드
　　러움을 최고의 이상으로 삼소.

훈수꾼 택견도 그렇습니다. 이크 이크. 처음 보는 사람들은 뭐하나 싶지요.
　　제기차기도 아닌 것이 저게 무술인가 하고요.

노자 경직硬直되면 안 되오.

36.3. 통치와 상벌

노자 나는 이르노니(36.3.) "물고기가 못에서 떠나서는 안 되고, 나라에 쓸
　　모 있는 것들을 사람들에게 보여 줘서는 안 된다."(어불가탈어연魚不可
　　脫於淵, 국지리기불가이시인國之利器不可以示人.)
루소 상벌과 같은 통치의 기술을 보여 주며 사람들을 다스리려고 해서는
　　안 된다. 그 말씀인가요?
노자 상벌을 강조한 한비자 같은 사람이 있었소. 권력 유지의 기술에 관심
　　이 많았소. 그런 것을 공연히 내세우면 사람들이 못쓰게 된다오.
루소 마키아벨리 같은 사람이군요. 그로 말미암아 도덕이 정치로부터 완전
　　히 벗어나게 되는 계기가 되었습니다. 그런 점에서 현대 정치학의 아
　　버지죠. 그런데 비유가 재밌습니다. 무슨 뜻입니까?
노자 물고기가 물을 떠나 살지 못하듯이, 사람들은 밥을 떠나 살지 못하
　　오. 그런 사람들에게 훈장이다 표창이다 현상금이다 떠들면서 부추기
　　면 안 된다는 것이오. 사람들에게 통치술의 핵심인 돈과 명예와 같은
　　국가의 이기利器를 보여 주면 거기에 현혹되어 제 길을 못 가오.
루소 문명의 이기처럼 통치의 이기는 쓰지 않을수록 좋은 것이네요.
노자 법 없이 살아야 하오. 돈에 목숨 걸어서는 안 되오. 이름을 날리려고
　　살아서는 안 되오. 나라가 그렇게 사람들을 이끌어야 하오.

　　루소, 훈수꾼에게 농구공을 던진다. 훈수꾼도 가슴으로 깊숙이 껴안듯 과장된 몸
짓으로 공을 받더니, 객석으로 멀리 던진다.

제37막

지장수가 있는 방

자화와 자정—스스로 조용하게 되고 있으니

지장수地漿水라는 것이 있다. 황토수라고도 한다. 황토를 석 자 깊이로 파고 물이 나오면 휘저었다가 가라앉혀 얻은 맑은 물을 가리킨다. 한의학에서는 해독제로 쓴다. 강원도 동해에는 지장수 막걸리가 나온다. 약천골에는 5억 7천만 년 전에 형성된 황토 암반층의 자연 암반수가 나오는데 그 물로 술을 담근단다. 여느 막걸리와 확연히 구별될 정도로 부드러운 술맛을 낸다. 호박 막걸리도 나오는데 달지 않아 술의 고유한 맛을 찾는 사람도 즐길만하다. 황토물을 먹는다는 것이 현대인에게는 이해가 안 될지 모르지만, 광물질이 부족한 옛날 사람들에게는 필수 비타민 섭취의 지름길이었을 것이다. 광물이 뭔가? 곧 미네랄mineral이다. 약수의 효능이란 것이 이런 영양소 보충의 의미를 갖는다. 배고플 때 먹었던 흙도 있다. 황토물은 의외로 빨리 가라앉는다. 노자가 황토물을 가져와서 루소 앞에서 휘젓는다. 탁하다. 붉다. 루소, 어리둥절한다.

37.1. 스스로 되다

노자 나는 이르노니(37.1.) "도는 늘 하는 것이 없어도 하지 않는 것이 없다. 임금이 이를 지킬 수 있다면 만물이 스스로 잘 자라날 것이다."(도상무위이무불위道常無爲而無不爲; 후왕약능수지侯王若能守之, 만물장자화萬物將自化.)

루소 임금이 무위를 한다는 것이 가능합니까?

노자 그렇소. 임금에게 가장 필요한 것이 무위의 덕이오. 과거 누가 임금이 되었소? 왕국의 첫 임금이 아니라면 대체로 계승된 것일 텐데, 그리고 앞으로도 계승되는 것일 텐데, 그 임금은 무엇을 하겠다고 나서서 임금이 된 사람이 아니라 그냥 아버지가 임금이라서 임금이 된 것이오. 따라서 통치는 전문적인 신하들에게 맡기고, 임금은 잘되나 바라보는 것이 최상이오.

루소 군림하나 통치하지 않는다는 것은 입헌군주제의 모토입니다. 2차 세계대전 이후 군주제 국가가 대체로 이런 정체政體를 확립했습니다.

노자 2차 세계대전이라니?

루소 1차 세계대전은 유럽만이었고, 유럽 중심의 사고로 세계라는 말이 붙었는데, 2차는 일본이 껴서 세계대전으로 불릴 만합니다. 전후 정체에 대한 논의가 활발해집니다.

노자 입헌이라니? 헌법이 있어야 한다는 것이오?

루소 헌법이 있어야 큰 틀을 잡지요. 법을 만드는 의회가 있고, 그 의회에서 선출되는 총리가 있고, 명예로는 그 위에 임금이 있지요.

노자 의회제는 그대도 기여한 바가 있다고 들었소. 그대는 다른 사회계약론자와는 달리 입법권 자체는 양도될 수 없다고 해서 오늘날의 대의 민주정치보다 더욱 철저했지만 말이오.

루소 법을 엉뚱하게 만들면 인민들이 괴롭거든요. 게다가 법을 만드는 사람들이 권력이나 자본과 결탁하면 꼭 사고를 칩니다.

훈수꾼 우리나라 상황과 비슷합니다. 교육개혁이 안 되는 까닭은, 국회의원이 사학과 깊은 관련을 맺고 있어서 그렇습니다.

루소 교육은 그래서는 결코 안 되는데.

훈수꾼 그리고 의회제도는 현대의 창작이 아니라 중세의 산물이라는 주장도 있습니다.[1]

노자 옛것을 본받아 오늘을 세우라는 말이 거기도 성립되는구려.[2] 그런데 나에게 헌법이라는 것은 생소하오. 무위야말로 헌법 가운데 헌법 아니겠소? 임금은 뭔가를 하려 들지 말고 가만히 있어야 한다는 원리니 말이오.

루소 나도 이것에 대해서는 깊은 생각을 못했습니다. 이후 나의 지지자들은 임금을 죽여 버리는 것으로 그들의 뜻이 실현되리라고 생각했습니다. 그런 점에서 은유가 아니라 사실로서 법 위의 법, 다시 말해 모든 법률을 총괄하는 법인 헌법은 필요한 것 같습니다.

노자 가만히 들어보니, 헌법이 별것이 아니고 철학이고 근본적 가치와 다르지 않소. 사람은 자유로워야 하고 평등해야 한다는 것, 그리고 행복해야 한다는 것이오. 거기에 자유권, 평등권, 행복권이라는 식으로 권리라는 말을 붙이는 것이 다르긴 하지만. 나의 후배 장자는 자유, 평등, 행복을 소요逍遙, 제물齊物, 양생養生으로 그의 책 목차 순서대로 제시합니다.

루소 권리의 개념, 특히 인간의 권리, 곧 인권人權 개념은 로크가 확립하니

---

1 김웅종, 《서양의 역사에는 초야권이 없다》, '제10장 중세의 위대한 발명—의회', 푸른역사, 2005.

2 14.4.: "옛 길(도道)을 잡아 오늘에 있는 것을 다루려 한다."(執古之道, 以御今之有.)

다. 그것은 '소유권 또는 재산'(property)에 기초합니다. 자기 것이라는 개념이 성립되어야 사람 노릇을 하니까요. 나는 신의 것, 국가의 것, 영주의 것, 주인의 것이 아닌 나의 것이라는 것입니다. 따라서 사람은 생명, 자유, 자산(estate)을 갖습니다. 누가 **빼앗으려고** 하면 대들 수 있는 저항권도 로크는 강조합니다. 국가는 국방, 치안, 사법 정도의 역할만 해야 하고요.

훈수꾼 나는 미군 부대 벽에 '미국 정부의 재산(property)이니 건드리지 말라'는 문구가 참으로 이상했어요. 우리 같으면 '접근하면 발포함'이라고 붙여 놓았을 텐데요. 그때 이들은 재산권을 국가적 차원에까지 적용시키는구나 하고 생각했습니다. 그런데 바로 재산이라는 것을 소유권으로 개념화시킨 것이 로크네요.

37.2. 이름 없는 통나무

노자 나는 이르노니(37.2.) "잘 자라나는 것을 일부러 만들려고 하니, 나는 그것을 이름 없는 통나무로 억누를 것이다."(화이욕작化而欲作, 오장진 지이무명지박吾將鎭之以無名之樸.)

루소 통나무가 이름 없다뇨? 통나무라 이름하지 않으셨습니까?

노자 이것을 잊지 마시오. 통나무를 통나무라고 하면 그것도 사람의 말속에서 무엇인가 되어버린다오. 통나무라고 할 때 떠오르는 그 무엇이 바로 그것이오. 언어의 규정을 벗어난 통나무 그대로야말로 내가 말하려는 통나무요. 통나무라는 이름조차 없는 그냥 굴러다니는 산속의 통나무, 태풍으로 해변가에 떠밀려온 통나무 그것이오. 아직 이름이 없는 통나무요.

루소 이름 붙이면 늘 그런 도가 아니라는 말과 같습니다.

노자 도가 진리의 무규정성을 말하는 것이라면, 박은 아직 이름도 갖지 못한 순수한 자연 상태를 가리키오.

루소 이름 없는 것이 중요하군요.

노자 그렇소. 이름을 부여하는 순간 개념화되고, 개념은 범주를 요청하고, 범주는 판단을 인도한다오. 그래서 나의 통나무는 이름 없는 통나무라는 것을 잊지 마시오. 내가 통나무라고 했다고, 통나무라는 이름을 단 나무라고 생각하지 마시오.

루소 나무 이름이 통이네요? 농담입니다.

노자 하하. 웃기는 걸 보니 알아들었소. 소나무, 잣나무, 벚나무, 밤나무, 그리고 통나무 그렇게요?

루소 예, 통나무는 소나무 같은 이름이 있는 나무가 아닙니다. 소나무는 소나무라고 이름 붙여졌지만, 통나무는 어떤 이름도 갖지 않는 그냥 덩어리이지요. 오로지 원목原木이나 목재木材일 뿐이지요. 소나무, 전나무, 미루나무, 느티나무가 아닌 오직 통나무죠.

37.3. 무욕

노자 나는 이르노니(37.3.) "이름 없는 통나무조차도 일부러 하고자 함이 없을 것이다."(무명지박無名之樸, 부역장무욕夫亦將無欲.)

루소 통나무는 이름이 없다는 것을 무척 강조하시네요. 한 번 더 말씀하십니다. 그런데 무명과 무욕은 어떻게 이어집니까?

노자 이름도 없는 것이 무슨 욕심을 갖겠소?

루소 아니죠. 이름은 인간의 일이고, 욕심은 자연의 일이 아닙니까?

노자 아니오. 이름이 인간의 일이라는 것은 맞소. 그런데 명예욕이나 물욕도 인간의 일이요. 잘 생각해 보시오. 물 먹고 밥 먹는 것을 누가 욕심이라 부르오? 생존에 필수적인 욕구일 뿐이지. 그대의 분법에 따르면 이름과 명예를 얻고자 하는 것은 사회 상태이고, 그것이 없는 것이 자연 상태라오. 그대도 자연 상태에서는 웬만큼 승부를 가리고 말았지 죽이고 죽일 일이 없었는데, 명예가 곧 살육의 동기가 된다 하지 않았소?

루소 그러고 보니 그렇네요. 원시 상태의 인간들에게는 존경이라는 관념이 없었기 때문에 이름을 놓고 싸울 일이 없었습니다. 서로 평가하면서 문제가 생겼죠. 존경받고 싶은 마음이 들었거든요.[3] 그것을 무시하면 곧 모욕이 되어 싸움이 벌어지고요.[4] 받은 모욕만큼 되돌려주려 하는 마음이 생기고요.[5]

노자 그 복수가 바로 욕망이오. 불타는 복수심이라는 문명적 욕망!

루소 그런데 이런 욕망을 규제하기 위해 규제와 단속이 필요하다고 하는데, 오히려 나는 원시 상태야말로 사람들이 단순하여 몸을 지키면 됐

---

3 루소, 《인간 불평등 기원론》, 110~111쪽. "자! 이제 우리 인간의 모든 능력은 발전하고 기억력과 상상력은 작용하기 시작했다. …… 그리고 자연의 모든 요소가 활동을 시작하여, 각자의 지위와 운명은 재산의 많고 적음이나 다른 사람에게 도움이 되거나 해가 될 수 있는 능력뿐만 아니라, 정신이나 아름다움, 체력이나 재주, 장점이나 재능 등에 따라서도 정해지게 되었다. 그리고 이런 자질을 지닌 사람들이라야 남의 존경을 받을 수 있었으므로 그 자질들을 실제로 갖추든지 적어도 갖고 있는 척이라도 할 필요가 있었다."

4 루소, 《인간 불평등 기원론》, 111~112쪽. "마침내 인간은 탐욕스러운 야심이나 진정한 필요성 때문이 아니라 재산을 늘려 남보다 우위에 서려는 열망 때문에 서로를 해치려고 하는 옳지 못한 경향을 불러일으키고, 더욱 확실한 성공을 거두기 위해서 친절의 가면을 쓰기 일쑤이기에 더욱 위험하다고 할 수 있는 은밀한 질투심을 불러일으킨다."

5 루소, 《인간 불평등 기원론》, 103~104쪽. "그리하여 저마다 남을 주목하고 자신도 남에게 주목받고 싶다는 생각을 하게 되면서 남들에게 인정받는 것이 하나의 가치를 지니게 되었다. 노래를 가장 잘 부르고 춤을 가장 잘 추는 사람, 얼굴이 잘생기거나 힘이 센 사람, 재주가 가장 뛰어나거나 언변이 가장 좋은 사람은 존경을 받았다. 이것이 불평등을 향한, 그리고 동시에 악덕을 향한 첫걸음이었다. 이러한 최초의 선호에서 한편으로는 허영심과 경멸이 태어났고, 다른 한편으로는 수치심과 부러움이 생겨났다. 그리고 이러한 새로운 효모에서 생긴 효소가 마침내 행복과 무구無垢에 치명적인 화합물을 생성시켰다."

지 남에 대한 연민 때문에 죽일 마음까지는 갖지 않았다고 생각합니다. 로크는 말했습니다. "소유가 없는 곳에 바르지 못한 일이 있을 수 없기 때문이다."[6]

훈수꾼 로크 이야기가 아니라 선생 생각 속의 로크 같습니다.

루소 왜죠?

훈수꾼 소유가 없으면 바르지 못한 일이 없다는 것은 자연 상태의 선함을 가리키는데, 로크도 선생처럼 그렇게 생각했는지 궁금하군요.

37.4. 스스로 고요하다

노자 나는 이르노니(37.4.) "일부러 하고자 하지 않아 고요하니, 천하가 스스로 고요해질 것이다."(불욕이정不欲以靜, 천하장자정天下將自靜.)

루소 욕심을 없애니 평화로워진다고 받아들여집니다. 제 식으로는 사회적 욕심을 없애면 자연적 평화가 다가온다는 이야기로 들립니다.

훈수꾼 산에 들어가면 마음속에 평화가 찾아오는 것과 같네요.

노자 무욕이야말로 평화의 지름길이라오.

루소 《고독한 산책자의 꿈(몽상)》에서 바라는 철학자의 자유입니다.

노자 일부러 하고자 하지 마시오. 이 막 들어가면서 처음부터 말했잖소?

도는 늘 하는 것이 없어도 하지 않는 것이 없다(도상무위이무불위道常

---

6 루소, 《인간 불평등 기원론》, 104~105쪽. "그런데 원시 상태의 사람들만큼 온순한 자들은 없었으니, 그들은 자연에 의해 짐승들의 어리석음과 문명인의 꺼림칙한 지식의 중간에 놓여 본능과 이성에 따라 자기를 위협하는 악으로부터 몸을 수호하는 데 그쳤고, 타고난 연민으로 말미암아 해를 끼치지 않도록 스스로를 억제할 수 있었으며, 남에게 피해를 입었다 하더라도 상대방을 해칠 마음이 들지 않았다. 왜냐하면 현자 로크의 격언과 같이, '소유가 없는 곳에 바르지 못한 일이 있을 수 없기 때문이다.'" 옮긴이 주127: 로크, 《인간 지성에 관한 시론》, 제4편 제3장 제18절, "이러한 종류의 소유는 어떠한 법적인 조치도 없는 단순한 소유일 뿐이다."

無爲而無不爲)고 말이오. 하지 않으나 하지 않는 것이 없다는 말을 꼭 기억해 주시오. 또한 하지 않으나 하지 않는 것이 없는 그것의 주체가 바로 내가 말하는 길(도道), 늘 그러한 길(상도常道), 이름 없는 길(무명지도無名之道)인 것도 잊지 마시오.

루소 말씀하시는 것이 뭔가 총결 같습니다.

노자 여태까지 주어는 길이었소. 이제부터는 길이 무엇을 해 주는가에 초점을 맞추어 이야기해 보겠소. 그것을 덕이라 하오. 지금까지는 〈도경道經〉이고, 다음부터는 〈덕경德經〉이오. 〈도경〉을 〈상경上經〉, 〈덕경〉을 〈하경下經〉이라고 부르기도 하오. 그래서 나의 책이 '도와 덕을 말하는 경전'이라는 뜻의 《도덕경》이오.

루소 '로미오'는 읽었는데 '줄리엣'은 못 읽었다는 말은 성립이 안 되지만, 〈도경〉은 읽었는데 '덕경'은 못 읽었다는 말은 성립되는군요. 하하.

루소, 이제 거의 가라앉은 지장수를 마신다. 수면에 입술을 대고 호로록 마실 때까지는 괜찮았는데, 이어 개처럼 혀를 날름거리면서 마시자 황토가 고요함을 깨고 아래에서 일어난다. 루소의 표정이 굳어지면서 멈춘다. 많이 먹을 욕심에 흙이 올라왔다.

제38막

:소매를 걷어 올린 방:

최상의 덕―높은 덕은 부덕하다

　루소가 소매를 걷어붙였다. 그 옷이 팔꿈치까지 올라갈지 모르겠지만, 옷을 벗으려면 풀어야 하는 데까지 올렸다. 훈수꾼도 소매를 올려 붙였다. 무언가를 열심히 하려는 자세다. 루소와 훈수꾼, 소매를 걷어 올리고 책상을 열심히 닦는다. 노자가 들어오더니 물끄러미 바라본다. 노자의 소매는 치렁치렁 늘어져 있다. 사람들이 일을 할 때는 소매를 걷는다. 루소와 훈수꾼은 소매를 다시 한 번 올린다. 그런 반복되는 동작이 재미있는 듯, 노자는 엷은 웃음을 띠고 쳐다본다. 루소와 훈수꾼은 소매를 다시 한 번 걷어붙인다.

38.1. 부덕한 덕

노자 나는 이르노니(38.1.) "높은 덕은 덕스럽지 않다. 그러므로 덕이 있
다. 낮은 덕은 덕을 잃지 않는다. 그러므로 덕이 없다."(상덕부덕上德不
德, 시이유덕是以有德; 하덕불실덕下德不失德, 시이무덕是以無德.)

루소 이제는 도가 아닌 덕을 말씀하십니다. 여전히 반어법이군요.

노자 덕이란 무엇이오? 도가 진리라면 덕은 그것의 효용, 도가 이론이라
면 덕은 그것의 실천이오. 그런 점에서 도와 덕은 늘 짝을 이루는 것
이라오. 순수한 세계와 현실의 세계를 나누지 않는 것은 동양의 오래
된 전통이오.

루소 진리와 그 효용을 말하시는 것은 상당히 실용주의적인 진리관을 담
고 있습니다. 진리론은 말과 사실이 일치하면 참이라는 대응설도 있
고 말이 앞뒤가 맞으면 참이라는 일치설도 있지만, 말이 현실에서 어
떻게 효과적으로 기능하느냐를 따지는 실용설도 있습니다.

노자 나는 '실용적이어야 진리'라는 데는 반대하오. 오히려 무용해야 좋을
수도 있소. 이것은 나의 후배 장자가 강조하는 것이오. 그런데 진리가
그냥 동떨어져 혼자 존재한다는 데는 동의할 수 없소. 진리가 그 값
을 다하려면 어떻게든 현실에서 자기를 드러내 역할을 해야 한다는
것이오. 이론과 실천이 분리되지 않는다고 생각해 주면 좋겠소. 나의
이런 도와 덕이 후대에 도덕이라는 말로 붙어 버리면서 단순히 윤리
를 가리키게 되어 속이 상하지만, 나의 원뜻은 그렇다는 것을 이해해
주기 바라오.

훈수꾼 공자의 인仁에 이어 맹자는 의義를 내세웠는데, 이것이 도와 덕에
맞습니다. 공자는 '사람은 곧 사랑'(남을 사랑하라)이라고 했고 맹자는

'사랑을 하지 않으면 안 된다'(사랑은 의무다)고 했거든요. 의는 현실에서 의무이자 당위이거든요. 사랑을 말하면 뭐합니까, 그것이 실현되어야지요. 그래서 '인의도덕'이라는 유가의 전형적 어법이 탄생합니다.

노자 내가 괘씸하게 생각하는 것이 바로 그 어법이오. '도덕인의'가 맞지 구체적인 가치가 앞서는 '인의도덕'이 뭐요? 이론과 실천이라는 기본적인 체계를 먼저 내세우고, 그 내용과 방법으로 어짊과 그것의 완성 조건을 따져야 순서에 맞는 것 아니겠소? 아무리 본인들의 윤리적 주장이 중요하다고 하지만, 나의 이론과 실천에 관한 성찰을 뒷전에 놓은 것은 불쾌하외다.

루소 높은 덕은 일반적인 덕을 강요하지 않으니 덕을 갖추고, 낮은 덕은 구체적인 덕에 매달려 크게 생각하지 못하니 덕이 없다는 말씀에 따르면, 인의는 낮은 덕이네요.

노자 그렇소. 덕은 실천이오. '실천이 무엇인가'부터 말해야지, '이렇게 실천하라'부터 말하면 되겠소?

루소 덕의 개방성도 포함하네요.

노자 덕목은 많소. 시절에 따라, 환경에 따라 다를 수도 있소. 그런데 오직 인의로 한정하는 것은 부덕을 자초하오.

훈수꾼 현대사회는 정보사회이고 신용사회이니 인의예지신仁義禮智信의 지신을 따서 오히려 '지신도덕'이 될 수도 있네요.

노자 도덕지신이라고 하시오. 자꾸 구체적인 덕목을 앞세우지 말고, 이론과 실천이 무엇인가, 그것의 관계는 어떠해야 하는가, 이론은 왜 실천으로부터 멀어지는가, 실천으로부터 멀어지지 않는 진리가 되려면 어떻게 해야 하는가를 먼저 물읍시다.

루소 진리도 규정하면 하나의 진리로 낙인찍힐 수밖에 없듯이, 실천도 규정하면 그 꼴 난다는 말씀이네요.

노자 물론 실천은 현실 속에서 구체적인 실행이기 때문에 상대성의 한끝을 잡을 수밖에 없소. 이를테면 강한 것보다는 약한 것으로 말이오.

덕이 도와 다른 점이 이것이오.

훈수꾼 도덕을 '도와 그것의 힘'으로 옮긴 사람이 있는데,[1] 선생이 진리의 힘을 보여 주길 마음 깊이 바랍니다.

38.2. 높은 덕의 무위

노자 나는 이르노니(38.2.) "높은 덕은 하지 않아 함이 없다. 낮은 덕은 하려 들어 함이 있다."(상덕무위上德無爲, 이무이위而無以爲; 하덕위지下德爲之, 이유이위而有以爲.)

루소 덕도 무위의 원칙을 지켜야 한다는 말씀이네요. 상덕은 무위이고 하덕은 유위다.

노자 시키거나 내버려 두지 않는 것은 덕을 갖추지 못한 것이오.

루소 강요된 율법, 강제된 품덕은 진정한 윤리가 될 수 없다는 것은 나도 동의합니다. 그것은 통제와 규제를 위한 사회적 장치일 뿐이지요.

노자 무위는 그것에서 벗어난 윤리와 덕목을 생각해 보라는 것이오. 그것이 윤리와 덕목이 아니라면, 인간의 참다운 관계 맺기라고 해도 좋소.

루소 무위의 덕, 무위의 윤리, 듣기 좋습니다. 자연의 윤리를 사회 속에서 회복시키자는 것이니까요.

노자 유위의 하덕이 아닌 무위의 상덕을 갖추시오.

---

1 Arthur Waley, *The Way and Its Power*, 1934.

38.3. 높은 인의와 낮은 예

노자 나는 이르노니(38.3.) "높은 인仁은 하려 들어도 함이 없다. 높은 의
　　義는 하려 들어 함이 있다. 높은 예禮는 하려 들어 응하지 않으면, 소
　　매를 걷어 올리고 끌어당긴다."(상인위지上仁爲之, 이무이위而無以爲; 상
　　의위지上義爲之, 이유이위而有以爲. 상례위지上禮爲之, 이막지응而莫之應, 즉
　　양비이잉지則攘臂而扔之.)

루소 높은 사랑이란 부모와 자식처럼 없는 듯 이루어지는 것인데, 높은 의
　　무는 해야만 하는 것이니 시킴이 생기고, 높은 예는 우스꽝스럽게도 사람
　　들이 따라오지 않으면 소매를 걷고 열심히 끌고 간다는 말씀이네요.

노자 강요하는 덕목은 좋지 않소. 예야말로 사람들의 행위를 격식화시켜
　　꼼짝달싹 못하게 하오.

훈수꾼 아이들에게 인사하라고 어른들이 손으로 머리를 숙이게 하거나 허
　　리를 굽히게 하는 것이 바로 높은 예의 보기입니다. 예는 높은데, 아
　　이들은 뭔지도 모르고 허리 굽은 김에 바닥을 구르죠. 제사 때 볼 수
　　있는 풍경입니다. 하하.

38.4. 예는 도덕과 인의의 상실

노자 나는 이르노니(38.4.) "따라서 도를 잃자 덕이 있고, 덕을 잃자 인이
　　있고, 인을 잃자 의가 있고, 의를 잃자 예가 있다."(고실도이후덕故失道而
　　後德, 실덕이후인失德而後仁, 실인이후의失仁而後義, 실의이후례失義而後禮.)

루소 덕이란, 덕목이란, 윤리란 모두 사람이 자연 상태에서 벗어나면서 덧
　　씌워진 가식이라는 말씀으로 들립니다.

노자 그냥 길을 잘 가던 사람들이었소. 그런데 길(道)을 잃자 이리로 가면

좋다〔德〕는 이야기가 나오는 것이오. 그 이야기를 사랑스럽게 하라거나〔仁〕 누구에게나 가르쳐줘야 한다거나〔義〕 틀에 맞춰 가르치라〔禮〕는 것이 순서대로 나오는 것이오.

루소 시원적인 것이 있고 부차적인 것이 있다는 말씀으로 들립니다. '도-덕-인-의-예'의 순서대로 점차 시원에서 멀어지는 것이고요.

훈수꾼 윤리도덕이 난무하는 이 세계는 실낙원失樂園이 아니라 도를 잃은 실도원失道園이네요. 하하.

루소 어? 그건 낙원을 잃었다는 뜻이지 낙을 잃었다는 말이 아닌데?

38.5. 어지러운 예

노자 나는 이르노니(38.5.) "무릇 예란 충성과 신뢰의 얇아짐이며 어지러움의 처음이다. 예를 앞에서 이끄는 것은 도를 꾸미고 어리석음을 벌이는 것이다."(부예자夫禮者, 충식지박忠信之薄, 이란지수而亂之首. 전식자前識者, 도지화道之華, 이우지시而愚之始.)

루소 형식적 규율인 예를 가장 싫어하시는군요.

노자 예가 흥성하는 것은 서로 믿지도 따르지도 않기 때문에 그렇다는 것이오. 예란 진리를 가장하는 화장술에 불과하오. 그래서 예는 바보의 탄생과 궤를 같이한다오.

38.6. 대장부

노자 나는 이르노니(38.6.) "그러므로 대장부는 도타운 곳에 머물지 얇은 곳에서 머물지 않는다. 실질적인 데 머물지, 화려한 곳에서 머물지 않

는다. 따라서 저것을 버리고 이것을 얻는다."(시이대장부처기후是以大丈
夫處其厚, 불거기박不居其薄; 처기실處其實, 불거기화不居其華. 고거피취차故
去彼取此.[2])

루소 줄곧 말씀하신 대로 대장부는 얄팍하지 않고 두꺼운 데 머물고, 화려
함보다는 그 속의 알맹이를 찾는다는 말씀인데, 대장부는 맹자도 말
하지 않습니까?

노자 맹자의 대장부는 기개가 높은 사람을 가리키오. 그러나 나의 대장부
는 기초에 튼실한 대장부요. 맹자의 대장부는 싸움도 하고 일도 열심
히 하는 모습이오. 그러나 나의 대장부는 싸움을 멀리하고 되도록 맡
겨 두는 사람이라오. 맹자의 대장부는 무엇인가 하려는 용기가 넘쳐
난다면, 나의 대장부는 오히려 하고 싶은 것을 하지 않는 용기를 간
직한다오.

루소 한마디로 맹자는 밖으로, 선생은 안으로 들어오고 있습니다. 선생의
대장부는 내면으로 침잠해 들어온다는 말씀이신데, 이것은 나도 좋아
하는 철학자의 고양된 정신과 통합니다. 나는 그것을 도덕적 인간이
라고 불렀습니다. 그런 의미에서라면 선생과 나의 도덕은 통합니다.
예속되지 않은 도덕이기 때문입니다.

노자 먼 것보다는 가까운 것을, 저것보다는 이것을 얻으시오.

루소 저것을 버리고 이것을 얻으라는 말씀은 전에도 하신 바 있는데,[3] 간
단명료한 삶의 자세입니다.

노자 앞으로도 말할 것이오.[4] 진리는 먼 데 있지 않소. 실천도 가까운 데

---

[2] 12.6./38.6./72.2.: '저것을 버리고 이것을 얻는다.'(거피취차去彼取此)

[3] 12.6.: "그러므로 성인은 배를 위하지 눈을 위하지 않으니, 저것을 버리고 이것을 갖
는다."(是以聖人爲腹, 不爲目, 故去彼取此.)

[4] 72.2.: "그러므로 성인은 스스로 알아도 스스로 드러내지 않고, 스스로 아끼지만 스
스로 귀하게 여기지 않는다. 따라서 그것을 버리고 이것을 갖는다."(是以聖人自知不自
見, 自愛不自貴, 故去彼取此.)

부터 하시오. 내일부터 학교에서 한다고 하지 말고, 오늘부터 집에서 하시오. 멀리 있는 사람을 굳이 도와주려 말고, 가까이 있는 사람부터 마음으로 챙기시오.

루소와 훈수꾼, 소매를 내려 복장을 제대로 갖춘다. 지금껏 소매를 올리고 있는 것이 부끄러운 모양이다.

제39막

:돌이 있는 방:

일자와의 만남—옥보다는 돌

옥석을 구분 못한다는 말이 있다. 정말 그렇다. 옥 원석은 일반인이 보기에 그저 돌일 뿐이다. 그래서 옥석을 구분 못한다고 하는 것이다. 그래서 옥 원석을 한쪽은 가다듬고 나머지는 그대로 둠으로써 가공의 차이가 무엇인지 보여 주는 작품도 있다. 옥 원석을 찾으러 다니는 사람들이 있다. 산삼을 찾으러 다니는 심마니처럼 티베트의 고원에서 옥과 돌이 뒤섞인 바위 평원을 돌아다닌다. 눈에 띄면 횡재다. 돌이 탁자 위에 놓여 있는데 그 돌은 옥인지 돌인지 모른다. 옥으로 보는 사람도 있고 돌로 보는 사람도 있다.

39.1. 하나를 얻기

노자 나는 이르노니(39.1.) "옛날에 하나를 얻은 적이 있다. 하늘은 하나를
　　얻어 맑아지고, 땅은 하나를 얻어 편안해지고, 귀신은 하나를 얻어 신
　　령스러워지고, 골짜기는 하나를 얻어 채워지고, 온갖 것은 하나를 얻
　　어 태어나고, 임금은 하나를 얻어 천하의 곧음이 된다. 그것이 이렇게
　　이루었다."(석지득일자昔之得 一者; 천득일이청天得一以淸; 지득일이녕地得
　　一以寧; 신득일이령神得一以靈; 곡득일이영谷得一以盈; 만물득일이생萬物得
　　一以生; 후왕득일이위천하정侯王得一以爲天下貞; 기치지其致之.)

루소 하나에 대한 신앙이 고대인에게 있었다는 말씀도 하셨습니다. 그런데
　　여기서 하나는 유일자라는 점에서 유대기독교적 사고와 유사합니다.
　　아니, 이슬람교도 유일자를 믿으니 유대민족도 포함한 셈족의 신앙이
　　보여 주는 형태와 비슷합니다.

노자 나를 이후 종교적 숭배 대상으로 삼은 것도 사실이오. 그것을 도교라
　　고 하여 도가라는 철학적 분파와 구별하기도 하오. 도교 사원을 집
　　관 자가 아닌 보일 관 자를 써서 도관道觀이라고 부르오. 출가한 도
　　사道師들이 채식을 하며 일정한 복장을 입고 머물고 있소. 아직도 중
　　국에는 산속에 도관이 많다오. 산동의 태산부터 사천의 청성산까지
　　도관은 산재해 있소.

루소 선생이 신이 되시다니 놀랍습니다.

노자 내가 원한 것은 아니지만 종교가 별거겠소? 주종主宗되는 가르침을
　　좇는 것이니만큼 초월적인 서구적인 의미와는 달리 자기신념의 체계
　　도 종교라는 생각이 중국에는 많소. 다신론적 체계지요. 유가도 유교
　　로 불리며, 그때 숭배의 대상은 조상신이 아니고 뭐겠소?

루소 그래도 유교는 성현을 모시기는 하지만 교육기관의 역할을 하지 않습니까?

노자 서양은 안 그랬소? 수도원은 학교이자 도서관이었소. 절도 그런 역할을 하오. 도관도 마찬가지요. 종교의 기능 가운데 하나요.

루소 신이 된 느낌을 말씀해 주시죠.

노자 그러지 마시오. 동서의 신관이 많이 다르다니까 그러오. 귀신鬼神도 신이고 조상신祖上神도 신이라면 정신精神이 있는 사람은 누구라도 신이 될 수 있는 것이오.

루소 그러면 선생에 버금가는 신은 누구입니까?

노자 도교에서는 나를 태상노군太上老君으로 부르고 나의 후배 장자를 남화진인南華眞人으로 불렀소. 도교 체계에서 공자는 아성亞聖으로 취급되오. 유교에서 공자 다음의 맹자를 아성으로 부르는 것과 같소. 도교의 관용성 때문에 누구라도, 무엇이라도 신이 되는데 그 가운데 가장 유명한 인물이 바로 《삼국지》에 나오는 관우關羽로 관성대제關聖大帝로 불렸소.

루소 갑자기 관우는 왜 낍니까?

노자 관우는 멋지잖소? 의리의 화신이고, 무장의 상징이오. 게다가 조조의 꿈에 나타나서 죽어서까지도 그를 괴롭히지 않소? 특히 관이 비었다고 하여 '공관空棺'설이 있는데, 이는 관우의 시신이 사라져 부활했다는 이야기를 만드오. 정신력도 대단하고, 믿음도 주고, 한도 많고, 부활도 했으니 신격을 부여하기 충분하지 않소? 중국인들의 가게나 집에 신감神龕 같은 것을 놓아두는 경우가 있는데 이때 붉은 얼굴을 한 이가 바로 관성대제요. 관우의 얼굴이 대춧빛 같다는 기록이 있어서 그렇소.

루소 하나는 신적인 의미를 갖는다는 설명이 길어졌네요.

노자 그러나 나의 하나는 초월적이기보다는 상대성을 넘어선 절대성에 대한 추구임을 분명히 말하고 싶소. 세상이 상대적이라고 말하여 나를 상대주의자로 부르는 사람만큼 나를 곡해하는 사람은 없소. 세상이 상대적이니 언어를 믿지 말고 진리를 믿지 말고 정의를 믿지 말고 윤리를 믿지 말라는 말을, 상대적인 그것들을 넘어선 절대적인 그것을 추구하라는 말로 왜 읽지는 않소? 일은 둘로 나뉜 세상을 하나로 모으는 것을 뜻하오. '하나를 껴안음'이라고 앞에서 말하지 않았소? '포일抱—'이라고.[1] 그대가 '둘은 하나로'라는 뜻에서 '투투원two toone'으로 불러 줬잖소?

루소 초월적이지 않은 예를 들어주시죠.

노자 북극성으로 대표되오. 인간이 관찰하는 지구상의 것 가운데 유일하게 움직이지 않는 것이었소. 북극성을 중심으로 별도 움직이지 않소? 북극성은 당시 모든 것의 기준이었소. 북극성 없이는 사막을 건널 수도, 바다를 건널 수도 없었소. 따라서 상대적이지 않아 절대적이면서도 내 눈에 보이기 때문에 좋은 예가 되오. 북이니 남과 상대되는 것이라고 말하진 마시오. 북반구에서는 남쪽에 기준이 없으니 그런 것이오. 그리고 문명이 북반구에서 탄생했으니 어쩔 수 없소.

루소 지구 자전축에 놓여 있는 북극성의 기준됨을 말씀하십니다. 23.5도 기울어짐으로써 적당한 온도 변화를 주어 생명이 살아갈 수 있게 된 절묘한 기울기의 정점에 놓여 있는 북극성을 종교화하는 사람들의 의식까지 포함해서요. 그것을 하나 가운데 으뜸이라는 뜻에서 태일太— 이라 부른다는 말씀은 이미 하셨습니다. 태일 신앙입니다.

노자 북극성을 지키는 별이 북두칠성입니다. 신장神將으로 의인화되지요.

훈수꾼 아, 그래서 우리 이름에 별 두斗 자가 많이 들어가는군요. 엄청 좋은 뜻이네요. 저는 말 두斗로 읽어서 밥 많이 먹으라는 뜻으로 알았는데요. 히히.

---

1 10.1.: "살아 있는 몸뚱이에 실려 하나를 껴안으면서도〔포일抱—〕떠나지 않을 수 있을까?(載營魄抱—, 能無離乎?)

노자 태일이라는 관념은 《열자》나 《회남자》 같은 문헌을 비롯하여 《여씨춘
추》 같은 유도 통합적인 전적에는 자주 나오니 찾아보시오. 여기서는
포일이 아니라 '하나를 얻음', 곧 '득일得一'로 말했다오.

루소 그것은 '겟팅 원getting one'입니다. 일본식 야구용어인 '겟투'나 '겟쓰
리'가 아니고요.

노자 하나를 얻음은 천지신명이 모두 제자리를 찾았다는 것을 뜻하고, 따
라서 후왕도 이를 얻으면 천하가 평온해짐을 말하오. 그러니까 통치
자들은 상대를 넘어 절대의 세계를 추구해야 하는 것이오. 그렇다고
내가 잡은 것이 절대라고 하면 그것도 상대임은 누누이 일렀소.

39.2. 하나를 놓치면

노자 나는 이르노니(39.2.) "하늘이 맑지 않으면 갈라질까 두렵고, 땅이 편
안하지 않으면 움직일까 두렵고, 귀신이 신령스럽지 않으면 흩어져
버릴까 두렵고, 골짜기가 채워지지 않으면 말라 버릴까 두렵고, 만물
이 태어나지 않으면 사라질까 두렵고, 임금이 곧지 않으면 넘어질까
두렵다."(천무이청天無以淸, 장공렬將恐裂; 지무이녕地無以寧, 장공발將恐發;
신무이령神無以靈, 장공헐將恐歇; 곡무이영谷無以盈, 장공갈將恐竭; 만물무
이생萬物無以生, 장공멸將恐滅; 후왕무이정侯王無以貞, 장공궐將恐蹶.)

루소 나쁘게 되는 것은 모두 하나를 얻지 못해서 그렇군요.

노자 아무쪼록 세상이 하나가 되도록 애써야 하는 것이오. 그렇지 않으면
엉망이 된다오. 하늘이 맑아야 임금도 자리를 잡는 것이오. 흉년에 무
슨 선정善政이 나오겠소? 임금이라도 곧아야 하는 것이오. 득일을 위
한 정숙貞淑함이 필요하오.

루소 정숙은 여자들의 덕목 아닙니까?

노자 정숙은 본래 여자 것만이 아니었소. 특히 정貞은 남자에게도 많이 쓴

표현이오. 《주역》에서도 원형리정元亨利貞을 말하지 않소. 곧은 마음으로 좋은 생각을 지키는 것이오. 정을 정절貞節에 국한시키는 것은 유교의 가부장적인 윤리가 강요되면서 나온 문화적 현상이오. 그대들의 정조대貞操帶는 여성을 자기의 물건으로 여긴 산물로 불신과 인권 유린의 증거품이오.

루소 오늘날의 관점에서 본다면 여성을 남성의 부속품으로 여긴 것이 후회됩니다. 《에밀》의 소피아도 그런 사고에서 벗어나지 못한 채 그렸습니다. 나를 평생 도와준 테레즈에게도 성욕과 시중의 역할만을 부여한 것이 아닌가 싶습니다. 비록 글은 가르쳐 주었지만요.

노자 남녀를 차별하지 않는 것도 하나를 얻는 것이오. 남녀는 하나라오. 하나가 되면 득일을 하는 것이고.

39.3. 그래도 낮은 데로

노자 나는 이르노니(39.3.) "따라서 귀함은 천함을 바탕으로 하고, 높음은 낮음을 터로 삼는다. 그러므로 임금은 '외로운 사람', '모자란 사람', '영글지 못한 사람'이라 스스로 부른다. 이는 천함을 바탕으로 삼는 것이 아닌가? 안 그런가!"(고귀이천위본故貴以賤爲本, 고이하위기高以下爲基. 시이후왕자칭고과불곡是以侯王自稱孤寡不穀. 차비이천위본사此非以賤爲本邪? 비호非乎!)

루소 상대성을 벗어나라고 해 놓고 상대성의 한끝을 잡으시네요. 참내.

노자 현실은 어쩔 수 없이 상대의 세계로 되어 있소. 나도 하나를 잡아야 할 수밖에 없소. 왼쪽 또는 오른쪽으로 가야 하지 않겠소? 밥을 먹거나 말아야 하지 않겠소? 입거나 벗어야 하지 않겠소? 그렇다면 낮은 것을 잡으라는 것이오. 높은 것을 제발 잡지 말고. 그것이 오래가는 길이고, 어울리는 길이오.

루소 임금이 말하는 과인寡人이라는 말이 여기서 나오네요. 모자란 사람이
라는 뜻입니다. 외로운 사람도 재밌습니다. 외로우니 곁에 있어 달라.
영글지 못한 사람도요. 영글지 못했으니 도와 달라.

훈수꾼 동서양의 임금은 모두 '과인, 과인' 그러기에 과인이 무슨 임금이
자기를 지칭하는 특별한 언어인 줄 알았는데 그게 아니군요. 그러니
까 말할 때마다 임금은 '모자란 사람 생각에는 이렇소'라고 하는 거
군요. 신하들이 잘 보필해 달라는 뜻에서.

노자 낮추시오. 천해지시오. 귀해지려 하면 천해지오. 천하려고 하면 귀해
지오.

39.4. 명예 없는 삶

노자 나는 이르노니(39.4.) "따라서 자주 명예로우려다가는 명예롭지 못하
게 된다. 옥처럼 빛나길 바라지 않고 돌처럼 구른다."(고치수예무예故
致數譽無譽. 불욕록록여옥不欲珠珠如玉, 락락여석珞珞如石.)

루소 명예심이 바로 인류를 전쟁과 학살로 이끌었습니다. 선생 말이 옳습
니다. 명예를 버려야 합니다. 표현도 재밌습니다. 옥처럼 반짝거리지
말고, 돌처럼 울퉁불퉁하라는 것 말입니다.

훈수꾼 옥은 번쩍번쩍, 돌은 울퉁불퉁!

노자 옥이 되지 말고 돌이 되시오. 산천에 널브러져 다른 돌들과 잘 지내
고 있었는데, 칼과 정으로 사람에게 깎이면 뭐가 좋소이까?

 돌에 조명이 비치면서 옥처럼 빛나기 시작한다. 반들반들한 것은 옥구슬만이 아
니다. 냇가에서 오래 구른 자갈도 반들반들하다. 그런 자갈 되기도 어렵다. 노자,
주머니 속에서 자갈 두 개를 꺼내 딱딱 소리내며 나간다.

제40막

도의 효용—약해야 쓰인다

놀이공원에 가면 돌림판을 돌리고 표창을 던져 찍힌 상품을 주는 놀이가 있다. 사이사이의 좋은 물건은 참으로 안 맞는다. 어린 시절에 번데기 파는 아저씨에게도 이런 작은 돌림판이 있었다. 곱빼기를 먹으려고 아무리 집중해도 복불복福不福이다. 커서 도박판에서도 마찬가지다. 내가 원하는 숫자는 마음대로 나오지 않는다. 그러고 보면 번데기 아저씨는 왜 어린아이에게 이런 즐거움을 주며 번데기를 팔았는지 궁금하다. 그냥 먹는 것보다는 뭔가 요행이 들어가면 더 재밌나? 애나 어른이나 한통속이다. 애나 어른이나 모두 도박을 좋아하니 말이다. 훈수꾼이 돌리면 루소가 표창을 던지며 놀고 있다. 꽝도 있고 인형도 얻는다. 노자도 던져 보고 싶은 모양인데, 루소가 양보를 안 한다. 애나 어른이나, 철학자나 늙은이나.

40.1. 도의 움직임과 쓰임

노자 나는 이르노니(40.1.) "돌아감은 도의 움직임이며, 약함은 도의 쓰임
　　이다."(반자反者, 도지동道之動; 약자弱者, 도지용道之用.)

루소 도의 운동성은 그렇게 강조하지 않으셨습니다.

노자 여기서 나는 되돌아감을 말하고 있소. 복귀와 통하오. 돌아가려는 것
　　이 도의 운동방향이라는 것이오.

훈수꾼 열역학법칙처럼 엔트로피의 증가로 높은 데가 깎여 낮아지고, 뜨거
　　운 것이 식는 것을 말하시네요.

노자 덕경에 들어오면서 나는 현실에서 진리가 어떠한 모습으로 드러나는
　　가를 말하고자 한다고 했잖소? 진리는 본래의 모습으로 돌아가자고
　　한다오. 시간이 지날수록 화장이 지워지지 않소? 처음 만난 사람끼리
　　는 가식이 있지만 점차 그런 것 없이 망가지지 않소? 그것이 바로
　　도의 움직임이라오.

루소 그렇다면 도가 현실에서 잘 쓰이게 하려면, 강해지지 말고 약해지라
　　는 말씀이네요.

노자 그렇소. 강한 것은 쓸 데가 없소. 자기주장만 하고, 자기의 업적만
　　내세우오. 약해야 용도가 생기는 것이오. 그래야 상대방과 허물없이
　　어울릴 수 있는 것이요.

루소 약함이 곧 도의 효용성을 높인다는 말씀이네요. 전쟁으로 말하면 무력
　　이 아닌 협상으로 피 한 방울 흘리지 않으면서 싸움을 끝내는 것이
　　고, 정치로 말하면 낮춤으로써 백성을 품 안으로 들이는 것이고, 운동
　　경기로 말하면 무엇보다 유연성을 갖춰야 기록이 나온다는 것이네요.

노자 이렇게 나의 진리도 유용하다오.

루소 덕은요?

노자 도의 쓰임이 곧 덕이니, 유약은 나의 덕 가운데 으뜸이오. 부드러움
　이 굳셈을 이긴다오.[1] 살아 있는 것은 부드럽지만 죽은 것은 굳는다
　오.[2] 도에 가까운 물도 부드럽지만 모든 것을 이긴다오.[3]

40.2. 유는 무에서 나온다

노자 나는 이르노니(40.2.) "천하 만물은 있음에서 나오는데, 있음은 없음
　에서 나온다."(천하만물생어유天下萬物生於有, 유생어무有生於無.)

루소 만물은 존재하는 것들이고, 존재하는 것들인 존재자(beings)는 보편적
　인 존재(Being) 자체로부터 나오고, 그러나 존재는 무로부터 나온다는
　논리적 형식입니다.

노자 그래도 형식적 논리라 치부하지 않고 논리적 형식으로 설명해 줘 고
　맙소.

루소 서양에는 무라는 말 자체가 없어요. 없음도 없고요. 무는 어떤 것
　(thing)이 없음(no)을 가리키는 것(nothing)에 불과하고 없음은 있음
　(is)을 부정(not)하는 것에 불과합니다. 따라서 내 식으로 말하면 존

1　36.2.: "부드럽고 힘없는 것이 굳세고 힘센 것을 이긴다."(柔弱勝剛强.)
2　76.1.: "사람의 삶이란 부드럽고 약한 것이고, 그 죽음이란 딱딱하고 강한 것이다. 만
　물과 초목의 삶이란 부드럽고 무른 것이고, 그 죽음이란 말라비틀어진 것이다. 따라
　서 딱딱하고 강한 것은 죽음의 무리이고, 부드럽고 약한 것은 삶의 무리이다."(人之生
　也柔弱, 其死也堅强. 萬物草木之生也柔弱, 其死也枯槁. 故堅强者死之徒, 柔弱者生之徒.)
3　78.1.: "천하에 물보다 부드럽고 약한 것은 없지만, 굳세고 강한 것을 공격하는데 그
　것을 이길 만한 것은 없다. 어느 것도 그것을 바꿀 것은 없기 때문이다. 약함이 강함
　을 이기고, 부드러움이 굳셈을 이기는데, 천하는 알지 못하지 않으면서도, 할 수 있
　지도 않다."(天下莫柔弱於水, 而攻堅强者莫之能勝, 以其無以易之. 弱之勝强, 柔之勝剛; 天
　下莫不知, 莫能行.)

재는 비존재로부터 나온다는 것이 더 정확한 표현입니다.

노자 한마디로 비존재는 존재의 부정이기 때문에 존재보다 열등하다는 것 같소.

루소 그렇습니다. 서양에서 부정은 곧 결핍입니다. 완벽하지 못한 것입니다. 존재는 완전하지만 비존재는 불완전합니다. 선생처럼 좋은 뜻으로 쓸 수 없습니다. 뭔가 빠진 것이 어떻게 좋을 수 있겠습니까? 악은 선의 결핍인 것과 같습니다. 따라서 무도 악의 무리입니다.

노자 그대에게도 논리적 형식에 따라 말했다고 하고 싶지만, 아무래도 형식적 논리 같소.

루소 없음이라는 말이 없는 인도유럽어족에서 무를 말하기는 너무도 힘듭니다. 오직 히브리적 사고에서는 '무로부터의 창조'(creatio ex nihilo)라는 관념이 있을 뿐입니다. '있는 것만 있지 없는 것은 없을 수밖에 없다'는 파르메니데스가 대표하는 헬라적 사고와 실제적으로는 충돌하는 것인데, 어영부영 기독교가 공인되면서 흐지부지되고 말았습니다.

노자 그렇다면 아까 말한 '니힐'로 말하시오. 철학자들이 늘 무를 말하기 어려워 아예 니힐로 쓰잖소? 히브리적 사고면 어떻소? 구약적 관념이면 어떻소? 어차피 창조를 말하는 기독교 아니오?

루소 니힐리즘이라는 말이 허무주의라고 나쁘게 들리기도 해서요.

노자 그건 나도 마찬가지요. 허무가 아니라 본무本無주의는 어떻소? 뿌리로 돌아가는 것이니만큼, 인본人本주의처럼 무본無本주의도 좋소. 무본주의도 휴머니즘이니 말이오. 무에서는 모두가 같아지니 얼마나 인간적이오. 인간이 만든 굴레를 떠나 차별 없는 세상, 속박 없는 세상으로 복귀하는 것이니 말이오. 그래서 무로 복귀하라고 했잖소?[4]

루소 무를 받아들이기 쉽지 않습니다.

---

4 14.2.: "아무것도 없는 데로 돌아간다."(復歸於無物.) /28.2.: "끝없음으로 되돌아간다."(復歸於無極.)

노자 세계의 근원을 생각하시오. 그대 말처럼 논리적 순서를 잘 따라가 보시오. 동양의 무는 넉넉하고 너그럽다오. 악도 아니고, 결핍도 아니고, 불안도 아니오. 그 무는 무선 무악하고, 모자람도 없고, 평온하다오. 없음이라는 말은 없지 않고 있다오.

루소 한 말씀만 더.

노자 어려우면 무욕無欲, 무심無心, 무정無情, 무언無言, 무위無爲의 무를 떠올려도 좋소. 다 좋은 이야기 아니오? 그것이야말로 그대가 말하는 자연 상태로 복귀하는 첫 관문 아니겠소? 우리가 야생으로 돌아가자는 것은 아니잖소? 그대의 말대로 사회 상태의 질곡을 벗어나 자연 상태의 순박함으로 가자는 것 아니겠소?

노자, 얼얼한 루소를 가만히 보고 있더니 그 앞의 표창을 거둔다. 훈수꾼이 돌림판을 돌리자 노자는 표창을 던진다. 돌림판보다 표창을 먼저 잡는 사람이 대수다. 돌림판과 표창 가운데 무엇이 도이고 무엇이 덕일까?

제41막

진리의 모습들—진리를 비웃어라

  피에로가 웃는다. 피에로는 늘 웃는 모습이다. 언제나 웃는다. 봐도 웃긴다. 웃기게 생겨 사람들을 웃긴다. 웃으러 온 사람들에게 웃는 피에로는 분위기를 띄워준다. 남이 웃으면 나도 잘 웃는다. 같이 웃는 것이 더 웃긴다. 그래서 코미디 방송 배경효과로 웃음소리가 나온다. 이 방도 그렇다. 피에로는 서 있는데, 종종 웃음소리가 들린다. 까르르, 까르르. 할리우드 영화 시리즈에 나오는 조커는 현대판 피에로다. 웃지 않으면 안 된다. 웃어야 무섭다. 웃으니 더 무섭다. 호호호, 호호호.

41.1. 웃기는 진리

노자 나는 이르노니(41.1.) "뛰어난 사람이 도를 들으면 애써 행하지만, 그저 그런 사람이 도를 들으면 있는 둥 마는 둥 하며, 시원찮은 사람이 도를 들으면 크게 웃는다. 크게 웃지 않으면 도라 할 수 없다."(상사문도上士聞道, 근이행지勤而行之; 중사문도中士聞道, 약존약망若存若亡, 하사문도下士聞道, 대소지大笑之; 불소부족이위도不笑不足以爲道.)

루소 진리도 알아듣는 사람이 있고 그렇지 못한 사람이 있습니다. 저의 말을 당시 사람들은 정말 못 알아들은 것 같아요. 볼테르부터 저를 맹비난했으니까요. 정부는 말할 것도 없이 박해를 했고, 오직 시민들만이 나의 생각을 나중에서야 알아 준 것 같습니다.

노자 비난을 받지 않으면 그대의 말도 진리와 멀어지는 것이오. 여유롭게 생각하시오. 허허.

루소 고생하니까 그렇죠. 외롭고.

노자 시대와의 불화는 진리를 좇는 사람들에게 어쩔 수 없는 것이 아니겠소?

루소 예, 시대와 타협하는 사람은 선전꾼이지요. 프로파간다!

훈수꾼 나는 훈수꾼이지 선생들의 선전꾼은 아니길 빕니다. 하하.

41.2. 흰 진리

노자 나는 이르노니(41.2.) "따라서 이런 격언이 있다. 밝은 도는 어두운 듯하고, 나가는 도는 물러서는 듯하고, 바른 도는 구부러진 듯하다."

(고건언유지故建言有之; 명도약매明道若昧; 진도약퇴進道若退; 이도약뢰夷道若纇.)

루소 진리가 반듯하다고요? 아니지요. 그 반듯함으로 저들은 나를 평생 괴롭혔잖습니까? 그 격언 참 좋습니다. 이제 밝은 진리는 오히려 어둡다는 말씀을 이해하겠습니다. 나의 진리도 당시에는 어둡게 느껴졌습니다. 다만 나가지 못하고 물러서기만 했습니다.

노자 아니오. 망명의 진리라 자책하지 마시오. 그것이 곧 혁명의 진리가 되었잖소? 그대의 개인적 쇠퇴는 역사적 진보의 발걸음이 되었소.

루소 선생 때도 돌아다니던 격언이 있었나 봅니다.

노자 좋은 말이 시대를 가리겠소?

41.3. 변하는 진리

노자 나는 이르노니(41.3.) "높은 덕은 골짜기 같고, 큰 결백은 욕본 듯하고, 넓은 덕은 모자란 듯하고, 굳센 덕은 가벼운 듯하고, 진짜 참다움은 변하는 듯하다."(상덕약곡上德若谷; 대백약욕大白若辱; 광덕약부족廣德若不足; 건덕약투建德若偸; 질진약투質眞若渝.)

루소 골짜기의 덕을 칭송하시더니 높은 덕은 골짜기 같다 하시네요. 고결한 사람이 치욕 속에 죽지만 역사를 통해 부활함을 믿어 봅니다.

노자 받아들이시오. 그것이 무엇이든지 마음을 골짜기로 만들어 모으고 모아서 흘려 버리시오. 욕 좀 먹으면 어떻소, 부족하면 어떻소? 가볍게 흘러가듯 삽시다. 이것이 삶의 진리라오. 덕이 무엇이오? 삶을 풍요롭게 만드는 기술이 아니겠소?

루소 기술이라면 예술도 포함하는 아트art를 말씀하시네요.

노자 너무 거창하지 말고, 이제는 삶을 잘사는 길을 도의 효용인 덕으로 보여 주고 싶은 것이오.

루소 나도 〈즐거움의 기술〉(1756~)을 쓰고 있었지요. 그리고 헤겔의 변증법이 바로 마지막 말씀과 통합니다. 정반합正反合의 변증법입니다.

훈수꾼 우리 학자가 독일에서 박사 논문으로 '헤겔에서 노동의 개념'(1963)을 쓰면서 이 구절을 인용했던 것이 기억납니다.5 서구 학자들이 많이 인용했다지요.

41.4 꼴 없는 진리

노자 나는 이르노니(41.4.) "큰 네모는 모서리가 없고, 큰 그릇은 늦게 만들어지고, 큰 가락은 소리가 드물고, 큰 꼴은 몸이 없다."(대방무우大方無隅; 대기만성大器晩成; 대음희성大音希聲; 대상무형大象無形.)

루소 대기만성이라는 말이 여기서 나오는군요?

노자 아주 큰 놈이 어찌 둘레가 있겠소? 그렇게 큰 그릇이라면 천천히 이루어질 수밖에 없는 것이 아니오? 천지의 소리는 드물게 들리고, 우주처럼 정말 큰 것은 꼴을 갖지 않소.

루소 역시 '크다'는 말 좋아하시네요. 대도大道처럼.

41.5. 이름 없는 진리

노자 나는 이르노니(41.5.) "도는 이름 없음에 숨는다. 오직 도만이 잘 베풀어 주고 이루어 준다."(도은무명道隱無名; 부유도夫唯道, 선대차성善貸且成.)

---

5 헤겔의 《대논리학》을 번역한 임석진 교수.

루소 진리의 무규정성과 비언어성을 다시 말씀하십니다. 그런데 도의 덕으로 자신을 잘 빌려줘 남을 이루게 한다는 것의 예를 들어주십시오.

노자 빈 그릇이오. 밥이 담기면 밥그릇, 국이 담기면 국그릇, 반찬이 담기면 반찬 그릇이오. 도는 그릇처럼 빈 것이라서 자신을 남에게 잘 내주어 그것들이 잘 살도록 한다오. 내가 이름 없음에 숨어들지 않으면, 어찌 밥과 국과 반찬이 함부로 들어오겠소? 밥그릇은 밥그릇으로 쓰고, 국그릇은 국그릇으로 쓰고, 반찬 그릇은 반찬 그릇으로만 쓰게 되겠지. 내가 이름을 갖지 않음으로써 남에게 잘 빌려줄 수 있고 그들은 나를 통해 할 바를 이룬다는 말이오.

루소 무명과 도를 빌려준다는 뜻이 잘 안 옵니다.

노자 도라고 말합시다. 국도, 지방도, 하다못해 임도까지 도라는 말은 있지만 그것이 어떤 이름을 특정하게 갖지 않았기에 어떤 길도 도라는 이름을 쓸 수 있다는 것이오. 태권도, 유도, 검도와 같은 무술도 그렇고. 얼마나 큰 덕을 베풀고 있소. 이름을 숨김으로써 남들이 달리고 뛰놀게 하니 말이오.

루소 개념을 비우라는 말씀이네요. 비울수록 많은 것을 담을 수 있으니 말입니다.

노자 비워야 뭔가 차오. 내가 비어야 남이 오오.

노자가 지나가자 피에로가 손짓하며 막 웃는다. 피에로의 손짓은 훈수꾼이 조정하고 있다. 하수에게는 비웃음을 당해야 철학자다.

제42막

:도미노가 있는 방:

만물의 탄생—기로 조화로워라

도미노가 줄줄이 탁자 위에 놓여 있다. 하나만 건드리면 모든 것이 넘어진다. 하나가 다른 하나를, 다른 하나가 또 다른 하나를 건드리게 되어 있다. 연쇄작용으로 모든 것이 무너질 때까지 끝나지 않는다. 자칫 하나를 건드리면 마구 쓰러지기 때문에 조심스럽게 세워야 한다. 시작 부분에는 한 개의 도미노가 한 개의 도미노를, 이어 한 개의 도미노가 두 개를, 두 개의 도미노가 세 개를, 그리하여 세 개의 도미노가 세 줄을 쓰러뜨리도록 설계한다. 한 줄마다 백 개는 돼야 할 것 같다. 세 사람 모두 조심스럽게 앉는다.

42.1. 음과 양

노자 나는 이르노니(42.1.) "도는 하나를 낳고, 하나는 둘을 낳고, 둘은 셋을 낳고, 셋은 만물을 낳는다. 만물은 음을 업고 양을 안고, 기氣로 가득 참으로써 조화로워진다."(도생일道生一, 일생이一生二, 이생삼二生三, 삼생만물三生萬物. 만물부음이포양萬物負陰而抱陽, 충기이위화沖氣以爲和.)

루소 선생에게도 음양의 개념이 나오고 그것을 총괄하는 기라는 개념이 나온다는 것을 사람들이 잘 모르는 것 같습니다. 단 한 번 이렇게 음양이 나오지만 그 의미는 큽니다. 그것도 음양을 기로 여기는 사고도 엿보입니다. 동양의 만물생성론에서 음양과 기는 정말로 중심에 자리 잡고 있는 막중한 개념으로 보입니다. 음양과 기를 모르는 서양 사람들이 이제는 없을 정도입니다.

노자 만물이 음을 짊어지고 양을 껴안으면서 기로 가득 차 조화롭게 된다는 것은, 만물은 음양이라는 기로 이루어짐을 밝히는 중요한 명제입니다. 《주역》에도 이미 이런 설명이 나옵니다.

루소 그런데 갑작스럽게 도를 넘어 기를 말씀하시는 것은 왜입니까?

노자 나의 도는 늘 그러함을 찾기 때문에 일정하오. 그런데 세계는 변화무쌍하여 일정한 도로는 다 그려낼 수가 없다오. 그리고 이제는 도의 효용이나 작용을 말하면서 운동하고 변화하는 이 세계를 그려내야 하기 때문에, 기가 필요한 것이오.

루소 도와 덕의 관계는 알겠는데, 도와 기의 관계도 비슷한 겁니까?

노자 도와 덕이 이론과 실천의 문제라면, 도와 기는 원리와 운행의 문제라오. 도와 덕이 진리를 실천하는 사람의 이야기라면, 도와 기는 진리가 우주적으로 확산되는 세계의 이야기라오. 사회에서는 인간의 덕을 말하고, 사물에서는 우주의 기를 말해야 하는 것이오.

루소 알겠습니다. 진리라는 도는 공통 출발점으로 놓이지만, 윤리倫理에서
는 덕을 말하고 물리物理에서는 기를 말한다는 것이네요.

노자 윤리와 물리라는 말이 교묘하게 대구를 이루고 있어 놀랍소.

루소 요즘은 물리보다는 과학이라는 말을 쓰지만, 기를 과학적으로 한정짓
는 것도 위험해서 그렇습니다.

노자 중요한 것은 음양이 화합한다는 것이오. 싸우는 것이 아니라.

42.2. 반대급부

노자 나는 이르노니(42.2.) "사람들이 싫어하는 것은 '외로운 사람', '모자
란사람', '영글지 못한 사람'이지만, 임금은 이것으로 (자기를) 부른다.
따라서 물건이란 때로 덜지만 쌓이고, 때로 쌓지만 덜어진다."(인지소
오人之所惡, 유고과불곡唯孤寡不穀, 이왕공이위칭而王公以爲稱. 고물혹손지이
익故物或損之而益, 혹익지이손或益之而損.)

루소 임금이 이렇게 부르는 까닭은 앞에서 말씀하셨고요.[1] 그런데 앞에서
는 높이지 않고 낮추라는 데 초점이 있었다면, 지금은 덜어야 쌓이고
쌓이면 덜어진다는 데 초점이 있습니다. 음양이 잘 어울려 사는 것처
럼 손해와 이익도 서로 맞물린다는 뜻으로요.

노자 잘 보았소. 기를 만물이 조화롭게 사는 동인으로 보는 것이지요.

루소 기조차 성선이네요. 싸움이 아니라 어울림이니 말입니다.

---

[1] 39.3.: "따라서 귀함은 천함을 바탕으로 하고, 높음은 낮음을 터로 삼는다. 그러므로
임금은 '외로운 사람', '모자란 사람', '영글지 못한 사람'이라 스스로 부른다. 이는 천
함을 바탕으로 삼는 것이 아닌가? 안 그런가!"(故貴以賤爲本, 高以下爲基. 是以侯王自
稱孤寡不穀. 此非以賤爲本邪? 非乎!)

노자 자연 상태는 평화라오.

루소 맞습니다. 그래서 제가 홉스의 '만인 대 만인의 투쟁'을 반대한 것입
　　　니다.

42.3. 가르침의 아버지

노자 나는 이르노니(42.3.) "남들이 가르치는 바를 나도 가르치련다. 거센
　　　사람은 제 죽음을 얻지 못하니, 나는 이를 가르침의 아버지로 삼겠
　　　다."(인지소교人之所教, 아역교지我亦教之; 강량자부득기사强梁者不得其死, 오
　　　장이위교부吾將以爲敎父.)

루소 거세게 살면 제 명을 다하지 못한다는 것은 선생의 처세의 기본이니
　　　쉽게 이해 갑니다. 다만 어머니를 말씀하시더니 아버지를 말해서 어
　　　색합니다.

노자 가르침은 남성적인 것이오. 사랑이 여성적인 것과 다르오. 그런 점에
　　　서 가르침의 아버지라고 한 것이오. 어머니의 사랑보다는 못하지만 아
　　　버지처럼 가르침을 준다면, 남성들이 거세게 굴다가 제 목숨도 다하
　　　지 못하는 꼴을 가르치겠다는 것이오. 또한 제 목숨을 다하지 못하는
　　　것을 가르침으로 삼는 것이니만큼, 가르침의 아버지라고 한 것이오.

루소 아하, 반면反面 교사라서 아버지라 하신 거군요? 나쁜 일을 보면서
　　　저렇게는 하지 말아야지라고 배우는 것이니만큼.

　　훈수꾼이 관객 방향으로 쓰러질 첫 번째 도미노를 넘어뜨리자 세 줄이 동시에
좌르륵 소리가 나며 넘어진다. 혹여나 대담 중에 쓰러졌다면 노자는 맨 앞의 도미
노를 두 손으로 높이 들어올리고 나가면 된다(거안제미擧案齊眉). 그것이 도다.

제43막

:말채쩍이 있는 방:

무위의 유익—기름칠만 하라

경극京劇은 북경을 중심으로 유행한 극예술을 가리킨다. 화려한 분장에 사이사이 나오는 무술까지 볼거리가 많다. 우리식으로 말하면 《춘향전》이나 《심청전》 같이 대본은 정해져 있지만 라스베이거스 쇼처럼 엔터테인먼트가 가미된다. 노인들이 즐기지만, '암행어사 출두요~'와 같은 장면에서는 관객의 호응 속에서 한참 동안 쇼가 벌어진다. 우리의 《춘향전》과 《심청전》에도 그런 즐길 거리가 많았으면 좋겠다. 기예도 좋고. 마술도 좋다. 과장되면 어떤가. 우리가 《춘향전》과 《심청전》의 줄거리를 몰라서 보나? 보고 또 봐도 재밌으니 본다. 영화로도 나왔지만 《전우치전》도 마술적인 요소를 많이 넣으면 더욱 재밌을 것이다. 세기의 마술을 사람들이 찾는 것처럼 《전우치전》을 찾도록 기획사의 투자가 필요하다. 독일의 극작가 브레히트는 경극을 높이 평가했다. 단순한 요소로도 연극적 효과를 극대화시킨다는 점에서다. 채찍을 들으면 말이 보이지 않아도 말을 타고 있는 것이다. 노자, 말채찍을 들었다. 그런데도 느릿느릿하다. 노자는 원래 소를 타고 다닌다.

43.1. 막부리기

노자 나는 이르노니(43.1.) "천하의 가장 부드러움이 천하의 가장 단단함을 (말처럼) 부린다."(천하지지유天下之至柔 치빙천하지지견馳騁天下之至堅.)

루소 노자 선생은 덕목으로 유약함을 선택하십니다. 진리의 효용은 부드러운 것만 한 것이 없다는 것이지요. 그런 점에서 선생의 덕은 한 이름을 갖는 것입니다. 도의 한 부분을 얻었기에 덕이 되는 것이지요. 그래서 덕德을 득得으로 푸는 것이고요.

노자 사고의 훈련을 꾸준히 해온 것 같소. 내가 말 못하는 것을 요령 있고 체계 있게 말해 주어 고맙소.

루소 부드러운 것이 단단한 것을 이기고, 힘없는 것이 힘센 것을 이긴다는 원리를 천하에 일반화시켜 말씀하시네요. 세상에서 가장 부드러운 것이 세상에서 가장 단단한 것을 말달리듯 부린다고 하십니다. 재밌는 예가 없을까요?

노자 여인천하女人天下! 여인이 천하를 다스린다는 말이 있잖소? 세계는 영웅이 지배하고, 영웅은 여인이 지배한다고 하지 않소? 그것이 지나치게 역사적인 이야기라면, 이런 기계적인 것은 어떻소? 아무리 좋은 금속이라도 기름칠을 해 주지 않으면 뻑뻑거려 역할을 못하오. 자동차에 많은 기계 기름이 필요한 것이 무슨 까닭이겠소?

루소 엔진오일, 브레이크오일, 미션오일 없이 자동차는 달릴 수 없네요. 하하.

훈수꾼 군대 수송부대 모토가 '닦고, 조이고, 기름치자'인데, 무릇 자동차는 부품을 잘 닦고, 조이고, 기름을 쳐 놓아야 작동을 잘하거든요. 행여 나쁜 기름을 쓰면 그 비싸고 큰 기계가 잘 안 움직여요. 만년필도 그렇지요. 잉크가 좋아야 안 막힙니다. 볼펜도 그렇습니다. 볼펜의 볼이 뻑뻑해지는 유성油性펜이 나오더니 한동안 그렇게 되지 않는 수성水性펜이 인기였지요. 그러더니 둘을 섞은 중성中性펜이 나오더군요. 볼펜심心에 볼이 뱅글뱅글 돌아가는 것은 아시죠?

노자 한자가 의미 있소. 본성의 성, 본심의 심이 나오니 말이오. 우리의 심성心性이 곧 그렇소. 기름을 쳐 주어야 하오. 기름을 쳐 주면 어디든 달려갈 수 있다오. 그 기름은 사람을 믿는 것이오. 잘될 것이라고. 내버려 두라는.

루소 기름칠이 무위의 뜻에 아주 잘 맞는 것 같습니다. 하지 않는 듯하지만 정말 큰일을 하니 말입니다. 자동차 경주에 맞는 고급 합성오일을 그래서 개발하는 것 같습니다. 그런데 사람들이 자동차 오일의 중요성은 잊고 살지요.

43.2. 인위의 최소화

노자 나는 이르노니(43.2.) "없음과 있음이 사이 없음으로 들어간다. 나는 그러므로 하지 않는 것이 더 이롭다는 것을 안다."(무유입무간無有入無間. 오시이지무위지유익吾是以知無爲之有益.)

루소 어렵습니다. 없음과 있음은 사이 없음으로 들어간다?

노자 방금 기름을 말해 놓고 왜 그러시오?

루소 기름요? 기계끼리 맞물려 있으니 사이가 없다. 그러나 정말로 맞물려 있으면 그저 금속 덩어리일 뿐 동작을 못한다. 그 사이 없음으로는 있음이 들어가서도 안 되고, 없음이 들어가서도 안 된다. 있음도 아닌 것이, 없음도 아닌 것이 기름처럼 사이 없음으로 흘러들어 가야 한다. 그래야 기계가 돌아간다. 아!

노자 유야무야有耶無耶한 기름의 역할이오. 무위하지만 너무도 유익한! 기름 칩시다.

훈수꾼 요즘 자동변속기가 오히려 수동변속기보다 연비가 좋은 기술이 나
　　　오는 것도 예전에는 간극이 있었는데 이제 그것이 줄어들어서 그런
　　　것아닌가 싶네요. 무간無間의 기술과 그 사이로 들어가는 존재감이 있
　　　어도 안 되고 없어도 안 되는 곧 무유無有의 미션오일이네요. 변속기
　　　의 철학입니다.

43.3. 무위의 이익

노자 나는 이르노니(43.3.) "말하지 않는 가르침, 함 없음의 이로움, 천하
　　　에서 이를 따라갈 만한 것은 드물다."(불언지교不言之教, 무위지익無爲之
　　　益, 천하희급지天下希及之.)

루소 가르침 가운데 최상의 것이 말 없는 가르침이지요. 모범이 되는 가르
　　　침이지요.

노자 조금 달라요. 모범이 되라는 단순한 이야기가 아니라, 정말로 말을
　　　아껴야 한다는 것이오. 아예 가르치려 들지 말라는 말이 좋겠소. 먼저
　　　실천하라는 것이 아니라 말하지 말고 바라보라는 것이오. 학생들끼리
　　　떠들 때 선생이랍시고 공연히 자주 끼어들지 말고 스스로 이해하고
　　　터득할 때까지 기다리라는 것이오.

루소 요즘 유행하는 랑시에르라는 철학자의 《무지한 스승》[1]과 같네요.

노자 토론식 수업의 기본이오. 교수가 되려 말고 사회자가 되려 하시오.
　　　사회자의 가장 큰 덕목이 말을 줄이는 것이라오. 나는 프로페서의 시
　　　대는 가고 코디네이터의 시대가 온다고 생각하외다.

루소 토론이 안 되는 상황에서 무지로만 있는 것이 아니라, 토론이 되는
　　　상황에서 무지로 있어라로 들립니다.

　　　────────────────

[1] 자크 랑시에르, 《무지한 스승》, 2016.

훈수꾼 지적 능력의 평등을 말하는 것이네요. 우리가 뭐가 그렇게 다르겠
습니까? 도긴개긴이지. 일찍 깨이고 늦게 깨이는 사람이 있을 뿐이라
는 생각이 나이가 들면서 자꾸 드네요.

노자 무위는 유익한 것이오. 이 원리를 어떻게 따라가겠소? 사람을 믿는
것이오. 사람을 믿고 맡기는 것이오. 사람을 믿고 맡기면 스스로 잘하려
들지 않겠소? 긍정으로 권유이자 타인을 인정하려는 자세라오. 남이
나를 믿지 못하면 좋겠소? 똑같은 것이오. 내가 먼저 남을 믿으시오.

훈수꾼 이른바 지도편달指導鞭撻의 편달이 채찍질하는 건데 그러지 말라는
거죠? '꽃으로도 때리지 말라'[2]는 것이죠?

노자가 루소에게 말채찍을 건네자 루소가 다시 건넨다. 채찍 없이 말을 타 볼
요량인 것 같다.

---

2 이 말은 사형당한 교육자 페레의 말 가운데 나온다. "교육 현장에 서 보라. 그러면
체벌이 왜 불가피한 줄 알게 될 것이라는 반박도 있었다. 그러나 나는 '꽃으로도 때
리지 말아야 한다'고 주장했다." 박홍규, 《꽃으로도 아이를 때리지 말라》, 우물이 있
는 집, 2013. 그런데 이 말이 유행한 것은 다음 책부터다. 김혜자, 《꽃으로도 때리지
말라》, 오래된 미래, 2004.

제44막

휠체어가 있는 방

과욕의 폐해—몸을 아껴라

　노자가 휠체어에 타고 있다. 연로한 몸이다. 훈수꾼이 노자의 휠체어를 밀고 나온다. 웬일인가 싶다. 그러나 노자의 표정은 밝다. 약간은 장난치는 듯하는 느낌이다. 훈수꾼이 자리에 앉자 혼자서 손으로 바퀴를 이리저리 굴려 본다. '꿍따리 샤바라'의 강원래처럼 휠체어 춤을 춰볼 모양이지만 잘 안 된다. 오토바이 사고로 허리를 다친 강원래는 클론 시절의 영광을 휠체어를 타고 나와 재현했다. 이후 장애자 관련 일에 적극적으로 참여하고 강사로도 활동한다. 한참 놀던 노자는 휠체어를 탄 채 탁자로 다가와 이야기를 시작한다.

44.1. 몸과 돈

노자 나는 이르노니(44.1.) "이름과 몸 가운데 어느 것이 가까운가? 몸과
    돈 가운데 어느 것이 많은가? 얻는 것과 잃는 것 가운데 어느 것이
    걱정인가?"(명여신숙친名與身孰親? 신여화숙다身與貨孰多? 득여망숙병得與
    亡孰病?)

루소 당연한 것을 물으시네요? 몸이 없이 이름이 있습니까? 그러나 이름
    이 중요하니 이름 때문에 몸을 버릴 수는 있지요.

노자 그래서 내가 물은 것은 어느 것이 가깝냐고 물은 것이오. 친하냐고.

루소 이 몸뚱이가 가까이에 있지요. 손에 보이지 않는 가시가 하나 박혀
    있어도 얼마나 괴로운데요. 배가 고파도 얼마나 짜증이 나는데요. 똥
    이 마려워도 얼마나 다급해지는데요. 그래서 '목이 탄다'는 말을 은유
    적으로 많이 쓰잖아요? '아이들이 위험한 짓 하는 것 보면 목이 탄
    다' 이렇게요. 갈구渴求나 갈증渴症도 결국 은유고요.

노자 그렇소. 제발 먼 데 보지 말고, 가까운 데부터 챙기시오.

루소 그래도 우리는 이름 때문에 몸을 버릴 수 있는 것 아닙니까?

노자 명예욕이 인간을 이렇게 나쁘게 만들었다고 할 때는 언제고 말이 바
    뀌오?

루소 아, 내가 말하는 것은 욕심이 아닌 자존심을 말합니다. 가치를 고수
    하는 태도요.

노자 나와 친한 것만 따져 보시오.

루소 그거야 쉽죠. 이름 부른다고 배부를 수는 없지요.

노자 그럼 몸과 돈 가운데에서는 어느 것이 중요하오?

루소 이거야말로 당연하죠. 돈은 뭐 때문에 법니까? 몸을 위해서 아닙니

까? 맛난 것 먹고, 따뜻하게 자고, 멋있게 입으려고요. 몸 없이 돈은 아무 쓸 짝이 없지요.

노자 바로 그거요. 건강을 잃으면 돈도 명예도 아무런 쓸모가 없음을 깨닫게 되지요. 이것을 말하고 싶었소.

루소 얻는 것과 잃는 것은요?

노자 얻는 것이 걱정이오, 잃는 것이 걱정이오? 얻는 것이 명예와 돈이고, 잃는 것은 건강이라면 무엇이 걱정이오?

루소 건강이 걱정이죠.

노자 반대로 말해도 좋소. 얻는 것이 건강이고, 잃는 것은 명예와 돈이라면 무엇이 걱정이오?

루소 이건 조금 고민됩니다. 건강은 이미 얻은 것이니 나머지도 얻고 싶지 않겠습니까? 그래도 돌이켜 보니 건강을 얻는 것이 중요하긴 하네요. 건강이 최고지요.

노자 그래서 잃는 것을 걱정하라는 말이요. 얻을 것을 걱정하지 말고. 돈과 명예는 얻는 것이지만, 건강은 잃는 것이 아니겠소? 돈과 명예를 얻어도 건강을 잃으면 모두 끝이오. 나아가 돈과 명예를 잃어도 건강을 잃지 않으면 뭐든 다시 할 수는 있는 것이요. 돈과 명예를 위해 몸 버리지 마시오.

44.2. 지나치게 사랑마라

노자 나는 이르노니(44.2.) "이에 따라 지나치게 사랑하면 반드시 크게 잃으며 많이 쌓아 두면 반드시 무더기로 없어진다."(시고심애필대비是 故甚愛必大費; 다장필후망多藏必厚亡.)

루소 선생은 애정 결핍이자 잔고 부족입니다. 하하.

노자 지나친 사랑도 마음을 소모하게 된다오. 자식에 대한 사랑조차 그렇소. 어인에 대한 사랑도 그렇소. 사랑을 하지 말라는 것이 아니라 지나치지 말라는 것이오. 돈도 마찬가지요. 많이 쌓아 놓으면 한꺼번에 날아가기 쉽소.

루소 따라서 선생이 말하는 것은 애정 결핍이 아니라 애정 과잉이고, 잔고 부족이 아니라 수전노守錢奴라는 것이지요?

노자 정확히는 애정을 낭비하지 말라는 것이오. 사랑할 것이 얼마나 많은 데 엉뚱한 데 쏟고 있소? 재물도 쌓아 놓지만 말고 풀라는 이야기요.

루소 자본주의의 핵심은 유통인데, 그런 말씀 같습니다.

훈수꾼 돌아야 돈이지요. 돌아서 돈이지요. 하하.

44.3. 지족과 지지

노자 나는 이르노니(44.3.) "됐음을 아니 욕됨이 없고 멈춤을 아니 위태롭지 않아 길게 오래갈 수 있다."(지족불욕知足不辱, 지지불태知止不殆, 가이장구可以長久.)

루소 만족을 넘어 만족할 줄 아는 것이 지족이었습니다. 멈춤을 넘어 멈출 줄 아는 것을 지지知止라고 하시네요.

훈수꾼 지족이나 지지도 모두 사전에 나옵니다. 분수를 넘지 말라는 것이지요. 그래서 지분知分이라고도 합니다. '분수껏'이 가장 어울립니다. 그 분수를 절대화시키면 결코 안 되겠지만요.

노자 그래서 나는 '분수를 안다'라고 하는 것이오. 아는 행위는 주체적이고 자기의 의향에 따른 판단이오. 남이 주는 것도, 사회가 주는 것도, 운명이 주는 것도 아니오. 내가 결정하는 것이오. 나의 분명하고 명쾌한 선택이라오. 더 먹을 것인지 말 것인지, 더 올라갈 것인지 말 것인지 내가 아는 것이오.

루소 그칠 것인지를 아는 것이지, 그쳤다고 그냥 그치는 것이 아니라는 말씀이네요. 더 나아갈 수도 있네요?

노자 그렇소. 자기 키만큼은 커야 하오. 나를 마치 숙명론이나 결정론으로
　　　보는 경향이 있는데, 아니라오. 내가 말하는 이 알기가 오히려 그런
　　　위험에서 벗어나게 해 준다오. 그런 알기는 나의 것이지 결코 남의
　　　것이 아니오. 됐음을 알기, 멈출 줄 알기인 것이오. 무조건 서는 것이
　　　결코 아니라오.

루소 만족할 줄 아는 앎은 정신수양을 통해 나오고, 멈출 줄 아는 앎은
　　　반성과 숙고를 통해 지키는 것이네요.

　　노자가 휠체어에서 일어나 멀쩡한 걸음으로 그것을 끌어 루소에게 가져다 준다.
루소는 손사래를 치면서 거절한다. 그러더니 주머니의 종이돈을 한 움큼 꺼내더니
노자에게 던진다. 휠체어만 안 타게 해 주면 그 돈 다 준다는 듯이.

제45막

⫶콘크리트 벽지를 바른 방⫶

무궁한 효용—청정무위의 삶

　패션이 된 벽지가 있다. 그냥 콘크리트 벽을 노출시킨 것 같은데 자세히 만져 보면 벽지다. 벽지란 보기 싫은 시멘트를 가리기 위한 것이었는데, 오히려 그것을 노출시키는 느낌을 주는 벽지가 있는 것이다. 인테리어도 그렇다. 배관을 가리는 것이 천정이었는데, 요즘은 파이프를 그대로 노출시킨다. 천장도 더 높아지고 좋다. 한옥의 대들보와 서까래를 노출시키는 것도 오래된 멋 부림이다. 사고의 전환이다. 가리는 것만 좋은 것이 아니다. 그냥 놔두는 것도 멋이다. 그것이 꾸미지 않은 꾸밈이다. 하다못해 꾸미지 않은 듯 꾸미는 것이 정말 멋쟁이다.

45.1. 크지 않은 큼

노자 나는 이르노니(45.1.) "큰 이루어짐은 모자란 듯하니, 그 쓰임이 버려
　　지지 않는다."(대성약결大成若缺, 기용불폐其用不弊.)
루소 익숙할 듯하면서 익숙해지지 않습니다. 크게 이루려면 비워 놓으라는
　　것은 건축의 핵심입니다. 건축은 공간을 채우는 것이 아니라 얼마나
　　잘 비우냐는 것이거든요. 선생도 말했지만, 집의 쓰임은 공간이지 뼈
　　대나 벽이 아닙니다.[1] 그릇의 쓰임이 그릇의 재질이나 모양이 아니라
　　그 빈 곳이듯이 말입니다. 그래서 좋은 건축물일수록 빈 데가 많습니
　　다.
노자 무의 쓰임을 말하는 것을 기억하시는구려.
루소 그것이 공간이라면 말입니다. 아파트도 마찬가지죠. 공간을 얼마나
　　잘 만드느냐에 따라 효율이 높아지고 낮아집니다.
훈수꾼 그걸 '잘 빠졌다'고 합니다. 차도 공장에서 '빼지만'.
루소 그런 점에서 가운데 정원을 뜻하는 중정中庭 양식이라든가, 테라스와
　　포치는 중요합니다. 그런 것이 이미 로마시대부터 안착되지요.
훈수꾼 우리는 마루가 있습니다. 요즘은 다 없애 버려 안타깝습니다. 예전
　　에는 마루에서 다 살았거든요. 밥도, 일도, 여름에는 잠도요.
노자 잘 알면서 그러시오? 비워 두어야 쓸모가 많은 것이요. 그래서 크게
　　이룬 것은 모자란 듯해야 하는 거요. 바보가 집에 짐을 많이 쌓아 두
　　어서 스스로 꼼짝달싹 못하게 만들지 않소. 물건에 치어 사람이 못사

---

1 11.3.: "문이나 창을 뚫어 집을 만들지만 (집을 만드는 까닭은 집의 빈 곳을 쓰려는
　　것이므로) 없음無을 만나야 집이 쓸모 있게 된다."(鑿戶牖以爲室, 當其無, 有室之用.)

는 거요.

훈수꾼 심플 라이프가 추구하는 것이 그런 겁니다. 선생의 말대로 하면, 소박한 삶입니다. 단순한 삶, 스님 스타일~!

노자 비워 두어야 쓰임 있는 거라오. 비워 두시오. 빈 곳이 없으면 버려진 다오.

루소 학교 건물의 빈 곳에서 학생들이 도란도란 이야기를 하거나 기둥에 기대어 책을 보는 것을 떠올리니 선생 말씀이 즐겁게 들립니다.

45.2. 차지 않은 참

노자 나는 이르노니(45.2.) "큰 참은 비어 있는 듯하니, 그 쓰임이 끝나지 않는다."(대영약충大盈若沖, 기용불궁其用不窮.)

루소 크게 찬 것도 비어 있어야 쓰임이 끝나지 않지요. 채워서 차면 큰 것이 아니지요. 아무리 부어도 차지 않는 것이야말로 그 쓰임이 무궁합니다. 바다가 떠오릅니다.

노자 모든 물이 흘러 바다로 가지만 바다는 차지 않소. 어찌 바다만 그렇겠소? 여성의 자궁도 비어 있소. 그래서 아이가 만들어지지 않소?

루소 플라톤도 그것을 코라(kora)라고 했습니다. 비어 있지만 무엇인가를 만들어 내는 곳입니다. 비존재에서 존재가 나온다고나 할까요?

노자 그대들은 비존재를 싫어한다고, 못 받아들인다고 그러지 않았소?

루소 플라톤 때만 하더라도 그렇게 민감하지는 않았나 봅니다. 물론 플라톤도 파르메니데스의 원리인 '있는 것만 있지 없는 것은 없다'는 데 근본적으로 동의하지만, 그래도 아직까지는 신화적인 사고가 남아 있었나 봅니다. 현대 철학자 데리다가 그 말을 좋아하기도 합니다.

노자 그곳은 무엇인가 있는데 아무것도 없는 데라오. 그곳은 안개 속 같소. 그래서 나는 무가 아니라 물 수가 들어간 '충'(沖 또는 冲)이라

한 깃이오. 충만充滿이 아니라 충만沖滿이라오.

루소 나도 그럼 한 마디! 불궁不窮은 무궁無窮이지라.

훈수꾼 그럼 나도! 텅 빈 충만! 그 충만充滿이 아닌 선생의 충만沖滿!

45.3. 꾀 없는 꾀

노자 나는 이르노니(45.3.) "큰 곧음은 휜 듯하고, 큰 꾀는 어리숙한 듯하
    고, 큰 말은 더듬는 듯하다."(대직약굴大直若屈; 대교약졸大巧若拙; 대변
    약눌大辯若訥.)

루소 휜 듯하지만 곧은 것이 무엇이 있을까요?

노자 사람을 말해 봅시다. 정말 정직한 사람은 정직하지 않은 듯 보이오.
    중국에 이런 이야기가 있소. 누가 자기를 정직하다고 하니, 자신은 그
    렇지 않다는 거요. 어떤 사람이 있는데, 그는 사람들이 정직한지도 모
    르는 것으로 보아, 그 사람이야말로 정직하다고 했다오.

루소 자기는 겉으로 정직하게 보이기만 했다는 것이군요.

노자 그렇게 보이면 어쩌면 이미 그렇지 않은 것이오.

루소 윤리적 표준이 오히려 상당히 높네요.

노자 크게 꾸민 것은 안 꾸민 것과 같소.

루소 도덕적인 사람은 겉으로는 별로 그렇지 않은 듯 보이지만 속으로는
    그럴 수 있다는 것이네요.

노자 죽림칠현竹林七賢 가운데 산도山濤라는 이가 있었소. 나중에 벼슬을
    크게 하는 바람에 혜강嵇康이 절교서를 쓰기도 한다오. 그런데 그가
    뇌물을 많이 받아먹는 줄 알았더니, 뜯지도 않고 창고에 고스란히 있
    었다는 거요. 준 사람의 처지를 생각한 것 같소.

훈수꾼 바로 돌려주지 않으면 죄가 됩니다. 요즘 같으면.

노자 말도 그렇소. 말 잘하는 것을 동양에서는 그다지 좋아하지 않았소.

말만 번드르르하다는 거요.

루소 공자의 어록에서 눌언訥言을 좋아하는 구절을 보았는데 그게 그런 뜻이군요.[2]

노자 어눌한 것이 오히려 진실하게 느껴진다는 것이 동양적 사고요. 말을 동양인들이 안 한다고 자꾸 무시하지 마시오.

훈수꾼 가장 스파이답지 않은 사람이 스파이를 잘할 수 있다고 정보기관 사람에게 들은 적이 있습니다. 제임스 본드처럼 잘생긴 사람은 스파이가 될 수 없다고요. 하하.

45.4. 청정무위

노자 나는 이르노니(45.4.) "바삐 움직이면 추위를 이길 수 있고, 가만히 있으면 더위를 이길 수 있으니, 맑고 고요함이 천하의 올바름이 된다."(조승한躁勝寒, 정승열靜勝熱, 청정위천하정淸靜爲天下正.)

루소 여기서는 한쪽으로 판단하십니다. 덕경이니 덕을 보여 주시려는 거죠?

노자 아무리 추워도 뛰면 덥듯이, 아무리 더워도 조용히 있으면 괜찮소. 그래서 나는 청정이야말로 천하를 바로잡아 준다고 생각하오.

루소 천하를 일부러 뭔가 바로잡으려 들지 말고, 너 스스로 청정하면 천하가 바로잡아진다는 것이네요.

노자 그것을 넘어 나는 청정이라는 개념을 사람들에게 제시하고 싶었소. 맑고 고요하라. 그것이야말로 천하를 바로 잡는 지름길이라고.

훈수꾼 무소유와 텅빈 충만을 말씀하시던 법정 스님은 '맑고 향기롭게' 운

---

2 《논어》〈이인里仁〉: "공자는 말했다. 군자는 말은 더듬고 움직임은 빠르게 하고자 한다."(君子欲訥於言, 而敏於行.) /〈자로子路〉: "공자는 말했다. 강직하고 의연하고 단순하고 어눌해야 어짊에 가깝다."(子曰 : 剛毅木訥, 近仁.)

동을 성북동 길상사에서 펼쳤는데 그것과 비슷합니다.

노자 청정은 중심개념이 되면서 나의 무위를 형용하기도 하오. 청정무위淸
靜無爲 이렇게 말이요. 이후 맑게 또는 고요히라는 말이 들어가면 바
로 도가적인 사유를 담게 된다오.

훈수꾼 길상사는 원래 요릿집이었는데 여사장님이 회주가 되었습니다. 저
는 요릿집일 때도 가봤는데, 가야금 뜯던 독채마다 스님들이 들어가
수양을 한다는 것이 참으로 재밌게 느껴졌습니다. 어디나 문 닫으면
산속이라!

루소 베트남 반전운동을 이끌던 틱낫한 스님이 프랑스에 '자두 마을'(Plum
Village)이라는 명상과 수행을 하는 곳을 만들었는데, 그것도 기본적으
로 관법觀法 수행이었습니다. 지관止觀 수행의 하나지요.

훈수꾼 위빠사나를 말씀하시네요.

노자 나와 불교는 비슷한 점이 많네요, 수행법에서는 특히.

　　루소가 콘크리트 질감의 벽지를 떼어 내자 그 안에 정말 화려한 꽃무늬 벽지가
나온다. 한 부분만이라도 좋다. 다시 가린다.

제46막

:말과 쟁기가 있는 방:

지족의 족함—얻으려 마라

쟁기는 있어야 한다. 말이야 분장으로 해도 좋다. 뮤지컬 라이온 킹처럼 실감나는 분장은 아닐지라도 연극 에쿠우스에서처럼 철망으로 만들었거나 장난감 가면으로 파는 말대가리도 좋다. 그런데 이왕이면 네 발목에는 털을 감았으면 한다. 왜냐? 농사짓는 말이 유럽에는 꽤 많다. 그런 농마는 발목에 털이 많더라. 물론 영화 〈워호스War Horse〉(2014)의 말은 너무 잘생겨 전투마 같이 보인다. 조이라고 불리는 소년의 말이 군마로 차출되는데, 말을 책임지기로 한 장교가 죽자 소년이 조이와 함께하려고 입대를 한다는 줄거리다. 그 말은 몸매도 너무 좋고, 뛰기도 너무 잘 뛴다. 그냥 농마였으면 좋겠다. 노자, 말을 몰고 들어온다. 그 뒤에는 쟁기를 매어 놓았다. 말은 퇴장하고, 쟁기는 남아 있다.

46.1. 농마와 전마

노자 나는 이르노니(46.1.) "천하에 도가 있으면 달리는 말로 똥을 푸고, 천하에 도가 없으면 변경에서 싸움 말로 태어난다."(천하유도天下有道, 각주마이분却走馬以糞; 천하무도天下無道, 융마생어교戎馬生於郊.)

루소 감동적입니다. 어떻게 이렇게 간명하게 전쟁의 슬픔을 말하시나요?

노자 웬일로 칭찬이오?

루소 더욱 감동적입니다. 어떻게 똥 푸는 일을 평화의 그림으로 만들어 내시나요?

노자 똥 푸는 일이야말로 농사의 기본 아니오? 화학비료가 없던 시절 다들 똥으로 농작물을 키웠지요. 퇴비도 만들었지만 오줌똥만 하오?

훈수꾼 예전에는 아이들에게 놀다가도 집에 와서 똥을 누게 했어요. 그게 농사고 곧 식량인데, 어른들이 그런 말을 안 하실 수 없지요. 게다가 저 어릴 적에도 도시에서 똥 퍼 갈 때 허락을 받고 퍼 갔어요. 강냉이 한 묶음 주고요.

루소 똥 이야기가 나오니 다들 신이 나는군요. 유명한 동화 가운데서도 똥이 주요 테마인 것도 있지요. 아이들은 신나지요.

노자 나의 후배 장자는 똥에도 도가 있다고 했소.[1] 사람 사는 것이 먹고, 자고, 싸는 것인데 그 속에 진리가 없을 수 없소.

---

1 149 《장자》〈지북유知北遊〉: "동곽자가 장자에게 물었다. '이른바 도는 어디에 있습니까?' 장자는 말했다. '어디든지 있습니다. …… 개미에도 …… 피에도 …… 기와에도 …… 똥에도 있습니다."(東郭子問於莊子曰: 〈所謂道, 惡乎在?〉 莊子曰: 〈無所不在 …… 在螻蟻 在稊稗 …… 在瓦甓 …… 在屎溺.〉)

루소 평화로운 때에는 전마戰馬라도 농마農馬가 되지만, 전쟁이 나면 농마
　　도 전마가 됩니다. 새끼를 낳는 것은 짐승이라도 가장 마음 편히 해
　　야 하는데, 포화 속에서 새끼를 낳고 새끼는 다시 군마軍馬가 되지요.
　　슬픈 일입니다.

노자 적토마가 똥 푸는 데 쓰이는 것을 어처구니없다고 생각하지 마시오.
　　똥을 푸는 것이야말로 신성하고 소중한 일이오. 개미에도 진리가 있
　　고, 똥에도 진리가 있는 법이오.

루소 똥을 눈다는 것은 먹고살고 있다는 것입니다.

노자 죽은 자는 더 이상 똥을 누지 못한다오.

루소 선생의 반전론이 시작되는 것 같습니다. 풍경을 통해 반전론의 분위
　　기를 띄우고 계십니다.

46.2. 소유욕

노자 나는 이르노니(46.2.) "됐음을 알지 못하는 것보다 큰 잘못이 없고,
　　얻으려 함보다 큰 허물이 없다."(화막대어부지족禍莫大於不知足, 구막대
　　어욕득咎莫大於欲得.)

루소 지족 사상의 강조이십니다. 그리고 욕심을 경계하자는 것이고요.

노자 욕심 가운데에서도 갖고자 하는 마음을 탓하고 있소. 사람의 문제는
　　무언가를 가지려는 데 있소. 직립해서 손이 자유로워져 도구를 쓰게
　　되었지만 덕분에 손으로 뭔가를 쥐게 되었다오. 짐승 가운데 갖고 다
　　니는 놈 있소? 물고 다니는 것은 한계가 있고. 원숭이 같은 유인원부
　　터 소유가 시작되는 것이오.

루소 다람쥐는 겨울에 먹을 도토리를 모아 놓잖습니까?

노자 겨울잠 자다가 깼을 때 먹으려는 것이고 한철이잖소?

루소 프롬 같은 프랑크푸르트학파 철학자는 《소유냐, 존재냐?》라는 물음으

로 전 세계에 반향을 일으켰습니다. 철학자의 책이 많은 사람에게 읽힌다는 것이 쉬운 것이 아닌데도, 오로지 소유에서 존재로 가자는 주장 하나로 심금을 울렸습니다. 소유에 매달리지 말고 존재의 의미와 가치를 누리라는 것이죠.

훈수꾼 아, 《사랑의 기술》을 쓴 프롬요? 서문에 오해하지 말라고 쓴, 그러나 많은 사람이 속아서 읽어 준, 그리고 나를 사랑하지 않고는 남을 사랑할 수 없다는 이야기로 끝을 맺는 그 베스트셀러 철학자요?

노자 지족을 모르면 화를 부르오. 소유욕보다 큰 허물은 없다오.

훈수꾼 법정 스님이 또 떠오르는군요. 산으로 가는 뒷모습 사진이 실린 에세이집이요.

46.3. 늘 그러한 만족

노자 나는 이르노니(46.3.) "따라서 됐음을 아는 것이 되면 늘 된다."(고지족지족故知足之足, 상족의常足矣.)

루소 만족을 아는 것으로 만족하면 그것이야말로 영원한 만족이다. 말장난 같지만 뜻이 깊네요.

노자 족함의 족함을 아는 것이야말로 영원한 만족이라고 해야 말장난이지, 이것은 만족을 아는 것에서 만족하라는 뜻이니 한층 더 높은 차원의 의미를 갖소. 지족의 만족이요. 다른 것으로도 만족할 수 있지만 지족으로도 만족하라는 것이오. 내가 지족할 줄 아는 것을 스스로 만족스럽게 생각하라는 것이요. '고기를 이만큼 먹고 됐다'는 것은 그냥 족함이고, '고기를 이만큼 먹으면 됐음을 아는 것'은 지족이고, '고기든 뭐든 이만큼이면 됐음을 아는 나에 만족하는 것'이 바로 지족의 만족이오. 아무나 얻는 경지가 아니라오. 그런 점에서 지족을 만족하는 것은 영원한 만족이 되는 것이오.

루소 자신이 만족스러워할 줄 아는 것을 만족스럽게 생각하면 더 이상의
　　만족이 없긴 하겠네요. 재물도 아니고, 명예도 아니고 오직 자신의 정
　　신 상태에 만족하는 것이니 말입니다.

　말이 바퀴 달린 포대砲臺를 이끌고 다시 나온다. 루소가 말을 끌고 가서, 포대
대신 쟁기를 바꿔 매달고 퇴장한다.

제47막

무문관 문을 닫고 마음을 열어라

　창문이 있는데 닫혀서 아무것도 보이지 않는다. 사실 창은 창이고 문은 문인데, 어쩌다 뜻이 다른 창과 문이 붙어 버렸는지 모르겠다. 무문관無門關이라고 있다. 선가에서 천 일 동안 나오지 않는 수행이다. 다큐멘터리도 있으니 찾아보라. 영어로는 무문관을 ‘문 없는 문’ (Gateless Gate)으로 번역했는데 맞는지 모르겠다. 한자로는 문 없이 막힌 문을 가리키니 맞는 번역 같다. 무문관의 관은 빗장을 가리키니, ‘문 없는 빗장’이 가장 어울리는 말로 ‘열쇠 없는 자물쇠’도 좋다. 노자, 들어오더니 지우개로 문을 지워 버린다. 이내 문이 사라진다. 이제 문이 없다. 밖도 안 보인다. 나갈 수도 없다.

47.1. 문과 창을 닫고도

노자 나는 이르노니(47.1.) "문을 나서지 않아도 하늘 아래의 일을 알고, 창을 열어보지 않아도 하늘의 길(道)을 본다."(불출호不出戶, 지천하知天下; 불규유不窺牖, 견천도見天道.)

루소 천하를 알기 위해서는 문을 나서 인간세에 들어가야 하는데, 천도를 알기 위해서는 창을 열고 하늘을 보아야 하는데, 그렇지 않아도 천하를 알고 천도를 본다는 말씀은 지나치십니다. 과장법이라면 모를까?

노자 천하는 사람들이 만나면서 벌이는 세계이고, 천도는 자연스러움이 이끄는 세계라오. 어찌 천하를 일일이 사람을 다 만나 봐야 안다고 하시오? 어찌 천도를 보아야만 안다고 하시오?

루소 천하는 사회지요. 사회는 겪어 봐야 아는 것 아닙니까? 천도는 자연의 원리지요. 자연은 실험을 통해 볼 수 있는 것 아닙니까?

노자 그대는 사회계약설로 사회를 설명했소. 사회는 계약이 아니지만 계약으로 보자는 것 아니겠소? 강한 자가 약한 자를 지배하는 사회에 무슨 계약관계가 안에 들어가 있겠소? 그럼에도 그대는 홉스, 로크에 이어 그렇게 본 것 아니오. 그것은 사회에 대한 새로운 시각이 아닐 수 없소. 그런 점에서 사회계약설은 오늘날에도 통용되는 것이 아니겠소?

루소 그래서 사회를 겪는 것보다 사회의 운영체계를 이념적으로 제시하는 것이 더 뜻있다는 말씀이십니까?

노자 그렇소. 사실보다는 당위가 바로 사람이 벌이는 일이요. 정말로 그런 것보다는 그렇게 보고 싶고 그렇게 보아야 하는 것이라오. 내가 곧 사람인데, 사람을 왜 멀리서 찾소?

루소 예, 그럼 천도는요?

노자 천도는 하늘의 길이오. 하늘은 자연을, 사람은 인위를 가리키오. 천인합일이란 자연과 인위의 거리를 좁혀 보고자 하는 노력이었소. 그런데 하늘의 길은 자연의 원리, 다시 말해 자연스러움이 세계 속에서 펼쳐지는 과정이오.

루소 그래서 실험보다는 이성으로 과학적 진리를 찾아내는 것이 옳다는 말씀입니까?

노자 어찌 내가 과학을 무시하거나 홀시하겠소. 현대과학문명은 인류의 위대한 유산이라오. 그러나 과학을 넘어 인간과 우주를 반성하지 않는 학문은 정말로 무섭소. 과학조차 자연의 한 부분인데 어찌 환경을 파괴하고 인류를 절망에 빠지게 하는 과학을 섬기겠소?

루소 그러나 실험이라는 방법을 과학은 갖고 있습니다.

노자 실험도 사고실험이라는 것이 있잖소? 아인슈타인은 상대성 원리를 그렇게 증명해 냈소. 광속도라든지, 중력에 따른 시간의 변화라든지, 빛이 휜다든지 하는 것이오. 아인슈타인이 실험광이라는 말은 들어보지 못했소.

루소 이론물리학의 세계를 말씀하십니다.

노자 아인슈타인은 실험보다는 오히려 귀를 즐겁게 해 주는 음악을 좋아했다고 들었소.

루소 나처럼 음악에도 조예가 깊었죠.

노자 천도는 자연의 원리고, 그 자연스러움은 사람도 갖추고 있소. 문명으로 왜곡되어서 그렇지.

루소 모두 내면으로 들어가는 것 아닙니까?

노자 나를 모르고 어떻게 세상을 알려 들고, 나를 보지 않으면서 어떻게 세계를 보려드오?

47.2. 밖으로 나갈수록

노자　나는 이르노니(47.2.) "나감이 멀수록 아는 것이 적어진다."(기출미
　　　원其出彌遠, 기지미소其知彌少.)

루소　나다닐수록 아는 것이 더욱 없어지니 내면으로 침잠하라는 말씀입니
　　　다. 외향적 삶을 멀리하고 내향적 삶을 지향하라는 말씀입니다.

노자　나는 이를 검약儉約의 삶이라고 한다오. 나는 나의 세 보물 가운데
　　　하나로 이 검약을 꼽소. 어머니의 사랑, 검약, 세상에 앞서지 않기가
　　　내 세 보물이라오.[1]

훈수꾼　나는 이런 삶을 수렴收斂의 삶이라고 부르고 싶어요. 수렴의 렴은
　　　거둔다, 안으로 모은다는 뜻이 있거든요. 검약의 검은 검소儉素, 곧
　　　적게 줄인다는 뜻이거든요. 검약의 검儉 자와 소리도 꼴도 비슷하게
　　　생겼고요. 하하.

노자　안으로 모으는 삶을 사시오. 밖으로 내쫓기는 삶을 살지 말고.

루소　다른 표현 없습니까?

노자　다른 데서는 인색吝嗇하라고 했소.[2] 자신을 함부로 내치지 말고 아끼
　　　면서 살라는 뜻이오.

훈수꾼　그 색嗇 자를 율곡 선생이 아주 좋아한답니다. 선생의 말에 주해를
　　　달거든요. 나중에 자세히 말하지요(59.1.).

1　67.2.: "나는 세 가지 보물이 있어 그것을 잡아 지키고 있다. 하나는 내리사랑(慈)이
　　요, 둘은 아낌(儉)이요, 셋은 감히 천하에 앞장서지 않는 것이다."(我有三寶, 持而保之.
　　一曰慈, 二曰儉, 三曰不敢爲天下先.)

2　59.1.: "사람을 다스리고 하늘을 섬기는 데 아낌 만한 것이 없다."(治人事天, 莫若嗇.)

47.3. 돌아다니지 않아도

노자 나는 이르노니(47.3.) "그러므로 성인은 돌아다니지 않아도 알고, 보지 않아도 이름 부를 줄 알고, 하지 않아도 이루어진다."(시이성인불행이지是以聖人不行而知. 불견이명不見而名, 불위이성不爲而成.)

루소 안으로 돌아와 보니 세상이 다 보인다는 것이죠? 돌아다니지 않아도 세계에 대한 지식을 책을 통해 알 수 있고, 사물을 굳이 보지 않아도 언어를 통해 그것에 대한 개념을 얻을 수 있고, 결국 하지 않는 것 같아도 다 한다는 것이지요?

노자 무위의 덕이자 검약의 덕이오. 행동의 무위요, 정신의 검약이라오.

루소 칸트는 평생 고향을 떠나지 않았지만 위대한 철학을 남겼습니다. 칸트가 죽었을 때는 시민들이 장례행렬을 이루었을 정도로 그에 대한 존경심이 대단했습니다. 특히 그는 《영구평화론》과 같은 전쟁 없는 세상을 꿈꾸는 글을 남기고 지금의 UN 같은 국제연맹을 제창하기도 합니다. 당시 동양 여러 나라에 대한 서구의 침탈이 불공정하다는 글을 남기기도 했던 그입니다. 집에만 살았으면서도 그런 세계에 대한 이해가 가능한 것이 신기할 정도입니다.

노자 흔히 생각하는 사변적이기만 한 칸트가 아니군요. 형이상학만 할 줄 아는 이인 줄 알았는데 웬일인가 싶소.

루소 아닙니다. 저를 영국으로 부른 흄이 경험이 이성보다 중요하다고 말하니까, 유럽 대륙에 살면서도 그로 말미암아 '독단의 꿈'에서 깨었다고 고백하면서 《순수이성비판》을 쓰거든요. 이성도 한계가 있다는 것이 그 내용이지요. 이성이 뭐든지 할 수 있다고 믿은 대륙철학자의 태도를 스스로 반성한 것이지요. 그런 점에서 칸트야말로 독단적이지 않고 자기에게 비판적인 철학자였습니다. 쉽게 말해서 칸트의 철학은 대륙의 이성론 더하기 영국의 경험론입니다. 경험 없는 이성은 공허하고 이성 없는 경험은 맹목이라는 것이 바로 그의 유명한 '내용 없는 생각은 공허하고 개념 없는 직관은 맹목이다'라는 말입니다.

훈수꾼 이성론을 합리론으로 번역하는 바람에 헷갈렸는데 잘 설명해 주시네요. 이성적(rational)이라는 말이 합리적(reasonable: 이성이 가능한)으로 번역되는 것도 맞지만, 우리말에서는 경험론이라고 해서 비합리적인 것은 아니거든요.

루소 나 때문에 산책을 처음으로 놓친 칸트고, 나를 영국으로 데리고 간 사람이 바로 흄입니다. 영국에 사는 동안 흄이랑 멀어졌지만요.

노자 《순수이성비판》이 뭔가 했더니, '순수한 이성 까기'였소? 그대들이 믿는 이성의 한계를 들춰내는 것이었소? 하하.

훈수꾼 루소는 이성주의자인가요, 경험주의자인가요? 흄과 싸운 것을 보니 경험주의자는 아닌 것 같기도 하고, 그렇다고 해서 자연으로 돌아가자는 것이 이성적으로만 제시된 것 같지는 않고, 엉뚱한 물음일까요?

루소 자연 상태가 곧 야만 상태는 아니라고 나는 여기고, 이성의 추리로 인간 본성의 원리를 찾아냈으니 이성주의 전통에 가깝지 않을까 합니다.

노자 그대의 논리 근거는 상당히 경험적인 것이 많은데….

루소 백과사전파들의 도움입니다.

노자 백과사전이라는 것이 결국 경험주의적인 것이 아니오? 세상의 모든 지식을 모아 놓은 것이니 말이오.

루소 그러고 보니 저의 논거가 상당히 경험적인데 의지하고 있네요. 언어의 발생 원인도 그렇고, 문명의 발달 순서도 그렇고, 아이의 성장 과정도 그렇고, 그렇다면 나는 유럽 대륙 최초의 경험론자일지도 모르겠습니다. 흄과 처음 만나게 된 것도 이런 연분이 있는 것 같고요.

노자 왔다 갔다 마시오. 하하. 가만히 보니, 백과사전파들의 지적 행보가 이미 있어서 칸트가 이성의 한계를 지적하고 흄의 경험론을 받아들이는 것을 유럽의 학자들이 높이 살 수 있었던 것 같소.

루소 관계만 알아도 내용을 아시니, 과연 문밖을 나가지 않아도 되시는군요. 하하.

노자 루소, 흄, 칸트라? 재밌는 인연이오.

훈수꾼 인연은 선생 이후 들어온 불교의 용어인데요? 모든 것이 인연으로
　　생겨난다는 인연생기因緣生起라는 말을 줄여 연기緣起라 부르기도 하
　　고요.

노자 연분緣分이라면 되겠소? 사랑의 연분, 미움의 연분 이렇게 말이오.
　　아니면 연고緣故나? 그냥 관계라고 하면 너무 격조해서 그랬소. 하하.

　　루소, 다시 문을 그린다. 노자, 다시 문을 지운다.

제48막

무위의 권능—덜고 또 덜어라

노자가 삽을 들고 들어온다. 들어오더니 무형의 쌓여 있는 것을 위에서부터 흐트러뜨리더니 마구 퍼서 이곳저곳으로 던져 버린다. 흙을 삽으로 떠 주위에 뿌리는 것처럼 보인다. 무엇을 그리 많이 쌓아 놓았는지, 얼마나 오랫동안 쌓아 놨던지, 내가 쌓아 놓은 것이지만 정말 많다. 그러나 노자의 행위는 행위를 없애는 것이지 행위를 하는 것이 아니다. 행위를 없애는 행위이다. 아, 쌓아 놓은 것이 모두 나의 짓이었구나. 나의 짓거리가 쌓여 있던 것이구나. 불교로 말하면 업보다. 모두 나의 업보다. 업보는 카르마karma다. 카르마는 다름 아닌 행위(action)다. 내가 한 대로 내가 받는 것이다. 노자는 생각한다. 그렇게 버렸는데도 아직도 이렇게 많이 쌓여 있다니.

48.1. 덜자

노자 나는 이르노니(48.1.) "배움을 하면 날마다 쌓아지고, 도를 하면 날마
　　다 덜어진다."(위학일익爲學日益, 위도일손爲道日損.)

루소 유명한 말씀입니다. 교육이라는 것이 쌓는 것만 가르치고 버리는 것
　　을 가르치지 않습니다.

노자 왜 버리는 것을 가르치지 않는지 모르겠소?

루소 어린 학생이라서 쌓아 놓은 것이 없어서 그런가 보죠?

노자 어리다고 왜 없겠소? 게임 업적도 쌓아 놓고 있고, 먹을 것도 나눌
　　생각하지 않고 쌓아 놓고 있고, 용돈도 부모에게 쓸 생각은 안 하고
　　자기 하고 싶은 것만 하려고 쌓아 놓고 있지 않소?

루소 학교가 쌓도록 가르친다면 비우도록 가르치는 기관이 있나요?

노자 종교단체가 그런 역할을 하고 있지 않소. 덜어서 남 주는 역할 말이
　　오. 결국 진리란 쌓는 것이 아니라 더는 것이라는 말씀입니다. 그런
　　덕을 갖추어야 진리에 가까워질 수 있다는 것이고요.

노자 날마다 하나씩만 버려 보시오. 주위가 깨끗해질 것이오.

훈수꾼 불교에서도 '날마다 좋은 날 되소서'(일일시호일日日是好日)라고 하
　　지 말고, '날마다 하나씩 버리소서'로 바꿔야 하겠습니다. 하하.

48.2. 덜어 함이 없자

노자 나는 이르노니(48.2.) "덜고 또 더니 함이 없음에 이른다."(손지우손損

之又損, 이지어무위以至於無爲.)

루소 덜다 보면 특정 행위도 안 하게 되겠지요. 특정 행위란 강한 의지나 목적을 가지고 일을 벌이는 것을 말합니다.

노자 그렇소. 무위에 이르는 방법을 가르쳐 드리는 것이오.

루소 어떻게 하면 무위의 상태가 되느냐의 답이 바로 덜기라는 것이지요?

노자 무위를 아무것도 하지 않는 것으로 잘못 알고 있는데 정말 안타깝소. 우린 밥을 먹고 물을 마시지 않소? 그런 것도 하지 말라는 것이 아니잖소? 여분의 행동이나 잉여의 행위를 하지 말라는 것이오. 그것이 무엇이냐는 것은 사람마다 차이가 있을 수 있지만, 죽음을 앞둔 그대가 하지 않아도 좋았을 것이 무엇이었냐고 스스로에게 물어보았을 때 나오는 답이 바로 여분의 행동이자 잉여의 행위라오.

루소 지금 당장은 꼭 해야 될 것 같지만 지나고 보면 불필요했던 행태를 말하는 것이지요?

노자 그것이 지나치게 높은 명예일 수도, 너무 많은 재물일 수도, 깊기만 한 지식일 수도 있소. 돌이켜 생각하는 자신을 떠올려 생각해 보시오. 버리시오, 버리시오.

루소 무위가 다름 아닌 버리기라고 생각하니 쉽네요.

노자 무위가 별거겠소. 쌓는 것이 아니라 더는 것이지. 누가 다 버리라고 했소? 줄여 나가라는 것이지.

루소 무위의 구체적인 실천 덕목으로 덜어 내기를 제안하십니다. 무위가 다소 추상적이었는데. 이렇게 말씀하시니 좋습니다. 덜기가 무위를 실천하는 방법이라면 역시 소박한 삶도, 검약한 삶도 그렇고, 인색한 삶도 마찬가지네요. 여기서 인색은 좋은 뜻이고요. 몸과 마음을 아끼고 돈과 명예는 덜어 내는 것이니만큼!

노자 훈수꾼이 제안한 대로(47.2.) 인색을 '수렴收斂하는 삶'이라고 하면 어떨까 하오. 색 자가 들어가는 좋은 말 없소? 옹색壅塞도 아니고, 궁색窮塞도 아니고, 그냥 인색吝嗇밖에 없으니, 허허.

훈수꾼 고맙습니다. 물이 주렴처럼 내려오는 들어박힌 동네라는 설악산의 수렴동水簾洞 말고요, 수학 시간에 나오는 변수 x가 유한 확정된 수 a 에 한없이 가까워지는 일을 가리키는 수렴收斂입니다. 리미트가 무한 으로 가는, 그래서 내 속으로 모두 모이는 수렴입니다. 수속收束이라 고도 하지요. 이때 수속의 속은 단속團束의 뜻이고요. 몸 단속, 마음 단속할 때의 단속입니다. 폭력배 일제 단속이 아니고요.

노자 단속 좋소. 나의 색이 바로 그런 뜻이오. 자기 단속! 색속嗇束 또는 검색儉索! 본성을 아껴서 묶어 매어놓는 것!

루소 맹자가 말한 유명한 '나가 버린 마음을 모으기'〔수방심收放心〕와 통합 니다.

48.3. 함이 없지만 다 된다

노자 나는 이르노니(48.3.) "함이 없지만 하지 않는 것이 없다."(무위이무 불위無爲而無不爲.)

루소 또 덜어서 함이 없음에 이르면 오히려 하지 못하는 것이 없다는 말 씀입니다.

노자 덜고 또 덜어 무위의 경지에 오르면 모든 것을 할 수 있게 된다는 것이오. 일단 무위니 돈과 명예로부터 자유로워지오. 욕심을 덜었는데 무엇이라고 그딴 것을 추구하겠소? 그리하여 자신에게 돌아와 많은 것을 할 수 있게 된다오.

루소 잊지 말아야 할 선생의 말씀입니다.

노자 내면의 수양으로 얻어지는 것만이 아니라, 무위하면 남이 나에게로 다가와서 일을 이루게 된다는 현실적인 뜻도 있소.

루소 많은 정치지도자가 이를 못하지요. 자기가 가려 들지, 타인이 다가오 게끔 하는 데는 모자라거든요.

노자 다가가면 오히려 멀어지오. 무위하시오.

48.4. 일삼지 맙자

노자 나는 이르노니(48.4.) "천하를 취할 때는 늘 일삼음 없이 한다. 일삼
음이 있으면 천하를 취할 수 없다."(취천하상이무사取天下常以無事; 급기
유사及其有事, 부족이취천하不足以取天下.)

루소 일 없이 하라는 것인데, 일 없다는 것이 잘 안 와닿습니다.

노자 무사無事하다는 말이 있잖소? 무사태평無事泰平하다는 것은 좋은 뜻으
로도 나쁜 뜻으로도 쓰이지만 말이오. 저는 무사태평하게 잘 지내고 있
습니다라고 할 때는 좋은 뜻이고, 너는 무사태평하게 놀고만 있냐고
할 때는 나쁜 뜻이지만 무사라는 것은 특별한 사건이 터지지 않는 평
온한 일상을 말하오. 얼마나 좋소? 걱정거리가 생기지 않으니 말이오.

루소 전원생활에서는 가능하겠지만, 도시생활에서 가능할까 싶습니다. 매일
사건사고니 말입니다.

노자 도시에서도 문 닫으면 되오. 스스로 닫지 않을 뿐이지. 일단 텔레비
전을 꺼 봐요. 달라질 거요.

훈수꾼 미국은 지겨운 천국이고, 대한민국은 신나는 지옥이라는 말도 있는
데. 하하.

루소 일이 없으면 지루하지 않겠습니까?

노자 덤덤하게 살라고 하지 않았소? 염담해야 한다고. 편안하게 조용하게
시냇물 흘러가듯 살라는 말이오.

루소 서양에서 바쁜 일(비즈니스business)을 사업이나 업무라고 하고 좋게
생각하는 것과 반대네요. '네 일이 아니야'(Not your business)라고 하
면 참견 말라는 뜻이고.

노자 중국어에서 아직도 무사라는 표현은 아주 좋은 뜻이오. 부정적인 언

사라서 오해할 수 있지만 괜찮다, 좋다, 잘 지낸다, 별거 아니다, 고맙긴 뭘, 안 귀찮다라는 뜻으로 쓰이오.

루소 '웰컴welcome'의 뜻이라니, 긍정 표현이 아닌데도 뜻은 긍정적이네요.

훈수꾼 북녘 사람들이 '일없소'라고 말하는 것도 그런 좋은 뜻이었네요. 자칫 오해하기 쉽습니다. 중국어로는 '메이 쓰르~'(몰사沒事)이고요. 괜찮아, 난 괜찮아~! 네가 아무리 어떻게 해도 난 괜찮아! 천하를 웰컴하라, 천하를 콘트롤control하려 말고.

루소 내가 웰컴 사회학, 웰컴 정치학이라고 써먹어도 싫려치 않으시겠습니까?

훈수꾼 유어 웰컴, 천만千萬에요, 메이 쓰을, 일없소!

노자 사회계약론이 아니라 천하무사天下無事론, 곧 사회웰컴론이오? 하하.

노자, 삽을 바닥에 내려놓는다. 루소, 바닥에 있는 삽을 들고 한쪽으로 가더니 말없이 삽질한다. 훈수꾼, 기다린다. 그 앞에 가장 많이 쌓여 있다.

제49막

:아가가 있는 방:

지도자의 길—마음을 세상과 함께

노자가 유모차를 몰고 들어온다. 다들 놀란 눈치다. 노자가 유모차에서 아기를 꺼내 안더니 어르고 달랜다. 까꿍, 까꿍. 늙은이가 그러니 얼래 꼴래, 얼레리 꼴레리다. 노자가 이제는 혀를 말아 떨어뜨리면서 소리를 내 아기를 웃긴다. 롤롤, 락락. 별의별 소리를 다 낸다. 아기 웃는 소리가 들리는 것 같다. 까르르 까르르. 이제 다들 웃는 표정이다. 아기 앞에서는 누구든 아기가 된다. 아기를 어르려고 바보짓을 한다고 우습게 보는 사람은 아무도 없다. 아기를 웃긴다는데 누가 뭐랄 소냐? 이제 아기를 흔들어 주니 잠이 들었나 보다. 아기를 유모차에 눕힌다. 아기보다 아가라는 말이 더 아기스럽다.

49.1. 자기주장을 버리자

노자 나는 이르노니(49.1.) "성인은 늘 그러한 마음이 없이, 백성의 마음을
　　　마음으로 삼는다."(성인무상심聖人無常心, 이백성심위심以百姓心爲心.)
루소 지도자는 고정된 마음을 갖지 말고 사람들의 마음을 제 맘으로 삼으
　　　라는 것이 참으로 좋습니다. 다만 선생은 늘 그러하다는 뜻의 상常
　　　자를 좋아하시는 줄 알았더니 여기서는 나쁘게 쓰시네요.
노자 상도常道, 상명常名이 모두 이상적인 뜻이었지만, 상심常心은 안 그렇
　　　다는 말씀이시오?
루소 그렇습니다. 철학자의 관념이 일관되리라는 기대 때문이죠.
노자 꾸며 주는 말일뿐인데 공연히 그러시는구려.
루소 아무리 고대어라지만 헷갈려서 그럽니다.
노자 그럼 항심恒心으로 바꿀까요?
루소 그건 맹자가 말했는데요. 일정한 생산이 없으면 일정한 마음을 유지
　　　하기 어렵다는 뜻에서요.[1] 먹고사는 것부터 챙겨 주라는 것이죠. 제가
　　　사회적 안정부터 챙기라는 것과 같습니다.
노자 중요한 것은 지도자는 고정된 마음을 지니지 말고 백성의 마음을 자
　　　기 마음으로 삼으라는 것이요.
루소 나도 동의합니다.

---

1 《맹자》〈양혜왕梁惠王〉상: "일정한 생산이 없으면 일정한 마음이 없다."(無恆產, 因
　無恆心.)

49.2. 누구에게나 잘해 주자

노자 나는 이르노니(49.2.) "잘하는 사람에게는 나도 잘하고, 잘 못하는 사람에게도 나는 잘한다. (그러니 나의) 덕은 잘하는 것이다."(선자善者, 오선지吾善之; 불선자不善者, 오역선지吾亦善之; 덕德, 선善.)

루소 사람이 어떻게 그렇게 됩니까? 못하는 놈에게 잘해 주기 어렵죠.

노자 그렇소. 그런데 내가 일반인을 말했소, 아니잖소? 나는 성인이라 했소. 성인은 지도자, 그것도 최고정치지도자를 부르는 말이오. 지도자라면 잘난 놈이나 못난 놈이나 다 잘해 주어야 하는 것이 아니오? 보시오. 국가에는 얼마나 많은 사람이 있소. 거지는 국민이 아니오, 정신병자는 국민이 아니오? 국가지도자는 그 모두를 잘해 줘야 하는 것이오.

루소 일반인이 아니군요.

노자 지도자는 자신을 지지해 준 사람이나 반대한 사람이나 모두 껴안을 줄 알아야 하는 거라오. 정적이라고 배척하는 것은 못난 지도자지.

루소 서구사회는 민주주의가 성립되기 전까지 정적의 축출이 당연시되었습니다. 민주주의의 다수결 원칙이라는 것이 사실 소수를 보호하기 위한 장치이기도 하고요.

노자 동양도 정적 죽이기는 늘 벌어져 왔소. 그렇기 때문에 나는 정치지도자는 모두를 이끌고 가야 한다고 말하는 것이오.

루소 그래서 덕이라고 말하는 거군요. 누구에게나 잘해 주는 덕!

49.3. 무조건 믿자

노자 나는 이르노니(49.3.) "믿음직스러운 사람은 나도 믿고, 믿음직스럽지

못한 사람도 나는 믿는다. (그러니 나의) 덕은 믿는 것이다."(신자信者,
오신지吾信之; 불신자不信者, 오역신지吾亦信之; 덕德, 신信.)

루소 믿을 사람을 믿었다가 도리어 다치면 어떡합니까?

노자 그래도 지도자는 사람을 믿어야 하오. 그 사람이 못 믿게 하더라도
믿는 시늉이라도 해야 하오. 그러다 보면 그 사람이 나를 믿게 되고
결국 좋은 결말을 맺을 수 있소. 내가 먼저 믿지 못하는 것이야말로
부덕 가운데 부덕이오.

루소 믿는 시늉을 하는 것은 거짓이 아닙니까?

노자 일단 믿어 보라는 것이오. 안 믿어 탈 나는 것보다는 믿고 탈 나는
것이 나을 것이오. 내가 믿어 그도 믿게 되면 좋지 않소? 아무리 어렵
더라도 그런 마음가짐을 지니는 것이 지도자의 자세이자 덕인 것이오.

루소 말도 좀 이상합니다. 덕이 믿음입니까, 믿음이 덕입니까?

노자 하하. 맞소. 덕이 믿음이라는 말은 믿음이 덕 가운데 하나라는 것이
라오. 상위 개념이 먼저 나와 미안하오. 한자어에서는 주어와 술어의
구분이 없는 경우가 많아 그렇소. 나는 학생이다가 맞겠지만 학생은
나다라는 말이 성립되지 않는 것은 아니오. 뜻이 달라져서 그렇지. 비
슷한 느낌으로 받아 주시오. 덕은 믿는 것이다로. 또한 덕은 잘해 주
는 것이다로. 강조도 되고, 특정화도 되지 않소?

49.4. 천하심

노자 나는 이르노니(49.4.) "성인은 천하에 맞추려 하는구나. 천하를 위하
여 그 마음을 함께 하는구나."(성인재천하聖人在天下, 흡흡언歙歙焉; 위
천하혼기심爲天下渾其心.)

루소 참 좋습니다. 지도자는 자기를 줄이고 줄여 천하에 마음을 맞추려고
한다니요.

노자 지도자의 능력이 아무리 크다 해도 천하 앞에서는 움츠려야 하오. 공작처럼 날개를 펼 수 있어도 사람들 앞에서는 접어야 하오.

루소 날개가 있어도 평소에는 날개를 접고 사람들 사이에서 좋은 일을 하는 천사 같습니다. 이를테면 대천사와 수호천사처럼요. 날개가 없다는 말도 있는데, 사실 천사가 있다는 것은 제4차 라테란 공의회(1215)와 제1차 바티칸 공의회(1869)에서 '천사가 있다는 것을 믿어야 한다'고 교리상 결정한 것입니다.

노자 그대 날개도 크오. 그러나 평소는 접고 다니시오. 거추장스럽지 않소? 하하.

루소 선생의 날개는 보여 주지 않아 얼마나 큰 줄 모르겠습니다. 없는 것 아닙니까? 하하.

훈수꾼 지도자는 이렇게 노래를 불러야 하네요. '내 마음은 호수요~'가 아니라 '내 마음은 천하요~'라고요.

49.5. 백성을 아기처럼

노자 나는 이르노니(49.5.) "백성은 모두 그 귀와 눈을 바라보고, 성인은 그들을 아기처럼 여긴다."(백성개주기이목百姓皆注其耳目, 성인개해지聖人皆孩之.)

루소 백성은 아기 같아 주군의 얼굴만 바라보고 있다는 것이지요? 사실 작은 직장에서도 직원들은 사장의 일거수일투족을 신경 쓰지 않습니까? 그런 점에서 인민이 자기를 먹여 살릴 군주만을 바라본다는 것은 어쩔 수 없는 일일 겁니다.

노자 백성이 임금만 바라보고 있으면 안 되겠지요. 가장 좋은 것은 임금이 있다는 것만 알고, 임금을 바라볼 까닭이 없어야 하오. 그러나 일단 정치지도자가 말하기 시작하면, 사람들이 그들의 귀와 눈만 바라보고 있으니 기구로 정치지도지는 아기를 다루듯 백성을 면대해야 하는 거요.

루소 설마 인민이 어린아이처럼 철없다는 것은 아니겠지요?

노자 하하. 아니고말고. 엄마가 어린아이를 바라보듯 바라보라는 것이오. 얼마나 다정다감하오? 그렇듯 지도자는 백성을 자기의 마음을 내려놓고 그들의 마음을 읽으면서 살라는 것이오.

루소 아이를 고아원에 보낸 나로서는 할 말이 없습니다.

노자 아이를 보면 즐거워지잖소? 그런 마음을 지니시오. 아이가 울면 우는 대로, 똥 싸면 똥 싸는 대로 받아 줘야 하지 않소? 그런 마음으로 정치를 하라는 말이외다.

훈수꾼 아기보다는 아가가 더 예쁘니, '사람들을 아가처럼 사랑하자'로 고쳐 말합시다~!

루소, 유모차의 아기를 들어 안더니 귀엽다고 눈을 크게 뜨니 아기가 놀란 것 같다. 역시 아기를 얼러 보지 못했다.

제50막

섭생의 기술—삶의 무리가 되라

절마다 산신각이 있다. 산신각은 우리나라 절에만 있는 것이다. 외래 종교인 불교가 들어오면서 토착 산신신앙과 타협한 결과다. 그래서 우리나라의 모든 절은 대웅전 다음으로는 산신각을 짓는다. 그리고는 스님들의 거주공간인 요사채만 있으면 일단 절 노릇은 한다. 산신각은 삼성각三聖閣이나 산령각山靈閣 등 여러 이름으로 불리지만, 중요한 것은 산신이 호랑이를 뒤로 한 채 기댄 듯 앉아 있는 모습이다. 호랑이는 무섭거나 귀엽거나 둘 중의 하나지만, 산신을 보호하려는 자세거나 아니면 산신에게 길들여진 양순한 태도다. 산신 옆에는 꼭 호랑이가 있다. 그런 그림이 훈수꾼 뒤로 걸려 있다. 노자가 들어오면서 힐끗 바라보면서 웃는다. 루소는 보자마자 약간 놀라는 눈치다.

50.1. 삶에서 죽음까지

노자 나는 이르노니(50.1.) "삶에서 나와서 죽음으로 들어간다. 삶의 무리
는 열의 셋이고, 죽음의 무리도 열의 셋이다. 사람이 살면서 죽음의
땅으로 움직이는 것도 열의 셋이다. 왜 그런가? 그들은 살고도 (더
욱) 살고자 덧붙이기 때문이다."(출생입사出生入死. 생지도십유삼生之徒十
有三; 사지도십유삼死之徒十有三. 인지생人之生, 동지어사지動之於死地, 역십
유삼亦十有三. 부하고夫何故? 이기생생지후以其生生之厚.)

루소 퍼센트로 말씀하시네요. 30%는 수명껏 잘사는 사람들이고, 30%는 안
타깝게도 일찍 죽는 사람들이고, 30%는 잘살 수 있었던 사람인데 자
기가 잘못하여 죽음의 길로 들어선다는 말씀입니다. 나머지 10% 사
람은요?

노자 나머지 10%는 나도 잘 모르는 사람이지 뭐요? 죽음의 길에서 삶의
길로 들어선 사람일 수도 있고. 왜 그렇게 여유가 없소. 사고에도 여
지를 주시오.

루소 하하. 농담입니다. 숫자가 안 맞아서 그랬습니다. 저의 결벽증으로 양
해해 주십시오.

노자 내 이야기의 초점은 세 번째 무리에 있소. 제명은 80살인데 스스로
잘못해서 일찍 죽는 사람들이 안타까워서 하는 말이오.

루소 자연적인 수명을 다하거나 건강하지 못하게 태어나 어린 나이에 죽
는 것은 자신의 운명인데, 자연적인 수명을 다할 수 있었던 사람이
여러 까닭으로 죽음의 길로 가는 것을 안타까워하시는 말씀이지요?

노자 그렇소. 공연히 이름을 얻으려고 전쟁에 뛰어들었다 죽는 사람이 많
아서 하는 말이오. 전쟁이란 어떤 입장과 다른 입장의 싸움일 때가

많소. 그대가 한쪽의 입장에 설 수밖에 없는 것이라면 모를까 공명심에 군사를 달라고 해서 전쟁에 뛰어드는 일은 하지 말아야 하오.

루소 십자군 전쟁에 끼지 않아도 됐는데 끼인 경우와 비슷합니다. 러셀 같은 현대철학자는 기독교가 그런 전쟁을 통해 전쟁을 일으키고 사람을 많이 죽였다는 점에서 기독교인이 될 수 없다고 선언합니다.[1]

노자 양심적인 철학자이오. 실천적이기도 하고.

훈수꾼 가장 먼저 반핵운동을 한 사람이기도 합니다. 뉴욕에서 초청받았을 때 기독교인이 아닌 사람에게 강연을 시킬 수 없다고 해서 거부당하기도 합니다.

루소 개념화를 잘 시키셨습니다. 삶에 삶을 덧붙여서 삶에서 죽음으로 간다고요. 건강하고 평화롭게 사는 것 외에 돈과 명예 같은 부차적인 것을 덧붙여서 마침내 잘살 사람이 죽음에 이르게 된다는 것이 아닙니까? 내가 강조하는 명예로 말미암은 부작용입니다. 프랑스는 결투가 유행하기도 했지요. 별것 아닌 것 같고도, 결투를 신청해서 한 사람이 죽는 것을 보아야 했지요.

노자 생생生生이라는 말을 유가들은 좋게 씁디다. 생생지덕生生之德은 생명을 낳고 또 낳는 생성의 덕이라는 의미로 말이오. 그러나 여기서 생생지후生生之厚는 그냥 살면 될 것을 더 잘 살려다 탈 난다는 의미요. 후생厚生은 이용후생利用厚生처럼 유학자들은 좋은 뜻으로 쓰지만, 나는 거꾸로 삶에 군더더기를 덧붙이는 것을 말하오. 그것을 내가 췌형贅形으로 불렀더니, 나의 후배 장자도 비슷하게 씁디다.[2] 없어도 되는 것은 없어야 하지요.

루소 같은 개념인데도 뜻이 정반대인 것이 재밌습니다. 주의해야 하겠습니다.

---

1 러셀, 《나는 왜 기독교인이 아닌가》, 2005.
2 24.3.: '남아도는 밥이나 군더더기 살'(여식췌형餘食贅形). 그리고 《장자》〈대종사大宗師〉, 〈변무駢拇〉: '붙은 혹과 매달린 사마귀'(附贅縣疣)

노자 나는 '경사輕死'라는 말로 생명 경시를 말했는데,[3] 사람들은 중생重生이라는 말로 나의 생명 중시를 말하더군요. 맥락으로는 '중사重死'야말로 생명 중시인데도 말이오.[4] 내 식으로는 중생은 후생과 같은 표현이라 좋을 수 없소. 줄이며 사는 것이 아니니 말이오.

루소 이제는 개념의 상대성을 충분히 이해할 수 있을 것 같습니다. 참 신기합니다. 뜻하는 것은 하나인데, 반대 개념으로도 같은 뜻을 말하다니!

50.2. 섭생

노자 나는 이르노니(50.2.) "듣자 하니, 섭생을 잘하는 사람은 길거리에서도 코뿔소와 호랑이를 만나지 않고, 전쟁에 나가서도 갑옷과 창칼을 걸치지 않는다. 코뿔소도 그 뿔을 들이받을 데가 없고, 호랑이도 그 발톱을 쓸 데가 없고, 병기도 그 칼날을 집어넣을 데가 없다. 왜 그런가? 그들은 죽음의 땅이 없기 때문이다."(개문선섭생자蓋聞善攝生者, 륙행불우시호陸行不遇兕虎, 입군불피갑병入軍不被甲兵. 시무소투기각兕無所投其角, 호무소용기조虎無所用其爪, 병무소용기인兵無所容其刃. 부하고夫何故? 이기무사지以其無死地.)

루소 무슨 무협소설 쓰십니까?

노자 하하. 과장이 심했소?

루소 섭생이라는 말이 바로 선생으로부터 나온 것을 알았습니다. 그러나 어떻게 맹수를 만나지 않고 전쟁을 피할 수 있단 말입니까? 너무 낭

---

3 75.3.: "사람들이 죽음을 가벼이 여기는 것은 그 위에서 삶을 두텁게 구하기 때문이다. 그러므로 죽음을 가벼이 여긴다."(民之輕死, 以其上求生之厚, 是以輕死.)

4 80.1.: "사람이 죽음을 무겁게 여기며 멀리 옮겨 다니지 않도록 하라."(使民重死而不遠徙.)

만적이십니다.

노자 맹수야 늘 있지만, 맹수를 만날 기회를 만들지 말아야 하오. 산길을
꼭 오늘 가야 하는 것은 아니오. 어쩔 수 없는 것은 그다지 많지 않
소. 또한 군대는 가야 할지 몰라도, 군대에서 기갑이니 특공이니 하는
데 욕심 갖지 말아야 하오. 그러다가는 죽기 십상이오. 평온한 데 머
무르시오. 그러니 호랑이라고 그의 발톱을 보일 일이 있겠소? 코뿔소
라도 그의 뿔을 쓸 일이 있겠소? 무력이라도 칼을 쓸 일이 있겠소?
이렇게 피해 가야 하오.

루소 누구는 그러고 싶지 않아서 그러겠습니까? 어쩔 수 없어서 그렇지.

노자 어쩔 수 없는 것 같지만 그렇지 않소. 그 속에는 많은 의지와 결심
이 들어가 있소. 부탁건대, 그런 일 자체를 되도록 만들지 마시오.

루소 부득이라고 말씀하지 않으셨습니까?

노자 그대의 부득이는 그다지 부득이한 것 같지 않소. 나의 부득이는 정말
부득이하오. 마지막까지 버텨 보았소? 그것이야말로 부득이요. 순응이
나 타협이 아니라.

루소 선생이 상당히 숙명적으로 보였는데, 이런 대화 속에서 보니 그렇지
않으시네요.

노자 억울하오. 하지 않는 것이 얼마나 어려운 것인지 알지 않소?

루소 일종의 무언의 저항권 같은 것입니까? 그러니까 가장 소극적으로 납
세 거부를 하는 것처럼 말입니다.

노자 무위도 수양이요. 그냥 되는 것이 아니라, 마음을 갈고닦아 무위로
가는 것이라오. 마치 덜고 또 덜어야 무위를 이루는 것과 같소.[5]

루소 사지에 서 있지 말라는 것으로 선생의 말씀이 정리됩니다. 그것이 바
로 섭생이라고 하십니다.

노자 나의 후배 장자는 섭생보다는 양생養生이라는 말을 좋아하오.[6] 그러

---

5 48.2.: "덜고 또 더니 함이 없음에 이른다."(損之又損, 以至於無爲.)

나 뜻은 비슷하다오. 섭생은 생명유지의 원리라는 것인데, 양생도 생명을 잘 기르는 방법을 가리키니 말이오.

노자가 그림을 뒤에 두고 앉으니 그가 곧 산신이다.

6 《장자》〈양생주養生主〉.

제51막

그릇이 있는 방

자연 개념의 탄생—만물을 길러라

그릇이 있다. 밥을 담는 공기보다 넓다. 넓어도 많이 넓어 국그릇도 어렵다. 그
렇다고 접시라고 하기에는 움푹 파여 있다. 서양식 스튜 요리 정도에 어울릴까 한
다. 수프 접시치고는 높다. 고체도 액체도 아닌 것을 담는 그릇의 모양이다. 한마디
로 개밥그릇이면 딱 좋다. 쏟아지면 안 되지만 넓어서 먹기 좋은 개밥그릇이다. 요
즘이야 고체 사료를 주지만 예전에는 남는 모든 음식을 담다 보니 개밥은 죽 같이
희멀건 해졌다. 밥도, 생선도, 고기도, 국도 다 들어갔으니 말이다. 요즘은 그런 음
식을 돼지에게 준단다. 식당의 잔반을 모아 놓으면 수거해 간단다. 그것도 시골과
가까운 도시에서나 벌어지는 일이다. 그러려면 깊숙한 큰 통이 필요하다. 그릇이 없
을 때 비로소 그릇의 위대성을 깨닫는다. 먹을 것을 담을 그릇이 없다는 것이 얼마
나 불편한지 평소에는 모른다. 그릇이 있어야 먹는다. 그뿐만 아니다. 그릇은 남에
게 음식을 줄 때 필요한 것이다. 만물을 기르는 것은 곧 먹이를 주는 것이고, 먹이
는 그릇에 담아야 한다. 바닥에 흩어지게 줄 때도 나는 그릇을 갖고 있어야 담아
먹을 수 있다. 노자, 그릇을 손에 들고 나와 관객들에게 보여 주고는 탁자 위에 올
려놓는다.

51.1. 자연의 도

노자 나는 이르노니(51.1.) "도는 낳고, 덕은 기른다. 일이 꼴을 갖추면, 힘이 이루어 준다. 그러므로 만물은 도를 높이고 덕을 귀하게 여기지 않음이 없다. 도를 높이고 덕을 귀하게 여김은 시켜서가 아니라 늘 스스로 그러한 것이다."(도생지道生之, 덕축지德畜之; 물형지物形之, 세성 지勢成之. 시이만물막부존도이귀덕是以萬物莫不尊道而貴德. 도지존道之尊, 덕지귀德之貴, 부막지명이상자연夫莫之命而常自然.)

루소 도와 덕의 관계를 잘 표현하신 것 같습니다. 도는 생성하고 덕은 양육한다는 말씀이 가슴에 와닿습니다. 도는 생명의 원리이고 덕은 그 원리에 따라 생명을 이 세계 속에서 실현한다는 말씀이니 말입니다. 도만 있어도 안 되고, 덕만 있어도 안 되겠습니다. 도와 덕의 조화로운 만남 속에서 생명이 화육化育합니다.

노자 이제 나의 도와 덕을 잘 아는 것 같소. 낳으면 뭐하오? 길러야지. 기르는 것이 바로 도의 덕이요. 도의 기능이고 도의 효용이지요. 나는 능력 없는 도를 말하지 않소. 그것이야말로 공허하고 무용한 도요. 나는 무조차 쓸모가 있다는 입장이오. 나는 진리와 이름의 개념적인 공허를 좋아하지만 그런 퇴폐적이고 자멸적인 공허를 좋아하지 않소. 나는 허무를 좋아하지만 그 허무는 죽이는 허무가 아니라 살리는 허무라오. 인생이 허무해서 죽는 것이 아니라, 허무로 인생의 참다움을 깨닫고 잘살아야 것이오. 특히 돈과 이름의 허무 같은 것 말이오.

루소 선생에게도 유가처럼 화육의 정신이 살아 있음을 느꼈습니다.

노자 사물이 있으면 뭐하오? 힘을 불어넣어 주어야지. 힘을 무엇이 불어 넣어 주오? 밥이오.

훈수꾼 아아, 도는 쌀이고 덕은 밥입니다. 하하.

노자 좋소. 도는 아직 무명, 무형의 상태라는 점에서 쌀의 모습을 닮았소. 쌀도 아직 빻지 않은 상태요. 쌀과 겨의 미분未分 상태라오. 쓿은 뒤에야 밥을 해서 맛있게 먹지.

루소 그러니까 그런 나락의 상태가 바로 박이군요. 거칠지만 속에 흰쌀이 있는, 맛있는 밥이 되기 위해서 거침이 쌀을 감싸 주고요.

노자 나보다 다들 난 것 같소. 하하.

루소 도와 덕의 이러한 관계와 주어진 역할 때문에 둘 다 존귀하다는 말씀입니다. 그러나 도덕의 존귀함, 곧 도의 높음과 덕의 귀함은 무엇이 시켜서가 아니라 스스로 그러하다는 것이고요. 무엇이 명령한다는 것은 인위적이고 사회적인 것이지요. 그것이 없어야 정말 도와 덕이겠지요.

노자 그대의 자연도 그런 것이라 생각되오. 볼테르 같은 이가 자꾸만 야만으로 말했지만 그대의 자연은 야생일 수 없소. '소바쥐sauvage'가 아니라 '나투흐nature'지. 어찌 자연인이 미개인이겠소? 어찌 최초의 인간이 버벅거리는 바바리안barbarian으로 그려져야 하겠소?

루소 고맙습니다. 자연스러움에서 우리는 한마음 한뜻입니다. 특히 명령, 권력, 폭력, 지시, 규제가 없는 자연스러움에서 말입니다.

노자 그래도 그대는 국가를 철저히 인정했소.[1] 애국심인지는 모르지만 어

---

[1] 루소는 국가의 완성을 정치학의 목표로 보았는데, 이는 이상적인 국가의 건설이라는 면에서는 노자와 통하지만 반反국가주의적 설정을 잃지 않고 있는 노자와는 이별한다. 마르크스는 국가의 소멸을 이상으로 보아 루소와는 정반대의 길을 간다. 국민국가와 민주주의라는 두 다른 이상은 현대에서 교착되면서 여러 정치체제를 낳았다. "만일 서양근대 정치철학사의 완성을 마르크스가 시사하는 것처럼, 국민국가의 이론적 구상에서 찾는다면, 우리에게 부활해오는 철학자의 순서는 아마도 헤겔, 홉스, 루소, 로크의 순이 될 것이다. 그러나 이 철학사의 완성을 주권재민(민주주의)의 관점에서 고찰할 때는 이는 루소, 로크, 헤겔, 홉스의 순서가 될 것이다." 전병운, 〈루소 《사회계약론》〉, 21쪽.

쩔 수 없다고 생각한 것 같소. 특히 군대 문제에서는 여전히 보수적이었소. 한마디로 그대는 스파르타 같은 도시국가(polis; cité)에 대한 애정이 너무 컸소. 폴란드 정부를 그것에 비유했을 정도니 말이오.[2] 나에게는 국가조차 자연스러움을 해치는 것으로 보는 무정부주의적인 색깔이 없지 않소. 나는 그것을 '작은 나라 적은 백성'[3]으로 표현했소.

루소 선생도 슬픈 마음으로 전쟁을 하라고 했지, 하지 말라고는 하지 않으셨으니 나와 같은 견해 아닙니까?

노자 내가 반전론자임은 분명하외다. 군대가 없으면 나라가 망할 수 있으니 이런 현실적으로 어려운 문제가 생겨나는 것이오.

훈수꾼 영세중립국인 스위스는 강제 입영입니다. 복무기간도 이제는 우리와 비슷해졌습니다. 다만 복무기간을 나누어서 스스로 채우면 되는 것이 우리나라와 다른 점입니다.

루소 편들지 않겠다, 그러나 도와는 주겠다는 것이 스위스 의무대의 모토였으니까요. 전쟁도 하지 않겠다, 그러나 공격하면 방어하겠다는 것이 스위스 예비군 제도의 핵심이고요.

노자 그대에게서 반전론이 없는 것 같아 걱정하는 말이니 이해하시오.

51.2. 양육의 덕

노자 나는 이르노니(51.2.) "따라서 도는 낳고, 덕은 기른다. 키우고 먹이며, 고르고 안 아프게 하며, 기르고 덮어 준다."(고도생지故道生之, 덕

---

2 루소, 《폴란드 정부에 관한 고찰》.

3 80.1.: 소국과민小國寡民. 소국은 원래 소방小邦이었는데 한고조 유방劉邦을 휘諱(이름 부르기를 꺼림)하는 바람에 소국小國이 되었다. 방이 지역만을 가리킨다면 국은 지역 안에 무력이 있는 모양이다. 창 과戈가 네모 안에 있는 형국이다.

축지德畜之; 장지육지長之育之, 정지독지亭之毒之; 양지복지養之覆之.)

루소 오죽 중요하면 이어서 거듭 말하실까 싶습니다. 〈덕경〉에서 덕이 생명을 기르는 것임을 분명히 하십니다.

노자 살아 있는 것을 살려야 하오. 왜 살아 있는 것을 죽이오? 난 살아 있는 것을 살리는 것을 사랑하고, 살아 있는 것을 죽이는 것을 미워하오. 그래서 나에게 반전론이 있는 것이오. 묻지도 따지지도 말고 살아 있는 것은 살리시오.

루소 근대 사회복지의 개념이 엿보입니다. 교육과 의료를 국가가 책임지는 것이죠.

노자 만일 국가의 역할이 있다면 바로 이렇게 사람을 살리는 일에 집중해야 하오. 그것에 관심 없는 국가는 국가가 아니라오. 생명에게 밥과 잠을 보장하라는 것이오. 돈과 이름이 아니라. 그것이 내가 말하는 '저것을 버리고 이것을 얻으라'[4]는 것이오. 재물과 명예는 저것이고 밥과 잠은 이것이오!

훈수꾼 의료보험은 미국보다 우리나라가 훨씬 잘되어 있으니 좋은 나라네요. 최근에는 기본소득(basic income)이라고 묻지도 따지지도 말고 대한민국 국민이라면 남녀노소 가리지 않고 무조건 얼마씩 주자는 주장도 나오고 있어요. 그것의 변형된 형태가 서울시의 청년수당 같은 겁니다. 실업수당의 반대지요. 취업준비수당이라고나 할까?

노자 나도 돈 받을 수 있소?

훈수꾼 정치적으로 논란이 될 정도로 노인복지수당이 꾸준히 나옵니다.

노자 공자가 동쪽으로 가서 살고 싶다 했는데,[5] 나도 그곳에 가서 살고 싶소.

---

4 12.6. /38.6. /72.2.: "저것을 버리고 이것을 얻는다."(거피취차去彼取此) 그 가운데에서도 12.6.: "그러므로 성인은 배를 위하지 눈을 위하지 않으니, 저것을 버리고 이것을 갖는다."(是以聖人爲腹, 不爲目, 故去彼取此.)

5 《논어》〈자한子罕〉: "공자는 구이에 가서 살고 싶어 하셨다."(子欲居九夷.)

51.3. 검은 덕

노자 나는 이르노니(51.3.) "낳으면서도 갖지 않고, 하면서도 자랑하지 않고, 키우면서도 다스리지 않으니, 검은 덕〔玄德〕이라고 한다."(생이불유 生而不有, 위이불시爲而不恃, 장이불재長而不宰, 시위현덕是謂玄德.)

이 말씀은 자주 하시네요.6 현덕이라는 말도 앞으로 더 하실 것 같고요.7

노자 기르는 덕이라고 하지 않소? 낳으면 뭐하오, 기르는 것이 더 어렵지요. 낳은 정 기른 정 모두 소중하오. 유교문화에서는 낳은 정을 앞세운 것도 사실이지만, 현대사회에서는 기른 정을 더 의미를 두지 않소? 입양이 큰 덕이 되지 않았소? 이젠 내가 낳았다고 내 것이라는 생각은 말아야지요.

루소 ……. 조금은 위안이 되네요. 서구사회에서는 입양이 활발하지요. 국가가 양육과 교육을 책임진다는 생각도 강하고요. 모두가 하느님의 자식이고요.

훈수꾼 홀트 아동복지회를 통해 미국으로 입양된 한국의 아이들이 얼마나 많았습니까? 과거에는 못살아서 그렇다고 했지만 이제는 그것도 아닌데 안타깝습니다. 유교문화의 혈연의식은 입양도 작은집에서 데려오는 식으로 반의반만큼은 피를 섞고 싶어 했습니다.

노자 덕을 말한다고 해서 내가 덕을 사람들에게 드러내라는 것은 아니오. 덕도 숨길 줄 알아야 하오. 감추고 보이지 않게 덕을 실천해야지 너무 드러나면 잘난 척하는 꼴이 되어 오히려 부덕해지오.

루소 예수님도 오른손이 하는 일을 왼손이 모르게 하라고 합니다.8 남을

---

6 10.8. /51.3.: "낳으면서도 갖지 않고, 하면서도 자랑하지 않고, 키우면서도 다스리지 않으니, 검은 덕〔玄德〕이라고 한다."(生而不有, 爲而不恃, 長而不宰, 是謂玄德.)

7 65.2.: "늘 법식에 맞음을 아는 것을 검은 덕〔玄德〕이라고 한다. 검은 덕은 깊고도 멀도다. 만물과 함께 돌아간다. 그다음 큰 따름〔大順〕에 이른다."(常知稽式, 是謂玄德. 玄德深矣遠矣! 與物反矣! 然後乃至大順.)

구제할 때 그래야 한다는 것이지요.

노자 그러면 신께서 갚아줄 것이라는 것 아니오? 그런데 나는 그런 것도 없소. 그것이 자연의 흐름이라는 것이오. 부모의 사랑을 어떻게 갚소? 아래로 갚아야지. 그것이 삶이오. 윗사람에게만 매달리지 말고, 아랫사람에게도 잘하시오.

루소 숨은 덕이기 때문에 검은 덕이라 하신다는 거지요?

노자 숨은 덕이기만 하겠소? 오묘하고 진중하고 신비한 덕이 현덕이지.

훈수꾼 그래서 겸손한 유비가 자신의 자를 현덕이라고 했군요. 유현덕劉玄德. 시호는 소열제昭烈帝였지만.

    루소, 노자가 가지고 온 그릇에 물을 따라 먹더니, 노자에게도 물을 따라 준다. 노자, 다 마시고는 들고 나간다.

---

8 《성경》〈마태복음〉 6:1~4.

제52막

감각의 봉쇄—코와 귀를 막고 눈과 입을 닫아라

솜뭉치가 탁자 위에 한 무더기로 있다. 하얗다. 예전에는 시장마다 솜틀집이 있었다. 꺼진 솜을 다시 부풀려 주는 가게다. 솜이불을 오래 쓰면 납작하게 가라앉는다. 이때 솜을 튼다. 그럼 새 이불처럼 푹신푹신 몽글몽글해진다. 이제 공기도 잘 잡아 줘 따뜻하다. 목화솜 이불이 그랬다. 그런데 솜이 요즘은 의학용으로 더 많이 쓰이는 것 같다. 약을 바르거나 피를 막을 때 솜을 쓴다. 주사를 맞고 지혈시킬 때도 솜을 많이 썼었다. 영양이 안 좋던 시절, 코피 흘리는 어린아이가 많았는데 솜은 그런 아이들 코를 막기에 가장 좋았다. 노자, 들어오는데 얼굴의 구멍이란 구멍은 다 막은 것 같다. 귀 둘, 코 둘을 막았다. 그런 꼴로 자리에 앉더니 솜을 뜯어 입을 막는다. 눈만 빼고는 다 막았다. 그러더니 하나씩 솜을 뺀다. 맨 나중에 입에서 솜을 빼낸다.

52.1. 어머니와 아이

노자 나는 이르노니(52.1.) "천하에 처음이 있으니 천하의 어머니로 여긴
　　다. 그 어머니를 얻었으니 그 아이를 안다. 그 아이를 알았으니 그
　　어머니에게 돌아가 지키므로 죽도록 위태롭지 않다."(천하유시天下有始,
　　이위천하모以爲天下母. 기득기모旣得其母, 이지기자以知其子; 기지기자旣知其
　　子, 복수기모復守其母; 몰신불태沒身不殆.)
루소 선생의 어머니에 대한 사랑은 익히 알겠습니다. 어머니의 철학자이시
　　기도 하고요. 그래서 아이를 말씀하시는 거죠? 어머니와 아이는 불가
　　분의 관계니 말입니다.
노자 천하의 어머니는 천하라는 어머니라고 말했소.[1] 왜 어머니겠소? 아이
　　가 있으니 어머니지, 아이가 없으면 여자일 뿐이지 않소. 따라서 어머
　　니를 얻으면 당연히 아이를 알게 된다오. 그리고 아이를 알았으면 이
　　제는 다시 어머니로 돌아가 지켜야 하오. 그래야 위험하지 않은거요.
루소 천하라는 어머니가 낳은 자식은 누구입니까?
노자 그대요. 사회 속의 인간이오. 천하라는 어머니 덕에 사람들을 얻었는
　　데, 거기서 그치지 말고 천하라는 어머니로 다시 돌아가 그것을 지킬
　　줄 알아야 한다는 것이오. 어머니와 아이의 관계처럼, 사회의 부분들
　　을 전체의 맥락 속에서 바라보라는 것이오. 다시 말해 어머니의 덕으
　　로 이루어진 천하를 만났으면, 다시금 천하가 어머니의 덕을 지킬 수

---

1 25.1.: "어떤 것이 섞여 이루어지는데, 하늘과 땅보다 먼저 태어났다. 소리도 꼴도 없
　　으며, 홀로 서 바뀌지 않고, 맴돌면서도 멈추지 않으니, 천하의 어머니[天下母]이리
　　라."(有物混成, 先天地生. 寂兮廖兮, 獨立不改, 周行而不殆, 可以爲天下母.)

있도록 하라는 것이오.

루소 사회를 생성하는 원리를 모성애로 보는 것이네요. 그리고 이 사회가 모성애로 돌아가길 희망하시는 거고요?

노자 애를 낳으니 사람이 있고 사람이 있으니 사회가 이루어지지 않소? 그런데 사람들이 거기서 엄마를 쏙 빼놓아서 하는 말이오. 엄마가 애를 낳고 애가 사회를 이루니 애를 난 엄마의 마음으로 사회를 보라, 이것이오.

루소 아가페의 사회형성론입니다. 에로스도 아니고요.

노자 어머니의 사랑으로 사람을 보면, 어찌 그들을 함부로 전장으로 내몰 수 있단 말이오?

훈수꾼 그리스 신화에서 대지의 어머니를 뜻하는 가이아Gaia가 떠오릅니다. 주로 환경론에서 인용됩니다.

52.2. 잎을 벗이지 말라

노자 나는 이르노니(52.2.) "틈을 막고, 문을 닫으면, 죽을 때까지 흔들리지 않는다. 틈을 열고, 일을 벌이면, 죽을 때까지 건져지지 못한다." (새기태塞其兌, 폐기문閉其門, 종신불근終身不勤. 개기태開其兌, 제기사濟其事, 종신불구終身不救.)

루소 여기서는 아예 직설화법으로 틈을 막고 문을 닫으라고 하십니다. 그전에는 집밖에 나가지 않아도 천하를 안다고 하시더니 말입니다.[2] 틈은 뭐고 문은 어떻게 다릅니까?

노자 하하. 어렵지만 알고 보면 쉽소. 틈을 말하는 태兌는 늘 열려 있는

---

2 47.1.: "문을 나서지 않아도 하늘 아래의 일을 알고, 창을 열어보지 않아도 하늘의 길〔도道〕을 본다."(不出戶, 知天下; 不窺牖, 見天道.)

인체의 감각 구멍을 가리키고 문(門)은 열고 닫을 수 있는 인체의 개폐
장치를 말하오. 코와 귀는 틈이고, 눈과 입은 문이지요. 재밌죠?

루소 그래서 인간의 감각기관을 막으라는 겁니까? 잔인합니다.

노자 그보다는 그 감관으로 욕망을 일으키는 것들이 들어오기 때문이오.
오색, 오음, 오미[3]가 바로 그것들이외다. 그것들을 보고 듣고 맛보면
미치지 않소? 그래서 닫아야 한다는 거요.

루소 이미 뚫려 있는데 어떻게 막습니까? 앞은 보고 밥은 먹어야 하는데
어떻게 닫힙니까?

노자 마음으로 닫아야지요. 무욕을 말했잖소? 무욕하면 종신토록 탈이 없소.

루소 마지막으로 위에서 말한 어머니와의 관계는요?

노자 어머니는 아이만 앞에 있으면 아이에게 말고는 모든 감관을 막고 있
는 것 같지 않소?

52.3. 습상

노자 나는 이르노니(52.3.) "작은 것을 보는 것을 밝음이라 하고, 부드러운
것을 지키는 것을 힘셈이라고 한다. 그 빛을 쓰고 그 밝음으로 돌아
가니 몸에 재앙이 남아있지 않다. 이를 일러 늘 그러함을 익힌다고
한다."(견소왈명見小曰明, 수유왈강守柔曰强. 용기광用其光, 복귀기명復歸其
明, 무유신앙無遺身殃; 시위습상是謂習常.)

루소 늘 그러함[상常]은 여기서 좋게 쓰는 것을 보니 대체로 좋은 뜻 같습
니다. 단 한 번 고정불변의 '상심常心'을 버리고 '백성심百姓心'을 자기

---

3 12.1.: "다섯 색깔은 사람의 눈을 멀게 한다."(五色令人目盲.) / 12.2.: "다섯 소리는
사람의 귀를 먹게 한다."(五音令人耳聾.) / 12.3.: "다섯 맛은 사람의 입을 버리게 한
다."(五味令人口爽.)

마음으로 삼는다[4]고 할 때 빼놓고는 늘 그러함을 이상 상태의 지속으로 보고 계십니다. 게다가 늘 그러함을 배우라고 하니 말입니다. 배우는 것[학學]은 싫어해도 익히는 것[습習]은 좋아하시네요. 학이 습이고 그래서 학습인데. 하하.

노자 오죽하면 배움이라는 말 대신 익힘이라는 말로 썼겠소? 익힘은 연습練習과 습득習得이라오. 육체적인 훈련도 포함되니 지성만을 심화하는 교학과는 다르지요.

훈수꾼 그래서 운전교습소라고 하지 운전교육소라고 하지 않는군요! 교습에는 육체적인 훈련과 습득이 더 중요하니 말입니다. 그렇다고 해서 훈련소는 군대 같고요. 하하.

루소 부드러운 것을 지키는 것이 '오히려 강하다'는 것은 알겠지만, 작은 것을 보는 것을 밝다고 하는 것은 생소합니다. 선생의 밝음은 좋은 뜻으로 대낮의 것이 아니라 한밤중에 빛나는 별과 같다는 것은 이미 들었습니다. 게다가 빛을 쓰고 그 밝음으로 복귀하라는 것은 어둠의 철학자인 선생의 관점과 상반되게 보이기도 합니다.

노자 나의 밝음을 많이 오해하오. 나는 밝음은 구별이고 분별이고 나아가 차별이라고 생각하는 사람이오. 그래서 어둠 속에서 빈부와 귀천이 나뉘지 않는 것을 추구하오. 그것이 어둠의 덕이라오. 밝음의 경망스러움과는 다른 어둠의 포용력과 잠재력이오. 나누지 말고, 어울리자는 뜻이기도 하오. 어둠의 철학이라고 해서 저주나 비의秘意(esoteric) 그리고 폭력을 내세운다고 천만 만만 생각하지 마시오. 오히려 나는 그와는 반대로 축원과 일상日常(exoteric) 그리고 평화를 주장한다오.

루소 그렇다고 해서 전반적으로 음陰의 계열을 좋아하시는 선생이 양陽의 언사를 쓰시니 당혹스럽습니다.

---

4 49.1.: "성인은 늘 그러한 마음이 없이, 백성의 마음을 마음으로 삼는다."(聖人無常心, 以百姓 心爲心.)

노자 사실 명明 자를 가만히 보아도 그것이 음의 계열임을 알 수 있다오. 달월 자가 들어가잖소? 해도 있지만 그것은 밤에 빛나는 빛이라오. 밝은 해를 '명일明日'로 부르오? 명월明月이 제맛이지. 오히려 명일은 내일이라는 뜻만 있소.

루소 그것만으로는 부족합니다.

노자 명당明堂이라는 한 나라 때 성립한 개념을 보시오. 명 자는 죽은 자의 공간인 음택陰宅을 찾는 것인데도 명 자를 쓰지 않소? 그런 점에서 명이 음의 계열이라는 주장은 성립된다오.[5]

훈수꾼 그럼 우리 할머니가 정화수井華水라고 물을 떠놓고 빌 때 '비나이다, 비나이다, 천지신명天地神明께 비나이다'라고 할 때도 천은 신에, 지는 명에 해당되므로 대구적으로만 봐도 명은 음이네요.[6]

노자 무엇보다도 중요한 것은 어둠의 세계에서 빛나는 것이 진짜 빛나는 것이라는 거요. 이것을 잊지 말기 바라오. 지금 환한 것은 해에 의존한 것이지 독자적인 밝음이 아니오. 거짓 밝음이지요. 그러나 밤하늘의 별은 스스로 빛나는 항성들이라오. 지나치게 밝은 샛별 말고는. 달도 마찬가지요. 해에 기대어 밝은 달인 것이오.

루소 자체발광의 존재를 이상화시킨 것이라는 말씀입니다.

노자 그래서 그 빛을 써서 어둡지만 밝음으로 돌아오라는 것이오.

루소 작은 것을 드러내는 빛이 인도하는 대로 따라오면 밝음의 세계로 복귀할 수 있다는 것이네요? 나는 빛에 이끌려 광명의 세계로 나왔노라는 플라톤의 동굴의 비유와 비슷합니다.

노자 그분도 소설을 많이 쓰셨나 보오? 나처럼 비유를 드는 것 보니까.

루소 그분이야말로 대화체로 글을 많이 썼죠. 스승 소크라테스를 등장시켜

---

5 정세근, 〈명론明論: 태일생수, 역전, 장자의 신명神明을 중심으로〉, 《철학연구》 115, 2016.

6 정세근, 〈곽점 초간본 《노자老子》와 《태일생수太一生水》의 철학과 그 분파〉, 《노장철학과 현대사상》, 2018.

서요.

훈수꾼 그럼 이렇게 대화하는 것이 오히려 고전적인 철학 기술의 방법이
　　었네요.

노자 내가 '빛을 죽이라'〔화광和光〕[7]고 하면서 여기서는 '빛을 써서 밝음으
　　로 돌아가라'고 하니 당혹스럽소? 강한 빛은 죽여야지요, 그러나 밝
　　음으로 돌아가는 빛은 따라가시오. 본연의 밝음이지 인위의 밝음이
　　아니니 말이오.

루소 여기서도 마지막으로 위에서 말한 어머니와의 관계는요?

노자 어머니는 아이의 작은 것을 보며 기뻐한다오. 작은 것을 보는 것이
　　밝음이라고 하지 않았소?

　　루소, 탁자 위 솜으로 귀 둘, 콧구멍 둘을 막고 퇴장한다.

---

7 화광동진和光同塵. 4.3.: "날카로움을 꺾고, 엉킴을 풀라. 빛을 부드럽게 하고, 먼지와
　함께 하라."(挫其銳, 解其紛, 和其光, 同其塵.)

제53막

나라를 훔치는 자들─샛길로 가지 말고 큰길로 가라

조정에 출입할 때 입는 관복이 무대 뒤에 걸려 있다. 관모, 관대도 걸려 있다. 펼쳐놓으니 엄청 크다. 팔도 넓고, 길이도 길다. 색깔도 파랑, 빨강이 섞인 원색이다. 박물관에 걸려있는 조선시대의 관복을 생각하면 된다. 화려한 장식에 기가 질릴 정도다. 관복이 화려한 것은 자신들의 권위를 뽐내기 위해서다. 그러지 않으면 말을 잘 듣지 않을지도 모른다. 관복을 입히는 것은 임금이 지휘를 하기 위해서다. 군복처럼 제복이다. 제복은 권위와 책임을 갖는다. 군복은 적을 죽일 수도 적에게 죽을 수도 있다는 변별복이다. 선장의 제복은 배에 탄 사람에게 명령을 내릴 수도 있고 복종하지 않으면 죽일 수도 있지만, 자기가 죽더라도 승객의 생명을 보호하겠다는 표식이다. 그래서 좁은 공간에서 탑승한 채 돌발사고가 날 수 있는 교통수단의 승무원들은 모두 제복을 입는다. 권위와 의무를 함께 하는 것이다. 그러나 과연 관복이 그랬는가?

53.1. 크고 넓은 길

노자 나는 이르노니(53.1.) "내게 앎이 있어 큰길(大道)을 가라면, 오직 (옆
으로) 빠지는 것을 무서워하리라. 큰길은 무척 넓지만 사람들은 샛길
을 좋아한다."(사아개연유지使我介然有知, 행어대도行於大道, 유시시외唯施
是畏. 대도심이大道甚夷, 이민호경而民好徑.)

루소 진리가 숨겨져 있다는 생각을 많이 갖는 서양식 사고와는 다릅니다.
진리는 은폐되어 있어 찾기 어렵고 찾아도 말하기 어렵다는 생각을
서양철학은 갖고 있습니다.

노자 유가들도 학문을 이루기 어렵다고 말하지요. 수양은 어렵소. 그러나
우리가 배워야 할 것이 그렇게 많소? 단순한 삶에서는 복잡한 지식
이 오히려 도움이 되지 않는다오. 잔머리 굴려봐야 잘될 것이 얼마나
되겠소? 우공이산愚公移山이라 하지 않소? 어리석어야 산을 옮기는
법이오. 진리는 다 아는 것이자 찾기도 쉽소. 여기서 진리의 실천 곧
'큰길 가기'(행어대도行於大道 또는 대도지행大道之行)를 말하고 있으니
더욱 그렇소.

루소 그래도 발견은 있지 않겠습니까? 과학은 숨겨져 있던 것을 드러내는
것이거든요. 그래서 발견(디스커버리discovery)이란 덮어놓은 것(커버
cover)을 없애는(디de) 것이거든요.

노자 내가 말하는 것은 사람들 사이의 진리이고 그것의 실천이오. 그런 점
에서 숨겨 놓은 것이 뭐 그리 많겠소? 사람 속만큼 알 수 없다고 하
지만, 그것은 그야말로 꾀쟁이들 이야기이지 그냥저냥 사는 사람이
바라는 것이 뭐 그리 많겠소? 잘 먹고 잘 자고, 아이들 잘 키우는
것에서 크게 벗어나겠소? 게다가 과학이라 할지라도 그것을 통해 너

무도 많은 것을 얻으려 하기 때문에 복잡해지는 것 아니겠소? 천지 운행의 원리를 아는 것 말고, 돈이나 이름과 같은 다른 헤게모니 싸움이 들어가니 꼬이는 것 아니겠소? 숨겨져 있다고는 하지만 과학자들이 찾아낸 원리나 공식은 실재하는 것이 아니라 도구에 지나지 않는다는 주장도 있지 않소?[1]

루소 지름길이 빠르긴 한데 …….

노자 삶이 샛길로 빠지는 것이 좋소? 아무리 빨라도 말이오.

훈수꾼 군자君子는 대도행大道行이라!

53.2. 큰 도둑

노자 나는 이르노니(53.2.) "조정이 무너지고, 논밭이 우거지고, 창고가 비었다. 옷 무늬가 빛나며, 날카로운 칼을 차며, 질리도록 먹고 마시며, 보물과 돈이 넘친다. 이를 일러 큰 도둑이라고 한다. 도가 아니도다."(조심제朝甚除, 전심무田甚蕪, 창심허倉甚虛; 복문채服文彩, 대리검帶利劍, 염음식厭飮食, 재화유여財貨有餘; 시위도과是謂盜夸. 비도야재非道也哉.)

루소 그런 귀족들과 나는 평생 싸웠습니다. 그 귀족들이 나를 먹여 살리는 우스꽝스러운 일이 벌어지고 말았지만요. 나는 인민의 벗이었습니다. 귀족들 때문에 정치도 엉망이고 재정도 형편없었습니다.

노자 그대를 선구로 삼은 프랑스혁명은 돈은 있는데 이름과 자리가 없는 부르주아Bourgeois가 주체가 된 혁명 아니오? 신흥 부자들이 정치적 권력을 요구하는 것이었는데, 오히려 민중인 상퀼로트가 대리전을 치

---

1 이를테면, E=mc2라는 원리가 실제로 자연계에 있는 것인지 세계를 설명하기 위한 도구에 불과한 것인지를 묻는다. 과학적 실재론과 과학적 도구론은 보편논쟁의 실재론과 명목론을 빼닮았다.

른 것이 아니오? 당시 귀족과 부르주아들은 무릎까지 오는 퀼로트
culottes를 입었지만 노동자들은 긴 바지인 상퀼로트sans-culottes를
입었다는 데서 상퀼로트는 계급의 이름이 되었다오.

루소 선생과 나는 가진 자들의 지배와 폭력을 무척이나 싫어한 것 같습니
다. 선생도 인민의 벗입니다.

노자 우리 모두 만들고 싶었던 세계가 있었소. 여전히 진행 중이라오.

훈수꾼 김지하라는 시인이 '오적五賊'이라는 시를 통해 나라의 큰 도둑 다
섯 부류를 판소리 형식으로 그려냈습니다. 당시 《신동아》에 실렸는데,
판금 결정이 나서 난리가 났지요. 그리고 요즘은 퀼로트가 여성용 스
커트 같은 반바지를 가리키는데 본래는 그런 뜻이었군요. 그러니까
상퀼로트는 짧은 바지를 입지 않는(sans: without) 사람들이네요. 상퀼
로트가 혁명을 주동한 계급을 일컫는 것에 혁명 이전 사람들이 신기
하게 느낄 것 같습니다. 노무현 대통령 당선 때의 노란 물결(yellows)
이 떠오릅니다. 으샤!

　　루소, 부러운지 관복을 내려 입어 본다. 이후, 노자에게 제복을 건네자 손사래를
친다.

제54막

흰 기둥이 있는 방

세계의 포용—있는 그대로

기둥이 서 있다. 그런데 휘어 있다. 이런 흰 큰 기둥은 산사에 가면 쉽게 볼 수 있다. 흰 기둥도 깎지 않고 그냥 세운다. 그렇게 멋을 부린다. 남들은 모를 멋이 우리의 절에는 넘쳐 난다. 자연목의 형태가 그냥 드러나는 건물들이다. 바른 것을 맞추는 것이 쉽겠는가, 흰 것을 맞추는 것이 쉽겠는가? 얼핏 생각하면 깎기 귀찮아 원목을 그대로 세우고 올렸다고 생각하기 쉽다. 그러나 정돈된 목재는 아귀가 딱딱 맞아 세우고 올리기가 오히려 쉽다. 흰 것은 그것에 맞춰 다음 원목을 찾아야 하고 거기에 맞춰 형태를 이루어야 한다. 바른 나무는 기성목木이라면, 흰 나무는 맞춤목木이라고 말하자.

54.1. 관용의 힘

노자 나는 이르노니(54.1.) "잘 세우는 사람은 뽑지 않는다. 잘 품는 사람
  은 빠뜨리지 않는다. 자손이 제사로써 그치지 않는다."(선건자불발善建
  者不拔, 선포자불탈善抱者不脫, 자손이제사불철子孫以祭祀不輟.)

루소 집을 잘 짓는 사람은 주위의 나무나 바위를 뽑지 않는다는 것은 서
  양식 설계에서는 잘 이해가 가지 않습니다. 포용을 위해서는 빼놓지
  말아야 한다는 것은 쉽게 이해가 갑니다만.

노자 이를테면?

루소 서양의 큰 건축은 대체로 인공적인 설계 위주라서 그렇게 말하는 것
  같습니다. 궁전의 설계도 그렇고 학교도 그렇습니다. 이를테면 베르사
  유 궁전도 높낮이는 있지만 평지에 기하학적으로 설계되었습니다. 평
  지는 도화지이고 궁전과 정원은 기하학적 설계도죠.

노자 북경의 자금성도 원명원도 그렇소만? 그런데 그대 말에 일리가 있다
  면 북경 지역이 워낙 편평하다는 것이고, 원명원은 사실 낭세령郎世寧
  같은 예수회 신부이자 화가가 설계한 것이오.

루소 물의 낙차를 이용한 대규모의 분수가 있는 이화원을 말씀하시는 거
  죠? 프랑스 군대가 가서 다 부숴 버린 그곳요?

노자 서양인이 설계한 것이니만큼 오히려 서양인의 위대함을 그것으로 자
  랑할 수 있었을 텐데 왜 그렇게 야만적인 행동을 했는지 모르겠소.
  빅토르 위고가 그런 행위에 대해 크게 질타하지요.

루소 같은 프랑스인으로 사과드립니다.

노자 마테오 리치 같은 당시 서양인 신부는 북경에 교회도 짓고 기상대
  (천문대)도 짓고 이런 궁전 설계도 도움을 주면서 잘 지내고 있었는

데 말이오. 늘 상황을 모르는 본국이 문제요.

루소 잘 뽑지 않는 설계의 예를 들어 주시죠.

훈수꾼 아무래도 한국의 산사가 더 좋은 예일 것 같습니다. 서산 개심사의 서까래를 보아도, 고창 선운사의 대들보를 보아도 그렇지만, 더 중요한 것은 주위의 환경 속으로 절이 들어가지 주변을 정리해서 절을 만들지 않지요. 정원도 차경借景이라 해서 주위의 경관을 창호로 빌려 오는 고도의 조화를 추구합니다. 인위를 최소화하려는 노력이지요. 기둥들의 밑동도 돌을 깎지 않고 돌의 꼴에 따라 깎는 고도의 그렝이 공법을 씁니다. 반듯반듯한 평면 대 평면의 만남이 아니라 울퉁불퉁한 곡면과 곡면의 만남이 나무와 돌 사이에 이루어지는 거죠.

루소 차경이라는 개념이 어렵지만 창호가 프레임 역할을 하고 그것을 통해 보는 경치를 최상으로 느끼도록 장치한다는 것이네요. 공연히 나무와 바위를 뽑지 않고 있는 그대로를 최대로 활용해서요.

훈수꾼 한·중·일의 정원을 견주어 보면 잘 알 수 있습니다. 중국의 정원만 하더라도 인공미가 철철 넘치거든요. 괴석을 갖다 놓고 길을 맴맴 꼬아 놓아 길게 느끼게 합니다. 일본의 정원은 깔끔하고 정돈된 느낌이 가득 합니다. 주변을 작게 만들어 사람을 크게 느끼게 합니다. 한국의 정원은 정말 소박하고 자연스럽습니다. 손을 댔지만, 손을 안 댄 느낌이 나야 합니다. 한국인들이 중국의 괴석 문화나 일본의 분재 문화를 쉽게 받아들이지 못하는 것이 그런 까닭입니다.

노자 그곳에 가서 살고 싶소.

루소 그럼 제사가 끊임없이 내려갈 것 같습니까? 하하.

노자 원명원을 부수지 않았으면 서양인의 설계 실력을 아직도 세계만방에 자랑할 수 있었을 텐데, 그것이 자손이 제사를 빠뜨리지 않는 것과 뭐가 다르오? 하하.

훈수꾼 이탈리아 신부 낭세령(Giuseppe Castiglione, 1688~1766)의 군마도는 워낙 유명하고 말을 잘 그려 황제가 말 탄 그림을 그린 것은 알았는데, 대단한 건축가이기도 했군요. 이익의 집에도 북경에서 가져온 서양화가 걸려 있었다고 하지요. 당시 북경에 다녀온 강세황의 증언이고, 그도 서양의 입체화법을 개성 지역을 주제로 삼은 송도기행첩 가운데 하나인 '영통동구도靈通洞口圖'에 반영합니다.[1]

54.2. 천하에서 수양하라

노자 나는 이르노니(54.2.) "몸을 닦으면 그 덕이 참되다. 집을 닦으면 그 덕이 남아돈다. 마을을 닦으면 그 덕이 길다. 나라를 닦으면 그 덕이 넉넉하다. 천하를 닦으면 그 덕이 널리 미친다."(수지어신修之於身, 기덕내진其德乃眞; 수지어가修之於家, 기덕내여其德乃餘; 수지어향修之於鄕, 기덕내장其德乃長; 수지어국修之於國, 기덕내풍其德乃豐; 수지어천하修之於天下, 기덕내보其德乃普.)

루소 수양이라는 것이 개인적인 것인데, 자꾸 넓히시네요?

노자 이왕이면 크게, 크게 수양하라는 것이오. 어찌 수양을 나 하나에서 끝내겠소? 그 덕이 널리 퍼져야지요.

루소 서양에서도 아레테aretē라고 불리는 덕은 어떤 사람이나 사물이 가장 잘 기능하는 것을 가리킵니다. 가수가 노래를 잘 부르면 덕이 있고, 말도 잘 달리면 덕이 있는 거죠. 로마로 건너오면서 그것이 비르투스virtus로 번역되는데, 오늘날에도 그 덕이 잘 실현된 사람을 대가大家라는 뜻에서 비르투오소virtuoso라고 부릅니다. 거장巨匠이지요. 그 말은 오늘날 덕이라는 말(virtue)의 어원이 됩니다.

훈수꾼 그렇다면 아레테는 탁월성보다는 덕이 더 어울리는 번역이었네요?

루소 탁월성은 동양의 고전과 그 어감을 잘 모르는 현대학자들의 번역이

---

1 강세황, 《표암 강세황 산문전집》(표암유고), 2008.

겠죠. 도와 덕이라고 할 때의 덕이 원리에 따른 실현이라는 맥락에서 아무래도 아레테나 비르투스의 의미에 걸맞습니다.

훈수꾼 현대의 번역가들이 부덕不德한 것이네요. 하하.

노자 덕을 넓히시오. 그것은 진리의 효용을 개인 차원에서 머물지 않고 세계 만방에서 풍요롭게 장구하게 펼치는 것이오. 그것이 진리의 힘이오.

루소 기억납니다. 선생의 책을 누군가 《도와 그것의 힘》(Tao and Its Power)으로 번역했다고 했죠.2

노자 덕은 곧 힘이오.

훈수꾼 조선말 신종교 열풍 때 계룡산(현 세종시) 근처에서 창도된 금강대도라는 신종교에서 그것을 진리의 젖, 곧 도유道乳라고 쓰는 것을 보고 참 좋은 표현이라고 생각했습니다. 창시자 이승여李承如 선생의 고전 감각이 놀라웠습니다. 도유를 먹고 자라 만천하에 그것을 뿌려 주고 싶습니다. 꿀꺽꿀꺽! 무럭무럭! 널리 널리!

54.3. 있는 그대로 보라

노자 나는 이르노니(54.3.) "따라서 몸으로 몸을 보고, 집으로 집을 보고, 나라로 나라를 보고, 천하로 천하를 보라."(고이신관신故以身觀身, 이가관가以家觀家, 이향관향以鄉觀 鄉, 이국관국以國觀國, 이천하관천하以天下觀天下.)

루소 있는 그대로 보라는 말씀입니다. 현대철학자 후설이 현상학을 제창하면서 '본질직관'을 주장하지요. 선생의 말을 들어보니 본질이라는 말 자체가 사람마다 자의적일 수 있다는 생각이 듭니다. 본질이 하나라는 것이 가정인데, 내가 보는 본질과 그가 보는 본질이 다르면 어찌

---

2 Arthur Waley, Tao and Its Power, 1934.

하느냐는 물음입니다. 후설이야 그건 본질이 아니라고 답하겠지만요. 따라서 '있는 그대로'가 바로 선생의 현상학 모토로 보입니다.

노자 나의 철학도 가감하지 마시고 있는 그대로 보시오.

루소 현상학에서 '판단중지'라는 말을 쓰는데 선생의 있는 그대로에도 그런 것이 있습니다. 나도 남도 집도 마을도 나라도 세계도 자꾸만 내가 판단을 하지요. 그런데 '있는 그대로' 보면 판단이 빠지게 됩니다.

노자 그래야 그것들과 함께 할 수 있지요.

루소 그렇다면 선생은 있는 그대로의 목표가 본질직관이 아니라 상호합일이네요. 진리 쪽이 아니라 효용 쪽이네요. 함께함으로써 얻어지는 의식통일, 관점일치입니다.

노자 그것이 덕이요. 그런데 그러한 덕을 자꾸 도로 몰고 가면 싸운다는 말이오.

루소 아, 후설은 도만 보았지 덕은 보지 못했다는 말씀이네요. 본질의 힘을 보지 못한 거네요. 아리스토텔레스가 말한 가능태가 현실태로 가는 운동의 세계나, 스피노자의 잠재력의 실현과 같은 운동의 세계를 후설은 보려하지 않았네요. 죽은 진리지 살아있는 진리가 아니었네요.

54.4. 저것보다 이것

노자 나는 이르노니(54.4.) "나는 어떻게 천하가 그러한지 아는가? 이로써이다."(오하이지천하연재吾何以知天下然哉? 이차以此.)

루소 이것은 이미 말씀하신 '저것을 버리고 이것을 얻는다'(거피취차去彼取此)[3]의 이것입니다. 이게 이거군요. 유레카!

---

3 12.6. /38.6. /72.2. : '저것을 버리고 이것을 얻는다.'(거피취차去彼取此)

훈수꾼 엥?

루소 '이로써'라는 말을 공연히 왜 붙이나 했습니다. 이는 '스스로 그러하
다' 정도로 생각했는데, 그보다는 먼 것을 버리고 가까운 것을 얻으라
는 뜻의 '저것을 버리고 이것을 얻으라'에 나오는 이것이었습니다. 하!

노자 나의 사상을 어렵게 부르지 마시오. '이것의 철학'도 좋소. 남들이 저
것의 철학을 할 때 나는 이것에 매달렸소. 저것은 형이상학의, 관념
의, 추상의 것이지만 이것은 생명의, 현실의, 구체의 것이오. 이것으로
오시오.

훈수꾼 이거요?

　　루소, 자기 몸을 휜 기둥에 맞춰 휘어 본다.

제55막

갓난아기의 힘—거세면 늙는다

예전에는 역기力器라 불렀는데 요즘은 벤치프레스라고 부른다. 의자에 누워 바벨을 들어 올리는 운동기구다. 영어로 부르면 좀 더 좋아 보이나? 웃긴다. 여러 종류를 우리말에서 분류를 안 한 잘못이지만, 번역을 하려고 노력은 해야 했다. 벤치프레스도 운동의 기본이다. 누워서 하기 때문에 안정적이고, 목을 누르지만 않으면 안전하다. 대신 역기를 걸어 놓는 부분이 필요하다. 힘이 빠지면 걸어 놓아야 하기 때문이다. 나이 들면서 점차 힘이 빠진다. 근력이 떨어지는 것이다. 그러나 아기를 보라. 놀랍지 않은가? 아무리 울어도 목이 쉬지 않는다. 어른은 왜 목이 쉬는가? 또한, 애들은 늘 뛰어다닌다. 힘이 넘쳐서 그런다. 놀랍지 않은가? 뛰는 것이 더 나은 아이들 말이다. 어른은 조금만 뛰어도 숨이 차다. 루소, 벤치프레스를 보더니 다섯 번을 하고는 힘을 몰아쉰다.

55.1. 핏덩이

노자 나는 이르노니(55.1.) "덕을 머금은 도타움은 핏덩이와 견주어진다.
　　독충도 물지 않고, 맹수도 할퀴지 않고, 사나운 새도 덤비지 못한
　　다."(함덕지후含德之厚, 비어적자比於赤子. 독충불석毒蟲不螫, 맹수불거猛獸
　　不據, 확조불박攫鳥不搏.)

루소 웬 과장입니까? 아기를 좋아하시다 보니, 그것도 가장 아기인 핏덩
　　이를 말씀하십니다. 금방 나와 울긋불긋한 신생아는 자연 상태 그대
　　로이다 보니 주위의 생명이 보호하려 든다는 말씀인 것 같은데.

노자 아기를 다들 귀여워하지 않소? 아기를 함부로 대하는 사람은 거의
　　없을 거요. 다들 아기 앞에서는 천진天眞해지지 않소? 천진이 바로
　　자연의 참다움을 뜻하는 거요. 천진에서 만나면 서로 애지중지하게
　　된다는 것이오.

루소 늑대가 아이를 키웠다는 이야기는 종종 듣습니다. 그런 겁니까?

노자 핏덩이는 온전히 자연 상태라오. 그것을 말할 뿐이오.

루소 아이만 하더라도 이미 인위가 개입되었고요.

훈수꾼 나는 늘 궁금한 것이, 아이가 귀여운 것이 워낙 미적으로 귀여움을
　　느끼게 생긴 것인지 아니면 우리가 그런 것을 귀엽게 여기도록 진화
　　한 것인지 모르겠습니다. 송아지도 강아지도 귀엽잖습니까? 그것은
　　아이를 보는 우리의 시각에 뭔가 장치가 있는 것 아닌가 하는 생각도
　　듭니다. 아이를 본능적으로 보호하도록 말이죠. 따라서 그런 감정은
　　포유류에게는 강하게, 자기 종으로부터 멀어질수록 약해지게 설계되어
　　있는 것이 아니냐는 것입니다. 그렇게 보자면 맹수 맹금도 자기 새끼
　　가 귀엽듯 사람 새끼도 귀엽게 보이지 않을까 하는 거죠. 웃기죠?

55.2. 발기

노자 이르노니(55.2.) "뼈는 약하고 살은 부드럽지만, 아귀힘은 단단하다. 암수가 섞이는 것을 모르지만 제대로 일어나니, 정기가 지극하다. 종일토록 울어도 목이 쉬지 않으니, 온화함이 지극하다."(골약근유骨弱筋柔, 이악고而握固. 미지빈모지합이전작未知牝牡之合而全作, 정지지야精之至也. 종일호이불사終日號而不嗄, 화지지야和之至也.)

루소 아기가 한번 쥔 것은 놓지 않지요. 작은 덩치에 견주면 놀랄 정도의 악력입니다. 게다가 아침마다 발기하는 것도 신기합니다. 아기가 성적 능력이 있는 것도 아닌데 말입니다.

노자 그것이 아이의 정력이라오. 나이 들면 아침에 소식을 듣지 못할 때가 많은데, 아이들은 상대도 모르면서도 빳빳해지지 않소?

훈수꾼 어렸을 때 이모가 몇 개월밖에 안 된 아이가 발기된 상태이자 이거 오줌 마려운 거니라고 물어 민망했던 기억이 납니다. 그건 오줌과는 전혀 상관없는데, 이모 생각에는 아이가 발기될 리가 없다고 생각한 것 같습니다.

55.3. 온화

노자 나는 이르노니(55.3.) "온화함을 아는 것을 늘 그러함이라 하고, 늘 그러함을 아는 것을 밝음이라 한다. 삶에 도움이 되는 것을 상서롭다고 하고, 마음이 기를 좇는 것을 강하다고 한다."(지화왈상知和曰常, 지상왈명知常曰明. 익생왈상益生曰祥, 심사기왈강心使氣曰强.)

루소 늘 그러함을 또 말씀하십니다. 조화로우면 늘 그러하고, 늘 그러하면 밝다는 것입니다.

노자 온화해 보시오. 부딪히지도 망가지지도 않아 늘 그러한 나를 유지할
　　수 있소. 그런 것을 아는 것이야말로 밝음이오.

루소 내가 못한 것이네요. 사람들과 불화로 늘 시달렸습니다.

노자 늘 괴롭지 말고, 늘 밝아야 하오. 늘 시달리지 말고, 늘 삶에 도움이
　　되어야 하오. 그래야 삶이 엉망으로 꼬이지 않고 상서로워진다오.

루소 마음이 기를 따르는 것입니까?

노자 아니오. 마음이 기를 맹목적으로 따르면 불화가 넘치지요. 마음이 기
　　를 시켜야 하오. 이래라, 저래라. 그래야만 부드러운 밝은 빛을 얻을
　　수 있소. 그것이야말로 강한 것이오.

루소 강한 것은 선생의 맥락에서 나쁜 것인데, 좀 이상합니다. 부드러운
　　것이 강한 것이라는 역설적인 표현이라는 말씀인데, 힘쓰지 말라는
　　것이 지금의 주제가 아닙니까?

훈수꾼 마음이 기를 따르지 않고 시키는 것이라 강한 것이고 그래서 나쁘
　　다는 의견도 나오겠네요. 그런데 앞에 말씀하신 상서로움이 좋은 뜻
　　이라, 앞뒤가 맞으려면 좋은 뜻이어야 할 것 같습니다.

루소 좋소만, 다음 구절에 힘을 부리면 늙는다고 해서요.

55.4. 세지 마라

노자 나는 이르노니(55.4.) "만물이 힘을 부리면 늙게 되니, 이를 일러 길
　　〔道〕이 아니라고 한다. 길〔道〕이 아니면 일찍 그친다."(물장즉노物壯則老,
　　시위부도是謂不道. 부도조이不道早已.)

루소 힘을 부리다가는 다치죠. 힘을 부리다가는 제명에 못 살죠. 그것이
　　바른길일 수 없지요.

노자 바른길이 아니면 일찍 가오. 하하.

루소 권불십년權不十年이지요.

노자 젊었을 때 운동도 너무 심하게 하면 오래 못 산다오. 쉬엄쉬엄해야지.

루소 장성하다는 것은 곧이어 늙는다는 말과 같습니다. 장년壯年이면 바로
　　　노년老年이지요.

훈수꾼 늙으면 죽어야죠.

노자 에끼!

　　노자, 벤치프레스 10회를 하고 거뜬히 일어난다. 아기의 정력을 지녔나 보다.

제56막

:빛이 흐린 방:

검은 같음—어둠 속에서 같아지라

빛이 어둡다. 빛은 있는데 누가 누군지 모를 정도로 어둡다. 빛이 조금 밝아지자 노자가 루소의 자리에, 루소가 노자의 자리에 앉아 있는 것이 보인다. 빛이 조금 어두워진다. 잠시 후 빛이 조금 밝아지자 노자가 훈수꾼의 자리에, 루소가 노자의 자리에, 훈수꾼이 루소의 자리에 앉아 있다. 빛이 다시 어두워진다. 잠시 후 빛이 밝아지자 노자가 루소의 자리에, 훈수꾼이 노자의 자리에, 루소가 훈수꾼의 자리에 앉아 있다. 빛이 다시 어두워졌다 밝아지자 세 사람이 제자리에 앉아 있다. 그래도 빛은 어둡다. 관객들은 누가 누군지 잘 모른다.

56.1. 알면 말없다

노자 나는 이르노니(56.1.) "아는 사람은 말이 없고, 말하는 사람은 알지
　　못한다."(지자불언知者不言, 언자부지言者不知.)

루소 아는 사람이 말이 많고 말하는 사람이 아는 것이지, 어떻게 거꾸로
　　요? 선생도 참네.

노자 그것이 그대들의 한계요. 말에 진리를 담으려는 것이 문제요. 말이
　　곧 진리라는 생각도 문제요.

루소 성경에 태초에 로고스가 있었다고 합니다. 로고스가 곧 말입니다. 말
　　이 곧 학문입니다. 무슨 무슨 학을 뜻하는 '~로지logy'는 말 덩어리
　　이고요.

노자 말은 진리로 이끌 수는 있어도 진리 그 자체가 될 수 없소. 학문이
　　라는 것도, 과학이 좋은 예이오만, 진리가 아니라 가정의 모음 아니
　　오? 그렇다면 말이 곧 진리가 될 수 없음은 자명하오.

루소 그래도 진리에 접근하기 위해서는 말이 필요하지 않습니까?

노자 그렇게 말하면 나도 동의하오. 그리로 가는 길이라면야 뭘 탓하겠소?
　　그러나 말하는 사람이 안다고 생각하진 마오. 그래서 그대가 느끼기
　　에는 역설적으로 들리는 말을 하는 것이오?

루소 선생도 말했으니 알지 못하네요.

노자 하하. 이제 알아들었군요. 나도 모르오.

루소 거짓말쟁이 패러독스가 있습니다. '모든 크레타 사람은 거짓말쟁이다.
　　이렇게 말하는 그 사람은 크레타 사람이다. 따라서 모든 크레타 사람
　　은 거짓말쟁이가 아니다.' 참과 거짓이 왔다 갔다 하는 거죠. 현대철
　　학자 러셀이 이 문제를 논리학적으로 설명합니다.

노자 그것은 명제에 반드시 참과 거짓이 있다는 양가 논리 또는 이치二値 논리적 사고라오. 다치多値 논리학도 있잖소. 자데Zadeh의 퍼지Fuzzy 논리처럼 진리에 가깝다거나 멀다거나 하는 식으로 말이오. 나도 '물이 도에 가깝다.'[1]고 했지 물이 도라고 했소?

루소 언어의 한계군요.

노자 그래서 무지와 무욕을 말하는 것이오.

56.2. 현동

노자 나는 이르노니(56.2.) "틈을 막고, 문을 닫아라. 날카로움을 꺾고, 엉킴을 풀라. 빛을 부드럽게 하고, 먼지와 함께 하라. 이를 일러 검은 같음이라고 한다."(색기태塞其兌, 폐기문閉其門; 좌기예挫其銳, 해기분解其紛; 화기광和其光, 동기진同其塵. 시위현동是謂玄同.)

루소 '틈을 막고 문을 닫아라'[2]는 전에 하신 말씀에 또 전에 하신 말씀을 이어 붙이셨습니다.[3] 다만 검은 같음 이야기는 새로 하셨습니다.

노자 오죽 강조하고 싶으면 그러겠소. 이제는 그래서 개념화시키지 않소. 현동玄同이라고, 어둠 속에서 같아지라고.

루소 맞습니다. 날카로운 모서리에는 사람이 다쳐요. 그래서 좋은 가구일수록 모서리를 부드럽게 만들죠. 직각인 것 같지만 충분히 연마를 해

---

1 8.2.: "물은 만물을 잘 이롭게 하면서도 싸우지 않고, 뭇사람이 싫어하는 곳에 머물기에, 도에 가깝다."(水善利萬物而不爭, 處衆人之所惡, 故幾於道.)

2 52.2.: "틈을 막고, 문을 닫으면, 죽을 때까지 흔들리지 않는다. 틈을 열고, 일을 벌이면, 죽을 때까지 건져지지 못한다."(塞其兌, 閉其門, 終身不勤. 開其兌, 濟其事, 終身不救.)

3 4.3.: "날카로움을 꺾고, 엉킴을 풀라. 빛을 부드럽게 하고, 먼지와 함께 하라."(挫其銳, 解其紛, 和其光, 同其塵.)

놓지요. 그리고 엉켜있는 것을 좋아하는 사람은 없으니 말할 것도 없고요.

노자 빛을 죽이고 먼지를 뒤집어쓰라는 것은 서양인의 사고에서는 매우 이상하지요.

루소 예, 광내지 말라는 것인데, 서양식 구두라는 것이 광내는 것이 기본이라서요. 그리고 먼지를 뒤집어쓰면 더럽지 않겠습니까?

노자 그래서 외국인들이 중국인들의 더러움을 깊게 모르는 경우가 더러 있다오. 중국인들이 더러운 것은 상대적으로 사실이지만, 그 더러움은 자기를 숨기기 위한 방편일 때도 있다는 것이오.

루소 더러움이 나쁘지 않다는 생각이 중국인에게는 있다는 거군요?

노자 달리 말하면 겉은 추레해도 속은 번듯하고자 하는 마음이오. 나의 후배 장자가 말하든가? '주검처럼 살되 호랑이처럼 보라'[4]고. 육체는 죽이고 정신은 살려라!

루소 여기서는 빛을 죽이고 먼지를 뒤집어쓰듯 어둠 속에서 함께하라는 것이죠? 구별 없이 차별 없이.

노자 현동이야말로 평등의 정신이요, 조화의 정신이요, 용인의 정신이라오.

56.3. 어쩔 수 없이 친해져라

노자 나는 이르노니(56.3.) "따라서 어쩔 수 없이 친해지거나 멀어지며, 어쩔 수 없이 이익을 보거나 손해를 보며, 어쩔 수 없이 귀해지거나 천해진다. 따라서 천하에서 귀해진다."(고불가득이친故不可得而親, 불가득이소不可得而 疎; 불가득이리不可得而利, 불가득이해不可得而害; 불가득이귀不可得而貴, 불가득이천不可得而賤; 고위천하귀故爲天下貴.)

---

4 《장자》〈재유在宥〉 및 〈천운天運〉: 尸居而虎視(尸居而龍見).

루소 친소 관계에서 어느 쪽을 적극적으로 선택해가지 말고 어쩔 수 없이 친하거나 어쩔 수 없이 멀어지라는 말씀입니다. 정말 덤덤합니다. 염담입니다.[5]

노자 친한 사람이 늘 친하오? 아니잖소. 거꾸로도 마찬가지고. 따라서 감정을 쉽게 주거나 받지 않는 것이 좋소.

루소 이해관계에서도 마찬가지다?

노자 내가 이익을 보면 남이 손해를 볼 수 있고, 정반대도 있소. 내가 이익을 많이 내면 남이 얼마나 나를 미워하겠소? 그래서 이익을 봐도 어쩔 수 없듯 하라는 것이오.

루소 귀천도 그렇다?

노자 그래야 오히려 귀해진다오. 어쩔 수 없이 귀해지고 어쩔 수 없이 천해지면 오히려 귀해질 수 있는데, 일부러 귀해지려다가는 천해질 수 있소.

루소 선생은 천해지라 하지 않았습니까? 귀한 것은 천한 것을 바탕으로 하니까요.[6]

노자 따라서 자기를 낮추라는 것이오. 그러면 귀해질 수 있다는 것이오.

루소 어쩔 수 없이 천해지라면서요?

노자 아! 천해지라는 것은 귀한 사람일수록 그러라는 것이었소. 그 말의 주어가 임금이지 않았소? 그러나 일반 사람들은 일부러 천해질 필요도 없소. 자신이 잘났다고 속으로 생각한다면 겉으로라도 천해져야지요. 그러나 자신이 잘났다고 생각하지 않으면 일부러 천해질 필요는

---

5 31.2.: "병기는 상서롭지 못한 것이니, 군자의 것이 아니다. 어쩔 수 없이 쓰더라도 담담한 것이 가장 바람직하다."(兵者不祥之器, 非君子之器; 不得已而用之, 恬淡爲上.)

6 39.3.: "따라서 귀함은 천함을 바탕으로 하고, 높음은 낮음을 터로 삼는다. 그러므로 임금은 '외로운 사람', '모자란 사람', '영글지 못한 사람'이라 스스로 부른다. 이는 천함을 바탕으로 삼는 것이 아닌가? 안 그런가!"(故貴以賤爲本, 高以下爲基. 是以侯王自稱孤寡不穀. 此非以賤爲本邪? 非乎!)

없소.

훈수꾼 선생의 '불가득不可得'이 선생의 '부득이不得已'와 맞아떨어집니다.
　　　싸움은 부득이하게 하고, 이해나 귀천에서는 불가득해서 둘 중의 하
　　　나일 수밖에 없는 것이고요. 그러니까 행위의 원칙은 부득이이지만,
　　　결과적으로 상대적 세계 속에서 하나를 잡은 것은 불가득이네요. 부
　　　득이하게 불가득했네요. 그러나 하고 싶지 않은 것, 얻고 싶지 않은
　　　것이라는 뜻에서는 마찬가지네요. 하하. 나의 '안산 땅 십만 평'은 불
　　　가득했네요. 내가 '안 산 땅 십만 평'에 땅 치는 것은 제 형편에서는
　　　부득이했고요. 하하.

빛이 다시 어두워졌다 밝아지자 세 사람이 모두 자리에 없다.

제57막

법치라는 도둑질—법 없이도 산다

법전을 펼쳐 보면, 얼마나 법이 많은 줄 비로소 알게 된다. 기기묘묘한 법들이 다 있다. 그런 법이 있는 줄 상상도 못 한다. 그렇게 많은 법이 있어서 법치국가의 이상을 이루었는가. 아니다. 법은 법대로, 사회는 사회대로, 개인은 개인대로 산다. 법을 왜 이렇게 많이 만들어야 하는가? 누구를 위한 법인가? 누가 법을 만들어 달라고 하는가? 무엇을 위해서? 법은 법의 정신이 필요하다. 법이 만들어진 까닭이 있다. 그 까닭에 충실해야 하는데, 법구法句에 매달려 그 정신을 잃는다. 아니, 법구에 매달려 딴짓하려 든다. 인간의 행위는 크고 법망은 작을 수밖에 없다. 달리 말해 법이 인간의 행위를 모두 담는 것은 불가능하다. 따라서 법은 특정인이나 특정 집단의 이익을 대변하는 경우가 많다. 보통 사람들은 그런 법이 있는 줄도 모른다. 탁자 위에 《육법전서》가 놓여 있다.

57.1. 정상과 비상

노자 나는 이르노니(57.1.) "바름으로 나라를 다스리고, 삐뚤음으로 병력을
　　　다스리고, 일없음으로 천하를 얻어라. 나는 어떻게 그것이 그러함을
　　　아는가? 이것으로써이다."(이정치국以正治國, 이기용병以奇用兵, 이무사취
　　　천하以無事取天下. 오하이지기연재吾何以知其然哉? 이차以此.)

루소 재밌고도 쏙 들어오는 말씀입니다. 정치는 바름이고 전쟁은 삐뚤음이
　　　다. 정치는 정상 상태에서 행해지는 것이고, 전쟁은 비정상 상태 곧
　　　비상 사태에서 행해지는 것이다. 정상과 비상의 구분 없이 통치를 해
　　　서는 안 된다. 뭔가 딱 떨어집니다.

노자 군대가 평소 일이 있으면 되오? 훈련이나 하고 있으면 되지. 평상시
　　　에 군대가 일이 있으면 이상한 나라가 아닐 수 없소. 나쁘게 말하면
　　　군대는 보통 때에는 놀고먹어도 된다는 것이오. 그러나 일단 전쟁과
　　　같은 위급한 비상사태가 벌어지면 목숨을 바쳐야 하는 것이오. 죽으
　　　라고 명령을 하면 죽어야 하는 것이오. 비상시 명령에 따르지 않으면
　　　안 되기 때문에 평소 놀고먹어도 되는 것이라오.

훈수꾼 맞습니다. 그것을 국민들이 받아 주는 것이죠. 그래서 세금으로 그
　　　들을 먹여 살리잖습니까? 연금도 제일 많이 주고.

루소 나도 스파르타 같은 도시국가를 폴란드에서 실현해 보고 싶었습니
　　　다.[1] 플라톤의 이상국이 바로 스파르타 같았거든요. 가족제도도 부정
　　　하고, 남녀는 때가 되면 합방하고, 아이는 고아원에 보내고.[2]

---

1 루소, 《폴란드 정부에 관한 고찰》.
2 루소는 플라톤의 《국가Politeia》를 이상적인 교육이 지향해야 할 것으로 보았다. 그런

노자 군대 국가 스파르타요? 플라톤이란 사람, 많이 위험해 보이오. 전체
주의 국가스럽소. 그대도 그런 경향이 있는 것은 아니오?

루소 국가가 무엇인가가 늘 논쟁이 되지만, 나의 폴리스polis, 나의 스테이
트state, 나의 시비타스civitas는 그랬으면 했습니다. 네이션nation은 아
니고 가볍게 컨트리country요.

노자 그래도 군대의 역할을 이야기하는 것은 좀 그렇소.

루소 시민군도 있습니다.

노자 나는 일삼음이 없이 하라는 것이오. 군대는 지나치게 뭔가를 하게 된
다오. 평화 시 할 일이 없어 엉뚱한 일을 벌이기도 하오. 안정되지
않는 나라에서 늘 벌어지는 쿠데타가 바로 그것이오.

루소 어떻게 그렇게 아십니까?

노자 복잡하지 않고 단순하게 생각하며, 나를 끼워 넣지 않고 있는 대로
보며, 멀리 있는 것보다 가까이에 있는 것을 먼저 잡으면 된다오.

루소 그래서 위에서도 '이것'을 말하더니,[3] 지금도 '이것'을 말하시는군요?
'저것을 버리고 이것을 얻는다'(거피취차去彼取此)[4]는 말의 이것이 '이
로써'의 이것이네요. 같은 말을 한 번 더 하셨습니다.

57.2. 법이라는 도둑

노자 나는 이르노니(57.2.) "천하에 꺼리고 숨겨야 할 것이 많으면 사람들
이 널리 가난해진다. 사람들에게 편리한 기구가 많으면 국가가 더욱

점에서 루소는 플라톤이 비판받은 점을 그대로 물려받으며, 심지어 자유조차 강제되
어야 한다는 생각이 나오게 되는 것이다. 그가 다섯 자녀를 고아원에 보내는 것도
국가가 사회적으로 교육을 책임져야 한다는 생각에서 비롯된 것으로 보인다.

3 54.4.: "나는 어떻게 천하가 그러한지 아는가? 이로써이다."(吾何以知天下然哉?以此.)

4 12.6. /38.6. /72.2.: '저것을 버리고 이것을 얻는다.'(거피취차去彼取此)

어두워진다. 사람들에게 재주와 꾸밈이 많으면 삐뚠 물건들이 더욱 일어난다. 법령이 더욱 뚜렷할수록, 도적이 많다."(천하다기휘天下多忌 諱, 이민미빈而民彌貧; 민다리기民多利器, 국가자혼國家滋昏; 인다기교人多伎 巧, 기물자기奇物滋起; 법령자창法令滋彰, 도적다유盜賊多有.)

루소 부자들은 가난한 사람들이 떼로 모여 달려들면 그들에게 짓밟힐 수밖에 없습니다. 부자들끼리도 시기심 때문에 뭉치기 어려워 모든 사람 속에서 혼자였습니다. 그래서 교묘하게 법률을 만들어 내 자신들에게 유리한 제도를 만들어 냈습니다. 자연법조차 부자들에게는 불리했는데, 법률이 이를 역전시킵니다.5

노자 옳소. 법률의 탄생이 그렇지요.

루소 나는 무질서는 법률이 생기면서 더불어 생긴 것이라는 생각이 듭니다. 법률이 기껏 하는 것은 법률이 없었으면 있지도 않았을 해악을 막아 주는 것에 지나지 않습니다.6 좋은 나라는 법률도 행정관도 필요 없습니다.7

---

5 루소, 《인간 불평등 기원론》, 114~115쪽. "이리하여 부자는 자신의 입장을 정당화할 유효한 이유나 자신을 방어할 충분한 힘도 없고, 한 사람 정도는 쉽게 짓누른다 해도 강도 떼에게는 오히려 짓밟힐 수밖에 없고, 상호간의 질투심 때문에 약탈의 공통된 희망으로 결집된 적들에 대항하여 자기의 동료들과 결합할 수도 없어서 만인(속)에서 홀로 맞서게 되었다. 마침내 부자는 절박한 필요에 따라 인간의 정신 속에 일찍이 스며든 적이 없는 가장 교묘한 계획을 생각해냈다. 그것은 바로 자신을 공격하는 자들의 세력 자체를 자신에게 유리하게 사용하고, 자신의 적대자들을 자신의 방어자들로 만들고, 그 적대자들에게 다른 준칙을 불어넣어 자연법이 자신에게 불리했던 것과 마찬가지로 자신에게 유리한 다른 제도들을 그들에게 부여하는 것이었다."

6 루소, 《인간 불평등 기원론》, 85쪽. "그런데 그러한 무질서가 혹시 법률 자체와 함께 생긴 것은 아닌지 검토해보는 것도 좋을 것이다. 그런 경우라면 법률이 무질서를 억제할지라도 그 법률로부터 기대할 수 있는 것은, 법률이 없으면 존재하지도 않았을 해악을 막아 주는 것에 불과하기 때문이다."

7 루소, 《인간 불평등 기원론》, 131쪽. "스파르타를 유일한 예외로 간주하면, 부패하지도 변질되지도 않고 언제나 정확하게 수립된 목적에 따라 운영되는 정부는 반드시 필요하지도 않은데 세워졌다고 볼 수 있다. 그리고 아무도 법망에서 벗어나지 않고

노자 그렇소. 내 이야기가 바로 그것이오.

루소 뿐만 아니라 이런 것은 하지 말고 이런 것은 하라고 국가가 규제하면 인민들의 삶은 피폐해집니다. 인민을 믿지 못하는 것이니 말입니다. 사회계약은 철저히 공적인 것이 되어 만인의 것이 되어야 합니다.

노자 그런데 모든 사람의 의지 총합이 그대가 말하는 일반의지요?

루소 아닙니다. 나는 전체의지와 일반의지를 구별합니다. 전체의지는 의견의 총합일 뿐이고, 일반의지는 그것을 넘어선 것입니다.

노자 그것은 애매하오. 총집합은 질적으로 달라진다는 것이오?

루소 그런 질적인 변화는 헤겔 같은 철학자에게나 가능한 것이고, 내 생각은 오히려 전체의지는 현실적으로 불가능하다는 데 있습니다. 누군가는 2/3가 찬성하지만 1/3이 반대하면 어떻게 합니까? 그것은 오늘날의 민주주의에서도 다수결로 결정하는 것처럼, 그렇게 될 수밖에 없고, 그렇게 결정된 그것이 바로 일반의지인 것입니다.

노자 그렇다면 일반의지야말로 그저 양적으로 결정되는 엉터리 전체의지가 아니오?

루소 그래서 나는 되도록 만장일치에 가까운 의견의 일치를 요구하는 것입니다.

노자 투표할 때마다 전원일치에 가깝게 하라는 것인데, 현실적으로 그것이 가능하다고 생각하오? 양당정치에서 야당과 여당이 몇 표 차이로 나뉘는 것이 오늘날 현실정치인데.

루소 그래서 기본법일수록 2/3 또는 3/4의 다수결을 법률로 정해 놓는 것입니다.

노자 내가 반대했더라도 일반의지가 표현된 법이기 때문에 복종해야 한다는 논리구려.

행정관의 직분을 남용하지도 않는 나라는, 행정관도 법률도 필요로 하지 않는다는 사실 역시 어렵지 않게 증명할 수 있을 것이다."

루소 그렇습니다. 그러나 나는 근대민주주의 발원지인 영국의 의회제도를 찬성한 적은 없습니다. 대의라는 어정쩡한 형태는 자연인이 입법권조차 양도한 것이기 때문입니다. 입법권은 결코 양도될 수 없습니다.

노자 그렇다고 해서 아테네의 민주정치도 아닌 것으로 보이오.

루소 개별적인 이해에 따라 끊임없는 토론이 벌어지는 민주주의는 내가 바라는 것이 아닙니다. 오히려 스파르타가 나의 모델입니다. 일반의지에 깔끔하게 복종하는 국가형태입니다.

노자 일반의지는 공동의 이익이나 초개인적 이익을 대변한다는 말이오?

루소 그것도 아닙니다. 일반의지에 시민이 복종해야 할 의무가 있는 것은 오히려 시민이 계약의 당사자로서 이에 대해 약속을 했기 때문입니다.

노자 계약을 한 개인에게 철저하게 의무를 부여하는구려.

루소 그러나 나는 일반의지가 '정의의 척도'로 개인의 행복과 안전, 그리고 가장 중요한 자유를 보전받기 위한 것임을 믿어 의심치 않습니다. 그것이 바로 '이익과 정의의 놀라운 일치'입니다.[8]

훈수꾼 아, 그것은 맹자와 대립된 묵자의 견해인데요. 맹자는 이익을 정의와 분리해야 한다고 했는데, 묵자는 이익이 곧 정의라고 했습니다.[9]

루소 나아가 사회계약의 목적은 일반의지를 정의의 척도, 곧 이성의 법으로 제정하여 사람들의 자연적 평등을 법 안에서 재확립하고 모두에게 자유를 보장하는 데 있습니다. 다시 말해 자연적 독립을 포기하고 법에 종속시켜야 하는 것입니다. 정치통일체의 본질은 자유와 복종의 일치에 있습니다.[10]

---

8 전병운, 〈루소 《사회계약론》〉, 119쪽.

9 이익(이利)과 정의(의義)의 일치를 주장하는 묵자는 놀랍게도 루소의 일반의지에 해당하는 '하늘의 뜻'(천지天志)을 주장한다(《묵자》〈천지天志〉). 사회계약의 의미가 없이 종교적으로 제시된다는 점에서 다르다.

10 전병운, 〈루소 《사회계약론》〉, 121쪽. "루소는 '정치통일체의 본질은 자유와 복종의 일치에 있다'고 말하고 있고 이 일치를 실현하는 것이 법 제정이다."

노자 그렇게 말하면 자유와 독립을 대립시키는 《법의 정신》을 말하는 몽
테스키외와 비슷해지오. 시민의 자유와 자연인의 독립이 대립되기 때
문이오. 나는 그대의 자유가 의심스럽소. 어떻게 도둑놈들의 법 안에
서 자유를 보장받을 수 있단 말이오?

루소 나는 홉스와 다릅니다. 홉스는 평화를 위해 개개인끼리 계약해서 주
권자(군주)에게 권리를 양도한 것이지만, 나는 일종의 공적 존재인
공중公衆(le public)이 있고 개개인은 그것과 계약을 맺고 권리를 위
임한 것입니다. 한마디로 홉스는 사람들끼리 계약해서 자신들의 권리
를 통째로 군주에게 넘겨준 것이라면, 나는 군주와 사람들이 하나하
나씩 계약해서 개인의 권리를 넘겨준 것입니다.

훈수꾼 그렇다면 분쟁에서 계약 당사자끼리는 심판관이나 집행관이 될 수
없는 현대법의 원칙을 벗어나는데요? 홉스야 직접적인 계약 당사자가
아니니 독재를 할 수 있지만요.

루소 나에게는 국가가 시민 한 사람을 해치는 것은 시민 전원을 해치는
것과 같습니다. 왜냐하면 국가란 시민 전체로 이루어진 단일한 인격
이기 때문입니다. 그것이 일반의지이고 현실에서 그것은 법으로 드러
납니다. 그리고 그 법은 시민 모두에게 평등하게 적용되기 때문에 문
제가 없습니다.[11]

노자 그렇다면 그대가 말하는 주권자는 실물로서 군주가 아니라 일종의
정신적인 단체로 보이오. 요즘으로 말하면 하나의 법인法人, 그것도
국가법인 같소. 그렇다면 그 단체는 엄청난 권력을 갖는데, 이는 그대
가 줄곧 주장하는 자유를 내팽개치는 것 아니오? 그리고 결론은 뱅
뱅 돌기는 했지만 그 공중이라는 것만 빼버리면 홉스와 같아지오.

---

11 루소, 《에밀》, VPW, Ⅱ, 151: "시민 개인이 주권자에 의해 해를 당할 수 없는 것은
시민 전원이 해를 당할 수 없는 것과 마찬가지 이유에서다. 이런 일이 일어날 수 없
는 것은 이는 주권자가 자기 자신을 해하기를 원한다는 것을 의미할 것이기 때문이
다." 전병운, 〈루소 《사회계약론》〉, 107쪽에서 재인용.

루소 주권자는 시민을 일반의지의 명령에 복종시킬 권력을 갖습니다. 그러나 그 자유로운 계약으로 이루어진 것이라는 점에서 이것도 자유입니다. 달리 말하면 시민을 강제로 자유롭게 하는 것입니다.[12]

노자 나만 역설을 좋아하는 줄 알았는데 그대도 그러는구려. 그런데 위험하오. 강제로 자유롭게 한다는 것이 바로 로베스피에르의 공포정치를 낳지 않았소? 그대가 스파르타를 좋아하더니만 로베스피에르 같은 잔인한 인물을 키웠구려.

루소 홉스야 투쟁 없는 상태만 바랐지만, 나는 자유를 추구했습니다. 자기 자신에게만 복종하는, 그리하여 자연 상태에서 자유를 유지하면서도 주권자와의 계약을 통해, 마침내 자유를 보장받는 것입니다. 양도 불가한 자유는 지키면서도 정치적 통일체가 이루어지고 있지 않습니까?

노자 그런 면을 현대의 민주주의적 시각에서는 전체주의라 부를 수 있다오. 내 속의 독재자이자 우리 안의 폭력이오.

루소 자연 상태라면 모르지만 시민국가에서는 자유는 정의와 분리될 수 없습니다.

노자 그 정의가 얼마나 폭력적인 줄 아시오? 자유를 시민적 개인에 국한시켜 애초에 그대가 이상으로 삼았던 고독한 자연인의 독립으로부터 멀어지게 만들지 마시오.

루소 말이 길어졌지만, 한마디로 말하겠습니다. 자유는 소극적인 의미에서 간섭이 없는 것이지만 적극적인 의미에서는 자기 입법(self-legislation)입니다. 자기 입법은 시민으로서 지녀야 할 덕목인 것입니다.[13]

---

12 루소, 《사회계약론》 제1편 7장, PLE, 364: "그러므로 사회계약이 공허한 형식으로 끝나지 않기 위해, 이 계약은 누구라도 일반의지에 복종하기를 거부하는 자는 전 공동체에 의해 복종하도록 강제당할 것이라는 조항을 묵시적으로 포함하고 있다. 또 이 조항만이 다른 모든 약속 조항의 이행에 대한 유일한 보증이기도 하다. 여기서 강제한다는 의미는 다름 아닌 대상을 강제로 자유롭게 한다는 것이다." 전병운, 〈루소 《사회계약론》〉, 108쪽, 재인용.

훈수꾼 자기 입법은 마치 칸트가 말하는 '너의 준칙이 동시에 보편적 입법이 될 것처럼 하라'[14]는 것과 통하는데 양심에 대해서는 말하지 않는 까닭이 무엇인지 궁금합니다. 말로는 자유를 강조하면서도 그 근거로 줄곧 평등을 전제하는데, 그것은 평등한 권리양도이어야 개개인 대 단체와의 계약이 성립되기 때문인데, 평등의 문제는 뒷전으로 밀린 까닭이 궁금합니다.

루소 그래서 내가 인간의 본성을 믿지 않나요? 그것이 양심이나 이성이 아니겠습니까?[15] 후대 학자들이 나의 평등을 소홀히 여겼지만, 보세요, 프랑스혁명의 구호인 자유와 평등은 나와 함께 태어난 것이 아닐까요? 박애는 본래 남성 혁명동지들끼리 (전)우애戰友愛를 말하는 것이었고요. 그 이념은 아직도 프랑스의 국가이념으로 남아 있습니다.

57.3. 스스로 된다

노자 나는 이르노니(57.3.) "따라서 성인은 말한다. 나는 아무것도 하지 않지만 사람들이 스스로 잘되며, 나는 맑음을 좋아하지만 사람들이 스스로 바로 되며, 나는 아무 일도 하지 않지만 사람들이 스스로 잘살고, 나는 하고자 함이 없지만 사람들이 스스로 통나무가 된다."(고성

---

13 김용민, 《루소의 정치철학》, 119쪽.

14 칸트, 《도덕 형이상학 원론》. "네가 그에 따라서 행할 수 있는 의지의 준칙이 동시에 마치 보편적 법칙이 되는 것처럼 그렇게 행위하라." I. Kant, "Grundlegung zur Metaphysik der Sitten" in Gesammelte Schriften(＝Akademie-Ausgabe), hrsg. von der Königlich Preußischen Akademie der Wissenschaften, Bd. 4., S.421.

15 츠베탕 토도로프, 《덧없는 행복》, 124쪽. "보편적 종교인 루소의 유신론有神論은 '인류를 위해 만들어진 도덕morale faite pour l'humanité'(《크리스토프 드 보몽에게 보내는 편지》, Ⅳ, 969)과 '모든 사람들에게 공통되는 일반적 원리들'을 열망하고 있다."

인운故聖人云: 아무위我無爲, 이민자화而民自化; 아호정我好淨, 이민자정而民自正; 아무사我無事, 이민자부而民自富; 아무욕我無欲, 이민자박而民自樸.)

루소 스스로 되면 얼마나 좋겠습니까? 법은 필요합니다.

노자 그대는 몽테스키외를 경외하면서도 경쟁상대로 생각하는 바람에 법에 너무 많은 부분을 할애하는 것 같소. 법은 적을수록 좋다오.

훈수꾼 고조선이 여덟 가지만의 법인 팔조목으로 다스려진 것을 《한서》〈예문지〉는 방금 말한 선생의 '법령이 더욱 뚜렷할수록, 도적이 많다.'[16]는 구절을 인용해서 좋게 평가합니다.

루소 법은 일반의지의 표현입니다. 법 없이 어떻게 일반의지를 실현할 수 있겠습니까?

노자 스스로 될 수 있음을 믿으시오. 그대는 그대의 시대 상황에 걸맞게 이야기한 것이오. 로크는 영국의 명예혁명의 시대에 경험을 통해 《시민통치론》을 쓴 것이고, 그대는 그 영향을 받으면서도 아직까지 절대왕정이 유지되고 있는 프랑스에서 일반의지나 '르 프브릭'(퍼블릭)과 같은 보편자를 설정하면서 《사회계약론》을 쓴 것이오. 그리하여 영국은 아직도 군주제를 유지하고, 프랑스는 군주의 목을 자르고 공화국을 건설하였소. 결과적으로 로크는 개혁주의자였다면, 그대는 혁명주의자가 된 것이오. 그런데 그대는 정말로 사람을 믿었소? 법과 인성은 어울릴 수 있다고 생각하오?

노자, 《육법전서》를 들더니 쓰레기통에 버린다.

---

16 57.2.: "법령이 더욱 뚜렷할수록, 도적이 많다."(法令滋彰, 盜賊多有.)

제58막

:네모가 있는 방:

도덕표준—너에게만 엄격하라

네모가 걸려 있다. 정사각형이다. 정사각형을 정방형正方形이라고도 한다. 네모의 상대어는 동그라미다. 전통사고 속에 동서남북이 있는 땅은 네모나고, 별들이 돌고 도는 하늘은 동그랗다[천원지방天圓地方]고 생각했다. 해가 동에서 떠서 서로 진다는 것은 마주보는 대칭이라 사각형이 떠오르고, 별은 북극성을 중심으로 원운동을 하니 원형이 떠오르게 된다. 그런 기하학적인 완벽함을 사람이 갖출 수 있을까? 그럴 수 없는데도 그러려고 하는 사람이 있다. 자기 표준이 높은 이들이다. 좋다. 그러나 자신의 표준을 남에게 강요해서는 안 된다. 그런데 품행이 방정한 사람들이 남이 방정하지 못한 것을 참지 못한다.

58.1. 어리숙한 정치

노자 나는 이르노니(58.1.) "정치가 어둑어둑하면 사람들이 참다워지고, 정치가 요리조리 보살피면 사람들이 이지러진다."(기정민민其政悶悶, 기민순순其民醇醇 ; 기정찰찰其政察察, 기민결결其民缺缺.)

루소 현대정치는 복잡합니다. 정치만 있는 것이 아니라 경제, 사회, 문화를 모두 챙겨야 좋은 정치 아닙니까?

노자 그러니까 그대는 스파르탄이오. 민간에 줄 것은 줘야지요. 정치가 경제를 간섭하니까 경제가 잘 안 돌아가는 거요. 먹고사는 문제야 다들 알아서 잘할 수밖에 없는데, 왜 정치가 나서야 하오?

루소 그래도 경제발전의 방향은 있어야 하는 것 아닙니까?

노자 그렇게 큰 방향만 정해 주는 것이 바로 어둑어둑한 정치요. 중화학공업이면 이쪽, 수출입국이면 그쪽, 그렇게 말이오.

루소 문화정책은 필요한 것 아닙니까?

노자 문화야말로 예술가들에게 맡겨 놓아야지 뭘 그리 요리조리 살피오? 관리·감독이라는데 뭐가 그렇게 통제할 것이 많소?

훈수꾼 맞습니다. 규제 철폐가 정부의 구호가 되기도 합니다. 뭐 하나 하려면 도장받을 것이 왜 이리 많은지. 그때마다 도장값을 치러야 하니. 도장이 권력인 나라입니다.

루소 경찰국가가 있고 방임국가가 있습니다. 선생은 경찰국가를 싫어하고 방임국가를 좋아하십니다.

노자 나는 기본적으로 정부가 그다지 필요하지 않다는 생각이오. 정부는 곧 규제고, 규제는 곧 퇴화요.

훈수꾼 나는 기본적으로 국가는 쓰레기 치우는 일만 맡아도 좋다고 생각합니다. 정말로 쓰레기 치우는 일부터 국민이 하고 싶지 않은 일만 하면 된다는 것이지요.

루소 경찰국가, 방임국가, 그리고 쓰레기국가가 있는 셈입니다. 하하.

58.2. 화와 복은 함께 온다

노자 나는 이르노니(58.2.) "화는 복이 기대는 곳이고, 복은 화가 숨어 있는 곳이다. 누가 그 끝을 아는가? 그것은 바름이 없다. 바름은 되돌아 삐뚤어지고, 좋은 것은 되돌아 나쁘게 된다. 사람의 어리석음은 그날이 정말 오래되었나니."(화혜복지소의禍兮福之所倚; 복혜화지소복福兮禍之所伏. 숙지기극孰知其極? 기무정其無正! 정복위기正復爲奇, 선복위요善復爲妖. 인지미人之迷, 기일고구其日固久.)

루소 화복 일치, 화복 동시설입니다. 상대적인 개념이니 화복도 상대적일 수밖에 없겠지요. 나에게는 복이지만 너에게는 화입니다.

노자 자신만 따져도 그렇소. 새옹지마塞翁之馬라는 이야기가 있잖소? 변방에 사는 늙은이에게 말이 생겼소. 변경이니 늙은이 차지로 말이 돌아온 것이오. 사람들이 복을 받았다고 하니 두고 보라 했소. 그런데 손주가 말에서 떨어져 불구가 되고 말았소. 사람들이 화를 입었다고 하니 또 두고 보라 했소. 전쟁이 나서 변방부터 군역을 차출하는데 손주는 불구라서 면제를 받아 생명을 건질 수 있었소. 누가 그 끝을 알겠소?

루소 나의 시대와의 불화, 방랑생활이 결국 많은 작품을 남기게 한 것과 같습니다.

훈수꾼 귀양살이야말로 공부하는 사람에게는 최적의 기회입니다. 다산 정약용도 유배 때 많은 작품을 남겼고, 추사 김정희도 적소謫所에서 서예의 깊이를 키웠습니다. 나는 큰 작품이 나오기 위해서는 적배謫配의 과정이 필요하다고 생각합니다. 많은 작가가 왜 산촌에서 글쓰기를 하겠습니까? 자기유배이자 자발적 귀양살이죠.[1] 귀양歸養이라는 말 자체도 돌아가서 성품을 양성한다는 것 아니겠습니까?

루소 나의 《산에서 쓴 편지》도 그런 것이네요.

훈수꾼 정약용의 서한 모음인 《유배지에서 보낸 편지》[2]도 많은 사람이 보았지요.

58.3. 퓸행방정

노자 나는 이르노니(58.3.) "따라서 성인은 네모나면서도 자르지 않고, 날카로우면서도 찌르지 않고, 곧으면서도 거리낌 없지 않고, 빛나면서도 번쩍거리지 않는다."(시이성인방이불할是以聖人方而不割, 렴이불귀廉而不劌, 직이불사直而不肆, 광이불요光而不耀.)

루소 스스로 네모반듯하다고 해서 남을 네모반듯하게 만들 것까지는 없다는 말씀입니다. 자신이 날카롭다고 그 날카로운 것을 남에게 써서도 안 된다는 말씀입니다. 똑바른 것일수록 조심조심 꺼내고, 빛나면 눈이 부시니 빛을 죽이라는 말씀입니다.

노자 네모반듯하고 날카로운 것이 좋지는 않소만, 스스로 그러하다면 말리지 않겠소. 그러나 내가 네모반듯하다고 남도 네모반듯하게 자르고, 자신의 날카로움으로 타인을 찔러서는 안 된다는 것이오.

훈수꾼 품행의 방정方正하다는 것이 바로 이런 뜻이군요. 방정맞다가 아니

---

1 나는 이 글을 물을 길러 와야 하는 산촌에서 쓰고 있다. 집을 떠나 고행을 하면 촉이 산다. 또한 먹는 것에서 자유로우면 모든 것에서 자유로워진다. 쑥이 나오는 봄인데도 바지도 두 겹, 양말도 두 켤레씩 신고, 방안에서도 귀마개를 한다. 햇볕의 고마움을 안다. 별을 보게 된다. 해보다 먼저 깬다.

2 정약용 지음, 《유배지에서 보낸 편지》, 창작과 비평사, 1991.

고요. 자신만 네모반듯하면 됐다. 타인까지 네모반듯하게 만들려 마라. 참 좋은 말입니다. 방이불할方而不割! 네모는 나에게만, 동그라미는 남들과 함께!

노자, 네모를 떼어 마디마디를 접으니 얼추 동그라미가 된다. 그 동그라미를 루소의 머리부터 발끝까지 통과시킨다.

제59막

인색 또는 단속 몸과 마음을 아껴라

디킨스의 소설인 '크리스마스 캐럴'에 에벤에저Ebenezer 스크루지Scrooge가 나온다. 하도 유명해져서 스크루지는 수전노守錢奴의 대명사가 되었다. 그는 자물쇠가 주렁주렁 매달려 있는 사슬로 온몸을 감싸고 있다. 뭐든지 그에게 한번 들어가면 나오지 않으니, 모든 것을 잠가 놓은 것과 같다. 자물쇠는 그 표식이다. 우리에게는 자린고비가 있다. 밥 한 번 뜨고, 굴비 한 번 보고. 그런데 생선은 다음 막에 써먹어야 한다. 그래서 아쉽게도 자린고비가 스크루지에게 자리를 내줬다. 자물쇠 사슬도 좋지 않은가.

59.1. 인색

노자 나는 이르노니(59.1.) "사람을 다스리고 하늘을 섬기는 데 아낌 만한 것이 없다. 오로지 아끼니, 그러므로 일찍 돌아간다. 일찍 돌아가는 것을 일러 거듭 덕을 쌓는다고 한다. 거듭 덕을 쌓으니 이기지 못하는 것이 없다. 이기지 못하는 것이 없으니 그 끝을 알지 못한다."(치인사천治人事天, 막약색莫若嗇. 부유색夫唯嗇, 시이조복是以早服; 조복위지중적덕早服謂之重積德; 중적덕重積德, 즉무불극則無不克; 무불극즉막지기극無不克則莫知其極.)

루소 사람을 다스리고 하늘을 섬기는 데 웬 아낌입니까? 무엇을 아끼라는 겁니까?

노자 마음을 아껴야 하오. 함부로 마음을 주지 마시오. 사람들이 설레면 큰일이오. 하늘을 섬길 때도 마찬가지요. 이것저것 꺼내 섬기지 마시오. 복잡하기만 하고 다음에 그만큼 못하면 찜찜해지오. 혹은 하늘이 노할지도 모르오. 하하.

루소 기다림이 분노로 바뀌고 바람이 실망으로 바뀌니 살살하라는 말씀입니다.

노자 살살하라? 그것 좋소. 하하.

루소 그래도 인색하라는 뜻은 안 좋은데요.

노자 좋은 말이 없어서 그렇소. 가장 비슷한 말이 검약儉約이나 검소儉素의 검儉[1] 자요. 줄이라는 것이오. 다른 말이라면, 훈수꾼이 말하듯(48.2.)

---

1 67.2.: "나는 세 가지 보물이 있어 그것을 잡아 지키고 있다. 하나는 내리사랑〔慈〕이요, 둘은 아낌〔儉〕이요, 셋은 감히 천하에 앞장서지 않는 것이다."(我有三寶, 持而保之.

단속團束이오. 입단속, 몸단속할 때의 단속이오. 수속收束이라는 말도 있는데, 좀 어렵소. 가장 중요한 것이 마음 단속이오. 정신 수속이고.

루소 그렇게 일찌감치 자기에게도 돌아가 거듭 덕을 쌓으라는 것이네요. 자기를 아껴 내면의 덕을 쌓아라. 그러면 이기지 못할 것도 없고 영원히 끝나지도 않는다. 이런 말씀입니다.

노자 네 마음을 흘리지 말고 거두시오. 훈수꾼의 표현처럼(47.2.) 정신을 수렴하시오.

훈수꾼 여기서 율곡 이이 이야기를 길지만 해야 되겠습니다. 율곡은 젊었을 때 절에도 들어가는 등 유학 외의 다른 것에도 관심이 많았습니다. 그 가운데 하나가 《도덕경》이었는데, 여기에 주해를 답니다. '잘 익은 말'이라는 뜻에서 《순언醇言》[2]이라고 이름 짓습니다. 그런데 이것은 당시 '이단을 몰아내자'는 벽이단闢異端의 분위기 때문에 《율곡전서》에도 실리지 못합니다. 율곡의 관점은 간단히 말해 치인치기治人治己의 술로 선생을 읽는 것이었습니다. 당시 성리학의 모토가 수기치인修己治人이었잖습니까? 율곡은 선생의 말 가운데 가장 좋은 것으로 이 색 자를 꼽습니다. 물론 선생의 전제가 치인사천治人事天이라는 큰 일로 되어 있어 유학의 또 다른 모토인 경천애인敬天愛人과 통하긴 합니다만, 바로 이 색 자에 율곡은 반합니다. 《도덕경》 전편을 꿰뚫을 수 있는 개념으로 봅니다. 보통은 박樸을 많이 꼽는데, 율곡은 달랐습니다.

노자 그는 열린 현자賢者요.

훈수꾼 사실 조선의 유학자들도 도가의 책을 많이 보았답니다. 서계西溪 박세당朴世堂의 주해도 유명하지만, 남명南冥 조식曹植도 장자를 좋아해서 호도 《장자》에 나오는 남극, 곧 남명으로 하지 않습니까?

一曰慈, 二曰儉, 三曰不敢爲天下先.)

2 이이, 《순언醇言》.

노자 열린 현자賢者가 많구려.

59.2. 나라의 어머니

노자 나는 이르노니(59.2.) "그 끝을 알지 못해 나라가 있을 수 있고, 나
　　라의 어머니가 있어 길이 오래갈 수 있으니, 이를 뿌리가 깊고 바탕
　　이 굳은, 오래 살고 길게 보는 길(道)이라고 이른다."(막지기극莫知其極,
　　가이유국可以有國; 유국지모有國之母, 가이장구可以長久; 시위심근고저是謂
　　深根固柢, 장생구시지도長生久視之道.)
루소 영원히 끝나지 않으니 제대로 된 나라를 세울 수 있지요. 그런데 나
　　라는 아버지의 원리가 아니라 어머니의 원리로 다스리면 길이길이 오
　　래갈 수 있다는 말씀입니다. 선생의 어머니의 철학입니다.
노자 누가 아이를 아끼오? 아버지보다는 어머니잖소? 그 아낌이 색이오.
　　자식을 아낀다고 할 때의 아낌이 바로 색이라오. 어머니의 눈으로 백
　　성을 보시오. 그러면 그 나라는 영원하다오.
루소 어머니의 사랑이 나라 곳곳에 퍼지는군요. 경찰국가도 방임국가도 아
　　닌 모성국가입니다. 쓰레기 치우는 나라도 아닌 어머니 같은 나라입
　　니다.
노자 자식을 아끼듯 백성을 아끼시오. 모국母國이면 나를 아끼는 어머니
　　생각이 떠올라야 하지 않겠소?

　노자, 자물쇠를 주머니에서 꺼내 스크루지의 사슬에 하나 더 매달고는 열쇠를
관객 쪽으로 던져 버린다.

제60막

통치의 원칙—살살 또 살살

굴비처럼 작은 생선이 매달려 있다. 참 작다. 요리하려면 조심해야 한다. 잘못 뒤집었다가는 다 부서진다. 아주 살살 다뤄야 한다. 물고기가 작으면 작을수록 그렇다. 작은놈이라고 얕보았다가는 뒤집을 때 살이 다 떨어져 버린다. 자칫하면 머리도 떨어진다. 그럼 먹을 것이 더 없다. 볼품도 사납다. 생선은 그래서 한 번만 뒤집는 것으로 끝내는 것이 가장 좋다. 사람들이 왜 어죽을 만들어 먹겠는가? 다 녹아 버려서 그렇다. 거기에 국수를 넣어 국물 속의 생선살이 국수 가락에 묻도록 해서 먹는다.

60.1. 작은 물고기

노자 나는 이르노니(60.1.) "큰 나라를 다스릴 때는 작은 물고기를 익히듯
　　한다."(치대국治大國, 약팽소선若烹小鮮.)

루소 나라가 클수록 조심하고 주의해서 다스려야 한다는 당연한 말씀입니
　　다. 작은 물고기는 다루기 어렵소. 자칫하면 뭉개지니 말이오. 그러면
　　먹을 것도 없어지오. 부수어지면 가시도 고르기 어려워 참으로 먹기
　　힘들어지오.

루소 큰 나라에 있는 불안 요소를 말하시는 것 같습니다. 안 보이지만 있
　　기는 있는, 버릴 수도 없고 먹을 수도 없는, 잘못 먹었다가는 가시에
　　걸리는 적대 세력도 있고요.

노자 작은 나라야 조정할 수 있다지만 큰 나라는 이끌기가 쉽지 않소. 잘
　　못하다가는 나라가 부수어질 수도 있다오. 가만가만, 살살, 부드럽게
　　다루시오. 그럼 맛있는 생선이 그대 앞에 놓일 것이오.

루소 우린 작은 생선을 잘 안 먹어요.

60.2. 힘 못 쓰는 귀신

노자 나는 이르노니(60.2.) "도로써 천하에 나아가니 귀신도 신령스럽지
　　못하다. 귀신이 신령스럽지 않으니 신령에 사람이 다치지 않는다. 신
　　령이 사람을 다치게 하지 못하니 성인에도 사람이 다치지 않는다. 둘
　　이 서로 다치지 아니하니, 덕이 주고받으며 돌아간다."(이도리천하以道

莅天下, 기귀불신其鬼不神. 비기귀불신非其鬼不神, 기신불상인其神不傷人. 비기신불상인非其神不傷人, 성인역불상인聖人亦不傷人. 부양불상상夫兩不相傷, 고덕교귀언故德交歸焉.)

루소 원리원칙이 서니 잡다한 미신적인 요소나 신화적인 설정이 동작을 못하고, 나아가 도덕이나 교육의 장치도 불필요해진다는 말씀이니 동의합니다.

노자 인간 외적인 배경이 얼마나 정치에 개입하는 줄 아시잖소. 종교 의례부터 민간 습속까지 우리 정치를 들었다 놓았다 하는 경우가 많은데 원리원칙을 보이면 그것은 뒷전으로 밀리오. 인간 내적인 형식적인 윤리와 체제 유지의 사상도 그런 원리원칙이 분명하면 힘을 못 쓰오. 그러면 나아가 인간 외적인 것과 인간 내적인 것끼리도 서로 부딪힐 일이 없소. 이건 종교다, 이건 사상이다 또는 이건 전통이다, 이건 윤리다라며 싸울 일이 없다는 것이오. 그렇게 되면 진리의 효용도 그것과 더불어 본래의 자리를 찾게 돼 있소이다.

루소 귀신을 멀리하는 것도 좋은데, 성인聖人이 대변하는 교육체제를 멀리하는 것은 더 좋습니다. 말이 교육이지 체제 학습인 경우가 많지 않습니까? 그것에서 벗어나고자 나는 《에밀》을 썼고요.

노자 그러나 에밀의 교육도 스파르타식 같아 걱정스럽소. 지나치게 짜 맞추고 있어서 하는 말이오. 내버려 두면 더 잘 알아서 살 수도 있지 않겠소?

루소, 생선 한 마리를 뽑아 내려다 다 부수어 버린다. 먹을 수가 없다.

제61막

큰 나라의 길—작은 나라가 꼬이도록 하라

세계지도가 걸려 있다. 그런데 태평양이 가운데 있는 것이 아니라 대서양이 가운데에 있다. 우리나라는 동쪽 끝 구석에 있다. 그래서 극동極東이다. 동쪽 끝 또는 먼 동쪽(far east)이다. 서양인에게 동양의 개념은 처음에는 터키 정도였다. 오리엔탈 특급열차의 종착지가 이스탄불이었다. 그러다 중동 그러니까 미들 이스트, 그리고는 파 이스트로 점차 넓어진다. 어디가 큰 나라인가? 대체로 대륙을 점유하고 있는 나라들이다. 아시아 대부분을 차지하고 있는 중국, 북아메리카 대부분을 차지하고 있는 미국이다. 미국을 식민지로 삼았던 영국은 작지만 그 가운데에서 캐나다와 호주를 영연방으로 두어 막강한 위세를 떨친다. 과거 소비에트 연방은 모두 독립해 나갔지만 여전히 러시아도 대국이다. 그리고는 유럽대륙의 독일과 프랑스도 강국이고, 아시아 입구에서 미국에 항구를 내준 일본도 강국이다.

61.1. 호혜평등의 원칙

노자 나는 이르노니(61.1.) "큰 나라가 아래로 흐르면 천하가 모여든다. 천
하의 암컷은, 암컷은 늘 고요함으로 수컷을 이기니, 고요함으로 아래
가 된다. 따라서 큰 나라는 작은 나라 아래에 있음으로써 작은 나라
를 얻으며, 작은 나라도 큰 나라 아래에 있음으로써 큰 나라를 얻는
다. 따라서 때로는 아래에 함으로써 얻고, 때로는 아래에 있지만 얻는
다."(대국자하류大國者下流, 천하지교天下之交. 천하지빈天下之牝,   빈상이정
승모牝常以靜勝牡,   이정위하以靜爲下. 고대국이하소국故大國以下小國, 즉취소
국즉취소국則取小國; 소국이하대국小國以下大國, 즉취대국則取大國. 고혹하이취故或下
以取, 혹하이취或下而取.)

루소 큰 나라일수록 겸손하라는 말씀입니다. 큰 나라가 밑으로 가면 작은
나라가 의기양양해서 싸움을 거는 것이 아니라 오히려 큰 나라를 잘
따를 수 있다는 것이지요. 그래서 큰 나라도 작은 나라를 얻고, 작은
나라도 큰 나라를 얻고, 서로 좋다는 말씀입니다.

훈수꾼 누이 좋고 매부 좋고!

노자 그렇소. 아래에 있다고 해서 나쁠 것이 서로 없소. 큰 나라는 예의로
아래에 있으니 작은 나라를 얻고, 작은 나라는 역학으로 아래에 있으니
큰 나라를 얻는다는 말이오. 모두 아래에 있으니 서로 좋다는 것이오.

루소 큰 나라는 정치·외교적으로 자기를 낮추고, 작은 나라는 군사·경제적
으로 자기를 낮춤으로써 서로 이득이라는 말씀입니다. 호혜평등주의와
통합니다. 도와주고 도움받고, 얻어먹고 갚아 주는 것이지요.

노자 나라에는 모성이 필요하듯 나라끼리도 그런 것이 필요하오. 그것을
객관화시켜서 암컷, 곧 여성성이라고 한 것이오. 여성성이 남성성을

결국은 이기지 않소? 여성은 낮은 데 있음으로써 높은 데 이르지 않소? 여성성의 특징이 고요한 것이라면, 큰 나라가 그러한 여성성을 지녀야 하지 않겠소?

루소 자국 안에서는 모성의 원리가,[1] 국제 간에는 여성성의 원리가 필요하다는 말씀인데, 여성성을 조용함으로 본 것은 조금 문제가 있습니다.

노자 아오. 그러나 내가 말하는 여성성의 고요함은 평정平靜을 넘어 평화平和의 원리를 가리키오. 싸우면 시끄럽잖소? 사이좋으면 조용하잖소? 바로 이것을 말하고 싶었소.

루소 아! 또 있습니다. 남성이 주로 여성을 따라다니지요. 하하. 그 점에서 작은 나라에게 이래라저래라 하지 말고 조용하게 있으면, 작은 나라가 큰 나라에게 오히려 이런 것 저런 것을 바라게 되어 있다는 말씀으로 듣겠습니다.

노자 그건 여성성이 아니라 남성성인데. 하하. 중요한 것은 서로 얻으라는 것이오. 한쪽만 얻는 것이 있어서는 안 되오.

훈수꾼 조선에서 중국에 보내는 공물供物보다 중국에서 조선에 보내는 답례가 훨씬 부담스러웠다는 이야기도 있습니다.

61.2. 좋은 사대주의

노자 나는 이르노니(61.2.) "큰 나라는 남을 죄다 거느리길 바라는 것에 지나지 않고, 작은 나라는 남에게 들어가 모시길 바라는 것에 지나지 않는다. 무릇 둘은 나름대로 바라는 바를 얻으니, 큰 것이 마땅히 아

---

1 59.2.: "그 끝을 알지 못해 나라가 있을 수 있고, 나라의 어머니가 있어 길이 오래갈 수 있으니, 이를 뿌리가 깊고 바탕이 굳은, 오래 살고 길게 보는 길(도道)이라고 이른다."(莫知其極, 可以有國; 有國之母, 可以長久; 是謂深根固柢, 長生久視之道.)

래에 해야 한다.”(대국불과욕겸축인大國不過欲兼畜人, 소국불과욕입사인小國不過欲入事人. 부량자각득소욕夫兩者各得所欲, 대자의위하大者宜爲下.)

루소 큰 나라와 작은 나라가 각기 바라는 것이 무엇인지 밝혔습니다. 그러나 국제관계가 힘 말고 다른 것이 있겠습니까?

노자 어허, 대국이나 소국의 개념도 사실은 힘이라오. 따라서 그대의 말은 틀린 것이 아니오. 그런데 내가 말하는 것은 그런 것을 넘어 큰 나라가 작은 나라를 이렇게 대해야 한다는 상당히 정치적이고 외교적인 언사임을 잊지 마시오.

루소 마키아벨리 이래 서양 정치학은 윤리를 빼버렸습니다. 화학물을 섞듯 정치를 하라는 것입니다. 거기에 감정이나 의리는 존재하지 않습니다.

노자 그러면 안 되오. 국제관계의 많은 마찰이 감정적인 부분도 있지 않소? 자국민의 감정도 고려하지 않소?

루소 사람은 실상은 감정적으로 살면서도 겉으로만 이성을 말한다는 것이 제 지론입니다. 그런 점에서는 선생의 이야기가 정치나 국제관계에서도 맞을 것 같긴 합니다.

노자 구실을 잡아 전쟁을 벌이는 것은 예나 지금이나 마찬가지요. 그것을 전쟁의 모토라고 하지요. 동양적으로는 명분이라오. ‘악의 축’, ‘대량살상무기’ 따위가 전쟁의 수사요. 명분 없는 싸움 없소. 아니, 명분 없이 싸움하다가는 엉망이 되기 쉽소. ‘자유의 수호’, ‘인권의 실현’, ‘살인마의 처단’ 등을 세우지 않고는 전쟁을 벌일 수 없다는 것이오. 그래서 반전의 주된 구호가 바로 명분 없는 전쟁 아니겠소? 따라서 작은 나라는 큰 나라에게 공연한 명분을 줄 필요가 없소. 반대로 큰 나라는 끊임없이 작은 나라 밑으로 들어가 그들을 올려 줘야 그들이 도망가지 않을 것이오. ‘자유민주주의’라든가 ‘선진교육’이라든가 ‘기술전수’라는 수단이 바로 큰 나라가 작은 나라를 올려 주는 길이오.

훈수꾼 그래서 사람들이 미국을 싫어하면서도 미국으로 유학을 가나요?

훈수꾼, 대서양이 중심인 세계지도를 태평양이 중심인 세계지도로 바꾸어 건다.

제62막

:둥근 옥이 칠판이 있는 방:

진리의 면죄부—못나면 못난 대로

   전통적으로 둥근 옥은 존귀함을 상징한다. 원판에 구멍이 뚫린 꼴의 그것을 벽璧이라고 부른다. 둥근 옥을 앞세우고 그 뒤로 말 네 마리가 끄는 마차를 타고 가는 사람은 매우 존귀한 사람이다. 바로 그 둥근 옥이 탁자 위에 세워져 있다. 옥은 나무로 만든 받침에 올라가 있는데, 그 비싼 것이 넘어지면 큰일이라 받침은 크고 안정적이다. 만일 깨졌다가는 경을 칠 노릇이다. 비싼 것을 넘어 권위의 상징이라 더욱 그렇다. 루소가 그것을 들다가 떨어뜨릴 뻔 했다. 한숨을 내쉰다. 다행이다. 노자, 옥벽을 들더니 엉덩이에 깔고 앉는다.

62.1. 잘나고 못난 것 없이

노자 나는 이르노니(62.1.) "도는 만물의 오묘함이다. 잘난 사람의 보물이
　　면서, 못난 사람이 지녀야 할 바이다."(도자만물지오道者萬物之奧. 선인
　　지보善人之寶, 불선인지소보不善人之所保.)
루소 진리의 오묘함이야 어떤 학파도 어떤 종파도 주장합니다. 그리고 대
　　체로 잘난 사람에게 말합니다. 못난 사람은 어차피 알아듣지 못하니
　　까요. 그런데 선생은 잘나고 못난 것 없이 진리를 간직하라고 합니다.
　　바보에게도 진리를 말할 수 있을까요?
노자 가능하오. 오히려 바보야말로 진리를 소중하게 간직하여 실천할 수
　　있소. 잘난 사람은 이리 재고 저리 재다 오히려 놓치는 것이 있을 것
　　이오.
루소 표현을 재밌게 하셨습니다. 잘난 사람에게는 보물이고 못난 사람은
　　지녀야 할 것이라고. 그 차이가 무엇입니까?
노자 잘난 사람은 나의 진리가 보물처럼 소중한 것임을 알 테고, 못난 사
　　람은 그것이 보물처럼 보이지는 않더라도 그래도 가지고 있으면 좋을
　　것이라고 느낀다는 것이오.
루소 늘 못난 사람을 챙기십니다.
노자 내 길은 낮은 데로, 못난 데로 나 있지 않소?
루소 못난이의 철학입니다.
노자 어느 철학자가 못난이를 자처했겠소?
루소 개 같은 유생이라는 뜻에서 견유犬儒학파로 불리는 디오게네스는 거
　　지 생활을 했습니다. 알렉산더 대왕이 찾아와서 무엇을 해 드렸으면
　　좋겠냐고 물으니, 햇볕이나 가리지 말아 달라고 한 걸로 유명하지요.

노자 보통이 아니구려. 어찌 햇볕을 재물과 바꾸리오? 어찌 햇볕을 권력
   과 바꾸리오?

62.2. 못나도 버리지 마라

노자 나는 이르노니(62.2.) "아름다운 언사에 사람이 꼬이고, 존귀한 행위
   에 사람이 붙는다. 사람이 잘나지 못하더라도 어찌 버릴 수 있겠는가.
   따라서 천자를 세우고 삼공을 두면서 둥근 옥을 두 손으로 잡아 네
   마리 말 앞에 둘지라도, 이 도를 앉아서 올리는 것보다 못하다."(미언
   가이시美言可以市, 존행가이가인尊行可以加人. 인지불선人之不善, 하기지유何
   棄之有? 고립천자故立天子, 치삼공置三公, 수유공벽이선사마雖有拱璧以先駟
   馬, 불여좌진차도不如坐進此道.)
루소 못난 사람에게 아름다운 말과 친절한 대우로 그들이 떠나가지 않도
   록 하라는 말씀입니다. 그렇게 하는 사람은 못난 사람이 천자나 삼공
   (三公: 太師, 太傅, 太保)보다도 더 높이 올리리라는 것이고요.
노자 못났다고 자기를 무시하지 않는 사람에게 사람이 꼬이고 사람이 붙
   게 되어 있소. 못난 사람 입장에서는 자신을 대우해 주는 사람을 천
   자보다도 삼공보다도 높이고 싶어 할 것이오. 잘난 사람은 잘났으니
   그냥 내버려 두고, 못난 사람에게 잘하시오.
루소 과연 나는 못난 사람에게 신경을 썼는지 반성이 됩니다. 잘난 이들과
   놀고, 잘난 이들을 샘내고, 나도 잘난 이가 되려고만 하지 않았나 싶
   습니다. 선생은 그저 도서관 관장이나 사서로 지냈다고 전해져 옵니
   다만.
노자 천자나 삼공이 어찌 진리보다 낫겠소?

62.3. 면죄

노자 나는 이르노니(62.3.) "옛날부터 이 도를 귀하게 여기는 까닭이 무엇
  인가? 이를 얻음으로써 죄가 있더라도 면하게 된다고 하지 않더냐?
  따라서 천하가 귀하게 여기는 것이다."(고지이소이귀차古之所以貴此 道者
  何? 불왈不曰: 이구득以求得, 유죄이면사有罪而免邪? 고위천하귀故爲天下貴.)
루소 높은 진리를 얻으면 죄도 면하게 된다니요? 진리는 진리고 형벌은
  형벌입니다.
노자 죄라는 것이 대부분 사회적 죄요. 그러나 나의 진리는 사회와 관련이 없
  다오. 오히려 사회를 벗어나는 것이기 때문에 사회적 죄에서 자유롭소.
루소 반역죄가 바로 그렇습니다.
훈수꾼 국가보안법에는 부모형제라도 북한과 접촉한 사실을 알았으면 신고
  해야 하는데 신고하지 않으면 죄를 묻는 이른바 불고지죄不告之罪라는
  것이 있습니다. 고자질 안 한 죄라는 것인데, 천륜조차 무시합니다.
노자 그런 죄를 지으면 내가 사면해 주겠소.
훈수꾼 공자라면 혈연의 윤리인 천륜을 무시한 이 조항을 폐지하라고 할
  것입니다. 그는 말합니다. '아버지가 아들을 숨겨 주고, 아들은 아버지
  를 숨겨 준다'[1]고.
루소 나를 따르다 감옥에 간 사람들의 죄도 사면해 주십시오.
노자 사면하오.
루소 나에게 내려진 죄도요.
노자 사면하오. 이미 사면되었지만, 다시 사면하오.

  훈수꾼, 노자가 일어서자 둥근 옥을 들어 노자의 앞에 놓자 노자가 밟고 지나간다.

---

1 《논어》〈자로子路〉: "공자는 말했다. 우리 무리의 곧음은 이와는 다릅니다. 아버지가
아들을 숨겨 주고, 아들이 아버지를 숨겨 줍니다. 곧음은 바로 그 가운데 있습니다."
(孔子曰: 吾黨之直者異於是. 父爲子隱, 子爲父隱, 直在其中矣.)

제63막

⫶칠판이 있는 방⫶

덕으로 원한을 갚아라─작은 것은 크게, 큰 것은 작게

칠판에 숫자 1, 2, 3이 쓰여 있다. 1, 2, 3을 모르는 사람은 없다. 그런데 그것이 왜 1, 2, 3인가? ㅡ, 二, 三에 선을 이어 보라. ㅡ을 세우면 1이 되고, 二를 대각선으로 이으면 Z가 되고, 三을 오른쪽 변 수직으로 이으면 ㅋ이 된다. 1, 2, 3도 상형인 것이다. 그런데 1, 2, 3은 실재하는가? 1은 있다. 사물은 모두 한 개씩 있으므로 실재한다고 해도 좋다. 그러나 2부터는 문제다. 2가 있는가? 나무 두 그루가 있다고는 하지만, 우리가 그것을 이어 붙여 보는 것이지 나무가 정말로 둘이 붙어 있는 것이 아니다. 3도 그렇다. 사과 세 개가 내 앞에 놓여 있지만 따로따로 존재하는 것인데도 내가 바구니 속의 사과 셋으로 여긴다. 사람을 말하면 더 쉽다. 두 사람이 있다고 해서 그 둘을 어떻게 섞을 수는 없다. 그들은 헤어져 따로 집에 갈 뿐이다. 그런데도 두 사람이라고 말한다. 그래서 나오는 것이 집합 개념이다. 사과의 바구니 같은 것이다. 바구니는 사람의 머릿속에 있지 사물 자체에 있는 것이 아니다. 집합은 나의 범주이지 사물에 내재된 고유한 성질이 아니다. 3은 {1, 1, 1}일 뿐이다.

63.1. 함 없는 함

노자 나는 이르노니(63.1.) "아무 함도 없도록 하라. 아무 일도 없도록 일
   하라. 아무 맛도 없도록 맛 내라."(위무위爲無爲, 사무사事無事, 미무미味
   無味.)

루소 무위를 행하고, 무사를 일삼고, 무미를 맛 내라는 말씀은 이렇게 새기
   면 쉽습니다. 아무것도 하지 않는 듯 일하고, 아무 일도 없는 듯 일
   하고, 아무 맛도 없는 듯 맛 내라. 그럼 상식적으로도 이해가 갑니다.

노자 역설적인 표현을 '듯' 하나로 살렸소. 그러면 처음부터 넣을 수 있을
   것 같소(위약무위爲若無爲, 사약무사事若無事, 미약무미味若無味.). 정약용
   의 여유당의 여유與(예豫)와 유猶를 넣어도 좋소. 유가 낫겠지만. 그런데
   영 맛이 떨어지는데 ……. 덜 극적이고, 덜 시적이고. 특히 명령의 느
   낌이 떨어지오. 불필요한 것은 없앨수록 맛이 좋아지오.

루소 하하, 멋 내려다 멋 없어지지 말라는 말이네요?

노자 그보다는 맛 내려다 맛 없어지지 말라는 말이오. 하하.

훈수꾼 된장찌개를 맛있게 끓이는 비결을 물어봤는데, 그분 말씀이 이것저
   것 많이 넣지 말라십디다. 된장 맛만 살리라고. 다른 것은 적게 넣을
   수록 맛있다고.

노자 그게 내 말이오. 아무것도 안 하는 듯하면서 다 하는 사람이 멋있잖
   소? 일삼지 않는데도 일을 다 끝낸 사람이 멋있잖소?

루소 일 못하는 사람이 이것저것 벌이는 것이 많긴 합니다. 요령 없는 사
   람이 공연히 일만 늘립니다. 그러니 일 만들지 않고 일하는 사람이
   정말로 일을 잘하는 사람입니다.

노자 말 잘하는 사람은 말이 많지 않은 것과 같소. 주절주절, 엄벙덤벙 대

지 않고 일목요연一目瞭然하게 요점을 들어 말한다오.

63.2. 덕으로 원한을 갚아라

노자 나는 이르노니(63.2.) "작은 것은 큰 것이고, 적은 것은 많은 것이다. 원한을 덕으로 갚아라."(대소다소大小多少, 보원이덕報怨以德.)

루소 무정하신 분이 착하십니다. 인간적인 정분을 강조하지 않으시는 분이 원한을 덕으로 갚으라니 의외입니다.

노자 왜 그러시오? 나야말로 사랑의 화신이오. 어머니의 사랑을 줄곧 강조하지 않았소. 포용과 평화를 비롯해서 하다못해 저기가 아닌 여기의 먹는 것까지도 중요하게 여겼소. 내 세 보물 가운데 첫째가 어머니의 사랑인 자애(자慈)라오.[1] 어머니의 사랑은 위대할 뿐만 아니라 용감하오. 천하무적이지요. 따라서 원한을 원한으로 갚지 말고 덕으로 갚으라는 것이오. 그 덕은 바로 마음속에 남아 있는 큰 상처를 줄여 나가는 것이라오.

루소 여기서도 검약과 인색의 정신은 통하네요. 복수심을 줄이는 것이니만큼.

훈수꾼 이 말을 흔히 공자가 한 것처럼 생각하는데, 공자는 정반대였습니다. '당한 만큼 갚아줘라'(이직보원以直報怨)[2]이 그의 말이지요. 귀에는 귀, 이에는 이. 곧이곧대로지요.

노자 용서가 작은 것 같소? 가장 큰 것이라오. 용서가 적은 것 같소? 가장 많은 일을 한다오. 그것이 덕이라오.

---

1 67.2.: "나는 세 가지 보물이 있어 그것을 잡아 지키고 있다. 하나는 내리사랑(慈)이요, 둘은 아낌(儉)이요, 셋은 감히 천하에 앞장서지 않는 것이다."(我有三寶, 持而保之. 一曰慈, 二曰儉, 三曰不敢爲天下先.)

2 《논어》〈헌문憲問〉: "공자는 말했다. 어떻게 덕을 갚는가? 원한은 곧이곧대로 갚고, 은덕은 은덕으로 갚아라."(子曰: 何以報德? 以直報怨, 以德報德.)

63.3. 작은 것부터 하라

노자 나는 이르노니(63.3.) "쉬운 데에서 어려움을 풀고, 작은 것부터 크게 여겨라. 천하의 어려운 일은 반드시 쉬운 데에서 일어난다. 천하의 큰 일은 반드시 작은 데에서 일어난다. 그러므로 성인은 끝까지 크다고 여기지 않으니, 따라서 그 큼을 이룰 수 있다."(도난어기이圖難於其 易, 위대어기세爲大於其細. 천하난사天下難事, 필작어이必作於易. 천하대사天下大事, 필작어세必作於細. 시이성인종불위대是以聖人終不爲大, 고능성기대故能成 其大.)

루소 그렇습니다. 사람들이 어렵고 큰 것에 매달리는 데 그렇지 않습니다. 문제는 늘 쉽고 작은 것에서 발생합니다. 그 결과는 엄청나게 커지더 라도요. 대형사고의 원인은 정말로 사소한 것에서 발생하는 경우가 많습니다. 단순한 실수, 단순한 착각, 단순한 고장, 단순한 무시가 큰 사고를 초래합니다. 큰일이 나려면 30여 개의 작은 문제들이 모여야 된다는 말이 있습니다. 단순한 말썽과 단순한 넘김이 문제가 되는 것 입니다.

노자 큰일은 작은 데서 나오니 지도자는 늘 작은 데에서 머문다오. 그래서 큰 사람이 되는 것이오.

루소 작은 데서 머문다는 것의 예를 들어 보시죠.

노자 일이 잘되었는지를 확인하는 방법은 세밀한 것을 확인하는 데 있소. 모서리처럼 마무리를 어떻게 잘 처리했나 보면 얼마나 집을 잘 지었 는지 알 수 있다오.

훈수꾼 디테일detail에 강하라?

노자 또한 답은 현장에 있소이다. 가보면 작은 일이 보인다오. 서류로는 잘되어 있는 것 같지만 직접 보면 다르다오.

루소 세세한 것을 모두 말로 표현할 수 없지요.

노자 그게 바로 내 언어관이오. 하하. 작은 것을 어찌 말로 다 할 수 있겠소.

63.4. 어려운 듯 여기라

노자 나는 이르노니(63.4.) "무릇 가벼운 끄덕임이 반드시 믿음이 적고, 쉬
    움이 많으면 반드시 어려움도 많다. 그러므로 성인은 오히려 어려워
    하니 따라서 마침내 어려움이 없다."(부경낙필과신夫輕諾必寡信, 다이필
    다난多易必多難. 시이성인유난지是以聖人猶難之, 고종무난의故終無難矣.)

루소 쉽게 긍정하지 말라는 말씀입니다. 쉽게 끄덕이는 사람을 믿을 수가
    없다는 것이죠. 모든 것을 쉽게 생각하는 사람에게 말썽이 생기죠. 그
    래서 지도자는 언제나 어렵게 여김으로써 어려움이 없는 것이죠.

노자 그래서 사람들은 봄놀이하듯 즐거운데 나만 홀로 근심 걱정한다고
    하는 것이오.3 그래도 좋소. 백성들만 편하다면 말이오.

훈수꾼 유가들은 그런 마음을 '우국憂國'이라고 표현했습니다. 이순신 장군
    의 우국충정憂國衷情의 정신이라고 할 때의 우국입니다. 나라를 걱정
    하는 것이 선비들의 사명이었습니다. 나라가 왜 이 꼴이냐고 한탄하
    는 사람은 그런 점에서 일단 애국자입니다.

    루소가 1, 2, 3이라는 글씨를 지우더니 Ⅰ, Ⅱ, Ⅲ이라고 쓴다. 노자는 그 위에
ㅣ, ㅔ, 川이라고 쓴다. 훈수꾼 그 위에 다시 곤, 도, 천이라고 쓴다. 뚫을 곤, 칼 도,
내 천. 뚫·칼·내다.

---

3 20.2.: "뭇사람들이 즐거워하는 것이 잔치를 벌인 것 같고 봄에 산에 오른 것 같다.
    나 홀로 조짐도 없이 담박하니 아기가 웃지도 못할 때 같다. 지쳐버려 돌아갈 곳도
    없는 듯하다. 뭇사람들은 모두 남음이 있는데 나만 홀로 잃어버린 듯하다. 나는 어리
    석은 사람의 마음이런가! 아득하도다."(衆人熙熙, 如享太牢, 如春登臺. 我獨泊兮其未兆,
    如嬰兒之未孩. 儽儽兮, 若無所歸. 衆人皆有餘, 而我獨若遺. 我愚人之心也哉! 沌沌兮.)

제64막

⠀화분이 있는 방⠀

만물의 자연성—옆에서 도우라

화분이 있다. 꽃이 있어도 좋고 없어도 좋다. 노자가 맨 나중에 나오면서 앙증맞은 물뿌리개를 들고 나온다. 포르투갈 말로 조로jorro라고 불리는 것이다. 화분은 인위적인 것이다. 그러나 가장 최소화한 인위라고나 할까? 화분과 어항과 새장을 비교해 보라. 사람들이 답답하게 느끼는 순서는 아마도 새장, 어항, 화분 아닐까? 새는 저 하늘을 훨훨 날아야 하는데라고 생각하고, 물고기는 그래도 물이라도 있으니라고 여기고, 화분은 어차피 움직이지 않으니 화분갈이만 잘해 주면 될 것 같다. 그래서 사람들이 화분을 만드는 데는 죄책감을 느끼지 않는다. 물을 잘 준다는 조건에서다. 노자, 조로로 물을 준다. 물만 줘도 잘 자라는 화분이 신기하다.

64.1. 잎이 커지기 전에

노자 나는 이르노니(64.1.) "가만히 있는 것은 잡기 쉽고, 드러날 듯 말
듯한 것은 꾀하기 쉽다. 무른 것은 쉽게 녹고, 작은 것은 쉽게 흩어
진다. 생기기 전에 하고, 어지러워지기 전에 다스려라."(기안이지其安易
持, 기미조이모其未兆易謀. 기취이반其脆易泮, 기미이산其微易散. 위지어미유
爲之於未有, 치지어미란治之於未亂.)

루소 일의 처음에 잘하면 될 것이 많은데 처음부터 잘못해서 일그러지는
경우가 많습니다. 처음에는 별일이 없이 어떤 조짐도 안 보이므로 이
렇게 저렇게 하기 쉽습니다. 이렇게 꺾으면 이렇게 자라고, 저렇게 꺾
으면 저렇게 자랍니다.

노자 그러니 처음에 잘해야지요. 그리고 처음은 부서지기도 쉽고 흩어지기
도 쉬우니 조심조심 살살하시오. 일 터지기 전에 해야 하오. 복잡해지
기 전에 바로 잡아야 하오.

루소 맞습니다. 선생은 무위를 말하는데 어떻게 일머리를 이렇게 잘 아십
니까? 하하.

노자 그래서 '하지 않으나 하지 않는 것이 없다'고 누누이 말하지 않소?[1]
하하.

훈수꾼 무소불위無所不爲요? 하하.

---

[1] 3.4.: "하지 않음(無爲)을 하니, 다스려지지 않음이 없다."(爲無爲, 則無不治.) /37.1.:
"도는 늘 하는 것이 없어도 하지 않는 것이 없다."(道常無爲而無不爲) /48.3.: "함이
없지만 하지 않는 것이 없다."(無爲而無不爲.)

64.2. 천 리 길도 한 걸음부터

노자 나는 이르노니(64.2.) "아름드리나무도 털끝에서 생겨났고, 구층의 누
　　대도 흙을 쌓아 일어나고, 천 리의 발걸음도 발밑에서 비롯된다."(합
　　포지목合抱之木, 생어호말生於毫末; 구층지대九層之臺, 기어누토起於累土; 천
　　리지행千里之行, 시어족하始於足下.)

루소 작은 데서 큰 것이 생겨납니다. 큰 데서 작은 것이 나온다는 것은
　　탄생의 순간에만 그렇지, 일단 모든 개체는 작은 데서 커집니다. 털끝
　　같은 새싹이 그런 아름드리나무가 될 줄 어찌 알았겠습니까? 그러나
　　어떤 나무도 새싹이 아니었던 적은 없습니다.

노자 탑도 하나하나씩 쌓아 올라가지, 거꾸로 내리는 경우는 없소. 세계여
　　행도 집 앞 한 걸음부터 떼지 않으면 갈 수 없다오. 작게 시작합시다.

루소 네 시작은 미약하였으나 네 나중은 심히 창대하리라!²

훈수꾼 속담 '천 리 길도 한 걸음부터'라는 말이 선생으로부터 나온 것 같
　　습니다.

64.3. 잡아야 놓친다

노자 나는 이르노니(64.3.) "하는 사람은 지고, 잡는 사람은 놓친다. 그러
　　므로 성인은 하지 않아 지지 않고, 잡지 않아 놓치지 않는다."(위자패
　　지爲者敗之, 집자실지執者失之. 시이성인무위是以聖人無爲, 고무패故無敗; 무
　　집無執, 고무실故無失.)

루소 싸우지 않으니 지지 않고, 잡지 않으니 놓칠 것이 없지요. 당연한 말

---

2 《성경》〈욥기〉 8:7.

씀 같지만 웃깁니다.

노자 지도자의 길이오. 되도록 싸우지 말고 잡지 말라는 것이지요. 싸워서
　　적을 만들지 않으면 적이 공격해서 내가 패배할 일이 없고, 자리나
　　돈을 잡아서 지키려고 하지 않으면 빼앗길 일이 없소. 큰 지도자라면
　　이 정도는 해야 하지 않겠소.

루소 내가 하지 않으니 남이 해 주고, 내가 돈이 없으니 남이 돈을 가져
　　다주고요? 하하.

훈수꾼 간디도 평생 통장을 갖지 않았다고 합니다.[3]

64.4. 끝을 처음처럼

노자 나는 이르노니(64.4.) "사람들이 일을 할 때 언제나 이룰 즈음 망친
　　다. 끝을 처음처럼 신중히 하면 일을 망치는 일이 없다."(민지종사民之
　　從事, 상어기성이패지常於幾成而敗之. 신종여시愼終如始, 즉무패사則無敗事.)

루소 끝에서 방심하다 실수를 많이 합니다.

노자 늘 처음처럼 합시다.

훈수꾼 술 이름도 있는데요, 신영복 글씨체로 썼지요. 광고료를 자기 대학
　　에 모두 기증했답니다.

64.5. 자연성을 도우라

노자 나는 이르노니(64.5.) "그러므로 성인은 하고자 함이 없음을 하고자

---

3 정세근, 《윤회와 반윤회》, 부록 〈간디 박물관장과의 대화〉.

하고, 얻기 어려운 재화를 귀하게 여기지 않으며, 배우지 않기를 배워 뭇사람들이 지나친 것을 되돌려주며, 만물의 자연스러움을 돕지만 하려 들지 않는다."(시이성인욕불욕是以聖人欲不欲, 불귀난득지화不貴難得之貨; 학불학學不學, 복중인지소과復衆人之所過; 이보만물지자연이불감위以輔萬物之自然而不敢爲.)

루소 욕심 없음을 욕심낸다는 말은 만족을 아는 것에 만족한다(지족지족知足之足4)는 말과 비슷합니다.

노자 욕심 없음을 욕심낸다는 말은 하지 않음을 한다는 말과 비슷하다오. 그것은 부정의 긍정이오. 그런데 만족을 아는 것에 만족한다는 말은 긍정의 긍정이라오. 만족을 아는 내게 만족하는 것이니만큼. 다른 데서 만족하는 것만이 아니라 만족하는 자기를 만족하니 참으로 고차원적인 만족이외다.

루소 자연성을 도우라는 말이 좋습니다.

노자 그렇소. 우리는 자연성에 적극적으로 개입해서는 안 되오. 도와준다는 자세를 유지해야 하오. 보완하는 것이지 창조하거나 부여하는 것이 결코 아니라오. 인간개조라는 이상은 마르크스가 가진 것이고, 나는 인간계발이라오. 개발開發이 아니고 본디 있는 것을 살짝 열어 준다는 계발啓發이고.

훈수꾼 그래서 인재개발과는 달리 인성계발이라고 하는군요. 오히려 복귀한다는 의미가 더 좋습니다.

노자 나의 후배 장자가 그래서 '처음으로 돌아가자'[복기초復其初]라고 말하는 것이오.5 나중에 이고李翶라는 당말의 유학자 《복성서復性書》를 쓰는데 본성은 처음과 같은 맥락이라오. 이것을 한유韓愈가 높이 사지요. 송명리학자들의 원초적 개념도 이렇게 나로부터 나와 발전한 것

---

4 46.3.: "따라서 됐음을 아는 것이 되면 늘 된다."(故知足之足, 常足矣.)
5 《장자》〈선성繕性〉: "그 성정을 되돌려 처음으로 돌아가자."(反其性情而復其初.)

이 꽤나 있다오.

루소 보조자의 역할에 충실하라는 말씀인데, 국가의 제도와는 거리가 있는 것 같습니다. 현대 정치제도와도 그렇습니다.

노자 자유방임주의가 있잖소.

루소 라제페어laissez-faire! 그 말이 무위를 번역한 것이라는 이야기도 있습니다.

노자 방임放任 특히 맡겨둔다〔임任〕는 뜻은 장자의 주석서에서 강조되는 것이었소.6

훈수꾼 복성을 넘어 임성任性으로 가네요.

　　루소, 화분 옆에 있는 조로를 잡아 자기도 한 번 물을 줘 본다. 자연성을 보완해 줄 뿐이다.

6　곽상郭象, 《장자주莊子注》〈소요유逍遙遊〉: '만물이 그것의 본성에 맡겨진다'(物任其性). 정세근, 《도가철학과 위진현학》, '제1부 제6장 장자와 곽상-장자 소요유에 대한 곽상과 지둔의 논변' 및 '제2부 제8장 노장과 그 주석가들의 자연 개념의 형성과 변천. 5. 곽상의 자득과 전체성', 2018. 왕필도 쓴다. 《노자주老子注》 5.1.: "하늘과 땅은 스스로 그러함〔자연自然〕에 맡긴다."(天地任自然.)

제65막

⠆법복을 입은 도둑이 있는 방⠆

거대한 순응──자신의 자연성을 따르라

법복을 입었지만 눈 주위를 가리는 복면을 한 판사 조각상이 있다. 실물과 흡사하다. 쾌걸 조로의 복장이다. 초능력 가족이 활약하는 만화에서도 아빠 엄마 아들딸이 모두 눈 복면을 한다. 배트맨은 눈 위쪽으로 모두 했지만, 이마 윗부분을 없애야 한다. 〈마스크 오브 조로The Mask of Zorro〉(1998)라 하는 것으로 보아 마스크는 마스크다. 조로 마스크. 판사가 법복을 입고 있는데, 눈에 조로 마스크를 했다. 법모法帽가 내려와 배트맨처럼 복면을 해도 된다. 무섭다. 판관이 도둑이라니. 루소가 들어오면서 움찔한다.

65.1. 반지성주의

노자 나는 이르노니(65.1.) "옛날에 길[道]을 잘 닦은 사람은 사람들을 똑
　　똑하게 하지 않고 어리석게 만들었다. 사람들을 다스리기 어려운 것
　　은 지혜가 많기 때문이다. 따라서 지혜로 나라를 다스리는 것은 나라
　　의 도둑이고, 지혜로 나라를 다스리지 않는 것은 나라의 행복이다. 이
　　둘을 아는 것도 법식에 맞음이다."(고지선위도자古之善爲道者, 비이명민
　　非以明民, 장이우지將以愚之. 민지난치民之難治, 이기지다以其智多. 고이지치
　　국故以智治國, 국지적國之賊; 불이지치국不以智治國, 국지복國之福. 知此兩者,
　　지차량자 역계식亦稽式.)
루소 사람이 똑똑해지면 다스리기 어렵다는 말씀은 오해의 여지가 많습니
　　다. 백성을 사랑하신다면서요?
노자 나는 꾸준히 지혜의 위험성을 말했소. 오늘날의 지식이라 해도 좋소.
　　사람이 현명해지면 꾀를 부르오. 어리석으면 순박하게 사는데 말이요.
루소 순박淳朴이 곧 선생이 말하는 소박素朴의 박樸 자를 같이 쓰네요. 박
　　朴과 박樸은 같은 거니까요. 순박하면 오히려 왕이나 귀족에게 당하지
　　않습니까?
노자 그것도 포함되는 것이오. 그래서 지혜로 나라를 다스리는 것을 나라
　　의 적이라 하지 않았소? 아래부터 위까지 꾀부리는 것이 문제란 것이
　　오. 법을 알면 법을 교묘하게 이용하거나 법망을 요리조리 피해서 나
　　쁜 짓을 한다는 말이오. 법을 모르면 차라리 순박하게 사는데 말이오.
루소 그러니까 위로부터 아래까지 잔머리 굴리지 못하게 한다는 말씀이군
　　요. 그렇소이다. 법령이 번들거리고 많아질수록 도적이 많다 하지 않
　　았소? 내가 말하는 나라의 이기利器를 쓸 줄 알면 사회가 복잡해지고

어려워진다는 것이오.[1] 법도 대표적인 이기 가운데 하나요.

훈수꾼 사법농단이라는 것은 법관에 의한 법에 대한 장난이었군요.

루소 그러나 저는 법이 사람들에 의해 만들어진 일반의지라는 생각을 버릴 수 없습니다. 따라서 입법권은 양도될 수 없습니다.

65.2. 대순

노자 나는 이르노니(65.2.) "늘 법식에 맞음을 아는 것을 검은 덕[玄德]이라고 한다. 검은 덕은 깊고도 멀도다. 만물과 함께 돌아간다. 그다음 큰 따름[大順]에 이른다."(상지계식常知稽式, 시위현덕是謂玄德. 현덕심의원의玄德深矣遠矣! 여물반의與物反矣! 연후내지대순然後乃至大順.)

루소 현덕이라는 표현은 자주 하시네요.[2] 여기서는 사람보다는 사물과 함께 돌아가는 것으로 확대되어 묘사하기는 했지만요. 그것보다 큰 따름에 이른다는 말이 흥미롭습니다.

노자 법 위에 식이 있소. 그걸 나는 계식稽式이라 불렀소. 법령은 그들의 것이고 일방의 것이고 힘센 자들의 것이오. 그러나 자연성을 담고 있는 것이 바로 계식이오. 그 계식은 만물과 함께 돌아가는 것이고, 잘 드러나 있지만 분명히 있는 질서요.

루소 우리는 그것을 자연법이라고 부릅니다. 로마시대 이후로 인간은 자연

---

1 36.3.: "물고기가 못에서 떠나서는 안 되고, 나라에 쓸모 있는 것들을 사람들에게 보여 줘서는 안 된다."(魚不可脫於淵, 國之利器不可以示人.) /57.2.: "천하에 꺼리고 숨겨야 할 것이 많으면 사람들이 널리 가난해진다. 사람들에게 편리한 기구가 많으면 국가가 더욱 어두워진다. 사람들에게 재주와 꾸밈이 많으면 삐뚠 물건들이 더욱 일어난다. 법령이 더욱 뚜렷할수록, 도적이 많다."(天下多忌諱, 而民彌貧; 民多利器, 國家滋昏; 人多伎巧, 奇物滋起; 法令滋彰, 盜賊多有.)

2 10.8. /51.3.: "낳으면서도 갖지 않고, 하면서도 자랑하지 않고, 키우면서도 다스리지 않으니, 검은 덕[玄德]이라고 한다."(生而不有, 爲而不恃, 長而不宰, 是謂玄德.)

을 닮아 살아야 하기 때문에 자연법사상이 정초되었습니다.

노자 그래요. 나도 도는 자연을 본받는다는 뜻에서 법자연法自然이라는 말은 쓰오. 그런데 그런 원리나 법칙 무엇인지는 정말로 깊게, 정말로 멀게 사려해 보아야 하기 때문에 검은 덕이라 다시 한번 말하는 것이오. 그것의 공효功效는 분명히 있소만 함부로 사람이 이거다라고 말해서는 안 되기 때문이오.

루소 나의 공중公衆(le public)의 개념도 그렇습니다. 그것이 바로 공화정이나 공화국(republic)의 이념입니다. 이것과 개개인의 계약으로 보편적인 기본법이 만들어지는 것입니다. 따라서 그 법은 자유와 평등에 기반하는 입법체계입니다.

노자 그럼 자연법 옹호자요?

루소 그러나 나는 당시 그로티우스나 푸펜도르프의 자연법사상은 거부했습니다. 특히 푸펜도르프 같은 경우는 이중계약이라는 이상한 말로, 사회계약 후 군주와 인민이 한 번 더 계약한다는 식으로 말했는데, 그것은 자연이 우리에게 준 자유를 얼토당토않게 지배자에게 양도한다는 것이기 때문이었습니다. 단 하나의 사회계약이 있다는 점은 홉스와 마찬가지입니다.[3]

노자 크게 따르는 길이 있소. 그것은 만물과 함께 돌아가는 길이오. 그 덕을 대순大順이라 한다오. 그대는 그것을 신의 뜻이라 하겠지만, 나는 그것을 자연성에 맡긴다 하오. 그대는 순종이라 하겠지만, 나는 그것을 순응이라 하오. 이후 '자기의 자연성에 순응한다'(順其自然)는 명제는 동양사유의 핵이 된다오.

　노자, 판관 조각상을 향해 주머니 속의 달걀을 던진다. 픽!

---

3 김용민,《루소의 정치철학》, 104쪽.

제66막

깃털 베개가 있는 방

겸하의 왕—남보다 낮게 남보다 뒤에

깃털은 비유로 많이 쓰인다. 깃털처럼 바람 부는 대로 산다거나 깃털처럼 가볍다거나 하는 것이다. 여기서는 뒤의 것에 가깝다. 자기의 주장이 없이 깃털처럼 가볍게 사람들이 하자는 대로 한다는 것이다. 이런 뜻이면 앞의 것에도 연결된다. 남이 불어 주면 그리 가면 된다. 〈포레스트 검프〉(1994)라는 영화의 끝에 깃털이 나온다. 깃털은 바보지만 바보의 역할을 제대로 하면서 산 그를 그린다. 바보도 할 일이 있다. 성인으로 불리는 지도자도 마찬가지다. 자기의 뜻이 강하게 있거나 남들에게 대접받으려고 하면 결과적으로 지도자가 못 된다. 남의 뜻에 맞추고 자기를 낮추면 저절로 지도자가 되는 것이다. 그런 지도자는 위에 있건 앞에 있건 거슬리지 않는다. 각자 하나씩 깃털 베개를 가지고 나온다. 노자는 허리 뒤에, 루소는 배 위에, 훈수꾼은 머리 뒤에 놓는다.

66.1. 낮추고 뒤처져라

노자 나는 이르노니(66.1.) "강과 바다가 온 골짜기의 왕이 될 수 있는 까
닭은, 그것이 잘 낮추기 때문이다. 따라서 온 골짜기의 왕이 될 수
있는 것이다. 그러므로 성인이 사람 위에 있고자 하면 반드시 말은
낮추어야 하며, 사람보다 앞에 있으려면 반드시 몸은 뒤처지게 해야
한다."(강해소이능위백곡왕자江海所以能爲百谷王者, 이기선하지以其善下之; 고
능위백곡왕故能爲百谷王. 시이성인욕상민是以聖人欲上民, 필이언하지必以言下
之; 욕선민欲先民, 필이신후지必以身後之.)

루소 골짜기의 비유는 정말 많이 하십니다.[1] 여기서는 온갖 골짜기가 모여
드는 내와 바다를 말씀하십니다. 골짜기의 물은 내와 바다로 모일 수
밖에 없지요. 그런 까닭은 내와 바다가 낮아서 그러지요. 사람도 마찬
가지라는 이야기입니다.

노자 온갖 골짜기를 거느리는 왕은 저절로 주위 사람들이 모여드는 지도
자를 가리키오. 자기를 낮추는데 사람이 안 꼬일 수가 없소. 지도자는
그래야 되오. 사람들 위에 서고자 하면 말부터 낮추고, 사람들 앞에

---

1 6.1.: "골짜기의 정신은 죽지 않으므로, 이를 일러 검은 암컷(玄牝)이라 한다."(谷神不
死, 是謂玄牝.) /15.1.: "옛날 좋은 칼잡이는 …… 비어 있도다, 그는 골짜기인 듯하구
나."(古之善爲士者, 曠兮其若谷.) /28.3.: "자랑을 알면서도 부끄러움을 지키니 천하의
골짜기가 된다. 천하의 골짜기가 되니 늘 그러한 덕이 채워져 통나무로 되돌아간
다."(知其榮, 守其辱, 爲天下谷.爲天下谷, 常德乃足, 復歸於樸.) /32.3.: "그침을 알면 위
태하지 않으니, 마치 도가 천하에 있고 시내(와 골짜기)가 강과 바다로 흐르는 것과
같다."(知止可以不殆, 譬道之在天下, 猶川谷之於江海.) /39.1.: "골짜기는 하나를 얻어
채워진다."(谷得一以盈) 및 39.2.: "골짜기가 채워지지 않으면 말라 버릴까 두렵다."
(谷無以盈, 將恐竭.) /41.3.: "높은 덕은 골짜기 같다."(上德若谷.)

서고자 하면 몸부터 뒤로 해야 하오.

루소 이런 겸손의 철칙이 서양에서는 그렇게까지 주장되지 않은 듯합니다. 이기고 짐에 매달렸지 이긴 자일수록 겸손하라는 것은 그렇게까지 강조되지 않았습니다. 겸손(humility, modesty, humbleness)에 해당되는 말은 비천함, 수수함, 변변찮음이라는 좋지 않은 의미가 들어가기도 하니까요. 동양의 겸양은 그에 견주어 결코 나쁜 뜻이 들어가지 않잖습니까? 최고의 덕목이지요.

노자 동양에서는 겸손을 사회적인 덕목 가운데 으뜸으로 쳤소. 한 인간의 삶이 개별적으로 독립되기 힘든, 관계 중심적인 사회에서 당연한 것이었을 것이오. 개인보다는 전체를 강조하니 말이오.

루소 백곡의 왕[百谷王]으로서는 선생이 으뜸 아닙니까?

노자 내가 그렇게 보인다는 것은 벌써 겸손치 못하다는 것이외다.

루소 내가 백곡왕으로 불러드리겠나이다.

노자 불감당不堪當이오.

66.2. 어쨌든 싸우지 마라

노자 나는 이르노니(66.2.) "그러므로 성인이 위에 있어도 사람들은 무겁지 않고 앞에 있어도 사람들은 해치지 않는다. 그러므로 천하가 밀어주길 좋아하면서도 싫증 내지 않는다. 그는 싸우지 않기 때문에, 따라서 천하가 그와 싸울 수 없다."(시이성인처상이민부중是以聖人處上而民不重 ; 처전이민불해處前而民不害. 시이천하락추이불염是以天下樂推而不厭. 이기부쟁以其不爭, 고천하막능여지쟁故天下莫能與之爭.)

루소 싸우지 않는데 어떻게 싸웁니까? 전에도 비슷하게 말씀하셨습니다.[2]

---

2 22.3.: "무릇 싸우지 않으니, 천하가 그와 싸울 수 없다."(夫唯不爭, 故天下莫能與之爭.)

이야기인즉, 본인이 어쨌든 싸울 의향이 없으니 어떤 사람이 싸움을 걸더라도 부딪힐 일이 없다는 것이지요. 싸움은 혼자 할 수 없는 것이니만큼. 한 사람이 나서지 않는데 싸울 수가 없지요. 중요한 것은 부쟁의 사상입니다. 그것은 승리보다는 부쟁을 값어치 있게 생각하는 겁니다.

노자 지도자는 위에나 앞에 있어야 할 때가 많다오. 말을 하거나 길을 인도할 때도 그렇소. 위에서 해야 말이 들리고, 앞에서 이끌어야 길을 잃지 않는다오. 사람은 알게 모르게 입 모양을 보며 상대방의 말을 듣는데, 산행할 때 선두가 잘못 길을 들으면 큰일이기 때문이오.

루소 지도자가 위에 있어도 무겁게 느껴지지 않는다는 것은 정말 이상적인 말씀이지만, 그에게 이미 권력이 주어진 것을 어떻게 합니까?

노자 그것이 권력으로 느끼게 하면 이미 틀린 것이오. 대표자이어야지.

루소 대표자가 바로 대의민주주의를 하고, 그때 그는 인민과는 다르게 생각하고 말하기 때문에 나는 대의민주주의를 반대했던 것입니다.

노자 세상일을 혼자서 다 할 수 있소? 나눠서 합시다.

루소 그래서 저는 스파르타 같은 법률국가를 플라톤처럼 희구한 것입니다. 물론 그 법은 일반의지를 대변하고 있어야 합니다.

노자 무엇이 일반의지이고 무엇이 아닌지 어떻게 구별하오?

루소 그러니까 궁극적으로는 고도의 도덕적 인간이 되어야 하는 것입니다. 의사결정은 만장일치에 가까워야 하고.

노자 천하와 싸우는 것보다 자신의 도덕성을 세우는 것이 중요하게 되지 않겠소?

루소 그것이 칸트의 《실천이성비판》의 주된 주장이 아니겠습니까? 그래서 '~라면, ~하라'는 가정법으로 윤리를 말하지 말고 '(그냥) ~하라'라는 명령법으로 윤리를 말하라는 것이지요. 이른바 정언명법定言命法이라는 것이 말이 쓸데없이 어려워서 그렇지, 가정법 명령문으로 말하지 말고 무조건하라는 것입니다. '감옥에 가지 않으려면 사람을 죽이지 마라'가 아니라 앞에 어떤 조건도 붙이지 말고 '사람을 죽이지 마라'는 것입니다.

노자 그대의 철학적이고 도덕적 인간이 어떤 것인지 궁금하오.

루소 생활에서의 윤리적 삶이 아닙니다. 저의 도덕적 인간은 자신의 자유를 철학적 반성을 통해 스스로 선택적으로 구가하는 사람입니다.

노자가 웃으면서 루소에게 베개로 한 대 치자, 루소도 노자를 베개로 친다. 훈수꾼도 가세한다. 깃털이 마구 날린다.

제67막

코끼리 다리가 있는 방

모성애—최고의 사랑

코끼리 다리 같은 것이 하나 있다. 기둥인지 뭔지 모르겠다. 그저 코끼리 다리 같은 형태의 그 어떤 것일 뿐이다. 우리는 모두 '장님 코끼리 만지기'의 장님이 되었다. 그것이 정말 코끼리 다리일 수도 있고, 그저 나무 기둥일 수도 있고, 거인의 다리일 수도 있고, 우리가 모르는 어떤 동물의 그 무엇일 수도 있다. 콘크리트로 만든 구조물의 한 부분일 수도 있고, 기상천외奇想天外한 사이보그 로봇의 한 부분일 수도 있다. 노자가 들어오면서 만져 본다. 아무 일 없다. 루소가 들어오면서 건드리자 조금 움직이는 것 같다. 루소가 놀란다.

67.1. 아무것과도 닮지 않은

노자 나는 이르노니(67.1.) "세상 사람들이 모두 나의 도가 크다면서 무엇
　　과도 닮지 않은 듯하다고 한다. 오직 크니, 닮지 않았다. 닮았다면,
　　오래로다, 그것이 작아진 지."(천하개위아도대天下皆謂我道大, 사불초似不
　　肖. 부유대夫唯大, 고사불초故似不肖. 약초若肖, 구의기세야부久矣其細也夫!)
루소 진리가 얼마나 크면 무엇과 닮았다고 말할 수 없습니까? 그 무엇과
　　닮았다고 하면 벌써 그 진리가 작아진 지 오래라는 말씀은, 그 무엇
　　과 닮았다고 하는 순간 애초의 그 큰 진리가 아니라는 것 아닙니까?
　　진리가 이것이라고 하면 참다운 진리가 아니라는 말씀과 같습니다.
노자 큰 것은 너무 커서 무엇으로 비유할 수 없소. 비유되는 순간 그것은
　　그다지 큰 것이 아니게 되오. 나의 도가 그렇소. 사람의 능력으로 알
　　거나, 사람의 언어로 형용되는 순간, 그것은 지성의 한 부분이나 개념
　　의 한 조각으로 전락해 버리오. 형용불가능성을 받아들이시오.
루소 앞에서는 선생의 진리를 뭐라 할 수는 없지만, 억지로 '크다'고는 할
　　수 있다고 하셨습니다.[1] 그래서 선생의 진리인 도에도 큰 대 자를 붙
　　여서 대도大道라 하십니다. 그리고 좋은 것에는 늘 크다는 형용을 하
　　시고요.
노자 나의 길은 크오. 그래서 가기도 편하다오.[2] 그런데 사람들이 이상하

1　25.2.: "나는 그 이름을 모르니, '도道'라고 쓰고, 억지로 '크다'大고 이름 짓는다."(吾
　　不知其名, 字之曰道, 强爲之名曰大.)
2　53.1.: "내게 앎이 있어 큰길(大道)을 가라면, 오직 (옆으로) 빠지는 것을 무서워하리
　　라. 큰길은 무척 넓지만 사람들은 샛길을 좋아한다."(使我介然有知, 行於大道, 唯施是
　　畏. 大道甚夷, 而民好徑.)

게 샛길로 빠지오. 너른 길 놓아두고, 자기 욕심에 지름길이랍시고 새
는 것이오. 안타깝소. 큰길을 가시오.

루소 이 이야기를 다시 하시는 것은 뭔가 중요하게 말씀하실 것이 있어서
그런 것 같습니다.

노자 이제 내 마음도 읽소? 내가 가진 세 가지 보물이 있다오.

67.2. 나의 삼보

노자 나는 이르노니(67.2.) "나는 세 가지 보물이 있어 그것을 잡아 지키
고 있다. 하나는 내리사랑(慈)이요, 둘은 아낌(儉)이요, 셋은 감히 천하
에 앞장서지 않는 것이다. 내리사랑을 하니 용감하고, 아끼니 넓어지
고, 감히 천하게 앞장서지 않으니 온갖 것의 우두머리가 될 수 있
다."(아유삼보我有三寶, 지이보지持而保之. 일왈자一曰慈, 이왈검二曰儉, 삼
왈불감위천하선三曰不敢爲天下先. 자고능용慈故能勇; 검고능광儉故能廣, 불감
위천하선不敢爲天下先, 고능성기장故能成器長.)

루소 이 세 가지는 꼭 지키라는 것입니다. 덕장에서 지켜야 할 덕 세 가
지를 제시하시는군요. 유가식으로 말하면 선생의 오륜五倫은 아니지만
삼강三綱이네요. 하하.

노자 내 윤리를 너무 형식주의적으로 말하진 마소.

루소 그래도 선생이 제시하는 만인이 지녀야 할 세 덕목인 것은 맞잖습니까?

노자 내가 어찌 사람들에게 윤리를 강요하겠소? 나답지도 않은 짓이오.
그래서 나의 보물이라고 나를 고백하듯 전달하지 않소? 형식을 벗어
나 내용을 들으라는 것이오.

루소 그렇다고 그것이 윤리적이지 않은 것은 아니잖습니까?

노자 추구하는 가치라는 점에서, 현실의 행동원칙이라는 점에서 그것이 윤
리적이라는 틀에서 벗어나지 않는다는 것은 맞소. 그러나 나의 윤리

가 누누이 말하듯이 인간을 규제하려는 것이 아니라는 데에서는 깊은 이해가 필요하오. 자연성의 원리에 바탕을 두기 때문에 많은 사람은 나의 이러한 덕들에 윤리라는 말을 붙이길 꺼려 하는데, 오히려 그런 태도가 조금은 필요하다는 말이오. 덕을 말하는 순간, 나는 윤리의 세계로 들어선 것은 맞소. 그러나 그 윤리가 억압이나 제어의 기제가 되어서는 안 되오. 자연성의 현실화라는 대원리에 나의 윤리는 복속되어 있소.

루소 첫째 덕목인 내리사랑은 모성애입니다. 가장 동물적이면서도 가장 원초적이고 가장 위대한 사랑이지요. 자연성에 걸맞은 제1 윤리입니다.

노자 맞소. 모성을 빼놓고 어떻게 생명을 말하겠소? 모성 때문에 생명이 태어나고 자라지 않소?

루소 선생의 어머니의 철학에도 맞아떨어집니다.

노자 세상에 변하지 않는 것이 어머니이고,[3] 따라서 어머니 같은 마음으로 나라도 이끌라고 하지 않았소?[4]

훈수꾼 엄부嚴父 자모慈母라는 말은 일반적으로 통용됩니다. 학부모회를 자모회姉母會라고 하는데 아무래도 자모회慈母會가 맞는 것 같습니다. 예전에는 모르지만 누나, 언니가 얼마나 학교에 간다고 그러는지 이상합니다. 아이들을 사랑하는 어머니의 모임이 맞지 않겠습니까?

루소 둘째 덕목은 검약입니다. 검약과 인색은 선생의 삶의 태도에서 지녀야 하는 가장 구체적인 덕목으로 보입니다. 그런데 검약이나 검소를 가리키는 이 검儉이라는 덕목은 여기서 유일하게 제시됩니다. 앞에서

---

3 25.1.: "어떤 것이 섞여 이루어지는데, 하늘과 땅보다 먼저 태어났다. 소리도 꼴도 없으며, 홀로 서 바뀌지 않고, 맴돌면서도 멈추지 않으니, 천하의 어머니(天下母) 이리라."(有物混成, 先天地生. 寂兮廖兮, 獨立不改, 周行而不殆, 可以爲天下母.)

4 59.2.: "그 끝을 알지 못해 나라가 있을 수 있고, 나라의 어머니가 있어 길이 오래갈 수 있으니, 이를 뿌리가 깊고 바탕이 굳은, 오래 살고 길게 보는 길(도道)이라고 이른다."(莫知其極, 可以有國; 有國之母, 可以長久; 是謂深根固柢, 長生久視之道.)

는 색齒만 말씀하셨고요.5

훈수꾼 그래서 이이는 검보다는 색이야말로 선생의 철학에서 배워야 할 것으로 본 것 같습니다. 특히 선생의 철학을 '치기치인治己治人'의 술로 본 것도 선생이 '치인사천治人事天'을 위한 최고의 덕목으로 색을 꼽았기 때문일 것입니다.

노자 줄이시오. 덜 쓰시오. 물이던 몸이던 마음이던 덜 쓰시오. 애쓰지 마시오. 애란 몸과 마음의 수고로움이라오. 줄이고 줄여 나가시오.

루소 어머니처럼 사랑하고, 어머니처럼 아이를 아껴라라고도 들립니다. 아버지는 몰라도 어머니는 늘 아이를 아이 그대로 아끼지 않습니까?

노자 소비가 미덕인 사회에서 웬 인색이라고 생각하지 마시오. 낭비는 위험한 것이오. 환경보호에도 앞장서는 일이오. 짐승이 죽어 사람에게 먹히면 자기의 역할을 다 하는 것이지만, 그것도 못 하고 버려진다면 자신들의 생명이 정말 억울하지 않겠소?

루소 세 번째 덕목은 천하에서 앞장서지 말라는 것입니다. 그것은 내가 말하는 명예의 탄생이 곧 악의 탄생이라는 주장과 통합니다. 뒤에 서서 밀어 주면 될 것인데 오직 이름 때문에 나서게 되고 싸우게 되고 결국 죽이게 되거든요.

노자 남들이 밀어 준다고 해도 함부로 나서지 마시오. 남들이 왜 밀어 주는지 곰곰이 생각하고 나서시오. 제발 이름을 얻으려고 함부로 나서지 마시오.

훈수꾼 나설 때 남 핑계 대지 말고 물러설 때 남 탓하지 말라는 말이 있습니다.

노자 오직 자기의 일일 뿐이오.

---

5 59.1.: "사람을 다스리고 하늘을 섬기는 데 아낌 만한 것이 없다. 오로지 아끼니, 그러므로 일찍 돌아간다. 일찍 돌아가는 것을 일러 거듭 덕을 쌓는다고 한다. 이기지 못하는 것이 없으니 그 끝을 알지 못한다."(治人事天, 莫若嗇. 夫唯嗇, 是以早服; 早服謂之重積德; 無不克則莫知其極.)

루소 현대정치에서는 악명도 명예라서 걱정입니다. 인지도를 높이려고 별의별 짓을 다합니다. 사람들도 악명惡名으로 기억하지 않고 유명有名으로 기억하거든요.

훈수꾼 시끄럽게 만들어 장사하는 것(noise marketing)이군요.

루소 그런데 선생의 이어지는 말씀이 감동적입니다. 모성애가 있어 용감하고, 검소해서 넓어지고, 앞장서지 않으니 우두머리가 될 수 있다는 역설 말입니다.

노자 그렇소. 어머니는 강하오. 아이를 지키려는 사랑을 당해낼 재간은 없소. 모성애는 사람을 가장 용감하게 만든다오. 아버지면 어떻소? 자식을 지키려고 뭔 짓을 못하겠소?

루소 검소해서 넓다는 것도 한 말씀 부탁합니다.

노자 스스로 아끼니 남에게 줄 수 있소. 스스로 아끼느라 남에게도 못 주는 것은 내가 말하는 검약이 아니오. 진정한 검약이란 자신의 소박한 생활로 타인에게 베풀어 주는 삶을 사는 것이오. 내가 덜 먹고, 남더 주겠다는 것이오. 그것이 바로 내리사랑과 이어지는 것이오. 내 새끼 배고프면 남의 새끼는 배 안 고프겠소?

훈수꾼 오래전에 있었던 이야깁니다. 아이를 낳았다는 기별을 받고 병원으로 가는데 버스에서 어떤 아이가 앵벌이를 하고 있었답니다. 평소 같으면 지나치겠지만 눈물이 왈칵 쏟아지더라는 것입니다. 하나 더, 아이를 기르면서 전 같으면 잘 잡던 물고기도 죽이기가 꺼려지더랍니다. 그런 것이 모성애의 확장 아닐까 싶습니다. 그리고 그 확장의 조건이 바로 자기의 너저분한 삶을 생명이라는 데에 초점을 맞추며 사는 것이기도 하고요.

루소 검소의 역설입니다. 줄여서 남 주자는 것이니만큼. 지도자는 뒤에 서야 앞에 설 수 있다는 것을 많이 강조하십니다.

노자 모성애, 검소, 양보의 정신을 지니고 있는 사람이 만물의 대장이 되어야 하오.

67.3. 내리사랑

노자 나는 이르노니(67.3.) "이제는 내리사랑을 버리고 용감하기만 하고, 아낌을 버리고 넓어지기만 하고, 뒤를 버리고 앞으로만 가네. 죽음이 로다. 무릇 내리사랑은, 그것으로 싸우면 이기고, 그것으로 지키면 단단하다. 하늘이 장차 구해 줄 것이니, 내리사랑으로 그것을 막아 낸다."(금사자차용今舍慈且勇; 사검차광舍儉且廣, 사후차선舍後且先; 사의死矣! 부자夫慈, 이전즉승以戰則勝, 이수즉고以守則固. 천장구지天將救之, 이자위지以慈衛之.)

루소 요즘 사람은 선생의 말씀과 반대로 산다는 것입니다. 사랑 없이 거칠기만 하고, 아낌 없이 나대기만 하고, 뒤는 모르고 앞으로만 간다는 것입니다.

노자 모성애를 지키시오. 어머니의 사랑이 최고라오. 내리사랑을 이길 수 있는 것은 없소. 자연의 힘이요, 사랑의 힘이라오.

코끼리 다리가 위로 올라간다. 이제는 아무것도 없다. 그것이 뭔지는 아직도 모른다. 아니, 몰라야 한다. 너무 크다.

제68막

:모래판이 있는 방:

용인술─나부터 낮춰라

씨름 선수가 있다. 체격이 그리 크지 않다. 그렇다고 해서 스모 선수처럼 살이 찌지도 않았다. 힘이 있어 보이지도 않는다. 얼굴 표정도 담담하다. 누군가를 이기려는 모습도 보이지 않는다. 스모 선수가 들어온다. 덩치가 크다. 한쪽 다리를 올려 위협하듯 모래를 찍는다. 다른 다리로도 그런다. 얼굴을 무섭게 한다. 둘이 부딪힌다. 씨름꾼은 피하듯 그의 뒷덜미를 낚아채 돌려 버린다. 자기의 힘이 아니고 그가 달려오는 힘을 이용한다. 뱅그르르 도는 듯싶더니 스모 선수가 휘청거리면서 넘어진다. 단순히 균형을 잃었을 뿐인데도 모래판에 손을 짚는다. 스모 선수는 아차 싶지만 손만 대더라도 넘어진 것은 넘어진 거다. 아뿔싸. 관객들 재밌어 한다. 역시 씨름은 힘보다 기술이야. 철학도 이런 재미가 있어야지라고 생각한다.

68.1. 훌륭한 싸움꾼

노자 나는 이르노니(68.1.) "훌륭한 칼잡이는 힘을 보이지 않고, 훌륭한 싸움꾼은 화내지 않는다. 적을 잘 이기는 사람은 자기를 내보이지 않고, 사람을 잘 쓰는 사람은 자기를 아래에 둔다."(선위사자불무善爲士者不武, 선전자불노善戰者不怒; 선승적자불여善勝敵者不與, 선용인자위지하善用人者爲之下.)

루소 한마디로 싸움에서 자기를 드러내는 사람은 질 수밖에 없다는 말씀입니다. 그것이 무기이건, 감정이건, 전략이든 남에게 보이면 진다는 것이고, 따라서 사람을 잘 쓰는 사람은 사람들 밑으로 들어간다는 것입니다. 무장 정도, 감정 상태, 전략 전술을 적에게 보이지 않아야 승리를 얻을 수 있다는 것과 사람을 잘 쓰는 것이 무슨 관련이 있습니까?

노자 사람들은 불안할수록 사람들에게 과시하려 든다오. 과시誇示는 과장되게 보이는 것을 뜻하오. 이길 수 있는 사람은 오히려 조용하지요. 감정적으로도 안정되어 있어, 적에게 덤비면 다친다는 것을 스스로 깨닫게 한다오. 결국 겉으로 보기에는 상대방보다 못한 것 같은데, 실제로는 그렇지 않은 것이오. 상대의 밑으로 스스로 들어가면 오히려 상대가 지레 겁을 먹고 도망간다오.

훈수꾼 건달들이 '때려봐, 때려봐'하는 것과 같군요. 하하. 유도도 내가 밑으로 들어가야 남을 넘어뜨릴 수 있는 것이고요.

루소 포커 게임 같습니다. 누구의 패가 더 높은지 가려내는 게임인데, 속임수가 난무하지요. 포커 페이스라는 말이 감정을 드러내지 않음을 뜻하게 되었습니다. 자기 패가 높을 때 오히려 돈을 크게 잃지요. 그보다 더 높은 패가 또 있을까 싶거든요.

68.2. 용인의 힘

노자 나는 이르노니(68.2.) "이를 싸우지 않는 덕이라 하고, 이를 사람을
쓰는 힘이라 하고, 이를 먼 옛날의 끝과 짝한다고 한다."(시위부쟁지
덕是謂不爭之德, 시위용인지력是謂用人之力; 시위배천고지극是謂配天古之極.)

루소 사람을 쓴다(용인用人)는 것이 그다지 좋은 뜻이 아닌 것 같습니다.
사람이 수단이 되어서는 안 되잖습니까?

루소 사람을 쓴다는 것이 나쁜 말처럼 들릴 수 있지만, 인간사회는 어차피
사람을 쓰거나 사람에게 쓰이게 되어 있소. 함께 일을 하려니 어쩔
수 없는 것이오. 이때의 핵심이 바로 자신이 먼저 타인의 아래로 들
어가는 것이오. 그러면 싸울 일이 없잖소? 사람이 처음에 만나지 못
하는 것이 처음부터 힘 대결을 하려다 일이 뒤틀려 그러는 거요.

루소 그래서 공자와 그를 따르는 순자가 강조한 예禮라는 것이 생긴 것
아닙니까? 처음 만났을 때 예를 갖추라고 할 때의 예지요. 그런데 선
생은 예에 부정적인데요?1 높은 예는 사람에게 이래라저래라 해서 웃
긴다고 하셨으니 말입니다.

노자 예라는 놈은 모든 것을 격식화하니 부정적일 수밖에 없소. 그것을 한
마디로 하면 뭐겠소? 자신을 낮추라는 것밖에 더 되오? 사람들이
'그 사람 예의가 없어'라고 말할 때 그 내용을 보시오. 결국 '건방지
다', '잘난 척한다'일 뿐 아니오.

훈수꾼 그래서 나는 예를 '완충의 미학'이라고 부릅니다. 서로가 잘 만날
수 있게 조정해 주는 감정의 조절이라는 뜻입니다. 특히 국빈방문 때
예포禮砲를 쏘고 의장대 사열査閱 등 여러 장치를 가지잖습니까? 나

---

1 38.3.: "높은 인仁은 하려 들어도 함이 없다. 높은 의義는 하려 들어 함이 있다. 높은
예禮는 하려 들어 응하지 않으면, 소매를 걷어 올리고 끌어당긴다."(上仁爲之, 而無以
爲; 上義爲之, 而有以爲. 上禮爲之, 而莫之應, 則攘臂而扔之.)

의 무력을 자랑하는 것이 아니라 나의 군대가 너에게도 충성한다는 것을 보여 주는 것이기도 하지요. 기분 좋잖아요? 그러면 회담도 잘 될 테고요.

루소 단순한 것을 형식적으로 복잡하게 만들지 말고, 가장 간단한 내용인 '싸우지 말라'는 말로 정리하셨습니다. 위에서 말한 것과 연결시키면 '낮추라'는 것이고요.

노자 맞소. 낮추면 싸울 일이 없소. 하하.

루소 이것을 부쟁의 덕이라 부르고, 이것을 용인用人의 힘이라 부르고, 자연의 오래된 것(천고天古)과 짝하는 마지막의 일이라고 부른다는 말씀이 와 닿습니다. 나에게는 부쟁하면 용인할 수 있고, 용인을 잘하면 결국 자연이 우리에게 보여 준 오래된 원리와 짝하여 그것의 궁극을 얻을 수 있다는 말씀으로 들립니다.

노자 자기를 낮추는 용인은 좋은 용인이오. 임금에게는 자신을 부르는 말 자체가 낮추는 말로 아예 제시되어 있는 것을 보시오.[2] 과인寡人이라는 말은 모자란 사람이라는 뜻이오. 그러면서 신하를 부리지 않소? 소첩小妾이라는 것도 지나치지만 아내들의 겸칭이지 않았소? 여자 노예라는 뜻이니 말이오. 소신小臣도 그러한 것이고. 남자 노예라는 뜻이니 말이오.

훈수꾼 일본어에서 벗들끼리 '나'를 가리키는 일반적인 말인 '보크僕'도 종을 뜻하는 말이니 낮춤말이었네요. 임금 아래 모두가 종복從僕이니 말입니다. 오히려 '와다시私'가 귀족의 자기 지칭이고요. 고급스러운 말이 겸양이 되고, 천박한 말이 평칭이 된 재밌는 예입니다.

루소 절대왕정의 임금이 과인이라고 하는 번역어는 맞지 않겠네요. 그래서

---

2 42.2.: "사람들이 싫어하는 것은 '외로운 사람', '모자란 사람', '영글지 못한 사람'이 지만, 임금은 이것으로 (자기를) 부른다. 따라서 물건이란 때로 덜지만 쌓이고, 때로 쌓지만 덜어진다."(人之所惡, 唯孤寡不穀, 而王公以爲稱. 故物或損之而益, 或益之而損.)

'짐朕이 곧 국가다'라고 번역하는군요.

노자 자연만큼 오래된 사람을 쓰는 힘은 싸우지 않는 덕밖에 없소. 살리시오, 남을 죽이지 말고 살리시오.

    루소가 노자에게 씨름 한판 붙자고 하자, 노자는 웃으면서 거절하며 가위바위보로 하잖다. 루소가 이겨 좋아한다. 노자도 여전히 싱글벙글한다. 전쟁도 가위바위보로 했으면 좋겠다. 아니, 가위바위보나 주사위도 정의로움을 실현하는 하나의 방법인 것을 모르는가?

제69막

총이 걸려 있는 방

용병의 원칙―전쟁을 슬퍼하라

　장총이 벽에 걸려 있다. 사냥꾼의 총 같이 걸려 있다. 아이들 손에 닿지 않게 하는 것인지, 보기 좋으라고 하는 것인지, 위급할 때 재빨리 잡기 위해서인지 가로로 잘 걸려 있다. 세 자루 정도를 나열해 놓는 것은 멋이 아닐까 싶다. 자신의 권능을 자랑하는 것이다. 나는 너를 죽일 수 있다. 덤비지 마라. 그러나 총을 쓰지 않아도 사람을 누를 수 있어야 한다.

69.1. 용병수

노자 나는 이르노니(69.1.) "병력을 쓰는데 이러한 말이 있다. 내가 주인이 되지 말고 손님이 된다. 한 촌 앞으로 가지 말고 한 척 뒤로 물러선다. 이를 일러 나가지 않게 나가고, 팔 없이 휘두르고, 없는 적을 무찌르고, 없는 병기를 잡는다고 한다."(용병유언用兵有言; 오불감위주吾不敢爲主, 이위객而爲客; 불감진촌不敢進寸, 이퇴척而退尺. 시위행무행是謂行無行, 양무비攘無臂, 잉무적扔無敵, 집무병執無兵.)

루소 전쟁을 할 때 방어를 위주로 하지 공격을 위주로 하면 안 된다는 것이네요. 그 까닭은 공격은 사람을 죽이려는 것이니만큼.

노자 물러서는 용병이야말로 용병의 원칙이오. 100m 앞으로 나가려 말고 1km 뒤로 물러서시오. 무위가 아닌 무행無行으로 적을 지치게 만드시오. 사람 안 다치게, 적이 없듯, 무기도 잡지 않은 듯 전쟁을 치르시오. 나가 싸워 백전백승百戰百勝을 할 것이 아니라 물러서 이김으로써 일전백승一戰百勝을 거두시오. 천하가 그런 장수에게 모일 것이오.

루소 강대국은 강한 것만 보여줌으로써 질서에서 우위를 잡지요. 강대국이 이런저런 전쟁에 다 나섰다가는 체면이 말이 안 되게 됩니다.

훈수꾼 월남전에서 미국의 꼴이군요. 아프가니스탄에서도 그랬고요. 기름 때문이라지만 중동전은 참으로 지리멸렬합니다. 적절한 비유일지 모르겠지만, 영국은 포클랜드Falkland 섬을 놓고 벌인 전쟁에서 아르헨티나를 한 번 누르고는 조용하지 않습니까? 그래서 영연방이 자발적으로 유지되는지도 모르겠습니다.

노자 무전백승無戰百勝이면 더 좋겠소.

69.2. 슬퍼하는 승리자

노자 나는 이르노니(69.2.) "적을 가볍게 여기는 것보다 더 큰 화는 없다. 적을 가볍게 여기다가는 나의 보물을 빼앗기고 말 것이다. 따라서 병기를 들고 서로 싸우면, 슬퍼하는 사람이 이긴다."(화막대어경적禍莫大於輕敵, 경적기상가보輕敵幾喪吾寶. 고항병상가故抗兵相加, 애자승의哀者勝矣.)

루소 전쟁술입니다. 적을 가볍게 여기다가는 큰코다친다는 것이니. 그런 이야기는 많이 나옵니다. 그런데 슬퍼하라는 것은 무슨 말씀인지요? 중국에는 병가兵家라는 학파가 있소. 용병술, 전술법을 말하는데 손자병법孫子兵法이 바로 그것이오. 지피지기知彼知己가 백전백승이라는 것이오. 남을 모르고 남을 가볍게 여기면 지피가 되지 않는 것이오. 그러나 여기서 나는 슬퍼함을 강조하오. 전쟁을 슬퍼하는 사람이어야 전쟁에서 이기오. 왜? 인간에 대한 사랑이 거기에 있기 때문이오. 그런 것 없이 전쟁하는 자는 살인마와 같소. 살인마를 전쟁에 이기게 해서야 되겠소?[1]

루소 그렇지만 전쟁에서 이기기 위해서는 용맹이 제일 아닙니까?

노자 어머니만큼 자식 앞에서 용맹한 사람이 있소? 용맹의 근원이 어디서 나오오? 그것은 자식 사랑 아니오? 사랑하는 자가 이기오. 전쟁을 슬퍼하는 사람이 이기오.

훈수꾼 〈글래디에이터〉(2000)라는 영화에 황제가 나오는데 전쟁터에서 전쟁을 슬퍼하는 장면이 나와 이상하다 했더니, 그가 바로 《명상록》을 쓴 아우렐리우스였더군요. 나는 젊었을 때 그가 양자제도를 망가뜨린

---

1 31.2.: "병기는 상서롭지 못한 것이니, 군자의 것이 아니다. 어쩔 수 없이 쓰더라도 담담한 것이 가장 바람직하다. 이겨도 좋아하지 않는데, 좋아하면 사람 죽이기를 즐기는 것이다. 무릇 사람 죽이기를 즐기는 사람은 천하에서 뜻을 얻을 수 없노라."(兵者不祥之器, 非君子之器; 不得已而用之, 恬淡爲上. 勝而不美, 而美之者, 是樂殺人. 夫樂殺人者, 則不可得志於天下矣.)

마지막 5현제라서 미워했어요. 그런데 그 영화의 설정이 친아들이 아버지를 죽이고 양자로 왕위를 이을 막시무스를 노예로 만드는 것이었습니다. 아우렐리우스 황제가 선양禪讓하지 않을 리 없다는 설정이죠.

루소 스파르타를 이상으로 삼는 나도 여인들이 남성을 조정한다는 말을 한 적이 있습니다. 제네바 여성들도 남성에게 '국가의 영광과 공공의 행복'을 위해서 명령을 내려야 한다고요.[2]

노자 웬일로 여성의 덕을 찬미하오?

루소 내가 잊지 않는 것은 아테네의 민주정치가 곧 나라를 망하게 했다는 엄정한 사실 때문입니다.[3] 실패한 국가를 이상으로 삼을 수 없지 않습니까?

노자, 장총 하나를 내리라고 훈수꾼에게 손짓하더니 총신에 검은 리본을 매어 준다. 상례의 표시다. 버클리 반전시위 때 히피들이 진압병력의 총구마다 꽃을 꽂지 않았던가.

---

2 루소, 《인간 불평등 기원론》, 28쪽: "여기서 나는 공화국 인구의 절반을 차지하고 있는 남자들의 행복을 마련하고 친절과 지혜로 나라의 평화와 미풍양속을 지키고 있는 저 귀중한 나머지 절반의 여성을 잊을 수가 없습니다. …… 스파르타에서 여성들이 명령을 내렸던 것처럼 제네바에서도 명령을 내릴 자격이 여러분에게 있습니다. 상냥한 아내의 입에서 나오는 이성과 명예의 목소리에 어떤 야만스러운 남자가 저항할 수 있겠습니까?"

3 루소는 그런 점에서 철학자 소크라테스보다 시민 카토를 더 훌륭하게 본다. 카토 Cato Uticensis, BC 95~46, 소小 카토. 카이사르의 독재에 항거하다 패전하여 자살하는데, 공화정과 자유의 수호자로 루소에게 비친다. 망한 아테네의 소크라테스에게는 전 세계 말고는 조국이라고 할 만한 나라가 없었는데, 애국자 카토의 가슴 깊숙한 곳에는 사랑하는 조국이 있었기 때문이다. 츠베탕 토도로프, 《덧없는 행복》, 32~34쪽. 루소가 아테네보다는 스파르타를 높이 보는 까닭이기도 하다.

제70막

:마포가 걸린 방:

진리의 언어—알기 쉽고 하기 쉽다

삼베로 포를 짜기도 한다. 마포麻布라고도 불린다. 베로 짠 포대기면 된다. 베란 삼실, 무명실, 명주실 등으로 짠 거친 피륙이다. 피륙은 우리말로 씨줄과 날줄로 짜인 모든 바탕이 되는 천을 가리킨다. 피륙은 주로 삼베를 가리키다 이제는 온갖 천을 다 일컫는다. 직물織物의 총칭이 되었다. 여기서는 피륙 가운데에서도 거친 삼베를 말한다. 볼품없는 싸구려일수록 더 좋다. 그것을 장식용 벽걸이인 타피스트리 tapestry로 여기는 사람이 있을까? 직조織造가 예술이 된 지 오래지만 마포만큼은 아직 어렵다. 아주 거친 마포는 흙이 떠내려가지 말라고, 흙에 미끄러지지 말라고 등산로에 깔린다. 그 정도는 아닐지라도 막 보자기 느낌의 마포인데도 벽에 걸려 있다. 그리고 탁자 위에는 옥으로 만든 여의주如意珠가 관객들이 볼 수 있도록 매달려 있다.

70.1. 쉬운데도

노자 나는 이르노니(70.1.) "내 말은 무척이나 알기 쉽고, 무척이나 하기 쉽다. 천하 사람들은 알지도 못하고, 하지도 않는다. 말에는 할아버지가 있고, 일에는 임금이 있다."(오언심이지吾言甚易知, 심이행甚易行. 천하막능지天下莫能知, 막능행莫能行. 언유종言有宗, 사유군事有君.)

루소 선생의 말은 선생의 말마따나 이제 어렵게 느껴지지 않습니다. 처음에 진리를 진리라 하면 진리가 아니라 하셔서 당혹했지만, 이제 와 보니 언어의 한계를 말씀하신 것이라 어쩔 수 없었던 것 같습니다. 그러나 줄곧 말씀하시는 것이 '저기 먼 데 한눈팔지 말고 여기 가까운 데를 보라'는 단순하고 간단한 진리였습니다. 그러니 알기도 쉽고 하기도 쉽다는 말씀을 금방 이해했습니다. 그런데 사람들이 알려고도 하려고도 안 하여 속상하시겠습니다.

노자 내 길은 큰길이오.[1] 내 길은 쉬운 길이오. 그런데 왜 사람들이 내가 말하는 크고도 쉬운 길로 가지 않나 싶소.

루소 너무 큰길에 있다 보면 그것이 길인지 아닌지 몰라서 그런 것 아닐까요?

---

1 53.1.: "내게 앎이 있어 큰길[대도大道]을 가라면, 오직 (옆으로) 빠지는 것을 무서워하리라. 큰길은 무척 넓지만 사람들은 샛길을 좋아한다."(使我介然有知, 行於大道, 唯施是畏. 大道甚夷, 而民好徑.) '이夷'는 '넓고 크다'는 뜻이 있는데 다른 곳에서 '아스라하다'라고 옮겼다. 그런데 아스라한 것도 기본적으로 '멀다'는 뜻이므로 '넓고 크다'와 통한다. 14.1: "보아도 보이지 않아 아스라하다[夷]말하고, 들어도 들리지 않아 어렴풋하다[希]말하고, 잡으려 해도 잡히지 않아 조그마하다[微]고 말한다. 이 셋은 따져 볼 수 없으니, 따라서 뒤섞여 하나가 된다."(視之不見, 名曰夷; 聽之不聞, 名曰希; 搏之不得, 名曰微. 此三者不可致詰, 故混而爲一.)

노자 그건 길이 아니라 평원이나 사막이겠지요. 좌우사방이 똑같은 평지라
　　도 길이 있어야 하오. 그 길이 나의 길 곧 도道이고, 그 길을 따라가
　　면 힘 곧 덕德을 얻을 수 있소.

루소 그래서 도와 덕에 관한 이야기를 하시는 거고요.

노자 말에는 중심되는 것이 있소. 일에도 마찬가지요. 그것을 잡으시오. 나
　　는 그것을 말의 할아버지, 일의 임금이라 부르고 싶소.

훈수꾼 할아버지를 종宗이라고 쓰셨는데, 종 자는 유가윤리의 핵심인 혈연
　　관계의 계승을 말합니다. 종가宗家집, 소종대종小宗大宗, 종친회宗親會,
　　종묘宗廟, 종산宗山/宗産 등이 모두 이 종 자를 쓰는 까닭이 여기에
　　있습니다. 우리처럼 유교국가에서 종 자는 이렇게 일상용어로 침투해
　　들어와 있고, 심지어 나는 종 자만 이해해도 유교의 반을 이해한다고
　　생각합니다. 그런데 선생께서 종 자를 쓰셔서 이상합니다.

노자 여기서 종은 할아버지의 '한(할)', 달리 말해 '크다' 정도로 생각해
　　주시오. 말에도 기준이 있어야 한다는 것이오. 일에도 그것을 조정하
　　는 원리가 있듯이 말이오. 그것을 은유적으로 할아버지와 임금으로
　　말해 본 것이외다. 할아버지가 남성적이라면 할머니라 생각해도 좋소.
　　조부도 있지만 조모도 있잖소? 다만 종 자가 남성을 가리킨다는 점
　　에서 문제는 있을 수 있소. 인정하오.

훈수꾼 아무리 언어라는 것이 시대의 한계를 넘어서기 어렵다지만 선생처
　　럼 남성적인 문화를 반대하시는 분이 그런 표현을 쓰셔서 드린 말입
　　니다.

노자 종 자가 남성적으로 안착되는 것은 유교 문화의 창달과 더불어 이루
　　어지는 일인데, 나는 그런 훈습薰習에 아직 영향을 받지 않았다고 생
　　각해도 좋소. 아니면, 임금과 더불어 그것에 짝하는 좋은 은유를 쓰고
　　싶은데 남성적인 것밖에 없어서 그렇다고 생각해 주시오. 나라에는
　　임금이 있듯이, 가정에는 할아버지가 있소. 따라서 일에 임금이 있듯
　　이, 말에는 할아버지가 있다 정도로 말이오.

루소 쉬운 말 하려다 말이 꼬인 것 같습니다. 하하.

노자 나라에 국부와 국모는 있는데, 가부장家父長은 있어도 가모상家母長이 없어서 그런 모양이오. 하하.

70.2. 드러내지 마라

노자 나는 이르노니(70.2.) "오직 알지 못하니, 그러므로 내가 아는 것이 아니다. 나를 아는 사람은 드물고, 나를 본받는 사람은 귀하다. 그러므로 성인은 베옷으로 옥을 감싼다."(부유무지夫唯無知, 시이불아지是以不我知. 지아자희知我者希, 칙아자귀則我者貴. 시이성인피갈회옥是以聖人被褐懷玉.)

루소 사람들이 모르니까 선생이 아는 것이 아니라고 합니다. 사람들이 모르니까 선생이 알지 못한다고, 선생이 모른다고 합니다. 자신이 모르면 그만일 것을 왜 선생의 앎을 그르다고 하는지 하소연하십니다.

노자 고맙소. 하소연이오. 그러나 사람들은 자신이 모르는 것을 타인이 알면, 타인의 앎이 그르다고 여기는 습관이 있소. 참 희한하오.

루소 그걸 희한하다고 생각하는 선생이 희한합니다. 선생을 아는 것이 더 희한하지요. 하하.

노자 그래서 나를 아는 사람은 드물고 나를 본받는 자는 귀하다고 하는 것이오.

루소 하룻강아지 범 무서운 줄 모르는 것이네요. 하룻강아지가 범이 무엇인지 모르니까, 범이 왔으니 피하라고 해도 못 알아듣는 것이고 호랑이가 무섭다고 하는 이를 잘못됐다고*할 테니까요.

훈수꾼 이를테면 평원임을 가정하고 거기에 높은 산이 있다면 몇 킬로나 보일 것 같습니까? 늘 보이지는 않겠지만, 그리고 우리나라처럼 산악이 많고 습기가 많으면 본 경험이 없겠지만, 서울에서 대구처럼 떨어져 있는데 서울에서 대구에 있는 높은 산이 보이는 경험을 한 적이 있어요. 다들 내가 제대로 본 것이 아니라고, 그르다고, 틀리다고 말하지요. 그래서 이제는 더 이상 말하지 않습니다. 경험을 못 해 본 사람이 이기더라고요. 서울 구경을 해 본 사람이 안 해 본 사람에게 지는 것과 같습니다. 하하.

노자 그래서 지도자는 자기가 아는 것을 가리는 것이오. 남에게 오해받을 수밖에 없는 그것을 어찌 쉽게 내보일 수가 있겠소? 빛이 난다고 해도 안 되고, 아름답다고 해도 안 된다오. 빛과 색깔을 감춰야 하오. 그래야 사람들이 가까이 온다오.

루소 저의 사회계약설은 홉스, 로크와 더불어 시대의 작품이기 때문에 사람들이 몰라 줘도 좋지만, 저의 인간 불평등에 관한 주장은 서양철학사에서 거의 최초로 자연 상태의 인간을 이상적으로 본 것이기 때문에 인정을 받을 만한데도, 당시의 식자들은 나를 야만인이나 옹호하는 사람으로 취급했습니다. 볼테르는 나를 '사회를 파괴하여 내 것과 네 것의 경계를 없애고 숲으로 돌아가 곰들과 함께 살아야 할 것'으로 취급했는데, 나는 '욕심을 도시의 한복판에 버리고 숲으로 돌아가자'라고는 했지만, 그렇다고 해서 법률이나 통치자 없이 살 수 있다고 주장하지도 않았습니다.[2]

노자 무욕을 말하는 나와 같소. 나 또한 그렇소. 왜 나의 자연을 야생으로 보는지 모르겠소. 우리가 자연성을 이상으로 삼은 것은 마찬가지겠소. 비록 우리의 묘사가 나 같으면 결승문자의 시대를,[3] 그대 같으면 구

---

2 루소, 《인간 불평등 기원론》, 177~178쪽. 루소의 원주. "그렇다 해도 여러분은 불길한 획득물, 불안한 정신, 부패한 심정, 터무니없는 욕심을 도시의 한복판에 버릴 수 있다! 아직도 늦지 않았으니 저 태고의 원시적인 순진성을 되찾아 보자. 우리 시대 사람들의 범죄를 보거나 기억하지 않기 위해 숲속으로 가자. 그리고 인류의 악덕을 버리기 위해 그 지식도 버림으로써 인류의 가치를 떨어뜨리는 것을 조금도 두려워하지 말라. 정념이 원시의 순수성을 영원히 파괴해 버린 나와 같은 인간들은 이제는 풀이나 도토리로 살아갈 수 없고 법률이나 통치자 없이 살아갈 수 없다."

석기시대를⁴ 제시했지만 그렇다고 해서 야만으로 돌아가자는 것은 아니잖소? 인류의 이상적인 상태, 문명으로 병들지 않은 상태, 소유와 명예욕 때문에 사람끼리 살육하지 않는 상태, 단순하고 행복한 삶이 바로 우리가 희구하는 것이 아니겠소?

루소 알아도 모르는 척해야 하는 것을, 그래야 사람들이 그것이 옥인 줄 모르고 살았을 텐데. 그저 혁명의 전야에서 인민들을 고취하기 위해 동분서주한 제 삶을 이해해 주시길 빕니다.

노자 옥이 있으면 베로 감싸시오.

루소 예수의 성배가 황금 잔인지 나무 잔인지 묻는 경우가 있습니다. 목수의 아들이었을 뿐만 아니라 당시로써는 빈천한 삶을 살았던 예수의 잔은 나무로 만들어질 수밖에 없겠지요. 진짜는 소박합니다.

노자, 훈수꾼에게 마포를 떼어 달라고 하고는 여의주를 보이지 않게 감싸 버린다.

---

3 80.1. : "사람들이 다시 새끼줄을 이어(결승문자) 쓰도록 하라."(使人復結繩而用之.)

4 마르크스와 엥겔스의 입장에서는 신석기시대에 도구의 발달로 이미 잉여생산물이 생기고, 잉여가 곧 계급제도를 낳기 때문에, 루소는 구석기시대를 이상으로 삼은 것으로 보인다. 잉여의 관념이 루소에서 이미 나온다. 《인간 불평등 기원론》, 106쪽. "그러나 인간이 타인의 도움을 필요로 한 순간부터, 그리고 혼자서 두 사람 몫의 양식을 차지하는 것이 유리함을 알아차리게 되자마자, 평등은 사라지고 소유가 도입되고 노동이 필요하게 되었다. 광대한 숲은 인간의 땀으로 적셔야 할 들판으로 변했으며, 머지않아 그 들판에서는 수확과 더불어 예속과 비참이 싹트고 증가하는 것을 보게 되었다." 구석기와 관련되어서는 아래의 108쪽을 보라. "전보다 기술이 좋아진 사람들은 밀 재배법을 알고서 대량으로 수확하는 데 필요한 도구를 갖기 훨씬 전부터 날카로운 돌과 뾰족한 막대기를 가지고 오두막 주변에 약간의 채소와 풀뿌리 따위를 재배하기 시작했을 것이다." 마르크스가 말하는 신석기시대의 혁명과 관련되는 문구는 다음의 100쪽을 볼 것. "이윽고 인간들은 아무 나무 아래에서나 잠들거나 동굴 속에 은둔하지 않게 되었고, 단단하고 날카로운 돌도끼 같은 것을 만들기도 했다. 이 돌도끼는 나무를 자르고 흙을 파고 나뭇가지로 오두막을 짓는 데 쓸모가 있었다. 사람들은 곧 진흙 같은 것으로 그 오두막의 벽을 바르는 것이 좋겠다는 생각까지 하게 되었다. 이때가 바로 가족이 형성되고 구별이 생겨나고 일종의 소유 개념이 도입된 최초의 혁명기이다." 엥겔스의 《가족, 사유재산, 국가의 기원Der Ursprung der Familie, des Privateigentums und des Staats》의 주제와 일치한다.

제71막

ː약병이 있는 방ː

병중의 병—모르는데 아는 체하지 말라

이런저런 약이 쌓여 있다. 요즘은 워낙 약도 많아서 약 쓰레기가 환경호르몬 배출로 문제가 될 정도다. 함부로 버리지 말라는 것이다. 약병도 많이 있다. 비타민부터 소화제와 진통제까지 일상의 약을 편의점에서도 팔 정도로 넘쳐 난다. 머리가 조금 아프다고 진통제, 소화가 잘 안 된다고 소화제, 잘 먹고사는 데도 건강이 걱정되어 비타민을 먹는다. 약의 홍수다. 그런데 약을 먹는 것이 좋은 것인지 아닌지는 아무도 확정 짓지 못한다. 약에는 늘 부작용이 따라오기 때문이다. 부작용이 나쁜 것으로만 생각하는데, 으뜸 작용에 이은 버금 작용이라는 뜻의 부작용副作用이다. 항생제가 위를 깎아내리거나 간에 부담을 줄 수도 있고, 전립선 치료제가 머리털을 나게 할 수도 있고, 비아그라가 고산병에 좋을 수도 있다. 그것이 부작용이다. 그런 약을 우리의 지식에 견줘 보자. 무엇이 작용이고 무엇이 부작용일까?

71.1. 아는 체하는 것이 병이다

노자 나는 이르노니(71.1.) "알아도 모른다는 것이 좋다. 모르는데 안다는
    것은 병이다."(지부지상知不知上, 부지지병不知知病.)

루소 알아도 모른다고 하는 것은 최상이고, 몰라도 안다고 하는 것은 최악
    이라는 말씀입니다. 알아도 모른다는 것은 좋지만, 몰라도 안다고 하
    는 것은 병에 걸린 것처럼 큰일이니 주의하라는 이야기네요.

노자 사람들은 몸이 아픈 병만 알고 생각이 짧은 것은 병으로 안 치는지
    모르겠소. 정말 큰 병은 생각의 병이오. 알지 못하면서도 안다고 생각
    하는 병 말이오.

루소 자기가 모른다고 남이 아는 것을 그르다고 하는 것처럼, 자기가 알지
    못하는데도 안다고 하는 것은 바보 같은 짓인데도 우리는 명예 때문
    에, 자존심 때문에, 허영심 때문에 자꾸 모르는 것을 안다고 하지요.
    앎이 주는 폐해입니다. 지나친 지혜에 대한 추구 때문입니다.[1]

노자 이성주의자인 줄 알았더니 안 그런 모양이오.

루소 자연 상태에서 인간은 그렇게 많은 지혜도 필요 없었고, 지혜를 경쟁
    할 필요도 없었으며, 따라서 건강하게 살 수 있었습니다.

노자 자연 상태를 그리는 것은 나와 같소. 그런데 법과 통치에 대해서는
    나와 다른 것 같소. 아니면 그대가 이중적이든지.

---

1 루소, 《인간 불평등 기원론》, 83쪽. "그리고 지혜와 이성이 없기 때문에 그들은 언제
    나 무턱대고 인류 최초의 감정에 몸을 맡긴다. 폭동이나 거리에서 싸움이 벌어졌을
    때 모여드는 것은 하층민뿐이며, 조심성 있는 사람들은 슬쩍 피한다. 싸움을 말려서
    점잖은 사람들이 서로 살해하지 않게 만드는 것도 천민이나 거리의 아낙네들이다."

루소 선생의 견해를 통치술로 생각하는 경향도 철학사적으로 늘 있었잖습니까? 무위의 통치지요. 정치술이기도 하고.

노자 그러나 전쟁에 대해서는 정말 다른 것 같소.

루소 그렇지만 전쟁보다는 전쟁 외적인 것으로 죽는 사람이 많다고 슬퍼하는 것은 나름 비슷합니다. 싸우다 죽기보다는 전쟁과 관련된 비리로 죽어 가는 병사들을 안타깝게 생각합니다. 전장에 이르기 전에도 병들어 죽어가는 군인을 보면 가슴이 아픕니다.[2]

노자 전쟁을 모르는 것이 가장 좋지만, 전쟁보다 전쟁 외적인 것으로 죽는 사람이 많다는 것을 모르는 사람들의 병은 정말 큰 병이요. 말로는 군대에서 대개 전투나 훈련 중에 죽는다고 알고 있지만, 그것보다는 단순 폭력이나 단순 사고로 죽는 것이 많은 것을 알지 못하니 말이오.

루소 그것이 바로 모르는데 안다고 하는 병입니다.

노자 전쟁이 작용이라면, 전쟁 외적인 것이 바로 전쟁의 부작용이오. 따라서 작용이건 부작용이건 그것을 초래하는 것 자체를 없애야 하오. 부작용만 슬퍼하지 말고, 작용도 슬퍼하시오.

루소 내게도 지혜가 작용이라면 지혜로 건강을 해치는 것이 부작용이네요.

71.2. 병을 병으로 여겨라

노자 나는 이르노니(71.2.) "오직 병을 병으로 여긴다. 그러므로 병이 없다. 성인은 병이 없는데 병을 병으로 여기기 때문이다."(부유병병夫唯

---

2 루소, 《인간 불평등 기원론》, 174쪽. "하지만 군대의 군수 물자 담당자나 병원의 청부업자들이 자행하는 비리의 상세한 내막에 대해 교육받은 사람들이 한 번은 공표했으면 한다. 그렇게 함으로써 공공연한 비밀이 되고 있는 그들의 협잡이, 가장 훌륭한 군대도 한순간에 와해시킬 수 있으며 적의 칼에 쓰러진 것보다 더 많은 병사들을 죽음으로 몰아넣을 수 있음을 모두에게 알릴 수 있을 것이다."

病病, 시이불병是以不病. 성인불병聖人不病, 이기병병以其病病, 시이불병 是
以不病.)

루소 그렇습니다. 병인데도 병으로 생각하지 않는 것이 병이지요. 병을 병
으로 생각하면 병이 없어집니다. 고치고 다스리면 되니까요.

노자 지도자의 덕목 가운데 하나가 병을 찾아내는 것이오. 사회의 병을 찾
아 치유해 주는 것이오. 정치적 부조리도 없애고, 재난사고의 수습방
안도 세우고, 기후변화에 따른 대책도 마련하는 것이 지도자의 역할
이오. 그것들이 모두 사회적 병인 것이오.

루소 프랑크푸르트학파라고 불리는 현대철학자들이 사회를 병든 것으로 보
고, 그 대책으로 마르크스의 이론을 끌어당겨 고치려 했습니다. 병으
로 보는 것은 프로이트 심리학에서 빌려 왔지요. 한마디로 프로이트
더하기 마르크스의 이론이었습니다. 자본가들이 돈을 냈습니다. 자본
주의의 병폐를 찾아내 고쳐달라는 것이었으니까요.

훈수꾼 우리에게는 왜 그런 생각 있는 자본가가 없는지 한탄스럽습니다.
조지 소로스만 하더라도 자신의 스승인 칼 포퍼Karl Popper 재단을
동유럽에 세우면서 그의 《열린사회와 그 적들》[3]의 이념을 실현코자
했는데.

노자 병을 알아야 치료를 하오. 정확한 진단이 정확한 처방을 낳는 것이
오. 진단기술의 발달이 곧 현대의학의 발달이라 생각하오. 예전에는
분명하지 않은 진단으로 엉뚱한 처방이 많았지요. 의료기계의 발달이
제대로 된 병에 대한 앎을 가져다주고 있잖소?

루소 저도 갑자기 쓰러져 죽었습니다. 암살설도 있었지만, 아무래도 요즘
식으로 말하면 뇌졸중이 아니었나 싶습니다.

훈수꾼 그걸 급살急煞을 맞았다고 어른들은 말했어요. 살이 들었는데 그것
도 갑작스러운 살이거든요. 그리고 어른들이 병을 자랑하라고 말씀하

---

3 칼 포퍼, 《열린사회와 그 적들1, 2》 2006/1989.

시더니 그런 뜻이었군요. 다들 알아야 남들도 신경 써 준다고요. 치유

책도 나오고, 먹는 것도 골라 주고, 여러모로 도와준다고요.

노자 우리가 병든 것을 아는 것이 급선무요. 우리가 잘살고 있는 것 같

소? 비문명의 인간이 현대의 인간보다 나을 수밖에 없는 것이오. 그

들은 주어진 본성에 충실하다오.

루소 홉스는 원시적인 인간을 야만으로 보았지만, 나는 그들이 사악하다기

보다는 사나웠다고 생각합니다.[4] 문명이 곧 병임을 사람들이 알지 못

합니다. 문명의 삶vie civile과 자연의 삶vie naturelle 가운데 어느 것

이 더 견딜 수 없는지 곰곰이 생각해 보았으면 합니다. 나는 카리브

해원주민의 삶을 좋게 생각합니다.[5] 나는 미개인이 삶을 한탄하여 자

살하려고 한다는 이야기를 들어 본 적이 없습니다.[6] 신의 법도 인간

의 법도 이런 문명의 어지러움을 막을 수는 없습니다. 문명은 인간을

병들게 합니다. 원시의 인간은 홀로 떠돌면서 욕구와 관심에만 충실

한 채 행복했습니다. 높은 지능과 허영심이 없이도 충실히 삶을 누릴

줄 알았습니다. 경쟁만 부추기는 교육도 필요 없었습니다. 발명은 쌓

아 놓지 않고 일회용으로 끝나면 그만이었습니다. 디드로처럼 '악인은

오로지 혼자 사는 사람뿐이다'고 말하는 것에 나는 분개합니다.[7] 나쁜

짓 할 상대가 없는데 어떻게 해를 끼칠 수 있단 말입니까? 선인만이

혼자 살 수 있습니다.

노자 문명이 곧 병이라는 말로 들리오.

루소 그럼요. 의술을 소홀하게 다루는 지역의 사람들이 반드시 그렇지 않

은 지역의 사람보다 평균 수명이 짧다고 할 증거가 있을까요? 문명

---

4 루소, 《인간 불평등 기원론》, 84쪽.

5 루소, 《인간 불평등 기원론》, 65, 87, 138, 199쪽과 주 119.

6 루소, 《인간 불평등 기원론》, 77쪽.

7 디드로, 《사생아》, 서문.

생활에서 얻는 지루한 여유나 극심한 노동, 돈 있는 사람들의 별난 음식에 따른 변비나 돈 없는 사람들의 기회에 따른 과식으로 사람들은 병들고 있습니다. 무절제와 과도한 흥분, 정신의 피로와 소모, 영혼을 좀 먹는 비애와 고통은 현대인의 병입니다. 우리의 불행은 자연에서 벗어난 탓입니다.[8]

훈수꾼 공자가 '아는 것을 안다 하고 모르는 것을 모른다 하는 것이 아는 것이다'[9]라고 한 말씀이 떠오릅니다. 우리는 과연 우리의 병을 알고 있을까요?

각자의 자리에서 의약품 폐기물용 봉투를 꺼내더니 약을 담는다. 모두 버릴 셈이다.

---

8 루소, 《인간 불평등 기원론》, 56쪽.

9 《논어》〈위정爲政〉: "공자가 말했다. '유야. 너에게 앎을 가르쳐 볼까? 아는 것을 안다 하고, 알지 못하는 것을 알지 못한다고 하는 것이 아는 것이다.'"(子曰: 由! 誨女知之乎? 知之爲知之, 不知爲不知, 是知也.)

제72막

:아령이 있는 방:

자중자애—너만의 삶을 누리라

아령啞鈴이 있다. 그런데 왜 아령인가? 방울은 양쪽에서 소리 나도록 했다. 어차 피 흔드는 것인데 양쪽이 울려야 소리가 크기 때문이다. 그런데 방울은 방울 꼴인 데 소리가 나지 않아 아령이다. 벙어리 방울이라는 뜻이다. 귀여운 이름이다. 그런 데 실은 덤벨dumbell의 의역이다. 덤dumb은 벙어리, 벨bell은 종이라는 뜻이니 말 이다. 결국 아령은 영어의 직역이다. 농아聾啞의 농은 귀머거리이고 아는 벙어리다. 귀가 안 들리면 벙어리가 되니 둘이 같이 붙었다. 아령이 좋은 것이, 세워 놓으면 참으로 안정적이다. 무거우니 흔들리지도 않는다. 그러나 눕혀 놓으면 굴러가 버린 다. 우리네 삶이 그렇다. 그저 서 있으면 문제가 없는데, 눕는 바람에 문제가 생긴 다. 탁자 위에 아령이 눕혀 있다. 굴렀다가는 발을 찍을지도 모른다. 조심스럽다.

72.1. 반反염세

노자 나는 이르노니(72.1.) "사람들이 두려움에 을러지지 않으면, 큰 두려움이 이르게 된다. 그 사는 곳을 좁히지 말고, 그 사는 바를 싫어하게 하지 말라. 오직 싫어하지 않으니 싫증 내지 않는다."(민불외위民不畏威, 대위지의大威至矣. 무협기소거無狹其所居. 무염기소생無厭其所生. 부유불염夫惟不厭, 시이불염是以不厭.)

루소 두려워하는 것이 원시인의 모습이었습니다. 그러나 이제 더 이상 그러한 조심성이나 무서움을 타지 않는 문명인이 되어 말썽입니다. 재산과 명예를 쌓으려고 덤빕니다. 현재를 생각하면 될 것을 미래를 생각하여 근심·걱정만 늘었습니다. 미개인들에게 여성이라면 누구라도 좋은 것이지 자연이 심어 주지 않은 취향 같은 것은 따지지 않았는데,[1] 이제 욕망을 채우는 것을 넘어서 예쁜 여자를 찾게 되었습니다. 그러면서 두려움을 넘어서 목숨을 내놓게 되었습니다.

노자 내가 두려워하는 것을 잘 말하였소.

훈수꾼 그래도 생식을 위한 투쟁은 있지 않았을까요?

루소 인류는 남성보다 여성의 수가 많으며, 발정기가 따로 있어 심각한 경

---

1 루소, 《인간 불평등 기원론》, 86~87쪽: "사랑이 육체적인 것에만 한정되어 감정을 자극하거나 어려움을 더하게 하는 사랑의 선택이 무엇인지 모를 정도로 행복한 사람들은 격렬한 성욕을 빈번하게 또는 강하게 느끼지 않는다. 따라서 서로 싸우는 일도 드물고, 설사 싸우더라도 그다지 잔인한 국면에까지 이르지는 않는다. 우리들 사이에서는 심한 해악을 미치는 상상력이 미개인의 마음에는 조금도 일어나지 않는다. 각자 조용히 자연적인 충동을 기다리며, 열광하기보다는 차라리 쾌감을 느끼며, 취사선택을 하지 않고 거기에 몸을 맡긴다. 그리고 욕구가 충족되면 그 욕망은 자연히 사라지고 만다."

쟁 상태로 몰리지도 않고, 설령 암컷을 손에 넣기 위한 투쟁이 있다 하더라도 그러한 분쟁으로 짐승끼리 죽이는 일이 없듯이 우리 인류도 해를 입는다고 볼 수 없습니다. 그런 분쟁으로부터 오는 손해가 사회 상태보다 자연 상태가 훨씬 적을 것입니다. 문명인들끼리 벌이는 질투나 복수가 오히려 문제 되는 것입니다.[2] 문명인의 나라야말로 살인과 같은 잔인한 일이 매일 벌어지고, 정절의 의무를 강요해서 간통과 낙태만 늘립니다.[3]

노자 그대의 문명도 고약하구려. 사람들이 머무는 데를 자꾸만 좁히지 말아야 하오. 세금으로, 교육으로, 인간관계로 압력을 넣으면 살기 싫어지고, 살기 싫어지면 죽음을 두려워하지 않게 되오. 사람들의 삶을 싫어하게 만들지 마시오. 자기 삶을 싫어하는 사람에게 무슨 두려움이 있겠소? 모든 일에 죽겠다고 덤벼들지 않겠소? 따라서 사람들의 거처를 좁게 만들지 말고 생활을 싫어하게 만들지 마시오. 염세주의가 왜 나오겠소? 사람들을 못살게 구니 그런 것 아니오? 자기의 터전과 삶을 싫어하게 만들면 안 되오.

루소 문명이 바로 그렇습니다. 사회 제도를 필요로 하는 순간, 사회 제도의 남용이 뒤따르거든요.[4]

---

2 루소, 《인간 불평등 기원론》, 96쪽: "마음에서 우러난 감정이라고는 전혀 없는 이러한 맹목적인 경향은 순전히 동물적인 행위만을 낳았을 뿐이다. 욕구가 충족되고 난 후 남성과 여성은 남남이나 다름없었고, 자식들까지도 어머니 없이 살 수 있게 되면 곧 어머니와 무관한 존재가 되어 버렸다."

3 루소, 《인간 불평등 기원론》, 88~89쪽: "연인들의 질투나 남편들의 복수가 결투나 살인, 그 밖에 더 잔인한 사건을 날마다 일으키고 있는 나라들, 영원한 정절의 의무가 단지 간통하는 자를 만들어 내는 데 소용될 뿐이며 정조와 명예의 법률 자체가 필연적으로 방탕을 조장하고 낙태를 증가시키고 있는 나라들에서보다는 훨씬 적으리라는 것이 분명한 사실이다."

4 루소, 《인간 불평등 기원론》, 131쪽. "인간으로 하여금 사회 제도를 필요로 하게 만드는 악덕은 사회 제도의 남용을 피할 수 없게 만드는 악덕과 같은 것이기 때문이다."

72.2. 자애

노자 나는 이르노니(72.2.) "그러므로 성인은 스스로 알아도 스스로 드러내지 않고, 스스로 아끼지만 스스로 귀하게 여기지 않는다. 따라서 그것을 버리고 이것을 갖는다."(시이성인자지부자현是以聖人自知不自見, 자애부자귀自愛不自貴, 고거피취차故去彼取此.)

루소 자기애는 무엇보다도 중요합니다. 고독한 원시인은 자기를 무척 사랑했습니다. 자기 사랑은 먹고 자는 것과 생식에 충실했습니다. 쓸데없는 명예나 권력을 좇지 않았습니다. 그렇다고 해서 귀천을 나누고 나는 귀하다고도 하지 않았습니다. 그저 홀로였습니다.

노자 자기애와 이기심은 다르오. 이기심은 버려야 하는 것이지만 자기애는 버려서는 결코 안 되는 것이오. 이기심은 타인과의 경쟁과 투쟁을 낳지만, 자기애는 곧 생존과 직결된다오.

루소 자기애와 이기심을 혼동해서는 안 되지요. 성질이나 효용성에서도 다릅니다. 자기애가 자기 보존의 근간이고 나아가 자기애에 비춰 타인에 대한 동정심을 갖게 하는 것과 달리, 이기심은 사회 속에서 명예와 같은 것을 좇다가 생기는 상대적이고 인위적인 감정입니다.[5]

노자 역시 중요한 것은 스스로 알고, 스스로 사랑하는 것이오. 달리 말해 내면에서 올라오는 자연의 소리를 들어야 하오. 엉뚱한 문명의 소리나 듣지 말고.

---

5 루소, 《인간 불평등 기원론》, 195쪽. "자기애(amour de soi)는 일종의 자연스러운 감정으로, 모든 동물로 하여금 자기 보존에 관심을 갖게 한다. 인간의 경우에는 자기애가 이성에 따라 인도되고 동정심에 따라 변용되면서 인간애와 미덕을 낳는다. 그에 반해 이기심(amour propre)은 사회 안에서 생기는 상대적으로(이고) 인위적인 감정에 지나지 않는다. 그것은 각 개인이 자기를 누구보다도 우선시하며 사람들이 서로 간에 행하는 모든 악을 일깨우는 동시에 명예의 진정한 원천이 되기도 한다." 자기애는 인간의 유일한 자연적인 감정(passion)이고, 다른 것은 그것의 변형에 지나지 않는다. 루소는 《에밀》에서도 똑같이 설명한다.

루소 그렇습니다. 존경을 받으려는 마음이 결국 과장이나 사치와 같은 악
　　덕을 낳았습니다.[6] 귀해지려 해서는 안 되죠.

노자 먼 것을 버리고, 가까운 데에서 놉시다. 저것을 버리고, 이것을 얻읍
　　시다.[7]

　　훈수꾼 자중자애自重自愛네요!

　루소가 노자에게 아령을 굴리자 노자가 받더니, 냉큼 세워 놓는다. 더 이상 아령
은 구르지 않는다. 그래서 요즘은 육각 아령도 나온다. 육각도 힘차게 굴리면 굴러
간다.

6 루소, 《인간 불평등 기원론》, 111쪽. "자기의 이익을 위해서는 실제의 자기와는 다른
　　모습을 보여 줄 필요가 있었다. 그리하여 실체와 외관은 서로 전혀 다른 것이 되었다."
7 12.6. /38.6. /72.2.: '저것을 버리고 이것을 얻는다.'(거피취차去彼取此)

제73막

자연의 그물—성글면서도 놓치지 않는다

　이게 웬일인가? 그물이 쳐있다. 방 가득 쳐 있다. 탁자도 의자도 그물 안에 있다. 그물은 촘촘하지 않다. 성글기 그지없다. 방어급 이상만 잡힐 것 같다. 당연히 청새치나 잡힌다. 노자가 그물을 열고 들어와 앉는다. 무슨 가두리 참치 양식장의 그물 같다. 루소가 그물을 열치고 들어온다. 무슨 방공호의 위장막 같다. 훈수꾼이 그물을 재치고 들어온다. 성근 그물에 다들 답답함을 느끼지는 않는다. 뭐 이렇게 큰 그물코가 있나 싶다. 그래도 고래가 잡힐 정도로 튼튼하다.

73.1. 감히 하지 마라

노자 나는 이르노니(73.1.) "무릅씀에 날쌔면 죽고, 무릅쓰지 않음에 날쌔
　　면 산다. 이 둘은 때로는 이롭고 때로는 해롭다."(용어감즉살勇於敢 則
　　殺, 용어불감즉활勇於不敢則活. 차량자此兩者, 혹리혹해或利或害.)

루소 감히 뭘 하려다가는 죽고, 감히 하려 들지 않으면 산다는 것으로 선
　　생의 단속하는 삶과 닮았습니다.

노자 나는 무슨 일을 할 때 부득이하게 하라고 했소.¹ 부득이하게 하는 사
　　람이 감히 일을 벌이지는 않을 것이오.

루소 감히 하거나 감히 하지 않는 것 중에서 감히 하지 않는 것이 좋은
　　것을 알겠는데, 이 둘 다 좋거나 나쁘거나 하다니요?

노자 일단 감히 하지 않는 것이 좋은 것은 맞소. 내 세 가지 보물 가운데
　　마지막 것이 천하에 감히 나서지 않는 것이잖소?² 그러나 감히 하거

1　29.1.: "천하를 얻어 무엇인가 하려 하지만, 나는 어쩔 수 없음을 본다. 천하는 신비
　로운 물건이니 (어찌) 해서는 안 된다. 하는 사람은 지고, 잡는 사람은 놓친다."(將欲
　取天下而爲之, 吾見其不得已. 天下神器, 不可爲也. 爲者敗之, 執者失之.) /30.3.: "잘하는
　사람은 끝이 있을 뿐, 힘을 가지려 들지 않는다. 끝나도 자랑하지 말고, 끝나도 (남
　을) 치려 들지 말고, 끝나도 잘난 척하지 말라. 끝나면 어쩔 수 없었듯이 하고, 끝나
　면 힘을 내세우지 마라."(善者果而已, 不敢以取强. 果而勿矜, 果而勿伐, 果而勿驕. 果而不
　得已, 果而勿强.) /31.2.: "병기는 상서롭지 못한 것이니, 군자의 것이 아니다. 어쩔
　수 없이 쓰더라도 담담한 것이 가장 바람직하다. 이겨도 좋아하지 않는데, 좋아하면
　사람 죽이기를 즐기는 것이다. 무릇 사람 죽이기를 즐기는 사람은 천하에서 뜻을 얻
　을 수 없노라."(兵者不祥之器, 非君子之器; 不得已而用之, 恬淡爲上. 勝而不美, 而美之者,
　是樂殺人. 夫樂殺人者, 則不可得志於天下矣.)

2　67.2. "나는 세 가지 보물이 있어 그것을 잡아 지키고 있다. 하나는 내리사랑[慈]이
　요, 둘은 아낌[儉]이요, 셋은 감히 천하에 앞장서지 않는 것이다."(我有三寶, 持而保之.

나 감히 하지 않거나 모두 문제가 있을 때가 많소. 만일 전쟁이 나서 나라에서 군역을 하라고 하는데 감히 하지 않았다가는 바로 처형감이오. 감히 하지 않는 것이 감히 하는 것이 되는 경우가 있다는 말이오. 언어의 상대성과도 비슷한데, 무엇을 감히 하지 않느냐는 것에 따라 감히 하는 꼴이 생긴다는 것이오. 그래서 때로는 이로울 수도, 때로는 해로울 수도 있으니 상황에 맞게 잘해야 하오.

루소 아하, 무릅쓰지 않는 것이 먼저지만, 무릅쓰지 않으려고 무릅쓰지는 말라는 말씀이네요.

73.2. 하늘이 미워하는 것

노자 나는 이르노니(73.2.) "하늘이 싫어하는 것이 있는데, 누가 그 까닭을 알겠는가? 그러므로 성인조차 그것을 어려워한다."(천지소오天之所惡, 숙지기고孰知其故? 시이성인유난지是以聖人猶難之.)

루소 선생이 말하는 하늘은 자연이더군요. 자연이 싫어하는 것을 사람이 잘 모르죠. 그러니 지도자는 무엇이 자연이 싫어하는 것일까를 늘 심사숙고해야 한다는 것이죠?

노자 자연에 대해 숙고하는 사람만이 지도자의 자격이 있소. 자연을 함부로 이해하고 해석하여 제멋대로 판단하는 지도자는 큰 화를 입을 것이오.

루소 내가 공격하던 사람이 바로 그런 부류였습니다. 욕망, 탐욕, 교만 등을 자연 상태로부터 이끌어냈지만, 그것은 미개인이 아닌 문명인의 것이었습니다.[3] 어떻게 자연 상태가 홉스가 말한 것처럼 '만인 대 만

一曰慈, 二曰儉, 三曰不敢爲天下先.)

3 루소, 《인간 불평등 기원론》, 47쪽: "끝으로 그들 모두 욕구, 탐욕, 압박, 욕망, 교만

인의 투쟁'이었겠습니까?

노자 그것은 자연을 야만으로 본 잘못이오!

73.3. 하늘의 길

노자 나는 이르노니(73.3.) "하늘의 길은, 싸우지 않고도 잘 이기고, 말하
지 않고도 잘 받아주고, 부르지 않아도 스스로 오고, 넉넉하면서도 잘
꾀한다."(천지도天之道, 부쟁이선승不爭而善勝, 불언이선응不言而善應, 불소
이자래不召而自來, 천연이선모繟然而善謀.)

루소 자연의 방향이 이렇습니다. 싸우지 않고 서로 으르다 말고, 말하지
않아도 서로 끌리고, 부르지 않아도 때가 되면 다가오고, 서로서로 넉
넉하게 잘 엮어집니다.

노자 그렇소. 그것을 천도天道라고 부르오. 유가들은 천도라 해 놓고 인간
의 윤리만을 말하는데, 나의 천도는 자연의 원리요. 그것을 본받아 살
아야 하는 것이오.

루소 그것을 본받아 살자고 해 놓고, 내 시대의 자연법 학자들은 엉뚱한
소리를 많이 했습니다. 그들은 인간의 본성을 몰랐습니다. 로마의 법
학자들은 사람과 동물을 구별하지 않는 자연법을 구축했는데, 내 시
대의 법학자들은 이성을 부여받은 인간에게만 자연법을 국한시켰습니
다. 그것은 이해할 수도 따를 수도 없는 것이었습니다.[4] 결국 자연이
법에 굴복하고,[5] 시민법이 공동체의 규칙이 되어 자연법은 서로 다른

등에 대해 끊임없이 논하기는 했으나, 그것은 자기들이 사회에서 얻은 관념을 자연
상태 속에 옮겨놓은 데 불과했다. 미개인(homme sauvage)에 대해 운운한 것이 결국
문명인(homme civil)에 대한 묘사가 되고 말았던 것이다."

4 루소, 《인간 불평등 기원론》, 36~37쪽.

5 루소, 《인간 불평등 기원론》, 46쪽.

사회 사이에서만 유지되면서, 자연법은 국제법이라는 이름으로 교류를 가능하게 하거나 동정심을 대신하는 것으로 약화되었습니다.[6]

노자 우리가 자유롭게 태어나 자유롭게 죽는 것이 바로 자연의 길입니다.

루소 그런데도 자연법을 이야기하면서 '재산을 양도하는 것처럼 합의나 계약에 따라 자신의 자유를 포기할 수 있다'고 떠들어 대니 한심합니다.[7] 자유를 어떻게 남에게 넘깁니까?

73.4. 하늘의 그물

노자 나는 이르노니(73.4.) "하늘의 그물은 넓디넓다. 성글면서도 잃어버리지 않는다."(천망회회天網恢恢, 소이불실疏而不失.)

루소 그렇죠. 자연은 속박이 아니지요. 그래서 여유롭습니다. 그렇지만 빠뜨리진 않아요. 내버려 두나 스스로 자연 안에 머물게 한다는 것이지요.

노자 자연은 아주 넓은 그물 같소. 그물 안에 있는 줄도 모를 정도요. 그러나 성글다고 빠뜨리는 것은 없소.

루소 그물의 비유가 좋습니다. 일단 넓어 갇힌 줄도 모르고, 빠져나갈 수 있을 정도로 성글지만 그 안에 머물도록 한다는 것이 마음에 듭니다. 자연의 원리는 있지만 그것을 강요하지 않고, 강요하지 않으면서도 자연은 만물을 보살핀다는 것이 참 좋습니다.

노자 인간관계도 그런 것 아닐까 하오. 큰 그물 안에서 빠뜨리지 않고 보살펴주되 나가고 싶으면 나가고 들어오고 싶으면 들어오게끔 하는 것

---

6 루소, 《인간 불평등 기원론》, 116~117쪽.

7 루소, 《인간 불평등 기원론》, 125쪽. "푸펜도르프는 '인간은 합의나 계약에 따라 재산을 남에게 양도하듯 누군가를 위해 자신의 자유를 포기할 수도 있다'고 말하고 있다. 이것은 매우 잘못된 추론이라고 생각된다." 그로티우스도 마찬가지였기 때문에 루소는 그 두 자연법 학자를 비판한다. 루소에게 자유는 결코 양도될 수 없다.

이죠.
훈수꾼　　오는 사람 막지 말고, 가는 사람 잡지 말고요~.

　　　노자, 객석을 향해 투망질한다. 관객들 모두 잡혔다.

제74막

목수의 방

사형집행자—하늘을 대신하여 사람을 죽이지 마라

목수들이 많이 쓰는 연장이 벽에 걸려 있다. 끌과 망치, 대패, 톱, 그리고 도끼가 있다. 그런 연장이 이곳을 목공소로 느끼게 해 준다. 나무 널판도 널부러져 있다. 그 나무가 목수의 손을 통해 책상, 걸상, 식탁이 된다. 누가 그의 일을 대신할 수 있을까? 함부로 대신하다가는 손을 다치기 십상이다. 목수의 일은 전문 목수에게 맡겨야 한다. 노자가 들어오면서 끌을 잡고 이리저리 살펴보더니 자리에 앉는다. 끌은 제자리에 걸려 있다. 루소가 들어오면서 대패를 잡고 요모조모 살펴본다. 훈수꾼은 톱을 잡더니 휘어 본다. 톱이 휘청거리면서 윙윙 소리가 난다.

74.1. 죽음의 두려움

노자 나는 이르노니(74.1.) "사람들이 죽음을 두려워하지 않는데, 어찌 죽음으로 그를 무섭게 할 수 있겠는가? 사람들이 늘 죽음을 두렵게 하고자, 삐딱한 사람을 내가 잡아다 죽인다면, 누가 감히 하겠는가?"(민불외사民不畏死, 나하이사구지 奈何以死懼之? 약사민상외사若使民常畏死, 이위기자而爲奇者, 오득집이살지吾得執而殺之, 숙감執敢?)

루소 두려움이 있어야 죽음으로 사람들을 무섭게 할 수 있는데, 두려움이 없으면 죽음으로도 사람들을 무섭게 할 수 없겠지요. 죽음을 두려워해야 형벌을 무서워하겠지요. 어쩔 수 없이 죽인다면 제대로 죽여야 할 것입니다. 그래야 사람들이 두려움을 느끼게 됩니다.

노자 죽이는 것은 슬픈 일이오. 함부로 죽여서는 결코 안 되오. 죽인 자라면 어쩔 수 없이 죽여야 할지 모르오. 그것은 동해보복의 원칙이라는 형법의 원리 가운데 하나요. 법 감정이라는 것이 있더이다. 원수를 갚는 것이오. 그러나 나는 원한을 덕으로 갚으라 한 사람이오.[1]

루소 그러면 모순되는 것이 아닙니까?

노자 조금 있다 말하겠지만 기본적으로 사형집행은 사람이 할 일은 아니라는 생각을 갖고 있소. 그러나 어쩔 수 없는 경우가 있지 않겠소? 그렇다면 그것의 목적은 사람들이 죽음을 두려워하게끔 시행되어야 한다는 것뿐이오.

루소 공개처형의 방식을 말하는 것입니까?

---

[1] 63.3.: "작은 것은 큰 것이고, 적은 것은 많은 것이다. 원한을 덕으로 갚아라."(大小多少, 報怨以德.)

노자 과거에 왜 공개처형을 하거나 효시梟示를 했겠소? 광장에서 사형을
집행하거나 목을 베어 매달아 놓는 것이 현대적으로는 인권적이지 않
지만, 죽어야 한다면 죽는 사람은 자기 죽음의 역할을 다하고 가야
할 것이오.

루소 사형집행은 반대하지만, 어쩔 수 없는 경우라면 최대한 사람들에게
죽음의 두려움을 주는 것이 좋다는 말씀 같습니다. 이는 공리주의적
으로 사형이 사람들에게 죽음을 두려워하게 할 수 있어야 집행될 수
있다, 사형으로 사람들이 죽음을 두려워하지 않으면 사행을 집행되어
서는 안 된다, 그 효용을 따져 봐야 한다, 효용이 있다면 극대화하라
는 말씀 같이 들립니다.

노자 공리주의라니?

훈수꾼 공리주의功利主義는 오직 이때만 쓴다는 점에서 쓰지 않는 죽은 말
로 번역한 것입니다. 특히 공리를 공리公利로 번역하는 바람에 대단한
혼선이 온 것입니다. 원어 유틸리티utility에 맞게 효율주의, 효용주의,
효과주의 정도로 번역하는 것이 좋습니다. 한마디로 '최대 다수의 최
대행복'의 원칙에 맞으면 집행하는 것이 공리주의utilitarianism입니다.

노자 사형이 효율에 맞는지도 따져 보아야 하고, 그것을 사람이 어떻게 판
별할 수 있는지도 모르겠소. 죽이는 일은 자연의 몫이지 사람의 일이
아니라오. 그러나 우리 시대처럼 사형이 난무할 경우, 아무도 죽음을
두려워하지 않소. 그것이 문제라오. 익숙해진다는 말이오.

루소 그래도 내가 잡아 죽인다 하시니 무섭습니다.

노자 슬퍼하며 죽인다는 것이오. 죽임의 방식을 말하오.

루소 전쟁처럼 말입니까?[2]

---

2 69.2.: "적을 가볍게 여기는 것보다 더 큰 화는 없다. 적을 가볍게 여기다가는 나의
보물을 빼앗기고 말 것이다. 따라서 병기를 들고 서로 싸우면, 슬퍼하는 사람이 이긴
다."(禍莫大於輕敵, 輕敵幾喪吾寶. 故抗兵相加, 哀者勝矣.)

74.2. 죽이는 자

노자 나는 이르노니(74.2.) "늘 죽이는 사람이 있어 죽인다. 죽이는 사람을
　　대신하여 죽이는 것을 목수를 대신하여 깎는다고 한다. 목수를 대신
　　하여 깎는 사람치고 그 손을 다치지 않는 이가 드물다."(상유사살자살
　　常有司殺者殺. 부대사살자살夫代司殺者殺, 시위대대장착是謂代大匠斲. 부대대
　　장착자夫代大匠斲者, 희유불상기수의希有不傷其手矣.)

루소 그렇군요. 사형집행을 자연을 대신해서 하다가는 목수를 대신해서 목
　　수질 하다가 손을 다치듯이 다친다는 것입니다. 죽이는 일은 아무나
　　해서는 안 된다, 결국 그것은 자연에 맡겨 두라는 말씀입니다. 결국은
　　사형을 반대하시는 거네요?

노자 어차피 하늘이 죽여 주오. 사람이 사람을 죽이는 것이 어찌 자연스럽
　　겠소?

루소 나도 자연 상태에서는 사람이 사람을 죽이지 않았다고 생각합니다.
　　피하거나 도망가는 것으로 그쳤다는 것입니다. 그런데 죽임으로 끝장
　　을 보려는 태도는 문명사회에서나 벌어지는 일이라는 것이죠. 소유,
　　명예, 질투, 보복 이런 것들로 상대방을 죽이려 듭니다. 때로는 그것
　　이 법률이라는 이름 아래 집행이 되지요.

노자 옛날에는 사형집행을 겨울에만 했다오. 생명이 태어나고 자라는 때에
　　생명을 죽이는 일을 해서는 안 된다는 처사였소.

루소 봄에 사형선고를 받은 죄수는 1년을 더 살 수 있네요.

노자 하늘을 대신해서 사형을 집행할 수는 없소. 그것은 벌목꾼 대신 도끼
　　를 휘두르는 꼴이오.

루소 사람에게는 동종에게 갖는 동정심이 있고, 그 동정심이 도덕적 감정
　　을 일으킵니다.

훈수꾼 그건 애덤 스미스와 데이비드 흄의 윤리설인데요? 참, 흄이랑 영
　　국에서도 노셨죠.

루소 짐승은 같은 종의 주검을 지나가면 불안을 느끼기도 합니다. 사체를 묻어 주는 동물도 있습니다.[3] 그러나 나는 이런 이야기를 스미스에게 영향을 준 맨더빌에게 들었습니다. 스미스와 흄은 친구였으니 소통할 수 있었을 테고요.

훈수꾼 맨더빌은 《꿀벌의 우화》[4]를 통해, 벌이 꿀을 모으듯 개개의 이기심이 결국은 공익이 된다는 주장을 한 사람인데요? 스미스의 《국부론》[5]에 영향을 미쳤죠. 농부의 이기심으로 우리가 먹고 산다고요.

노자 맨더빌 이야기 좀 들어 봅시다.

루소 그는 연민이 없다면 이성적 인간은 한낱 괴물에 지나지 않음을 잘 알고 있었습니다. 그렇지만 인간은 이기적이라는 전제 때문에, 그는 인간이 가지고 있는 동정심이 바로 사회적 미덕의 원천임을 깨닫지 못했습니다. 죄수를 두고 불쌍한 감정을 갖는 것도 연민이고, 친절이나 우정도 일정한 대상에 대한 연민입니다. 이 감정이 미개인에게는 뚜렷하지는 않지만 생생하게 드러나고, 문명인에게는 발달되어 있지만 미약하게 드러납니다.[6]

---

3 루소, 《인간 불평등 기원론》, 81쪽.

4 버나드 맨더빌, 《꿀벌의 우화》, 2010.

5 애덤 스미스, 《국부론》, 2003.

6 루소, 《인간 불평등 기원론》, 82쪽. "버나드 맨더빌Bernard Mandeville은 만일 자연이 인간에게 이성을 뒷받침하기 위해 연민을 주지 않았다면 인간은 그 모든 도덕을 갖추고 있다 해도 한갓 괴물에 지나지 않았으리라는 점을 충분히 깨달았다. 그럼에도 그가 인간에게서 인정하지 않으려 한 모든 사회적 미덕이 이 유일한 특징에서 비롯된다는 것을 알아차리지 못했다. 사실 너그러움이나 관대함 또는 인간애란 약자나 죄인 또는 인류 일반에 적용된 연민이 아니고 무엇이겠는가? 잘 생각해 보면 친절이나 우정까지도 특정한 대상에 쏠린 변함없는 연민에서 비롯된 것이다. 어떤 사람이 고통받지 않기를 바라는 것은 바로 그 사람이 행복해지기를 바라는 것 아니겠는가? 동정심이란 우리를 고통받는 자의 처지에 놓는 감정일 뿐이다. 이 감정이 미개인들 사이에서는 뚜렷진 않지만 생생하게 드러나 있고 문명인들 사이에서는 발달되어 있지만 약하게 드러나 있음이 사실일지라도 그 같은 사실은 결과적으로 내 주장에 힘을 실어줄 뿐이다." 루소는 이와 같이 사람들의 자연적인 연민과 동정심을 통해 인간의

노자 사람을 죽이는 것도 바로 그런 동정심에서부터 생각합시다. 거꾸로 아이에 대한 범죄를 엄격히 처벌하고자 하는 것도 그런 연민에서 비롯된 것이오.

루소 대상과 일체화가 될수록 연민이 생기지요. 그리고 그러한 동정은 이성적으로 추론하는 것보다 오히려 자연 상태에서 훨씬 깊었으리라는 것은 분명합니다. 이기심을 만드는 것은 오히려 이성이죠. 그것을 강하게 만드는 것은 반성이고요.[7]

훈수꾼 그러한 동정심으로 자신의 윤리학을 먼저 정립한 사람이 스미스인데요? 그렇다면 이기심이라는 전제에 대한 반대 말고는, 동정에서는 스미스나 입장과 같네요.

루소 이기적인 존재가 어떻게 연민을 갖고 동정을 할 수 있을까요? 길거리에 쓰러진 사람을 시골 사람이 먼저 도와줘요, 도시 사람이 먼저 도와줘요?

노자 사람을 죽이는 것에 대한 연민 없이 사형을 집행해서는 안 되오.

　　노자가 가장 작은 끌을 들고 나가려 하자, 훈수꾼이 망치를 건넨다. 끌은 망치로 쳐야 한다. 그러나 부드럽게 톡톡 치는 고무망치다. 도끼는 아무도 건드리지 않는다. 손을 다칠까봐.

선한 양심을 전제함을 알 수 있다. 동양권에서는 오히려 이런 양심良心에 해당되는 언어(양지良知, 양능良能, 심성心性, 불성佛性, 본성本性, 마음心/こころ)에 지나칠 정도로 익숙하기 때문에 루소의 양심론이 특별하게 다가오지 않을 수 있다.

[7] 루소, 《인간 불평등 기원론》, 82~83쪽.

제75막

:저울이 있는 방:

무거운 죽음—없이 살라

저울이 있다. 저울추를 달아 무게를 재는 저울이다. 잴 것이 올라가면 그만큼 추를 놓아야 한다. 평형이 되면 추의 무게가 그것의 무게다. 그래서 저울을 평형의 형衡으로 부른다. 저울질을 떠올리면 된다. 중요한 것은 삶과 죽음을 재 보는 일이다. 삶과 죽음 가운데 어떤 것을 깊게 생각해야 할까? 죽음을 생각하지 않고는 삶이 소중해질까? 영원히 사는 삶이라면 삶이 가치 있을까? 보상 없는 영원한 삶이라면 어떨까? 그래도 하루하루가 소중할까? 삶이 귀중해지는 것은 죽음이 엄연히 다가오고 있기 때문이다. 한쪽에는 삶, 다른 한쪽에는 죽음을 놓은 저울이 있다. 삶이 무거워 죽음이 올라가 있다. 시소를 떠올리자. 노자가 들어오면서 죽음 쪽에 추를 더 놓으니 죽음이 쑥 내려간다. 노자는 죽음을 무겁게 여기나 보다.

75.1. 윗대가리들

노자 나는 이르노니(75.1.) "사람들이 굶주리는 것은 그 위에서 양식을 많
　　이 먹고 세금을 많이 뜯기 때문이다. 그러므로 굶주린다."(민지기民之
　　飢, 이기상식세지다以其上食稅之多, 시이기是以飢.)

루소 덕장 끝부분으로 가더니 이제는 매우 현실적인 말씀으로 가시네요.
　　앞서 말한 사형 문제도 그렇고요. 하고 싶은 말씀이 많은 모양입니다.
　　상당히 구체적이면서도 다시 정리하는 말씀처럼 들립니다.

노자 이제 우리는 벗이 된 것 같소. 생각을 같이하는 도반道伴이오. 진리의 벗!

루소 계몽주의자들이 이미 중국 열에 휩싸였었습니다. 기독교라는 체제 없
　　이 도덕사회를 만드는 공자에게도 반했지만, 선생의 도를 신(Deus)으
　　로 보는 데에도 서슴지 않았습니다. 최초의 번역자들이 예수회 선교
　　사들(Jesuits)이었던 것도 한몫을 했습니다. 공자에게는 인격신이 있었
　　고, 주자에게는 비인격적인 리理만 있다고 판단해서 예수회 신부들은
　　주자를 버리고 공자를 올립니다.[1]

훈수꾼 인격신이라면 인격이 고매한 신을 말하는 겁니까?

루소 하하, 아닙니다. 사람과 같이 성격 있는(characterized) 신이라는 뜻입
　　니다. 화도 내고, 샘도 부리고, 사랑도 하는 신이요.

훈수꾼 아하, 허준호의 아버지 허장강 같은 개성이 넘치는 배우를 성격파
　　배우라고 했는데 바로 그 뜻이군요. 허준호도 성격파고요. 카잔차키스
　　의 〈그리스인 조르바〉(1964)를 연기한 앤서니 퀸Anthony Quinn도

1　이것이 바로 마테오 리치의 《천주실의天主實義》가 불교와 도교를 비판하고 주자를 넘
　어 공자로 가고자 하는 까닭이다.

그렇고요. 〈노트르담의 꼽추〉(1956)도 열연하지요.

노자 중국 고전의 힘이요. 고전이라면 세계 곳곳의 어떤 고전도 중요하겠
　　지만, 특히 경전화 사업은 유가들의 전매특허였소. 한나라 때의 철학
　　을 경학經學이라 하고, 오늘도 유학을 경학이라는 말로도 부르지 않소?

훈수꾼 '사서삼경'이라는 경전화 사업은 조선의 특허이기도 했습니다. 사서
　　四書는 주자가 새롭게 시도한 편집이었거든요. 경전의 힘도 중요하지
　　만, 편집의 힘도 그에 못지않습니다.

루소 기아 때문에 거리에 시체가 널렸다는데도 세금으로 사람을 못살게
　　굴었군요.

노자 윗놈들이 잘 먹으려고 아랫사람을 굶게 하니 내 어찌 넘어갈 수 있소?

루소 상당히 적극적인 발언입니다. 하하.

노자 내가 뭐라 하오? 사람을 살리는 것, 그것 하나에 매달리는 것이 소
　　극적으로 보일 수는 있지만, 그것만큼은 조금도 양보할 수 없는 것이
　　라오.

루소 헨리 소로우는 오두막에 살면서 납세 거부로 잠깐 철창신세를 지기
　　도 합니다. 그는 시민의 불복종(civil disobedience)을 주장했습니다.

훈수꾼 호환마마보다 세금이 더 무섭다는 말이 있습니다. 호환은 호랑이에
　　게 물려가는 것이고, 마마는 유행병 천연두이지요. 실제로 사람들이
　　호랑이가 나오는 산속으로 도망간다는 기록이 이익의《성호사설星湖僿
　　說》에 나옵니다. 호랑이에게 물려 죽는 것이 세금 때문에 굶어 죽는
　　것보다는 낫다고 생각되어 산속으로 피신한다는 것이죠.

75.2. 다스리기 어려운 까닭

노자 나는 이르노니(75.2.) "사람들이 다스리기 어려운 것은 그 위에서 무
　　언가를 하려고 하기 때문이다. 그러므로 다스리기 어렵다."(민지난치民

之難治, 이기상지유위以其上之有爲, 시이난치是以難治.)

루소 윗놈들이 자기들을 위해 만들어 놓은 이상한 규율이나 통제가 결국은 사람들로 하여금 도망가게 하고, 그러니까 그들이 원하는 대로 되지도 못한다는 말씀입니다.

노자 자기네들을 위해 전쟁을 벌여 놓고 군역을 하라니 왜 목숨 걸고 싸워야 하는지도 모른 채 죽어 가는 것 아니오? 그러니 산으로 도망가는 것이오. 군역에 끌려가서도 굶주림과 추위에, 잡히면 죽는 줄 알면서도 탈영할 수밖에 없는 것이오.

루소 윗사람이 일을 벌이지 않으면 오히려 사람들이 잘 다스려질 수 있다는 말씀입니다.

노자 그래서 내가 일 없음 곧 무사無事를 말하지 않소?[2] 일삼는 것이 문제라오. 본래 좋은 뜻인 무사안일無事安逸과 무사태평無事泰平을 누리라오.

75.3. 죽음을 무겁게

노자 나는 이르노니(75.3.) "사람들이 죽음을 가벼이 여기는 것은 그 위에

---

2 48.4.: "천하를 취할 때는 늘 일삼음 없이 한다. 일삼음이 있으면 천하를 취할 수 없다."(取天下常以無事; 及其有事, 不足以取天下.) /57.1.: "바름으로 나라를 다스리고, 삐뚤음으로 병력을 다스리고, 일없음으로 천하를 얻어라. 나는 어떻게 그것이 그러함을 아는가? 이것으로써이다."(以正治國, 以奇用兵, 以無事取天下. 吾何以知其然哉? 以此.) /57.3.: "따라서 성인은 말한다. 나는 아무것도 하지 않지만 사람들이 스스로 잘되며, 나는 맑음을 좋아하지만 사람들이 스스로 바로 되며, 나는 아무 일도 하지 않지만 사람들이 스스로 잘살고, 나는 하고자 함이 없지만 사람들이 스스로 통나무가 된다."(故聖人云: 我無爲, 而民自化; 我好淨, 而民自正; 我無事, 而民自富; 我無欲, 而民自樸.) /63.1.: "아무 함도 없도록 하라. 아무 일도 없도록 일하라. 아무 맛도 없도록 맛 내라."(爲無爲, 事無事, 味無味.)

서 삶을 두텁게 구하기 때문이다. 그러므로 죽음을 가벼이 여긴다."
(민지경사民之輕死, 이기상구생지후以其上求生之厚, 시이경사是以輕死.)

루소 선생의 주제는 '죽음을 무겁게'로 요약됩니다. 섭생이라는 말도 했지만,[3] 죽음을 가볍게 여기지 말고 죽음을 무겁게 여기라는 말씀도 하십니다.[4] 여기서는 죽음 가볍게 여기는 것을 탄식하고 계시고요.

노자 나는 사람들이 죽음을 가볍게 여기는 것은, 다름 아니라 윗놈들이 자신들의 삶을 살찌게 만들 속셈 때문이라 생각하오. 그들이 살찌면 사람들이 마르오. 그들의 삶이 도타워지면 사람들의 삶이 엉망이 되는 것이오. 그러니 사람들이 죽음을 가볍게 여겨 함부로 목숨을 바치게 되는 것이오. 사나 죽으나 마찬가지인데 어찌 삶을 무겁게 생각하겠소?

루소 옳습니다. 이제 우리 문명인은 전쟁이나 살육 그리고 복수와 같이 사람의 피를 흘려 얻은 명예를 미덕으로 삼고, 가장 교양 있는 사람들조차 동족의 목을 베는 것을 하나의 의무라고 여기게 되었는데,[5] 어찌 삶을 무겁게 생각하겠습니까?

노자 슬프오. 그대여, 나와 함께 슬퍼합시다. 그대를 따르던 자들 가운데 하나라도 자유라는 명분 때문에 사람을 죽이는 일은 없어야 했소.

---

3 50.2.: "듣자 하니, 섭생을 잘하는 사람은 길거리에서도 코뿔소와 호랑이를 만나지 않고, 전쟁에 나가서도 갑옷과 창칼을 걸치지 않는다. 코뿔소도 그 뿔을 들이받을 데가 없고, 호랑이도 그 발톱을 쓸 데가 없고, 병기도 그 칼날을 집어넣을 데가 없다. 왜 그런가? 그들은 죽음의 땅이 없기 때문이다."(蓋聞善攝生者, 陸行不遇兕虎, 入軍不被甲兵. 兕無所投其角, 虎無所用其爪, 兵無所容其刃. 夫何故? 以其無死地.)

4 80.1.: "나라는 작게 백성은 적게 하라. 열 명이나 백 명이 써야 하는 무기도 쓰지 마라. 사람이 죽음을 무겁게 여기면 멀리 옮겨 다니지 않도록 하라."(小國寡民. 使有什伯之器而不用. 使民重死而不遠徙.)

5 루소, 《인간 불평등 기원론》, 117쪽.

75.4. 없음으로 삶을 이루라

노자 나는 이르노니(75.4.) "무릇 없음으로써 삶을 이루어 나가는 사람이
　　삶을 귀하게 여기는 것보다 똑똑하다."(부유무이생위자夫唯無以生爲者,
　　시현어귀생是賢於貴生.)

루소 없애는 것으로 삶을 이끌어 나가는 것이 삶을 귀하게 여기는 것보다
　　현명하다는 말씀입니다. 귀천을 나누는 것이 곧 명예욕을 불러일으키
　　지요.

훈수꾼 물건의 고급과 저급보다는 효용의 많고 적음이 낫습니다. 높고 낮
　　음보다는 넓고 좁음으로 가야죠.

노자 생명을 놓고 귀천을 따지지 말아야 하오.

루소 그거야말로 제가 말하는 평등입니다. 자연인은 절대적으로 평등합니
　　다. 불평등은 문명의 결과입니다. 그런데도 노예 제도를 확립하기 위
　　해서 자연을 곡해하고, 이런 권리를 유지하기 위해서 자연을 변화시
　　키는 만행을 저질렀습니다. 또한 노예의 자식은 태어나면서 노예라는
　　법률가의 선언은 사람이 사람으로 태어나지 않는다는 것과 마찬가지
　　입니다.6

　　루소가 죽음 쪽 추를 빼자 삶이 다시 내려간다. 루소는 삶을 무겁게 여기나?

6 루소, 《인간 불평등 기원론》, 130~131쪽. 루소는 불평등을 3단계로 나눈다. "이러한
　모든 변천 가운데서 불평등의 진행을 따라가 보면, 법과 소유권의 설정이 제1단계이
　고 행정 권력의 제도화가 제2단계이며 합법적인 권력에서 독단적인 권력으로 변화하
　는 것이 제3단계임을 알 수 있다. 따라서 부자와 빈자의 상태는 첫 번째 시대에 의
　해, 강자와 약자의 상태는 두 번째 시대에 따라, 주인과 노예의 상태는 세 번째 시대
　에 따라 성립되었다. 주인과 노예의 상태는 불평등의 마지막 단계로서, 새로운 변화
　가 나타나 정부 권력을 완전히 해체하거나 정당한 제도에 가깝게 만들 때까지는 다
　른 모든 단계가 거기로 귀착된다."

제76막
:대나무가 있는 방:

삶의 징표—살아 있는 것은 부드럽다

솔이 대에게 말했다. 자신은 비바람과 눈보라에 곧다고. 이렇게 소나무가 대나무에게 자랑했지만, 비바람에 쓰러지고 눈보라에 꺾이고 말았다는 이야기가 있다. 대나무에 대해서는 대쪽 같다는 상반되는 비유가 있기는 하지만, 소나무에 견주면 그래도 휘는 편이다. 그런데 무엇이 가장 부드러울까? 풀잎이 아닐까 한다. 바람이 아무리 불어도 쓰러질 뿐 뽑히지 않는다. 짐승이 밟아도 그때뿐 다시 일어난다. 소나무 한 그루와 대나무 세 그루가 있다. 그리고 소나무 밑에는 풀이 있다.

76.1. 삶과 죽음의 특징

노자 나는 이르노니(76.1.) "사람의 삶이란 부드럽고 약한 것이고, 그 죽음
이란 딱딱하고 강한 것이다. 만물과 초목의 삶이란 부드럽고 무른 것
이고, 그 죽음이란 말라비틀어진 것이다. 따라서 딱딱하고 강한 것은
죽음의 무리이고, 부드럽고 약한 것은 삶의 무리이다."(인지생야유약人
之生也柔弱, 기사야견강其死也堅强. 만물초목지생야유취萬物草木之生也柔脆,
기사야고고其死也枯槁. 고견강자사지도故堅强者死之徒, 유약자생지도柔弱者生
之徒.)

루소 맞습니다. 사람도 죽으면 굳지요. 생명력은 어린아이같이 부드러운
살과 뼈에서 느낄 수 있습니다. 삶은 부드럽고 무르고, 죽음이란 말라
뻣뻣해지는 것입니다.

노자 굳고 센 것은 죽음의 무리요, 부드럽고 힘없는 것이 삶의 무리라오.
나이 들수록 살도 굳고 뼈도 굳고 혀도 굳소. 어릴수록 말랑말랑하지
않소? 부드럽게 삽시다.

루소 부드러움이 굳센 것을, 약한 것이 강한 것을 이긴다고 말씀하신 바
있습니다.[1]

---

[1] 36.2.: "부드럽고 힘없는 것이 굳세고 힘센 것을 이긴다."(柔弱勝剛强.)

76.2. 약한 것이 위에 놓인다

노자 나는 이르노니(76.2.) "그러므로 병력이 강하면 진다. 나무가 강하면
부러진다.² 강하고 큰 것이 아래에 있고, 부드럽고 약한 것이 위에 있
는 것이다."(시이병강즉멸是以兵强則滅, 목강즉절木强則折. 강대처하强大處
下, 유약처상柔弱處上.)

루소 군대에서도 마찬가지라는 말씀입니다. 유격전처럼 신출귀몰한 부대가
이기지 그저 화력만 강하다고 이기지 못합니다. 그런 점에서 무력만
자랑하다가는 패배하기 일쑤입니다.

노자 내가 반전론자인 것은 잘 알 테고, 따라서 군대를 쓰라는 것이 아니
라 비유하자면 그렇다는 것이오. 강한 병력만을 자랑하다가는 지지는
않더라도 이길 수는 없소.

훈수꾼 미국이 베트남에서 이기지 못한 것과 같네요.

루소 나무가 단단하면 부러집니다. 센 바람에 소나무부터 쓰러지지요. 그
리고는 대나무, 그러고는 풀이 다시 일어납니다.

훈수꾼 김수영이 〈풀〉(1974)이란 시를 읊었지요. "풀이 눕는다. 바람보다도
더 빨리 눕는다. 바람보다도 더 빨리 울고, 바람보다 먼저 일어난다."

노자 강하고 큰 것이 밑에 있고, 약하고 작은 것이 위에 있어야 안정적인
꼴을 이루는 것이오. 강하고 큰 것인데 아래에 있다고 탈 나오? 오히
려 아래에 있어야 튼튼한 바탕이 될 수 있소.

루소 가지야 흔들려도 뿌리는 뽑히지 말아야지요. 하하.

바람이 분다. 소나무가 뽑힌다. 다음으로 대나무가 뽑힌다. 그러나 풀은 멀쩡하
다. 노자, 풀 위에 눕는다.

---

2 이 해석에 관해서는 정세근, 《노자 도덕경-길을 얻은 삶》, 9~10쪽을 볼 것. 왕필본,
하상공본을 버리고 《열자列子》〈황제黃帝〉, 《문자文子》〈도원道原〉, 《회남자淮南子》
〈원도훈原道訓〉을 따랐다. 전서篆書가 비슷하여 생긴 오해다.

제77막

:줄이 걸린 활이 있는 방:[1]

천도—남은 것은 덜어 주고 모자란 것은 보태 준다

활의 특징이 무엇인가? 효용이 아니라 형태를 말해 보자. 활은 당기면 화살을 날아가게 할 힘이 생긴다. 그런데 활을 당길수록 활의 너비는 늘어나지만 높이는 줄어든다. 신기한 노릇이다. 풍선처럼 이쪽을 누르면 저쪽이 불어난다. 활은 형태론적으로 수평이 늘어날수록 수직이 줄어든다. 재밌다. 무엇이 또 그러한가? 하늘의 길이 곧 그렇다. 높은 것은 낮춰 주고, 낮은 것을 높여 준다. 엔트로피라고도 부른다. 열역학 법칙이다. 열은 높은 데서 낮은 데로 흐른다. 그것처럼 높은 산은 낮아지고 깊은 계곡은 흙으로 찬다. 그래서 노년기 지형은 편평해진다. 그것이 하늘의 길이다. 사람에게도 마찬가지다. 그래서 자연은 곧 평등이다.

---

1 cf. 제22막 〈줄이 풀린 활이 있는 방〉

77.1. 하늘의 길

노자 나는 이르노니(77.1.) "하늘의 길은 마치 활을 당기는 것과 같도다. 높은 데는 누르고 아래는 올린다. 남은 것은 덜어 주고, 모자란 것은 보태 준다."(천지도天之道, 기유장궁호其猶張弓乎. 고자억지高者抑之, 하자거지下者擧之. 유여자손지有餘者損之, 부족자보지不足者補之.)

루소 하늘의 길을 활로 비유를 들어 설명하십니다. 높은 데는 눌러 주고 낮은 데는 올려 주며, 남은 것은 덜어 내고 모자란 것은 채워 준다는 것인데, 내가 왜 이런 진리를 소개하지 못했을까 싶습니다. 선생의 여러 말씀에 동의하는데, 그것의 원리를 말할 생각을 못 했다는 것이 아쉽습니다. 선생이 줄곧 낮아지라, 하지 말라, 나서지 말라는 것은, 결국 사람들이 보통 그 반대로 높아지려 들고, 하려 들고, 나서기 때문에 그러는 것이 아닙니까? 그러니 바로 이러한 음양대대陰陽對待의 원리를 강조하시는 것이지요.[2]

노자 남으면 덜어 주고 모자라면 채워 주고, 좋지 않소? 내가 말하는 하늘의 길이요. 그것이 자연의 진리이기도 하고요. 나는 그대가 평등을 강조하는 것에 감명받았소. 그대가 자유에만 매달린 줄 알았더니 오히려 자연 상태에 절대적으로 주어지는 평등에도 관심이 많더이다. 노예제도에 대한 강력한 비판도 감동적이었소. 자연법 학자들에 대한 분노도 이해가 가더이다.

루소 철기를 이용하면서 생산력이 증가했으며, 토지의 경작에 따라 토지의

---

2 이 책의 제22막(22.1.) 참조.

분배라는 문제가 생겼으며, 소유가 안정되면서 정의의 규칙이 생겨났습니다. 그로티우스에 따르면, 토지의 분배가 새로운 종류의 권리, 곧 자연법에서 생겨난 권리와는 다른 '소유'라는 권리를 낳았다고 합니다.[3] 초기에는 토지에 대한 노동의 권리에 지나지 않았던 것이 이렇게 소유라는 이상한 관념으로 운용되는 것입니다. 이러한 관념의 탄생으로, 그리고 그 관념의 법적인 지위 부여로 결국 인간은 불평등이라는 길로 접어들게 되는 것이죠. 한마디로 소유가 생김으로써 불평등이 생겨난 것입니다.

훈수꾼 요즘 식으로 말하면 토지의 소유권이란 토지의 경작권이나 이용권으로 한정되어 있었는데, 세월이 가면서 경작이나 이용과 상관없는 독립된 소유권이 생겨났다는 것이죠?[4] 재밌네요.

노자 자연은 남는 것은 덜어 모자란 이에게 보태 주오. 그렇게 자연은 만물을 평등하게 대한다오.

루소 고독한 자연인은 자유로웠을 뿐만 아니라 평등했습니다. 혼자 사는데 자유롭지 않을 수도 없고 평등하지 않을 수도 없었습니다. 문명의 발달로 그는 '동족의 주인이면서도 어떤 의미에서는 그들의 노예'[5]가 된 것입니다. 그리하여 재산을 증식하고 남을 지배하려 들게 된 것입니다.

---

3 루소, 《인간 불평등 기원론》, 108~109쪽.

4 루소, 《인간 불평등 기원론》, 109쪽. "오직 노동만이 경작자에게 자신이 경작한 토지의 산물에 대한 권리를 적어도 수확까지 부여하며, 따라서 토지에 대한 권리를 해마다 보유할 수 있게 해 준다. 이러한 토지의 점유(possession)가 반복되면 그것은 쉽게 소유로 전환된다." 앞의 것은 토지에 대한 경작권이고, 뒤의 것은 토지에 대한 소유권으로 읽힌다. 그 과정에 입법자들이 끼어들게 되는 것이다. 그로티우스가 말하는 '입법자의 축제(Thesmophoria)'가 바로 그것이다. 로마에서 케레스라고 불린 그리스 신화 속 여신인 데메테르가 농업과 법률을 함께 관장하게 된 까닭이 여기에 있다.

5 루소, 《인간 불평등 기원론》, 111쪽.

77.2. 사람의 길

노자 나는 이르노니(77.2.) "하늘의 길은 남는 것을 덜어 모자란 것을 보
태 준다. 사람의 길은 그렇지 않다. 모자란 것으로 남은 것을 받든다.
누가 남은 것으로 천하를 받들 수 있는가? 오로지 도가 있는 사람이
다."(천지도天之道, 손유여이보부족損有餘而補不足. 인지도즉불연人之道則不
然, 손부족이봉유여損不足以奉有餘. 숙능유여이봉천하孰能有餘以奉天下? 유
유도자唯有道者.)

루소 사람의 길이란 문명사회입니다. 자연의 길은 내가 말하는 자연 상태
(état de nature)이고, 사람의 길은 내가 말하는 사회 상태(état de société)
입니다. 자연의 길은 내가 말하는 자연의 삶(vie naturelle)이고, 사람
의 길은 내가 말하는 문명의 삶(vie civile)입니다. 사회 상태와 문명의
삶에서야 비로소 부족한 사람이 남는 사람을 받들게 되었습니다. 남
는 사람은 주인이 되고 부족한 사람은 노예가 되었습니다.

노자 그렇소. 남는 사람인데도 천하를 받드는 사람이 누구요? 주인인데도
노예를 살리는 사람이 누구요? 소유했더라도 소유보다는 경작을 우러
르는 사람이 누구요? 그가 바로 길을 아는 사람이오. 그가 바로 진리
를 가진 사람이오. 그가 바로 자연의 원리를 아는 사람이라오.

루소 인위가 문제입니다. 그래서 원시 상태의 나태와 이기심이 극도로
발달한 오늘날의 중간쯤이 인류에게 가장 행복했던 시기라고 생각합
니다.[6]

---

6 루소, 《인간 불평등 기원론》, 105쪽. 번역자는 게으름(indolence)을 무위로 번역했지
만, 무위는 아무것도 하지 않는 것이 아니기 때문에 무위를 나태로 보는 것은 옳지
않다. 무위는 오히려 루소의 자기 완성가능성(perfectibilité)에 접근하는 관념이다. 도
道의 무소불위無所不爲를 떠올리면 된다. 무위는 만물의 자화自化를 꿈꾼다는 점에서
완성가능성은 태도와 방법으로는 무위에, 과정과 결과로는 자화에 가깝다. 전통적 용
어로는 '만물이 자신의 완벽함을 이루어내는 것'(만물성진萬物成眞)과 같다. 특히 루

노자 그대가 말하는 그것이 바로 무위의 시대가 아닐까 하오. 하지 않지만 하지 않는 것이 없는 상태라오.

77.3. 떠나는 지도자

노자 나는 이르노니(77.3.) "그러므로 성인은 하면서도 자랑하지 않고, 일이 이루어지면 머물러 있지 않으니, 그렇게 똑똑함을 보이려 하지 않는다."(시이성인위이불시是以聖人爲而不恃, 공성이불처功成而不處, 기불욕현현其不欲見賢.)

루소 전에 말씀하신 바 있어 줄이겠습니다만¹ 이번에는 똑똑함을 보이지 않아야 함을 강조하셨습니다.

노자 그렇소. 자랑 말고 머물지 말라, 또한 자신의 똑똑함을 보이려 들지

소에 따르면 완성가능성은 그 자체로서는 발전할 수 없고 외부적인 원인의 우연한 협력이 필요하다고 하는데(《인간 불평등 기원론》, 92쪽), 그것이 '무위하지만 무불위無不爲'라는 원리에 맞아떨어진다. 루소의 이 말은 '존재들이 완전하게 될 수 있음'을 가리키는데 신의 적극적인 도움 없이 자신을 완성시킨다는 점에서 서양식 사고와는 다른 것이었기 때문에 그의 독자적인 용어로 취급된다. 루소의 《인간 불평등 기원론》(1755) 이후, 트레부 사전Dictionnaire de Trévoux 제6판(1771)에 실렸고, 아카데미 사전 제5판(1798)에서는 아예 루소의 말로 소개된다. 《인간 불평등 기원론》, 본문 62쪽과 역자 주 69 참조.

¹ 2.4.: "만물을 만들었으나 말이 없고, 낳으면서도 갖지 않고, 하면서도 자랑하지 않고, 공이 이루어지면 머물지 않는다."(萬物作焉而不辭, 生而不有, 爲而不恃, 功成而弗居.) /9.3.: "공이 이루어지면 몸을 빼는 것이 하늘의 길(도道)이다."(功遂身退, 天之道.) /17.3.: "부드럽구나, 말을 아낌이여. 일이 잘되어 끝날 때, 사람들은 모두 말한다. 나는 스스로 그러하다고."(悠兮, 其貴言. 功成事遂, 百姓皆謂: 我自然.) /34.2.: "만물은 이에 기대어 태어나지만 아무 말 없고, 일이 이루어졌지만 이름을 얻으려 않으며, 만물을 덮고 기르지만 주인이 되려 들지 않는다."(萬物恃之以生, 而不辭. 功成而不名有, 衣養萬物而不爲主.) /77.3.: "그러므로 성인은 하면서도 자랑하지 않고, 일이 이루어지면 머물러 있지 않으니, 그렇게 똑똑함을 보이려 하지 않는다."(是以聖人爲而不恃, 功成而不處, 其不欲見賢.)

말라는 것이오. 내가 마무리 과정에서 거듭 강조하고 싶은 것이오. 감추시오. 빛을 죽이시오.[8] 옥을 베로 감싸시오.[9]

루소, 화살도 없이 손가락을 걸어 활을 당겨 본다. 관객은 활의 높이가 줄어드는 것이 보인다. 힘이 좋은 모양이다.

---

8 4.3.: "날카로움을 꺾고, 엉킴을 풀라. 빛을 부드럽게 하고, 먼지와 함께 하라."(挫其銳, 解其紛, 和其光, 同其塵.)

9 70.2.: "오직 알지 못하니, 그러므로 내가 아는 것이 아니다. 나를 아는 사람은 드물고, 나를 본받는 사람은 귀하다. 그러므로 성인은 베옷으로 옥을 감싼다."(夫唯無知, 是以不我知. 知我者希, 則我者貴. 是以聖人被褐懷玉.)

제78막

⋮물이 있는 방⋮

물의 철학—물의 길을 따르라

물이 흐른다. 요즘은 인테리어에도 물이 흐르는 것이 있다. 점잖은 폭포 같은 형태다. 단계별로 물이 떨어지는 것인데, 먼지도 많이 없애 줘서 사람들이 많이 모이는 곳에 애용되는 것 같다. 인천공항 입국장에서도 보았다. 물방아도 좋다. 시간이 되면 방아를 들어 올려 꿍하고 찧는다. 자격루도 좋다. 물의 움직임으로 시간을 알리는 것이니만큼. 그러면 물 도미노는 없나? 물의 낙차를 이용한 게임기는 없나? 파스칼이 만든 물 컴퓨터는 있었다. 유압의 원리를 이용했다. 물은 참으로 많은 곳에 쓰인다. 자동차의 냉각기에도 들어간다. 사람의 대부분도 물로 이루어졌다. 물통도 여러 가지다. 갖은 모양에 물은 들어가 자신의 형체를 바꾼다. 자기는 없는데 남을 이루어 준다. 노자, 들어오면서 물이 있자 손으로 떠먹는다. 루소, 물에다 손을 씻는다. 훈수꾼, 손에 물을 묻혀 머리를 정돈한다. 물은 참 여러 용도로 쓰인다.

78.1. 무이라는 왕

노자 나는 이르노니(78.1.) "천하에 물보다 부드럽고 약한 것은 없지만, 굳세고 강한 것을 공격하는데 그것을 이길 만한 것은 없다. 어느 것도 그것을 바꿀 것은 없기 때문이다. 약함이 강함을 이기고, 부드러움이 굳셈을 이기는데, 천하는 알지 못하지 않으면서도, 할 수 있지도 않다."(천하막유약어수天下莫柔弱於水, 이공견강자막지능승而攻堅强者莫之能勝, 이기무이역지以其無以易之. 약지승강弱之勝强, 유지승강柔之勝剛; 천하막부지天下莫不知, 막능행莫能行.)

루소 부드럽고 약한 것이 굳세고 강한 것을 이긴다는 말씀을 이제 물을 빗대 말씀하십니다. 곳곳에서 강조하신 유약의 정신입니다.[2] 세상에서 가장 부드러운 것이 무엇이냐고 묻는다면 그것은 과연 물이라 아니할 수 없습니다. 선생께서 바로 그런 물의 길을 제시해 주셨습니다.

노자 나는 먼저 물의 부드러움보다는 만물에 도움을 주면서도 싸우지 않

---

1 36.2.: "부드럽고 힘없는 것이 굳세고 힘센 것을 이긴다."(柔弱勝剛强.) /76.2.: "그러므로 병력이 강하면 진다. 나무가 강하면 부러진다. 강하고 큰 것이 아래에 있고, 부드럽고 약한 것이 위에 있는 것이다."(是以兵强則滅, 木强則折. 强大處下, 柔弱處上.)

2 10.2.: "힘(氣)을 모으고 부드러움을 다하면서도 아기일 수 있을까?"(專氣致柔, 能嬰兒乎?)/ 43.1.: "천하의 가장 부드러움이 천하의 가장 단단함을 (말처럼) 부린다."(天下之至柔馳騁天下之至堅.) /52.3.: "작은 것을 보는 것을 밝음이라 하고, 부드러운 것을 지키는 것을 힘셈이라고 한다."(見小曰明, 守柔曰强.) /76.1.: "사람의 삶이란 부드럽고 약한 것이고, 그 죽음이란 딱딱하고 강한 것이다. 만물과 초목의 삶이란 부드럽고 무른 것이고, 그 죽음이란 말라비틀어진 것이다. 따라서 딱딱하고 강한 것은 죽음의 무리이고, 부드럽고 약한 것은 삶의 무리이다."(人之生也柔弱, 其死也堅强. 萬物草木之生也柔弱, 其死也枯槁. 故堅强者死之徒, 柔弱者生之徒.)

고, 나아가 사람들이 싫어하는 낮은 데 머물 줄 아는 것을[3] 그것의 가장 큰 덕으로 보았소. 이렇게 큰 덕을 지니고 있으니 도에 가깝지 않을 수 없소. 도의 효용이 가장 잘 드러난 것이 바로 물이오.

루소 물의 유약함은 여기서 처음 말하는 겁니다. 부드럽게, 약하게, 아래로, 밑에서, 뒤따르면서 살자는 말씀은 있었어요. 그런데 물로 비유하는 것은 처음입니다. 물이 도에 가깝다는 말씀은 벌써 하셨지만.

노자 나는 깎지 않은 나무인 통나무를 가장 많이 이야기하였소. 통나무의 비유가 어렵나 보오. 물은 그런대로 쉽게 다가오나 보오. 물의 꼴바꿈은 사람들이 많이 쓰는 비유이기 때문에 그런 것 같소. 꼴바꿈이 내가 말하는 부드러움과 통하고.

루소 자기의 형체는 없되 모든 형체에 자신을 맞추는 물의 덕을 사람들이 자주 말한다는 것이죠?

노자 그렇소. 부드러움은 꼴바꿈과 통하지만, 내가 애초에 말했던 물의 특성은 아래로 흐른다는 것이오. 그렇게 흘러서 남들이 싫어하는 아래에 머물 줄 알고.

루소 그러니까 선생의 말씀은, 나의 물은 첫째로 아래에 머물 줄 아는 것과 둘째로 부드러운 것이 주된 물의 상징인데, 일반적으로 사람들이 내세우는 물의 비유는 꼴바꿈이기 때문에 부드러움은 그런대로 맞을지 몰라도 아래에 머무는 것과는 다르다는 것이네요.

노자 게다가 물은 무섭소. 산에서 가장 무서운 것이 물이라는 말이 있소. 비가 오면 계곡은 무섭게 불어난다오. 그 속도에 다들 놀라지요. 계곡이 한번 불어나면 모든 것을 휩쓸고 간다오. 물은 꼴을 바꾸면서 만물을 도와주기도 하지만, 수공水攻을 쓰면 이 역시 남아나는 것이 없다오. 해일이 얼마나 무섭소? 쓰나미의 참상을 떠올려 보시오.

---

3 8.2.: "물은 만물을 잘 이롭게 하면서도 싸우지 않고, 뭇사람이 싫어하는 곳에 머물기에, 도에 가깝다."(水善利萬物而不爭, 處衆人之所惡, 故幾於道.)

루소 게다가 이런 원리는 사람들이 잘 알면서도 막상 행하지는 않는다는 것입니다.

노자 인지가 뭐 중요하오? 실천이 중요하지.

훈수꾼 다른 이야기이지만, 어떤 종갓집 어르신이 대낮인데도 예전의 격식 대로 주안상을 받아오라고 해서 술대접을 하고 싶어 하시더라고요. 차를 가지고 왔다고 사양해도 권하셔서 난감했지요. 벽에 걸려 있는 것을 보니 그분 호가 현암玄巖인 걸 알았어요. 그래서 그렇다면 제가 현주玄酒로 한잔하겠다고 했지요. 그랬더니 활짝 웃으시더니 물을 술 잔에 따라주셨습니다. 이렇게 저도 술을 한 잔 먹은 셈이 되었고, 그 분도 술을 대접한 것이 되었지요. 물은 가장 오묘한 술입니다. 이렇게 물은 선생의 현덕玄德[4]을 담는답니다. 하하.

78.2. 사직의 주인

노자 나는 이르노니(78.2.) "따라서 성인은 말한다. 나라의 허물을 받아들 이는 것을 일러 사직의 주인이 된다고 하며, 나라의 상서롭지 않은 것을 받아들이는 것을 천하의 왕이 된다고 한다. 옳은 말은 거꾸로 된 것처럼 보인다."(시이성인운是以聖人云: 수국지구受國之垢, 시위사직주是 謂社稷主; 수국지불상受國之不祥, 시위천하왕是謂天下王. 정언약반正言若反.)

루소 사직의 주인이 뭡니까?

노자 사직의 주인이라는 표현은 국가의 경영을 뜻하는 것이오. 사직의 사 社는 땅의 신이고, 직稷은 오곡의 신이라오. 토지와 곡식에 제사를 지 내는 것은 왕가의 일이니 사직의 주인이 된다는 것은 왕 노릇을 한다

---

4 10.8. /51.3.: "낳으면서도 갖지 않고, 하면서도 자랑하지 않고, 키우면서도 다스리지 않으니, 검은 덕[玄德]한다."(生而不有, 爲而不恃, 長而不宰, 是謂玄德.)

는 것이오.

루소 그러면 나라의 허물을 입는 것이 어떻게 왕 노릇입니까? 오히려 불
경이고 모반이지요.

노자 말 잘했소. 그대는 늘 나라가 체포하려 들지 않았소? 요즘 식으로
말하면 그대는 주로 사상범으로 취급되었잖소? 나라의 죄인 곧 몸으
로 치자면 살의 때 노릇을 하던 그대가 결국은 프랑스혁명의 사상적
지주가 되었잖소? 그대는 죄인이면서 선구자 노릇을 한 것이오. 그것
이 바로 진정한 나라의 주인이 아니고 무엇이겠소?

루소 부끄럽습니다. 나의 허물이 곧 나의 자랑이군요. 나라가 나를 미워할
수록 나는 나라의 주인이 되는군요!

노자 나라가 그대를 상서롭지 않다고 생각할수록 그대는 이 사회에서 이
미 왕 노릇을 하고 있는 것이오. 거꾸로 생각하시오. 바른말은 마치
거꾸로 된 것처럼 보인다오.

훈수꾼 많은 정치가가 과거에 감옥 신세를 졌잖습니까? 그런데 이제는 나
라를 경영하고 있습니다. 정언正言이 있으면 반언反言이 있고, 다시 말
해 명제(These)가 있으면 반명제(Antithese)가 있고, 그래서 합습명제
(Synthese)를 이루는 변증법이네요.

노자, 물을 손으로 떠 하늘에 바치듯이 머리 위로 올리며 절한다. 노자의 인사를
받는 높으신 물이다.

제79막

:붉은 딱지가 붙은 방:

소유와 불평등─밑지는 사람이 되라

　옛날에 법을 잘 몰라 보증을 잘못 섰다가 집도 가구도 압류되는 경우가 많았다. 빨간딱지라고 불리던 압류 표지가 물건마다 붙으면 이제는 그 물건은 내 것이 아니다. 슬프고 억울한 일이다. 나의 잘못도 아닌데 보증이 뭐기에 그다지도 혹독했던지. 방안의 모든 가구에 빨간딱지가 붙어 있다. 의자에도 탁자에도 붙어 있고 문과 벽에도 마구 붙어 있다. 더 이상 우리의 것은 없다. 소유가 넘어 갔다. 소유란 무엇인가? 소유권이라는 것이 애초에 있었나? 소유권을 보장하는 법률은 어떻게 생겨났나? 그 법률의 탄생으로 인간의 불평등이 생기지 않았나? 소유를 인정하지 않는 좌파의 정신은 왜 탄생했는가? 마르크스의 사진이 구석에 걸려 있는데, 그의 코에도 붉은 딱지가 붙어 있다.

79.1. 여원

노자 나는 이르노니(79.1.) "큰 미움을 풀어도 반드시 남는 미움[餘怨]이
　　있으니 어찌 잘할 수 있을까?"(화대원和大怨, 필유여원必有餘怨, 안가이
　　위선安可以爲善.)

루소 솔직한 표현입니다. 원한을 풀어도 남는 원한이 있지요. 숙제입니다.

노자 그래서 오죽하면 원한이 풀리지 않아 귀신이 되지 않소?

훈수꾼 원한을 푼다는 것을 내세운 종교가 동학입니다. 해원解寃이지요. 원
　　을 풀고 서로 잘살아 보자는 해원상생解寃相生입니다. 우리의 한풀이
　　라는 말이 곧 그렇고요. 종교적 의식으로도 이 말이 쓰입니다. 한풀이
　　굿처럼요.

노자 우리 마음속의 그것을 받아들입시다. 아니라고 하면 마음만 꼬여 더
　　힘들게 된다오.

루소 인정을 통해 심리의 부정성을 긍정해 보자는 말씀이네요.

노자 아는 것이 먼저요. 그러고 나서 좋은 것을 찾아 나가야 하오.

79.2. 계약만 하자

노자 나는 이르노니(79.2.) "그러므로 성인은 왼쪽 계(契: 계약서)를 지니
　　고 있어도 사람들에게 달라고 하지 않는다. 덕이 있는 사람은 계를 맡
　　지만 덕이 없는 사람은 철(徹: 수권)을 맡는다."(시이성인집좌계是以聖人
　　執 左契, 이불책어인而不責於人. 유덕사계有德司契, 무덕사철無德司徹.)

루소 무슨 말씀인지? 계는 뭐고 철은 뭔가요?

노자 계는 그대가 좋아하는 계약설의 계요. 예전에는 계약을 하면서 계약
　　의 징표를 반으로 잘라 왼쪽 것을 채권자가, 오른쪽 것을 채무자가
　　졌다오. 돈이나 물건을 꿔 주면서 계약을 하는데 그것이 도편이던 나
　　무든 글씨를 위로했을 때 반으로 잘라 왼쪽의 것을 빌려주는 사람이
　　갖고 오른쪽의 것을 빌리는 사람이 가짐으로써 계약이 성립되었다오.
　　여기서 좌계는 채권을 말하오.

루소 아하, 채권자인데도 채권을 시행하지 않는다는 말씀이네요.

노자 그렇소. 지도자는 빌려주고 상대방에게 갚을 것을 강요해서는 안 된
　　다는 것이오.

훈수꾼 나라에서 어려운 농민들의 채무 탕감해 주는 것과 같네요. 외국 농산
　　물 수입하는 조건으로 휴대전화를 수출하여 농민들이 못살게 되었으
　　니, 수출해서 번 돈을 떼서 농민들에게 보상해 주는 것과 비슷하네요.

노자 철은 세금이오. 십일조 같이 1할을 떼는 것이오.

루소 요즘 식으로 말하면 이자네요.

노자 좌계가 채권債權이라면 철은 징수권이오. 지도자라면 철을 시행해서
　　는 안 되오. 가뜩이나 못사는 사람에게 이자를 떼면 어떻게 하오? 요
　　즘은 선先이자라는 것도 있던데. 채권을 가진 것으로 만족해야 하오.
　　이자는 너무 가혹하오.

훈수꾼 이슬람국가에서는 이자를 사악한 것으로 봅니다. 그래서 다른 방식
　　으로 은행이 운영됩니다. 이를테면 돈을 투자하여 수익을 내던가, 건
　　물 사용료를 받는다든가 하는 식으로요. 종교가 그래도 자본주의의
　　사악함을 이겨 내고 있는 셈입니다. 그것을 수쿠크 법이라고 합니다.
　　그래서 중동은행에서 돈 꾸면 좋습니다. 하하.

루소 지금 우리가 당연하게 생각하는 소유와 그것에 대한 권리는 자연 상
　　태에 비추어 보면 문제가 많은 것입니다. 사실 땅을 어떻게 갖습니
　　까? 지고 다녀요, 들고 다녀요? 그리고 흙을 파서 어디다 쓰겠다는
　　겁니까? 돈이 안 되죠. 소유보다 중요한 것은 사용이지요. 경작물을

산출해 내는 것입니다.

훈수꾼 아하, 토지공개념? 마르크스의 사유재산 불인정과도 비슷한 것이네요. 그것이 계급의 불평등을 낳았으니까요.

79.3. 좋은 사람과 함께

노자 나는 이르노니(79.3.) "하늘의 길은 사람을 가까이하지 않지만, 늘 좋은 사람과 함께 한다."(천도무친天道無親, 상여선인常與善人.)

루소 선생은 하늘과 땅은 어질지 않다고 하시지 않았습니까?[1]

노자 하늘은 무심하외다. 하늘이 친해지려고도, 사람이 친해질 수도 없소. 그러나 결과적으로 보면 하늘은 늘 좋은 사람과 함께한다오.

루소 갑자기 하늘에 어떤 의미를 부여하는 것 같은데요?

노자 아니오. 흘러가는 것을 보시오. 함께 가야 하지 않겠소? 더불어 살아야 하지 않겠소? 남는 것은 덜어 내고 모자란 것은 보태 주어야 하지 않겠소?[2] 그것이 하늘의 길이라오.

루소 갑자기 어머니 같은 하늘이 떠오릅니다.

훈수꾼 사이가 그리 좋지는 않은데 그래도 챙겨 주는 어머니요? 아니면, 늘 무심無心하지만 때로 다정多情한 우리 임?

노자, 마르크스의 코에 붙어있는 붉은 딱지를 뗀다. 포스트잇post it! 무브잇 move it! 옮김은 곧 운동(movement)이다.

---

1 5.1.: "천지는 어질지 않아 만물을 짚으로 만든 개처럼 여긴다. 성인도 어질지 않아 백성을 짚으로 만든 개처럼 여긴다."(天地不仁, 以萬物爲芻狗; 聖人不仁, 以百姓爲芻狗.)

2 77.2.: "하늘의 길은 남는 것을 덜어 모자란 것을 보태 준다. 사람의 길은 그렇지 않다. 모자란 것으로 남은 것을 받든다. 누가 남은 것으로 천하를 받들 수 있는가? 오로지 도가 있는 사람이다."(天之道, 損有餘而補不足. 人之道則不然, 不足以奉有餘. 孰能有餘以奉天下? 唯有道者.)

제80막

:결승문자가 있는 방:

이상국—작은 나라 적은 사람

결승문자가 뒤에 쓰여 있다. 결승이란 새끼를 꼬아 숫자 등을 표시한 것이다. 초기 인류의 문자다. 그런 점에서 쓰여 있는 것이 아니라 매달려 있어야 한다. 개수나 거리에 따라 뜻을 다르게 할 수 있을 것이다. 달력이 없던 시절, 하늘의 달을 보고 날짜를 셈했다. 좀 더 정확하려면 하루하루를 그어 놓을 수밖에 없을 것이다. 엄마 언제 또 와? 네 밤 자면 올게. 아이는 그렇게 한 밤, 두 밤, 세 밤을 센다. 그래서 아직도 우리는 보름에 보자, 달포가 지나고 보자고 한다. 보름은 15일, 달포는 45일이다. 우리가 꼭 이렇게 정확해야 하는가? 시계의 발명으로 인간은 더욱 착취당하는 것 아닌가? 자동화시대의 상징이 기계, 그것도 가장 정밀한 시계 아닌가?

80.1. 결승문자

노자 나는 이르노니(80.1.) "나라는 작게 백성은 적게 하라. 열 명이나 백
명이 써야 하는 무기도 쓰지 마라. 사람이 죽음을 무겁게 여기며 멀
리 옮겨 다니지 않도록 하라. 비록 배와 수레가 있어도 탈 일이 없
고, 비록 군대가 있어도 쓸지을 일이 없다. 사람들이 다시 새끼줄을
이어(결승문자) 쓰도록 하라."(소국과민小國寡民. 사유십백지기이불용使有
什伯之器而不用. 사민중사이불원사使民重死而不遠徙. 수유주여雖有舟輿, 무소
승지無所乘之, 수유갑병雖有甲兵, 무소진지無所陣之. 사인복결승이용지使人復
結繩而用之.)

루소 선생은 현재에서 이상국을 그리시네요. 오늘날의 문명이라고 할지라
도 이렇게 돌아갈 수 있음을 말씀하십니다. 이동수단이 있어도 탈 일
이 없고, 제대로 된 문자가 있어도 단순한 표기로 끝나자는 것이니
말입니다. 특히 집단도 작고 병력도 적지만 스파르타 같은 강국을 꿈
꾸는 저로서는 이런 나라도 나쁘지 않습니다.

노자 나는 스파르타와 같은 군대 국가는 싫소.

루소 아테네는 민주정치로 멸망했습니다. 그래서 저는 아테네를 이상으로
삼을 수 없는 것입니다. 아테네 사람들을 멸망으로 이끈 개혁은 중단
되어야 했습니다. 그것은 국가의 관리자를 제외해 버린 로마인의 평
민투표(plébiscite)를 내가 받아들일 수 없는 것과 같습니다. 내가 궁극
적으로 바라는 것은 공화국입니다. 아무에게나 법률을 제안할 권리는
없지만, 행정관이 신중하게 법률의 제정권을 행사하고, 국민은 경솔하
게 찬성하지 않고, 법률의 공포는 엄격한 절차를 거쳐야 하는 나라입
니다.[1] 공화국의 이념이 작은 땅과 적은 사람으로라도 실현될 수만

있다면 저는 그리로 달려갈 것입니다.² 폴란드에서 그런 가능성을 보았죠. 국가는 자급자족 체제를 갖춰야 합니다.³

노자 그렇다면 그대의 자연 상태를 그려 보시오. 우리의 자연이란 이상적이고 가정적이지만 사람들에게 우리가 그리는 모습을 나처럼 구체적으로 제시할 필요는 있소.

루소 아무것도 소유하지 않아 종속의 쇠사슬이 없어야 합니다. 누군가 이 나무에서 쫓아내면 저 나무로 가면 됩니다. 나를 먹여 살리라는 무서운 사람이 있다면, 틈을 타 숲속으로 줄행랑을 치면 그만입니다. 나의 자연 상태는 굴종의 끈이 있을 수 없습니다. 속박에서 자유롭고, 강자의 법률은 쓸 데가 없습니다. 따라서 나의 자연 상태에서는 모든 사람이 완전히 평등한 상태입니다.⁴

노자 그러면 그대가 바라는 것은 곧 평등한 사회가 아니오? 불평등의 원인은 바로 소유권에서 비롯되었고.

훈수꾼 이점은 이제는 익숙하지만, 마르크스의 소유에 대한 관점과 일치합니다. 마르크스의 사유재산과 계급에 대한 관점에 크게 영향을 준 것으로 보입니다.⁵ 소유를 사유재산으로, 불평등을 계급으로 말만 바꾸

---

1 루소, 《인간 불평등 기원론》, 19쪽. 〈제네바 공화국에 바치는 글〉.
2 루소, 《인간 불평등 기원론》, 20쪽. 〈제네바 공화국에 바치는 글〉. "개개인이 법률에 찬성 또는 반대하는 것과 의회에서 통치자들의 제안에 의거해 국가의 가장 중요한 일들을 결정하는 것에 만족하면서, 존중받을 만한 법정을 마련하고 세심하게 그 관할을 구분하며, 같은 나라 사람들 가운데 누군가가 재판을 관리하고, 국가를 다스리기에 가장 적합하고 공정한 사람들을 해마다 선출하는 공화국, 그리고 행정관들의 덕성이 곧 그 나라 국민의 지혜로움을 증명하며 양자가 서로 존중하는 공화국 말입니다." 그런데 아무리 이 글이 제네바의 의원들에게 바치는 글이라고 해도, 루소가 평소 말하는 대의정치에 대한 반대와 비교해 보면 강도가 많이 떨어진다.
3 "가장 행복한 국가란 다른 나라 없이도 수월하게 지낼 수 있는 나라이다."(정치단상, Ⅲ, 512) 츠베탕 토도로프, 《덧없는 행복》, 57쪽, 재인용.
4 루소, 《인간 불평등 기원론》, 91~92쪽.
5 에이리얼과 윌 듀랜트, 《루소와 혁명》 "어떻게 그런 일이 일어날 수 있었는가? ……

면 같아지거든요. 다만 마르크스는 화폐에 대한 치밀한 분석을 시도하여 자본주의라는 말을 성립시키지요.[6] 자본주의라는 말 자체가 마르크스가 만든 말이잖아요.

80.2. 풍속을 즐기라

노자 나는 이르노니(80.2.) "달게 먹이고, 예쁘게 입히고, 편히 살게 하고, 풍속을 즐기게 하라."(감기식甘其食, 미기식美其服, 안기거安其居, 낙기속樂其俗.)

루소 먹고 입고 자면 그것이 끝이지요. 존경, 명예는 허울이고요. 내 식으로 말하면 실제(être)와 외관(praître)의 일치입니다.[7] 풍속은 공동체 의식 곧 더불어 사는 삶을 지켜 주고요.[8]

볼테르와 디드로와 《백과전서》와 이성의 시대와 반목하고 …… (그런 인물이) 칸트와 쇼펜하우어의 철학, 실러의 희곡과 괴테의 소설, 워즈워스와 바이런과 셸리의 시, 마르크스의 사회주의와 톨스토이의 윤리학에 영향을 끼쳤다. 그는 말하자면 18세기의 그 어떤 작가, 어떤 사상가보다 후대에 더 큰 영향을 끼쳤던 것이다. 어떻게 그런 일이 가능했는가?─유럽은 감정을 사고보다 우위에 놓는 복음을 받아들일 준비가 되어 있었다." 게오르크 홀름스텐, 《루소》, 233쪽, 재인용.

6 그는 화폐를 '부를 나타내는 표시' 정도로 표현한다. 루소, 《인간 불평등 기원론》, 112쪽.

7 루소, 《인간 불평등 기원론》, 111쪽.

8 루소는 애국심을 강조하기 위해 국가는 청소년 교육과 더불어 풍속, 축제, 놀이나 구경거리를 발전시켜 시민이 조국에 애착을 가지도록 해야 한다고 주장한다. 그런 애착이 다른 나라에 대한 차별을 야기하는 것은 어쩔 수 없다. 스파르타인들끼리는 평등해도 국경을 넘어서면 달라진다. 로마인의 관용도 통치범위 밖까지 확대되지는 않았고, 외국인에게는 폭력이 금지되지 않았다. 그래서 국가는 자급자족해야 한다는 것이다. 츠베탕 토도로프, 《덧없는 행복》, 56~57쪽. 그런데 장 스타로뱅스키는 이러한 원시적인 축제는 타인의 인정 욕구를 불러일으키고 존경받고 싶은 마음을 일으키므로 동질감을 무너뜨리는 불평등의 시원이 된다고 지적한다. 장 스타로뱅스키, 《장 자크 루소 투명성과 장애물》. 국가와 개인의 관계설정에서 루소 사상 또는 그에 대한 해

노자 그렇소. 내가 말하는 풍속도 바로 그것이오. 때에 따라 삶을 즐기는
　　세시풍속歲時風俗 말이오.

루소 인류학자 엘리아데의 성聖과 속俗이라는 대비에서는 성보다는 속이
　　우선이지요?

노자 맞소. 참된 속됨, 어떻소? 성스러운 거짓이 더 문제지.

80.3. 오가지 않아도

노자 나는 이르노니(80.3.) "이웃 나라가 서로 바라보이고, 닭과 개 소리가
　　서로 들려도, 사람들이 늙어 죽을 때까지 서로 오가지 않는다."(인국상
　　망隣國相望, 계구지성상문鷄狗之聲相聞, 민지노사民之老死, 불상왕래不相往來.)

루소 고독한 원시인들입니다. 나는 개체로 말했지만, 선생은 종으로 말했
　　습니다. 나는 이런 인류를 종은 오래되었지만 개체는 여전히 어린아
　　이 같다고 표현했습니다.[9] 달리 보면, 원시인들이야말로 인류의 진정
　　한 청춘기를 누렸습니다.[10]

노자 나는 역사적 발전을 말하지 않소. 지금 우리가 누릴 수 있는 완전하
　　고 고귀한 삶을 말하오. 그대야말로 가정이다, 이상이다, 있었거나 있
　　을 법하다고 하면서 추상화시키지 말고 현실에서 이상국을 구체적으
　　로 말해 보시오. 그대의 일반의지도 너무나 보편화되어 그것이 뭔지
　　모를 지경이오. 나에게 그것이 뭔지 보여 주시오.

　루소, 윗옷에 넣어 두었던 주머니 시계를 결승문자와 함께 걸어 두고 나간다.

　석이 불일치되는 점이다.
9 루소, 《인간 불평등 기원론》, 89쪽.
10 루소, 《인간 불평등 기원론》, 105쪽.

제81막

ː아무것도 없는 방ː

이기심을 낳는 이성—거짓 철학자는 가라

　마지막 방이다. 탁자도 의자도 없다. 정말로 아무것도 없다. 방의 색깔은 하얗다. 우리말에서 하얗다는 것은 때로 투명을 가리키기도 한다. 머릿속이 하얗다는 것은 하얀 색깔이 아니라 비었다는 뜻이다. 빈 것도 좋다. 허극虛極도 노자가 말한다.[1] 그러나 빈 것을 표현할 방법이 없다. 그래서 소박의 소素의 뜻인 흼으로 가는 것이다. 흴 소素다. 아무것도 없음은 이 방이 없음의 방임을 가리킨다. 노자는 없음을 있음보다 앞세웠다. 있음은 없음으로 돌아간다. 있음은 없음에서 나온다. 그리고는, 있음과 없음이 상대적으로 드러난다. 절대적인 무와 상대적인 무의 차이다. 노자는 여기에 덧붙여 쓰임으로서의 무도 말했다. 무의 용(무지용無之用)이다. 무의 용을 장자가 말하는 쓸데없는 것의 쓸 데와 착각해서는 안 된다. 그것은 무용의 용(무용지용無用之用)으로 쓸모없는 것이야말로 쓸모 있다는 말이다. 무의 용법은 이렇게 많다. 마지막 방은 아무것도 없어야 한다. 그냥 서서 마무리를 짓도록 하자. 늙은 노자에게는 미안하다.

---

1 16.1.: "빈 끝에 다다라, 고요함과 돈독함을 지킨다."(致虛極, 守靜篤.)

81.1. 반反형이상학

노자 나는 이르노니(81.1.) "믿음직한 말은 아름답지 않고, 아름다운 말은 믿음직하지 않다. 잘하는 사람은 말이 많지 않고, 말이 많은 사람은 잘하지 못한다. 아는 사람은 넓지 않고, 넓은 사람은 알지 못한다." (신언불미信言不美, 미언불신美言不信. 선자불변善者不辯, 변자불선辯者不善. 지자불박知者不博, 박자부지博者不知.)

루소 맞습니다. 철학자들의 말이 곧 그렇습니다. 지나치게 논리적이고 미려할 뿐만 아니라, 말이 너무 많고 이야기가 너무 큽니다. 진정한 것은 그 반대일 것입니다.

노자 이것보다는 저것을 좇는다는 것이오?

루소 나는 철학자를 믿지 못하겠습니다. 사이비 철학자들이 판을 칩니다.[2] 가짜 철학자들이 설칩니다. 성찰이랍시고 자기를 방해하고 괴롭히는 모든 것에서 벗어날 궁리만 합니다. 철학으로 고통받는 사람들에게 '너는 죽어라, 나는 산다'고 떠들고 있습니다. 자기 주위에 죽어 가는 사람을 바라보지 않는 철학자들 때문에 인류를 살해하는 여러 장치에 대해 침묵하고 자기의 안위만 근심합니다. 세상에서 동포를 죽이는 장면을 보면 연민이 일어나는 것이 당연한데도, 자기의 귀를 틀어막고 이치만 따집니다. 자연이 장엄하게 부여한 동정심을 틀어막는 재주가 철학자에게 있는 것입니다. 미개인에게는 전혀 없는 훌륭한 재

---

2 루소, 《인간 불평등 기원론》, 75 및 83쪽. 여기서 그는 그와 적대적이었던 '계몽사상가들'(philosophes)을 말하고 있다. 루소의 이 말은 영어의 '철학자인 체하는 사람'(philosophaster)에 해당된다.

능이 철학자에게는 있는 겁니다!³

노자 웬일인지 나도 신나오. 반反철학!

루소 물질, 정신, 실체, 양식, 형태, 운동 등과 관련된 철학자들의 관념은 순전히 형이상학적인 것이라서 자연 속에서는 어떤 꼴로도 찾을 수 없는 겁니다.⁴ 게다가 소크라테스처럼 추론에만 매달렸다면 인류는 벌써 지상에서 자취를 감췄을 겁니다.⁵

노자 반反형이상학! 우리의 삶으로 돌아가자, 머리보다는 가슴으로 살자!

81.2. 사람을 위하여

노자 나는 이르노니(81.2.) "성인은 쌓아 두지 않는다. 벌써 남을 위했으니 이미 더욱 가졌다. 벌써 남에게 주었으니 이미 더욱 많다."(성인부적聖人不積. 기이위인旣以爲人, 이유유己愈有. 기이여인旣以與人, 이유다己愈多.)

루소 선생의 성인을 마지막으로는 철학자로 보고 싶습니다. 정치적인 지도자를 말하면 남만 말하는 것 같아 이제는 나와 선생을 직접적으로 말해보고 싶습니다.

노자 그럽시다. 나는 이렇게 별것도 아닌 말이지만 사람들에게 꿈을 심어 주고 싶었소. 삶은 꿈이 아니지만, 꿈이 없는 삶은 정말로 볼품이 없다오. 이미 주었으니 떠날 때가 된 것 같소.

---

³ 루소, 《인간 불평등 기원론》, 83쪽.

⁴ 루소, 《인간 불평등 기원론》, 75쪽.

⁵ 루소, 《인간 불평등 기원론》, 84쪽. "이성에 따라 덕을 얻는 것은 소크라테스나 그와 비슷한 사람들에게 속하는 일일지 모르지만, 만일 인류의 보존이 인류를 구성하는 사람들의 추론에만 달려 있었다면 인류는 벌써 지상에서 자취를 감추었을 것이다."

루소 남에게 주면서 얻은 것도 많으시네요.

노자 귀해지지 않으려 했소. 낮아지려 했소. 그래도 사람들이 나의 빈천한 말을 들어줘 고맙기만 하다오. 그 정도면 나도 많이 가진 것 아니오? 그대도 신역身役은 고되었어도, 사람들에게 자유와 혁명을 가져다 주었으니 족함을 알아도 될 것이오. 족함을 아는 것을 아는 것만큼 행복한 것이 없다오.

루소 지나고 보니 많은 것이 덧없는 행복이었습니다.[6]

81.3. 기워 얻은 삶

노자 나는 이르노니(81.3.) "하늘의 길은 이로우면서도 해치지 않는다. 성인의 길은 하면서도 싸우지 않는다."(천지도天之道, 리이불해利而不害; 성인지도聖人之道, 위이부쟁爲而不爭.)

루소 자연은 선악을 떠나 있지만 인류의 삶과 행복을 기준으로 볼 때 인류에게 이로운 것만큼은 분명합니다. 철학자들은 이를 따라야 합니다. 자연은 싸우지 않습니다. 자연은 싸우더라도 죽이지 않습니다. 생명을 죽이지 않는 자연이야말로 철학자들이 배워야 할 것입니다.[7]

노자가 휘휘 돌자 루소도 같은 방향으로 휘휘 돈다. 그러나 둘이 팔짱을 끼고

---

6 츠베탕 토도로프, 《덧없는 행복》. 루소에 따르면, 우리가 나약하기 때문에 타인을 필요로 하고 우리의 나약함으로부터 우리의 덧없는 행복은 생겨난다. 그러나 토도로프는 루소에게서 현대성을 발견한다. "우리는 루소가, 특히 프랑스에서 근대성(modernité)을 발견하고 또 발명했다고 말할 수 있을 것이다." 머리말, 9쪽.

7 루소 시대에 노자처럼 자연에 대한 우호적인 관점을 지닌 사람은 몽테뉴였다. 루소는 몽테뉴에게 경의를 자주 표한다.

같이 돈다. 둘이 휘휘 돌 때 훈수꾼도 따로 휘휘 돌다가 둘이 도는데 팔짱을 다시 끼고 같이 돈다. 태극인 줄 알았더니 우리 대문에 많이 그려져 있던 삼태극三太極이다. 삼태극은 천지인天地人 삼재三才를 말한다. 하늘만 있겠느냐, 땅도 있다. 땅만 있겠느냐, 사람도 있다. 삼태극은 한국 고유의 문양이다. 셋이 돈다. 휘휘.

루소의 저작 연표

- 츠베탕 토도로프, 《덧없는 행복》, 164~165쪽: 〈연보〉(156~163쪽)에 따라 교정함.
- 전집Euvres 등 외국연구문헌은 게오르크 홀름스텐, 《루소》, 234~245쪽.
- 〔 〕표기는 토도로프와 홀름스텐의 연보(《루소》, 227~230쪽)를 참조하여 수정.

1743   《현대 음악론Dissertation sur la Musique moderne》

1749   《학문 예술론(제1논문)Discours sur les sciences et les arts(Première discours)》〔1750.7.: 디종 아카데미 상 수상〕

1751   〈관찰(제1논문)Observations(Première discours)〉

1752   〈마지막 반론(제1논문)Demière réponse(Première discours)〉

1954~60   〈정치단상Fragments politiques〉

1755   〈필로폴리스에게 보내는 편지(제2논문)Lettre à Philopolis(Deuxiéme discours)〉

          〈정치경제론Économie politique〉

          《언어 기원에 관한 시론Essai sur l'origine des langues》

1755   《인간 불평등의 기원과 근거에 관한 논고Discours sur l'origine et les fondements de l'inégalité parmi les hommes(Deuxiéme discours)》
          〔1753.11.: 디종 아카데미 상 공모: '사람들 사이의 불평등의 기원은 무엇이며, 불평등은 자연법에 의해 허용되는가?' 1755.4.: 암스테르담에서 출간〕

1756~57   《생 피에르 사제론Écrits sur l'abbé de Saint-Pierre》

1756~62   〈나의 초상화Mon portrait〉

1756~78   〈즐거움의 기술Art de jouir〉

1758   《쥘리 또는 새 엘로이즈Julie ou La Nouvelle Héloïse》

1759   《에밀 또는 교육론(초고)Émile ou de l'éducation(Première vesion)》

1760	《사회계약론(초고)*Du contrat social (Première vesion)*》
1761	《쥘리 또는 새 엘로이즈*Julie ou La Nouvelle Héloïse*》(1761.1. 파리에서 시판 성공)
1762	《사회계약론*Du contrat social*》(1762.4.: 암스테르담에서 출간)
	《에밀 또는 교육론*Émile ou de l'éducation*》(1762.5.: 파리와 암스테르담에서 출간)
1762	《말제르브에게 보내는 편지*Lettre à Malesherbes*》
1763	《크리스토프 드 보몽에게 보내는 편지*Lettre à Christophe de Beaumont*》
1764	《산에서 쓴 편지들*Lettres écrites de la montagne*》
1765	《코르시카 헌법 초안*Projet de constitution pour la Corse*》
1767	《음악사전*Dictionnaire de Musique*》
1769	《프랑키에르에게 보내는 편지*Lettre à Franquières*》
1770	《고백록*Les Confessions*》
1772	《폴란드 정부에 관한 고찰*Considérations sur le gouvernement de Pologne*》
1772~76	《루소가 장 자크를 심판하다*Rousseau juge de Jean-Jacques*》(원제: 《대화*Dialogues*》)
1776~78	《고독한 산책자의 몽상*Rêveries du promeneur solitaire*》

〔1766.1. 흄을 따라 런던으로 갔다가 곧 치즈윅Chiswick의 시골마을로, 3월에 우턴 Wootton에서 1764년에 시작한 《고백록》 앞부분을 집필, 이듬해 5월에 1년 4개월 만에 프랑스로 돌아옴.〕

루소의 저작물: 한국어 번역

- 고봉만 모음,《덧없는 행복》, 168쪽.
- 원서출간 순

1749 　　《학문과 예술론》, 박은수 옮김, 성문각, 1985.

1755 　　《인간 불평등 기원론》, 주경복·고봉만 옮김, 책세상, 2003.

1755 　　《언어 기원에 관한 시론》, 주경복·고봉만 옮김, 책세상, 2002.

1755 　　《정치경제론》, 김용구 옮김, 을유문화사, 1981.

〔1761 　　《신엘로이즈》, 서익원 옮김, 한길사, 2009.〕

1762 　　《사회계약론》, 이환 옮김, 서울대출판부, 1999.

1762 　　《사회계약론》, 방곤 옮김, 신원문화사, 2006.

1762 　　《에밀》, 김중현 옮김, 한길사, 2003.

1770 　　《고백록》, 홍승오 옮김, 범조사, 1985.

1770 　　《고백》, 김봉구 옮김, 박영률출판사, 2005.

1776~78 《고독한 산책자의 몽상》, 김중현 옮김, 한길사, 2000.

*보몽, 말제르브에게 보내는 편지 등 새 번역은 책세상 출판사의 '루소전집'을 보라.

참고문헌

《논어論語》.
《맹자孟子》.
《묵자墨子》.
《문자文子》.
《열자列子》.
《이아爾雅》.
《장자莊子》.
《중용中庸》.
《태일생수太一生水》.
《한서漢書》.
《회남자淮南子》.

곽상郭象, 《장자주莊子注》.
나관중羅貫中, 《삼국지연의三國志演義》.
배위裴頠, 《숭유론崇有論》.
왕필王弼, 《노자주老子注》.
강세황, 《표암유고豹菴遺稿》(산문전집).
이 이, 《격몽요결擊蒙要訣》.
이 이, 《순언醇言》.
이 익, 《성호사설星湖僿說》.
정약용, 《목민심서牧民心書》.
정약전, 《현산어보玆山魚譜》(자산어보).

《성경》.
《심청전》.
《육법전서》.

《전우치전》.

《춘향전》.

강세황 지음, 박동욱·서신혜 옮김, 《표암 강세황 산문전집》(표암유고), 소명출판
　　사, 2008.

게오르크 홀름스텐 지음, 한미희 옮김, 《루소》, 한길사, 1997.

김수영, 《거대한 뿌리》, 민음사, 1974.

김용민, 《루소의 정치철학》, 인간사랑, 2004.

김응종, 《서양의 역사에는 초야권이 없다》, 푸른역사, 2005.

김혜자, 《꽃으로도 때리지 말라》, 오래된 미래, 2004.

드니 디드로 지음, 정은주 옮김, 《백과전서》(전5권), 프로파간다, 2017.

　　　　　　　　, 《사생아*Le Fils naturel*》, 1757.

러셀 지음, 송은경 옮김, 《나는 왜 기독교인이 아닌가》, 사회평론, 2005.

로버트 풀검 지음, 최정인 옮김, 《내가 정말 알아야 할 모든 것은 유치원에서
　　배웠다》(*All I really need to know I learned in kindergarten*), 알에이치코리아,
　　2018.

리오 담로시Leo Damrosch 지음, 이용철 옮김, 《루소–인간불평등의 발견자》
　　(*JEAN-JACQUES ROUSSEAU: Restless Genius*), 교양인, 2011.

마테오 리치 지음, 송영배 옮김, 《천주실의天主實義》, 서울대출판부, 2010.

메를로퐁티 지음, 류의근 옮김, 《지각의 현상학》, 문학과지성사, 2003.

몽테스키외 지음, 하재홍 옮김, 《법의 정신》, 동서문화사, 2016.

박홍규, 《(프란시스코 페레) 꽃으로도 아이를 때리지 말라》, 우물이 있는 집,
　　2013.

버나드 맨더빌 지음, 최윤재 옮김, 《꿀벌의 우화》, 문예출판사, 2010.

서정복, 《프랑스 근대사 연구》, 삼영사, 1991.

애덤 스미스 지음, 김수행 옮김, 《국부론》, 비봉출판사, 2003.

에른스트 카시러 지음, 유철 옮김, 《루소, 칸트, 괴테》, 서광사, 1996.

에리히 프롬 지음, 황문수 옮김, 《사랑의 기술The Art of Loving》, 문예출판사,
　　2019(50주년 기념판).

에이리얼과 윌 듀랜트, 《루소와 혁명*Rousseau and revolution*》, 1967.(게오르크 홀
　　름스텐, 《루소》).

이청준, 《낮은 데로 임하소서》, 홍성사, 1980/2000.(《전집》, 문학과지성사, 2013)

자크 랑시에르 지음, 양창렬 옮김, 《무지한 스승》, 궁리, 2016.

장 스타로뱅스키Jean Starobinski 지음, 이충훈 옮김, 《장 자크 루소 투명성과 장애물》, 아카넷, 2012.

정세근, 《윤회와 반윤회》, 충북대출판부, 2008.

_____, 《노자 도덕경-길을 얻은 삶》, 문예출판사, 2017.

_____, 《노장철학과 현대사상》, 예문서원, 2018.

_____, 《도가철학과 위진현학》, 예문서원, 2018.

_____, 《철학으로 비판하다》, 충북대출판부, 2020.

정약용 지음, 박석무 옮김, 《유배지에서 보낸 편지》, 창비, 1991.

주경철, 《주경철의 유럽인 이야기3》, 휴머니스트, 2017.

츠베탕 토도로프 지음, 고봉만 옮김, 《덧없는 행복-루소 사상의 현대성에 관한 시론》, 문학과지성사, 2006.

칼 포퍼 지음, 이한구 옮김, 《열린사회와 그 적들1》, 민음사, 2006.

_____ 지음, 이명현 옮김, 《열린사회와 그 적들2》, 민음사, 1989.

크래인 브린튼 지음, 차기벽 옮김, 《혁명의 해부》, 학민사, 1983.

_____ 지음, 최명관·박은구 옮김, 《서양사상의 역사》, 을유문화사, 1984.

키케로 지음, 김성숙 옮김, 《우정에 대하여/노년에 대하여/변론에 대하여》, 동서문화사, 2017.

플라톤 지음, 천병희 옮김, 《국가》, 숲, 2013.

_____, 《테아이테토스/필레보스/티마이오스/크리티아스/파르메니데스》, 숲, 2016.

헤겔 지음, 임석진 옮김, 《대논리학》, 벽호, 1997.

헨리 데이비드 소로 지음, 김완구 옮김, 《산책 외》, 책세상, 2009.

_____ 지음, 강승영 옮김, 《월든Walden》, 은행나무, 2011.

헬렌 니어링 지음, 공경희 옮김, 《소박한 밥상Simple food for the good life》, 디자인하우스, 2001.

혜민, 《멈추면, 비로소 보이는 것들》, 수오서재, 2017.

화이트헤드 지음, 오영환 옮김, 《과정과 실재》, 민음사, 2003.

Arthur Waley, *The Way and Its Power-A study of the Tao Tê Ching and Its Place in Chinese Thought*, London: Allen and Unwin, Ltd., 1934.

Engels, *Der Ursprung der Fmilie, des Privateigentums und des Staats*, 1884.

Goethe, 'Geschichte meines botanischen Studiums', *Morphologie*, 1831.

James Legge, Preface, *Tâo Teh King*, Oxford, 1891(Lao Tzu, The Sacred Books of China. The Texts of Taoism. Part I: The Tao Teh King. The Writings of Kwang Ze Books I–XVII, trans. James Legge, Oxford University Press, 1891).

Kant, "Grundlegung zur Metaphysik der Sitten" in *Gesammelte Schriften* (=Akademie–Ausgabe), hrsg. von der Königlich Preußischen Akademie der Wissenschaften, Bd. 4.

Leo Strauss, *Natural Right and History*. Chicago: University of Chicago Press, 1965.

김용정, 〈라이프니츠의 보편기호법 사상과 역의 논리〉, 《철학》 3(한국철학회) 1969.

전병운, 〈루소 《사회계약론》〉, 《철학사상》 별책 제2권 제5호(서울대 철학사상연구소) 2003.

정세근, 〈디지털문화의 철학적 의의〉, 《21세기의 철학》, 소명, 2002.

_____, 〈명론明論: 태일생수, 역전, 장자의 신명神明을 중심으로〉, 《철학연구》 115, 2016.

_____, 〈곽점 초간본 《노자老子》와 《태일생수太一生水》의 철학과 그 분파〉, 《노장철학과 현대사상》, 예문서원, 2018.

최종덕, 〈서양인이 읽는 노자를 통해서 본 현대 과학문화 이해〉, 《인문학연구》 2, 상지대 인문학연구소, 2002.

〈글래디에이터Gladiator〉(2000)
〈금옥만당金玉滿堂〉(1995)
〈낮은 데로 임하소서〉(1982)
〈마스크 오브 조로The Mask of Zorro〉(1998)
〈부당거래〉(2010)
〈워호스War Horse〉(2014)
〈이유 없는 반항〉(1955)
〈전우치〉(2009)
〈천장지구天長地久(1)〉(1990)-원제: 〈하늘에도 인정이 있다면〉(天若有情)
〈천장지구天長地久(2)〉(1993)
〈포레스트 검프〉(1994)